Couvertures supérieure et inférieure manquantes

Librairie médicale de GERMER BAILLIÈRE,
RUE DE L'ÉCOLE-DE-MÉDECINE, 17, A PARIS.

DOGME ET RITUEL
DE LA HAUTE MAGIE,

Par M. ÉLIPHAS LÉVI.

1856, 2 vol. in-8, avec 23 figures. — 25 francs.

Cet ouvrage est divisé en *deux parties*. Dans l'une, l'auteur établit le dogme cabalistique et magique dans son entier; l'autre est consacrée au culte, c'est-à-dire à la magie cérémoniale. L'une est ce que les anciens sages appelaient la *clavicule*; l'autre, ce que les gens de la campagne appellent encore le *grimoire*. Le nombre et le sujet des chapitres qui se correspondent dans les deux parties n'ont rien d'arbitraire et se trouvent tout indiqués dans la grande clavicule universelle, dont l'auteur donne pour la première fois une explication complète et satisfaisante.

Ce livre est *catholique*, et si les révélations qu'il contient sont de nature à alarmer la conscience des simples, il est consolant de penser qu'ils ne le liront pas. Il est écrit pour les hommes sans préjugés, et l'auteur n'a pas voulu plus flatter l'irréligion que le fanatisme.

HISTOIRE DU SOMNAMBULISME

CONNU

CHEZ TOUS LES PEUPLES,

SOUS LES NOMS DIVERS D'EXTASES, SONGES, ORACLES, VISIONS,

EXAMEN DES DOCTRINES DE L'ANTIQUITÉ
ET DES TEMPS MODERNES
SUR SES CAUSES, SES EFFETS, SES ABUS, SES AVANTAGES
ET L'UTILITÉ DE SON CONCOURS AVEC LA MÉDECINE,

Par AUBIN GAUTHIER.

1842. — 2 vol. in-8. — 10 francs.

GAUTHIER (Aubin). Traité pratique du magnétisme et du somnambulisme. 1844, 1 vol. in-8. (Épuisé.)   10 fr.

GAUTHIER (Aubin). Revue magnétique, journal des cures et des faits magnétiques et somnambuliques. Décembre 1844 à octobre 1846. 2 vol. in-8.   6 fr.

Les numéros de mai, juin, juillet, août et septembre 1846 n'ont jamais été publiés, et forment, dans le tome 2°, une lacune des pages 241 à 432.

L'ART DE MAGNÉTISER

OU LE MAGNÉTISME ANIMAL

CONSIDÉRÉ SOUS LES POINTS DE VUE THÉORIQUE, PRATIQUE
ET THÉRAPEUTIQUE,

Par CH. LAFONTAINE.

1852, 2° édition augmentée. Un vol. in-8 avec fig., 5 fr.

LAFONTAINE, Éclaircissements sur le magnétisme. Cures magnétiques à Genève. 1855, in-18, br.   1 fr. 50

TRAITÉ COMPLET
DU MAGNÉTISME
COURS EN DOUZE LEÇONS
Par M. le baron DU POTET.

1856, 3ᵉ édit. 1 vol. de 634 pages. — 7 francs.

Cette *troisième édition* a été revue, corrigée et augmentée d'un grand nombre de matériaux importants, dont voici les principaux : 1° Le fluide et l'âme; 2° le Rapport complet de M. Husson en 1825; 3° le Rapport entier de M. Husson en 1831; 4° le somnambulisme puységurique; 5° la voyante de Prevorst; 6° les phénomènes produits par la magnétisation; 7° le somnambulisme spontané; 8° les guérisons opérées par le magnétisme; 9° les propositions de Mesmer; 10° les auteurs modernes qui ont réuni en corps de doctrine les opinions de leur temps sur le magnétisme; 11° les Bohêmes; 12° le catéchisme magnétique de Puységur; 13° un modèle d'un traitement magnétique, accompagné de somnambulisme; 14° la magnétisation intermédiaire; 15° les procédés magnétiques de M. du Potet; 16° les manifestations spirituelles en France; 17° les manifestations spirituelles aux États-Unis d'Amérique; 18° les hallucinations, les apparitions fausses et vraies; 19° l'insensibilité magnétique, opérations pratiquées à Cherbourg, à Poitiers, à Calcutta et à Madras; 20° la magie dans l'Inde.

Aujourd'hui, nous pouvons dire, d'après ces additions, que cette *troisième édition* est un livre nouveau et complet, car il renferme tout ce qui s'est fait en magnétisme jusqu'à ce jour.

DU POTET. Manuel de l'étudiant magnétiseur, ou Nouvelle instruction pratique sur le magnétisme, fondée sur *trente années* d'expérience et d'observations. 1854, 3ᵉ édition. 1 vol. gr. in-18, avec 2 fig.   3 fr. 50 c.

DU POTET. Le magnétisme opposé à la médecine. Histoire du magnétisme en France et en Angleterre. 1840, 1 vol. in-8.   6 fr.

DU POTET. Essai sur l'enseignement philosophique du magnétisme. 1845, 1 vol. in-8.   5 fr.

JOURNAL DU MAGNÉTISME, rédigé par une Société de magnétiseurs et de médecins, sous la direction de M. le baron DU POTET, commencé en 1845; il paraît un cahier les 10 et 25 de chaque mois. Prix de l'abonnement pour un an : Paris, 10 fr.; départements.   12 fr.

Collection. — En s'abonnant pour l'année 1858, on a une réduction de prix sur les seize premiers volumes du JOURNAL, pris à Paris, savoir :

Tome I........	4 fr.	»	Tome VIII.....	7 fr. 50
Tome II........	2	50	Tome IX.......	8 »
Tome III.......	2	50	Tome X........	7 50
Tome IV.......	2	50	Tome XI.......	7 50
Tome V........	2	50	Tome XII......	10 »
Tome VI.......	2	50	Tomes XIII, XIV, XV,	
Tome VII......	4	»	XVI....... 36 fr. »	

Total de la collection (1845 à 1857) 16 vol. in-8 : 97 fr.; et, *franco*, 109 fr.

INSTRUCTION PRATIQUE
SUR LE
MAGNÉTISME ANIMAL,

PRÉCÉDÉE D'UNE NOTICE SUR LA VIE
ET LES OUVRAGES DE L'AUTEUR, ET SUIVIE D'UNE LETTRE
D'UN MÉDECIN ÉTRANGER,

Par J.-P.-F. DELEUZE.

1853. 1 vol. in-12 de 440 pages. — Prix : 3 fr. 50 c.

DELEUZE. Histoire critique du magnétisme animal. 2ᵉ édition, 1819, 2 vol. in-8.   9 fr.

DELEUZE. Mémoire sur la faculté de Prévision, avec des notes et des pièces justificatives, et avec une certaine quantité d'exemples de prévisions recueillis chez les anciens et les modernes. 1836, in-8, br.   2 fr. 50

PORTRAIT DE DELEUZE, imprimé sur carré de jésus vélin.   1 fr.

LE MAGNÉTISME ET LE SOMNAMBULISME
DEVANT
LES CORPS SAVANTS, LA COUR DE ROME
ET LES THÉOLOGIENS,

Par M. l'abbé J.-B. LOUBERT,
Prêtre, ancien élève en médecine.

1844. 1 vol. de 706 pages. — Prix : 7 fr.

TRAITÉ
DE MAGNÉTISME ANIMAL
SUIVI
DES PAROLES D'UNE SOMNAMBULE
ET D'UN
RECUEIL DE TRAITEMENTS MAGNÉTIQUES,

Par JOSEPH OLIVIER.

1854, 1 vol. in-8 de 524 pages. — 6 fr.

Nouvelles publications sur le magnétisme (1).

Ouvrages de M. Cahagnet.

ABRÉGÉ DES MERVEILLES DU CIEL ET DE L'ENFER de Swedenborg, 1855. 1 vol. gr. in-18. 3 fr. 50

ARCANES DE LA VIE FUTURE DÉVOILÉS, où l'existence, la forme, les occupations de l'âme après sa séparation du corps sont prouvées par plusieurs années d'expériences au moyen de huit *Somnambules extatiques*, qui ont eu 80 perceptions de 36 personnes de diverses conditions, décédées à différentes époques, leurs signalements, conversations, renseignements. Preuves irrécusables de leur existence au monde spirituel. 1848-1854, 3 vol. gr. in-18. 15 fr.

ÉTUDES SUR L'HOMME. 1858, 1 vol. gr. in-18. 1 fr.

LUMIÈRE DES MORTS, ou Études magnétiques, philosophiques et spiritualistes, dédiées aux penseurs du xixe siècle, 1851, 1 vol. gr. in-18. 5 fr.

LETTRES ODIQUES-MAGNÉTIQUES du chevalier Reichenbach, traduites de l'allemand, 1 vol. in-18. 1853. 1 fr. 50

MAGIE MAGNÉTIQUE, ou Traité historique et pratique de fascinations, de miroirs cabalistiques, d'apports, de suspensions, de pactes, de charmes des vents, de convulsions, de possessions, d'envoûtement, de sortiléges, de magie de la parole, de correspondances sympathiques et de nécromancie. 2e édit. 1858, 1 vol. gr. in-18, br. 7 fr.

SANCTUAIRE DU SPIRITUALISME, ou Étude de l'âme humaine et de ses rapports avec l'univers, d'après le somnambulisme et l'extase. 18"0, 1 vol. in-18. 5 fr.

TRAITEMENT DES MALADIES, ou Étude sur les propriétés médicinales de 150 plantes les plus connues et les plus usuelles, par l'extatique Adèle Maginot, avec une exposition des diverses méthodes de magnétisation, 1851. 1 vol. gr. in-18. 2 fr. 50

RÉVÉLATIONS D'OUTRE-TOMBE, par les esprits Galilée, Hippocrate, Franklin, etc. Sur Dieu, la préexistence des âmes, la création de la terre, l'astronomie, la météorologie, la physique, la métaphysique, la botanique, l'hermétisme, l'anatomie vivante du corps humain, la médecine, l'existence du Christ et du monde spirituel, les apparitions et les manifestations spirituelles du xixe siècle. 1856, 1 vol. in-18. 5 fr.

ENCYCLOPÉDIE MAGNÉTIQUE SPIRITUALISTE, traitant spécialement de faits physiologiques. Magie magnétique, swédenborgianisme, nécromancie, magie céleste. 1854 à 1857, 3 vol. gr. in-18, br. 14 fr.

ANNALES du Magnétisme animal. Juillet 1814 à décembre 1816, 8 vol. in-8. 30 fr.

---

(1) M. Germer Baillière possède, outre les ouvrages indiqués, une foule de brochures et de livres publiés sur le magnétisme depuis 1784.
Le même libraire se charge d'envoyer *franco* en France et en Algérie, par la poste, tous les livres au prix marqué sur ce catalogue.

AUGUEZ (Paul). Les manifestations des esprits (réponse à M. Viennet). 1857, in-8, br. 2 fr. 50

BARAGON (Petrus). Un mot sur la rotation des tables. 1853, in-8 br. 75 c.

BARAGON (Petrus). Étude du magnétisme sous le point de vue d'une exacte pratique. 1853, 1 vol. in-8. 6 fr.

BAUDOT. Quelques mots sur le magnétisme animal, suivis d'une observation de variole congénitale. 1839, in-8. 1 fr.

BEAUX. De l'influence de la magnétisation sur le développement de la voix et du goût de la musique. 1855, 1 vol. in-12. 2 fr.

BECQUEREL (Alfred). Traité des applications de l'électricité à la thérapeutique médicale et chirurgicale, 1 vol. in-8, avec 6 fig. 1857. 5 fr.

BERNA. Magnétisme animal. Examen et réfutation du rapport fait par M. Dubois (d'Amiens) à l'Académie royale de médecine, le 8 août 1837, sur le magnétisme animal. 1838, in-8, br. 2 fr.

BERTRAND. Traité du Somnambulisme, et des différentes modifications qu'il présente. 1823, 1 vol in-8. 7 fr.

BILLOT. Recherches psychologiques sur la cause des phénomènes extraordinaires observés chez les modernes voyants, improprement dits *Somnambules magnétiques*, ou correspondance sur le *magnétisme vital* entre un solitaire et M. Deleuze. 2 vol. in-8. 10 fr.

BOUYS. Nouvelles considérations puisées dans la clairvoyance instinctive de l'homme, sur les oracles, les sibylles et les prophètes. 1806, 1 vol. in-8. 7 fr.

GARCIN. Le magnétisme expliqué par lui-même, ou Nouvelle théorie des phénomènes de l'état magnétique, comparée aux phénomènes de l'état ordinaire. 1855, 1 vol. in-8. 4 fr.

CHARDEL. Essai de psychologie physiologique, ou Explication des relations de l'âme avec le corps, prouvées par le magnétisme animal. Troisième édition augmentée d'un APPENDICE ayant pour titre : *Notions puisées dans les phénomènes du somnambulisme lucide et les révélations de Swedenborg sur le mystère de l'incarnation des âmes, et sur leur état pendant la vie et après la mort.* 1844, 1 vol. in-8. 6 fr.

CHARDEL. Esquisse de la nature humaine, expliquée par le Magnétisme animal, précédée d'un Aperçu du système général de l'univers, et contenant l'explication du somnambulisme magnétique et de tous les phénomènes du magnétisme animal. 1826, 1 vol. in-8. 5 fr.

DE SÉRÉ. Application du somnambulisme magnétique au diagnostic et au traitement des maladies. 1855, 1 vol. gr. in-18. 4 fr.

DESPINE. De l'emploi du magnétisme animal et des eaux minérales dans le traitement des maladies nerveuses, suivi d'une Observation très curieuse de guérison de névropathie. 1840, 1 vol. in-8. 7 fr.

DE STROMBECK. Histoire de la guérison d'une jeune personne par le magnétisme animal, produit par la nature elle-même, 1814, in-8, broch. 3 fr. 50

D'HÉNIN DE CUVILLERS. Archives du magnétisme animal. 1820 à 1823, 8 vol. in-8. 15 fr.

D'HÉNIN DE CUVILLERS. Exposition critique du système et de la doctrine mystique des magnétistes. 1822, 1 vol. in-8. 6 fr.

DUPEAU. Lettres physiologiques et morales sur le magnétisme animal, contenant l'Exposé critique des expériences les plus récentes et une nouvelle théorie sur ses causes et ses applications à la médecine. 1826, 1 vol. in-8. 3 fr. 50 c.

FABRE. Le magnétisme animal, satire. 3e édit., 1838, in-4. 75 c.

FOISSAC. Rapports et discussions de l'Académie royale de médecine sur le magnétisme animal, avec des notes explicatives. 1833, 1 vol. in-8. 7 fr. 50

FRAPPART. Lettres sur le magnétisme et le somnambulisme à MM. Arago, Broussais, Bouillaud, Donné et Bazille. 1839, in-8. 2 fr. 25

GENTIL. Magnétisme. Somnambulisme. Guide des incrédules. 1853, in-18, br. 2 fr.

HEBERT (de Garnay). Petit catéchisme magnétique, ou Notions élémentaire de mesmérisme. 1852, 1 vol. in-18. 25 c.

LAFONT-GOUZI. Traité du magnétisme animal, considéré sous les rapports de l'hygiène, de la médecine légale et de la thérapeutique. 1839, in-8, br. 3 fr.

L'HERMÈS. Journal du magnétisme animal. 1826 à 1829, 4 vol. in-8. 25 f.

MACARIO. Du sommeil, des rêves et du somnambulisme dans l'état de santé et de maladie. 1857, 1 vol. in-8, br. 5 fr.

MESMER. Mémoires et aphorismes, suivis des procédés de d'Eslon. Nouvelle édition avec des notes par J.-J.-A. Ricard, 1846, in-18. 2 fr. 50

MONTGRUEL. Prodiges et merveilles de l'esprit humain sous l'influence magnétique, 1849. in-18. 2 fr. 50.

PÉTÉTIN. Électricité animale, prouvée par la découverte des phénomènes physiques et moraux de la catalepsie hystérique et de ses variétés, et par les bons effets de l'électricité artificielle dans le traitement de ces maladies. 1808, 1 vol. in-8. 6 fr.

PIÉRAT. Le magnétisme, le somnambulisme et le spiritualisme dans l'histoire. Affaire curieuse des possédées de Louviers. 1858, in-8. 1 fr.

PIGEAIRE. Puissance de l'électricité animale, ou du magnétisme vital et de ses rapports avec la physique, la physiologie et la médecine. 1839, 1 vol. in-8. 3 fr. 50 c.

POULARD (de Lyon). Aperçu de la théorie médicale des somnambules. 1853, in-18, br. 1 fr. 50

PUYSÉGUR. Mémoires pour servir à l'histoire et à l'établissement du magnétisme animal 3e édit., 1820, 1 vol. in-8. 6 fr.

PUYSÉGUR. Du magnétisme animal considéré dans ses rapports avec les diverses branches de la physique générale. 1820, 1 vol. in-8. 6. fr.

RAPPORT confidentiel sur le magnétisme animal et sur la conduite récente de l'Académie royale de médecine, adressé à la congrégation de l'index, et trad. de l'ital. du R.-P. Scobardi. 1839, in-8. 2 fr. 25

REVUE SPIRITUALISTE, consacrée à l'étude des facultés et de l'immortalité de l'âme. *Première année*, 1858. (1 livraison tous les quinze jours). 10 et 12 fr.

RICARD. Lettres d'un magnétiseur, 1843, 1 vol. in-18. 2 fr.

RICARD. Physiologie et hygiène du magnétiseur, régime diététique du magnétisé. Mémoires et aphorismes de Mesmer. 1844, in-18. 3 fr. 50

RICARD. Le magnétisme traduit en cour d'assises. Acquittement. 1845. 1 vol. in-8. 2 fr. 50

ROUX. Coup d'œil sur le magnétisme et le somnambulisme. 1846, in-8. 2 fr. 50

TESTE. Confessions d'un magnétiseur, suivies d'une consultation médico-magnétique sur des cheveux de Mme Lafarge. 1842, 2 vol. in-8. 6 fr.

PHYSIOLOGIE
MÉDECINE ET MÉTAPHYSIQUE
DU MAGNÉTISME,
PAR LE DOCTEUR CHARPIGNON.

1848. 1 vol. in-8 de 480 pages. — Prix : 6 fr.

CHARPIGNON. Coup d'œil appréciateur sur les doctrines médicales (systèmes classiques, *vitalisme, spiritualisme, homœopathie, magnétisme, hydrothérapie*, 2e édit. 1858, 1 vol. in 8. 3 fr. 50

CHARPIGNON. Études physiques sur le magnétisme animal, soumises à l'Académie des sciences. 1843, in-8, br. 1 fr.

L'ÉTHER, L'ÉLECTRICITÉ ET LA MATIÈRE,

SECONDE ÉDITION DE QUÆRE ET INVENIES
(PHYSIQUE, THÉOLOGIE, TABLES PARLANTES ET RÉFORMES),

Augmentée de la VOYANTE DE PREVORST.

1854. 1 vol. in-8. — 5 francs.

Publié en 1854 à l'occasion des tables parlantes, et sous l'impression des espérances de rénovation sociale qu'elles ont toutes données en Amérique, ce livre est un assemblage curieux de systèmes de cosmologie en opposition avec les hypothèses newtoniennes, et d'idées réformatrices en fait d'éducation et de signes d'échange. La *Voyante de Prevorst*, dont un extrait termine le volume, est à peu près inconnue en France bien qu'elle ait produit, il y a plusieurs années, un assez grand effet en Allemagne. Justin Kerner son auteur, a été à la fois poète agréable et habile médecin. Tout est vrai dans ce récit de ce qu'a éprouvé pendant sept ans sa pauvre malade. Les philosophes peuvent donc en toute sûreté raisonner d'après ces faits.

Paris. — Imprimerie de L. MARTINET, rue Mignon, 2.

HISTOIRE
DE LA MAGIE

LIBRAIRIE DE GERMER BAILLIÈRE.

Ouvrage du même auteur :

DOGME ET RITUEL
DE LA HAUTE MAGIE

1856, 2 vol. in-8, avec 23 figures. — Prix : 25 francs.

Cet ouvrage est divisé en *deux parties*. Dans l'une, l'auteur établit le dogme cabalistique et magique dans son entier ; l'autre est consacrée au culte, c'est-à-dire à la magie cérémoniale. L'une est ce que les anciens sages appelaient la *clavicule* ; l'autre, ce que les gens de la campagne appellent encore le *grimoire*. Le nombre et le sujet des chapitres qui se correspondent dans les deux parties n'ont rien d'arbitraire et se trouvent tout indiqués dans la grande clavicule universelle, dont l'auteur donne pour la première fois une explication complète et satisfaisante.

Ce livre est *catholique*, et si les révélations qu'il contient sont de nature à alarmer la conscience des simples, il est consolant de penser qu'ils ne le liront pas. Il est écrit pour les hommes sans préjugés, et l'auteur n'a pas voulu plus flatter l'irréligion que le fanatisme.

CAHAGNET. Magie magnétique, ou Traité historique et pratique de fascinations, de miroirs cabalistiques, d'apports, de suspensions, de pactes, de charmes des vents, de convulsions, de possessions, d'envoûtement, de sortiléges, de magie de la parole, de correspondances sympathiques et de nécromancie. 2ᵉ édition. 1858, 1 vol. gr. in-18, br.   7 fr.

BRIERRE DE BOISMONT. Des hallucinations, ou Histoire raisonnée des apparitions, des visions, des songes, de l'extase, du magnétisme et du somnambulisme. 1852, 2ᵉ édition, 1 vol. in-8.   6 fr.

DELEUZE. Instruction pratique sur le magnétisme animal. Nouvelle édition, précédée d'une notice historique sur la vie et les ouvrages de l'auteur, et suivie d'une lettre d'un médecin étranger. 1853, 1 vol. in-12.   3 fr. 50

DELEUZE. Histoire critique du magnétisme animal. 2ᵉ édition, 1819, 2 vol. in-8.   9 fr.

DU POTET. Le magnétisme opposé à la médecine. Mémoire pour servir à l'histoire du magnétisme en France et en Angleterre. 1840, 1 vol. in-8.   6 fr.

DU POTET. Manuel de l'étudiant magnétiseur, ou Nouvelle instruction pratique sur le magnétisme, fondée sur trente années d'observations. 1854, 3ᵉ édition, 1 vol. gr. in-18, 2 fig.   3 fr. 50

DU POTET. Traité complet du magnétisme animal (cours en douze leçons). 1856, 3ᵉ édit., refondue, 1 vol. in-8 de 632 pages.   7 fr.

GAUTHIER (Aubin). Histoire du somnambulisme chez tous les peuples, sous les noms divers d'*extases*, *songes*, *oracles* et *visions*. 1842, 2 vol. in-8.   10 fr.

GAUTHIER (Aubin). Traité pratique du magnétisme et du somnambulisme. 1845, 1 vol. in-8.   10 fr.

GOUPY. Explication des tables parlantes, des médiums, des esprits et du somnambulisme, par divers systèmes de cosmologie, suivie de la *Voyante*, de Prevost. 1860, 1 vol. in-8.   6 fr.

MESMER. Mémoires et aphorismes sur le magnétisme animal, suivis des procédés d'Eslon. Nouvelle édition, avec des notes, par J.-J.-A. Ricard. 1846, 1 vol. in-18, br.   2 fr. 50

MORIN (A.-S.). Du magnétisme et des sciences occultes. 1860, 1 vol. in-8. 6 fr.

RAPPORT confidentiel sur le magnétisme animal et sur la conduite récente de l'Académie royale de médecine, adressé à la Congrégation de l'index, et traduit de l'italien du R.-P. Scobardi. 1839, in-8.   2 fr.

Paris. — Imprimerie de L. MARTINET, rue Mignon, 2.

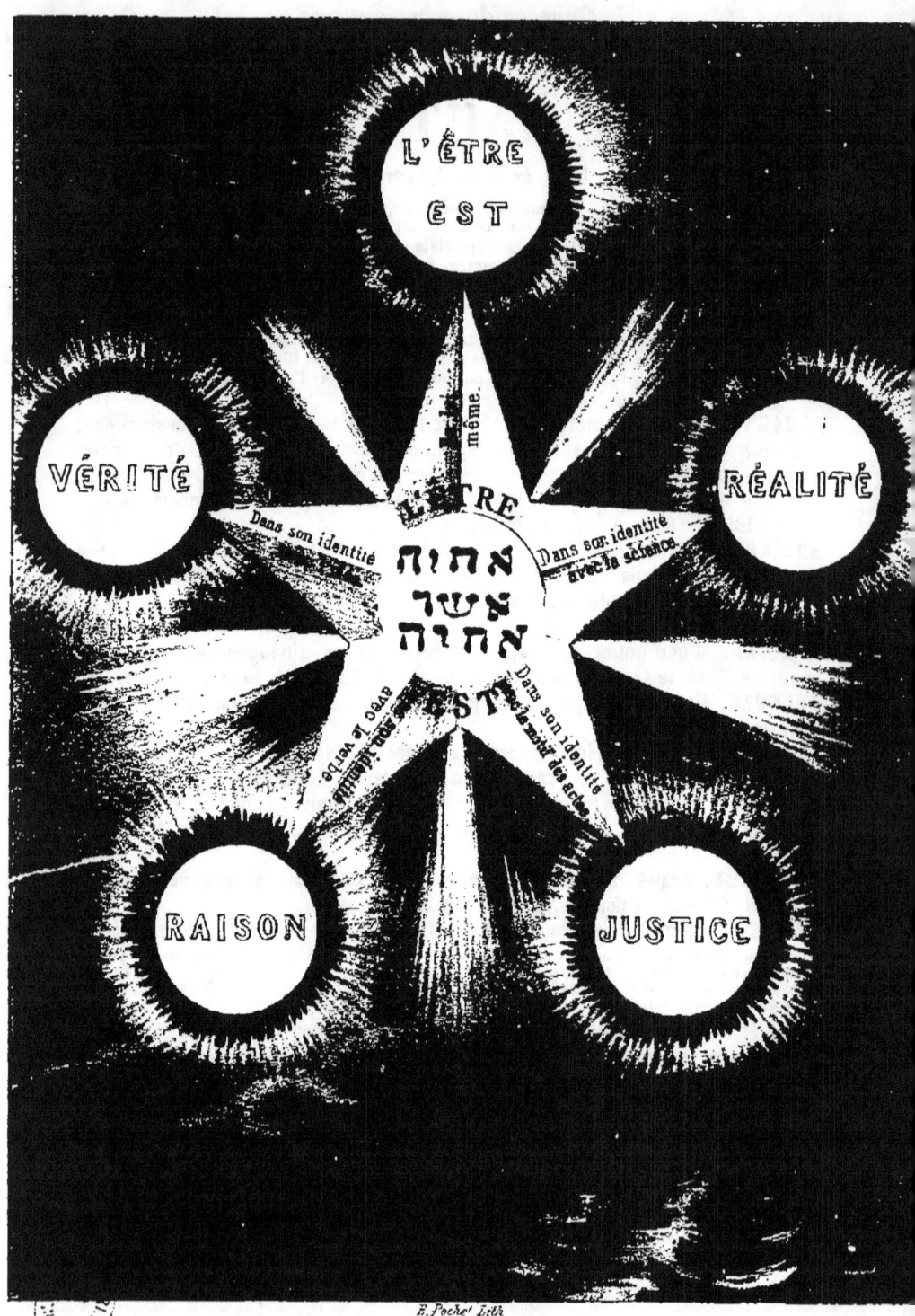

LE PENTAGRAMME DE L'ABSOLU.

HISTOIRE
DE LA MAGIE

AVEC UNE

EXPOSITION CLAIRE ET PRÉCISE DE SES PROCÉDÉS,
DE SES RITES ET DE SES MYSTÈRES

PAR

ÉLIPHAS LÉVI

Auteur de *Dogme et rituel de la haute magie.*

Opus hierarchicum et catholicum.
(C'est une œuvre hiérarchique et catholique.)

Définition du grand œuvre, H. KHUNRATH.

Avec 18 planches représentant 90 figures.

PARIS

GERMER BAILLIÈRE, LIBRAIRE-ÉDITEUR,
17, RUE DE L'ÉCOLE-DE-MÉDECINE.

| LONDRES ET NEW-YORK, | MADRID. |
| H. BAILLIÈRE. | CH. BAILLY-BAILLIÈRE. |

1860

Droits de traduction et de reproduction réservés.

PRÉFACE

Les travaux d'Éliphas Lévi sur la science des anciens mages formeront un cours complet divisé en trois parties :

La première partie contient le *Dogme* et le *Rituel de la haute magie* ; la seconde, l'*Histoire de la magie* ; la troisième, la *Clef des grands mystères*, qui sera publiée plus tard.

Chacune de ces parties, étudiée séparément, donne un enseignement complet et semble contenir toute la science. Mais pour avoir de l'un une intelligence pleine et entière, il sera indispensable d'étudier avec soin les deux autres.

Cette division ternaire de notre œuvre nous a été donnée par la science elle-même ; car notre découverte des grands mystères de cette science repose tout entière sur la signification que les anciens hiérophantes attachaient aux nombres. Trois était pour eux le nombre générateur, et dans l'enseignement de toute doctrine ils en considéraient d'abord la théorie, puis la réalisation, puis l'adaptation à tous les usages possibles. Ainsi se sont formés les dogmes, soit philosophiques, soit religieux. Ainsi la synthèse dogmatique du christianisme héritier des mages impose à notre foi trois personnes en Dieu et trois mystères dans la religion universelle.

Nous avons suivi, dans la division de nos deux ouvrages déjà publiés, et nous suivrons dans la division du troisième le plan tracé par la kabbale ; c'est-à-dire par la plus pure tradition de l'occultisme.

Notre *Dogme* et notre *Rituel* sont divisés chacun en vingt-deux chapitres marqués par les vingt-deux lettres de l'alphabet hébreu. Nous avons mis en tête de chaque chapitre la lettre qui s'y rapporte avec les mots latins qui, suivant les meilleurs auteurs, en indiquent la signification hiéroglyphique. Ainsi, en tête du chapitre premier, par exemple, on lit :

1 א A

LE RÉCIPIENDAIRE,

Disciplina,

Ensoph,

Keter.

Ce qui signifie que la lettre aleph, dont l'équivalent en latin et en français est A, la valeur numérale 1 signifie le récipiendaire, l'homme appelé à l'initiation, l'individu habile (le bateleur du tarot), qu'il signifie aussi la syllepse dogmatique (disciplina), l'être dans sa conception générale et première (Ensoph); enfin l'idée première et obscure de la divinité exprimée par *keter* (la couronne) dans la théologie kabbalistique.

Le chapitre est le développement du titre et le titre contient hiéroglyphiquement tout le chapitre. Le livre entier est composé suivant cette combinaison.

L'*Histoire de la magie* qui vient ensuite et qui, après la théorie générale de la science donnée par le *Dogme* et le *Rituel*, raconte et explique les réalisations de cette science à travers les âges, est combinée suivant le nombre *septénaire*, comme nous l'expliquons dans notre Introduction. Le nombre septénaire est celui de la semaine créatrice et de la réalisation divine.

La *Clef des grands mystères* sera établie sur le nombre *quatre* qui est celui des formes énigmatiques du sphinx et des manifestations élémentaires. C'est aussi le nombre du carré et de la force, et dans ce livre nous établirons la certitude sur des bases inébranlables. Nous expliquerons entièrement l'énigme du sphinx et nous donnerons à nos lecteurs cette clef des choses cachées depuis le commencement du monde, que le savant Postel n'avait osé figurer dans un de ses livres les plus obscurs que d'une manière tout énigmatique et sans en donner une explication satisfaisante.

L'*Histoire de la magie* explique les assertions contenues dans le *Dogme* et le *Rituel* ; la *Clef des grands mys-*

tères complétera et expliquera l'histoire de la magie. En sorte que, pour le lecteur attentif, il ne manquera rien, nous l'espérons, à notre révélation, des secrets de la kabbale des Hébreux et de la haute magie, soit de Zoroastre, soit d'Hermès.

L'auteur de ces livres donne volontiers des leçons aux personnes sérieuses et instruites qui en demandent, mais il doit une bonne fois prévenir ses lecteurs qu'il ne dit pas la bonne aventure, n'enseigne pas la divination, ne fait pas de prédictions, ne fabrique point de philtres, ne se prête à aucun envoûtement et à aucune évocation. C'est un homme de science et non un homme de prestiges. Il condamne énergiquement tout ce que la religion réprouve, et par conséquent il ne doit pas être confondu avec les hommes qu'on peut importuner sans crainte en leur proposant de faire de leur science un usage dangereux ou illicite.

Il recherche la critique sincère, mais il ne comprend pas certaines hostilités.

L'étude sérieuse et le travail consciencieux sont au-dessus de toutes les attaques ; et les premiers biens qu'ils procurent à ceux qui savent les apprécier, sont une paix profonde et une bienveillance universelle.

ÉLIPHAS LÉVI.

1er septembre 1859.

TABLE ANALYTIQUE
DES MATIÈRES CONTENUES DANS CET OUVRAGE.

Préface.. v

Introduction... 1

Fausse définition de la magie. Elle ne doit pas être définie au hasard. Vraie définition, 1. — Étoile flamboyante, ce que c'est. Existence de l'absolu, 2. — La magie science absolue, 3. — Erreurs de Dupuis, 4. — Profanations de la science. Prédiction du comte de Maistre, 5. — Mesure et portée de la science magique. Justice de Dieu, 7. — Puissance de l'adepte, 8. — Le diable et la science, 10. — Existence des démons, 11. — Fausse idée du diable, 12. — Conception des Manichéens.................... 16

Crimes des sorciers, 18. — La lumière astrale. On l'appelle *imagination de la nature*. Ce que c'est, 19. — Ses effets, 20. — Le magnétisme défini, 22. — Accord de la raison avec la foi, 23. — Jakin et Bohas, 24. — Principe de la hiérarchie, 25. — Religion des kabbalistes, 26. — Images de Dieu. 28. — Théorie de la lumière, 28. — Mystères de l'amour sexuel, 29. — Antagonisme des pouvoirs, 31. — La prétendue papesse Jeanne, 32. — La kabbale explique et concilie tout, 32. — Pourquoi l'Église a condamné la magie, 33. — La magie dogmatique explique la philosophie de l'histoire, 34. — Mauvaises curiosités relatives à la magie, 35. — Plan de ce livre, 37. — Soumission de l'auteur à l'ordre établi.. 39

LIVRE PREMIER. — Les origines magiques.

CHAPITRE PREMIER. — Origines fabuleuses................. 41

Le livre d'Hénoch et la chute des anges, 41. — Sens de la légende, 42. — Livre de la pénitence d'Adam, 43. — Ce que c'est que le personnage d'Hénoch....................................... 46

Apocalypse de Saint-Méthodius............................. 46
Les enfants de Seth et ceux de Caïn........................ 47
Raison de l'occultisme.................................... 48
Erreur de Rousseau.. 49
Traditions judaïques...................................... 50
Gloire du christianisme................................... 51
Le Sepher Jezirah, le Sohar et l'Apocalypse, 51. — Commencement du Sohar... 52

CHAPITRE II. — Magie des mages............................ 55
Le vrai et le faux Zoroastre, 55. — Dogmes du vrai Zoroastre.... 56
Pyrotechnie transcendentale................................ 57
Secrets électriques de Numa................................ 57
Une page de Zoroastre sur les démons et les sacrifices........ 58
Révélations importantes sur le magnétisme................... 60
L'initiation en Assyrie, 61. — Prodiges des Assyriens........ 62
Du Potet d'accord avec Zoroastre............................ 62
Danger que courent les imprudents........................... 63
Puissance de l'homme sur les animaux........................ 63

Chute du sacerdoce en Assyrie.................................. 64
Mort magique de Sardanapale................................... 65

CHAPITRE III. — **Magie dans l'Inde**.......................... 67
Les Indiens descendants de Caïn. L'Inde mère de l'idolâtrie. Doctrine des gymnosophistes, 67. — Origine indienne du gnosticisme, 68. Fables savantes de l'Inde, 69. — Magie noire de l'Oup nek' hat. M. Ragon, auteur cité, 74. — Grands arcanes indiens, 75. —
Les Indiens révoltés et les Anglais............................ 76

CHAPITRE IV. — **Magie hermétique**........................... 77
La table d'Émeraude, 77. — Autres écrits d'Hermès............ 78
Sens magique de la géographie ancienne de l'Égypte........... 79
Ministère de Joseph.. 80
Alphabet sacré, 81. — Table isiaque de Bembo................. 81
Le tarot expliqué par le Sepher Jezirah, 82.— Le tarot de Charles VII. 82
Science magique de Moïse...................................... 83

CHAPITRE V. — **Magie en Grèce**.............................. 85
Fables de la toison d'or, 86. — Médée et Jason............... 88
Les cinq épopées magiques..................................... 89
Eschyle profanateur des mystères.............................. 89
Orphée de la légende, 90. — Mystères orphiques.............. 92
La Goëtie, 93. — Les sorcières de Thessalie, 94. — Médée et Circé. 95

CHAPITRE VI. — **Magie mathématicienne de Pythagore**........ 96
Pythagore héritier des traditions de Numa, 96. — Ce qu'était Pythagore. Sa doctrine sur Dieu, 97. — Belle sentence contre l'anarchie. Vers dorés, 98. — Symboles de Pythagore. Sa chasteté, 100. — Sa divination, 101. — Comment il explique ses miracles, 102. — Secret de l'interprétation des songes, 103. — Croyance de Pythagore.. 104

CHAPITRE VII. — **La sainte kabbale**......................... 105
Origine de la kabbale... 105
Horreur des kabbalistes pour l'idolâtrie...................... 105
Leur définition de Dieu....................................... 105
Principes de la kabbale....................................... 106
Les noms divins et l'alphabet sacré........................... 109
Les clavicules de Salomon..................................... 110
Si les esprits peuvent revenir................................ 113
Les larves fluidiques... 114
La lumière, grand agent magique............................... 115
Origine obscène des larves.................................... 117

LIVRE II. — Formation et réalisation du dogme.

CHAPITRE PREMIER. — **Symbolisme primitif de l'histoire**.... 118
Allégorie du paradis terrestre................................ 119
Bêtise d'un grand esprit...................................... 119
Mystères de la Genèse... 120
Belphégor, 121.— Son culte.................................... 122
Le sabbat, imitation des mêmes rites.......................... 122
Décadence de la hiérarchie.................................... 123
Philosophie de hasard... 124
Doctrine de Platon.. 124
Réponse d'Apollon à ceux de Délos............................. 125

La pierre cubique...................................... 126
Résumé du néoplatonisme.............................. 127

CHAPITRE II. — **Le mysticisme**............................ 128
Inviolabilité de la science magique..................... 128
Ecoles profanes et mystiques, 129. — Les Bacchantes.......... 129
Réformateurs matérialistes. Mystiques anarchistes, 130. — Fous-visionnaires. Leur horreur pour les sages...................... 131
Tolérance de la vraie Église.......................... 132
Tendance immorale des faux miracles................. 132
Les faux théraphims................................ 133
Rites de la magie noire.............................. 134
Cause des visions................................... 135
M. Brierre de Boismont et son *Traité des hallucinations*...... 136

CHAPITRE III. — **Initiations et épreuves**.................. 137
Ce que c'est que le grand œuvre...................... 137
Les quatre formes du sphinx reproduites allégoriquement sur le bouclier d'Achille.................................... 137
Allégories d'Hercule et d'OEdipe. Épreuves........... 138
Tradition invoquée par Platon, 140. — Platon kabbaliste....... 141
Différence entre Platon et Saint-Jean.................. 142
Expériences funestes................................ 142
Homœopathie pratiquée par les Grecs................. 143
L'antre de Trophonius et la grotte du chien. Science des prêtres égyptiens....................................... 144
Lactance se moque des antipodes..................... 145
Enfers des Grecs................................... 145
Utilité de la douleur................................ 147
Le tableau de Cébès et le poëme de Dante............. 147
Doctrines du Phédon................................ 148

CHAPITRE IV. — **Magie du culte public**................... 149
La superstition expliquée par la nécessité du culte....... 150
Traditions orthodoxes............................... 151
Calomnies des profanes contre les initiés.............. 152
Une allégorie sur Bacchus........................... 153
Tyrésias et Calchas................................. 153
Le sacerdoce suivant Homère........................ 155
Oracles des sybilles................................. 156

CHAPITRE V. — **Mystères de la virginité**.................. 157
Institution des vestales.............................. 158
Vertu traditionnelle du sang virginal.................. 158
Symbolisme du feu sacré............................ 159
L'honneur chez les femmes romaines.................. 160
Hiérophantisme de Numa............................ 161
Idées ingénieuses de Voltaire sur la divination.......... 161
Instinct prophétique des masses...................... 162
Fausses appréciations des oracles par Kircher et Fontenelle...... 162
Calendrier religieux de Numa........................ 163

CHAPITRE VI. — **Des superstitions**....................... 164
Belle pensée de saint Grégoire, pape.................. 164
Observance des nombres et des jours................. 165
Abstinences des mages.............................. 166
Opinions de Porphyre............................... 166

Données mythologiques sur l'instinct des animaux............ 167
Passage d'Euripide.. 168
Raison des abstinences pythagoriciennes.................... 168
Singulier passage d'Homère..................................... 169
Superstitions romaines... 169
Enchantements... 171
Tourbillons magiques... 172

CHAPITRE VII. — **Monuments magiques**..................... 173
Les sept merveilles du monde représentant les sept planètes magiques. 173
Résumé philosophique des anciens............................. 175

LIVRE III. — Synthèse et réalisation divine du magisme par la révélation chrétienne.

CHAPITRE PREMIER — **Christ accusé de magie**............. 177
Sens profond du commencement de l'évangile selon saint Jean.... 177
Ézéchiel kabbaliste.. 177
Caractère spécial du christianisme............................. 178
Accusations des Juifs contre le Sauveur...................... 179
Une belle légende des évangiles apocryphes................. 180
Les Joannites.. 181
Livres magiques brûlés à Éphèse............................... 181
Le gran Pan est mort !... 181

CHAPITRE II. — **Vérité du christianisme par la magie**..... 182
Existence absolue de la religion................................ 182
Distinction essentielle de la science et de la foi............. 183
Objections absurdes.. 184
Réalité du christianisme démontrée par la charité.......... 185
Simon le Magicien, 187. — Son histoire, 188. — Sa doctrine, 190.
— Sa conférence avec saint Pierre et saint Paul, 192. — Sa chute, 193. — Sa secte continuée par Ménandre............ 194

CHAPITRE III. — **Du diable**..................................... 194
Satan et Lucifer... 194
Sagesse de l'Église... 196
Ce que c'est que le diable suivant les initiés aux sciences occultes.. 196
Opinions de Torreblanca... 198
Perversités astrales... 199
Les démons, vices personnifiés................................. 200

CHAPITRE IV. — **Les derniers païens**........................ 201
Le miracle éternel de Dieu...................................... 201
Action civilisatrice du christianisme........................... 204
Apollonius et Julien. Légende allégorique d'Apollonius, 202. — Suite de cette légende, 205. — Jugement sur Julien et sur Apollonius.. 206

CHAPITRE V. — **Les légendes**.................................. 207
Justine et Cyprien, 208. — Oraison magique de saint Cyprien.... 211
La légende dorée.. 212
Pourquoi les chrétiens étaient accusés d'adorer une tête d'âne..... 213
L'âne d'or d'Apulée... 215
Finesse de saint Augustin....................................... 215

CHAPITRE VI. — **Peintures kabbalistiques**.................. 216
Emblèmes des catacombes...................................... 216
Vrais et faux gnostiques... 217

L'hérésiarque Marcos.. 218
Intrusion des femmes dans le sacerdoce.................... 218
Miracles diaboliques... 220
Les manichéens... 220
Danger des évocations....................................... 221
Perte des clefs kabbalistiques.............................. 222

CHAPITRE VII. — **École d'Alexandrie**................... 223
Ammonius Saccas, Plotin, Porphyre, Proclus, Hypathie..... 223
Imprudents aveux de Synésius, 224. — Écrits de cet initié...... 225
Son traité des songes est commenté par Jérôme Cardan......... 225
Livres de saint Denys l'Aréopagite attribués à Synésius......... 227

LIVRE IV. — La magie et la civilisation.

CHAPITRE PREMIER. — **Magie chez les Barbares**....... 228
Histoire de Philinnium et de Machatès..................... 232
Mythologie des Germains et des druides.................... 234
Magie des Eubages.. 236

CHAPITRE II. — **Influence des femmes**................. 238
Velléda calomniée par Chateaubriand........................ 239
Ce que c'est que Berthe au long pied...................... 239
Mélusine, 240. — Sainte Clotilde, 241. — Frédégonde, 241. — Légende ou histoire de Klodswinthe, 242. — Frédégonde sauve une femme par méchanceté.. 244

CHAPITRE III. — **Lois saliques contre les sorciers**..... 244
Lois saliques... 245
Singulier passage du Talmud expliqué à la reine Blanche par le rabbin Jéchiel.. 246
Amateurs du diable condamnés par l'Église................. 248
Charles Martel, 249. — Le kabbaliste Zédéchias et les esprits élémentaires.. 250

CHAPITRE IV. — **Légendes de Charlemagne**.............. 254
Charlemagne et Roland....................................... 254
L'*Enchiridion* de Léon III................................. 257
Les francs-juges, 261. — Les illuminés, 262. — La chevalerie errante... 263

CHAPITRE IV. — **Magiciens**.................................. 264
Le pape et l'empereur, 264. — Excommunications, 265. — Légendes diaboliques, 265. — Le rabbin Jéchiel et saint Louis, 266. — Albert le Grand et son androïde........................... 267
Saint Thomas d'Aquin.. 270
Ce que c'est que la quinte-essence......................... 271

CHAPITRE VI. — **Procès célèbres**........................... 272
Puissance des ordres religieux.............................. 273
Les templiers, 275. — Légende profane des Joannites sur la vie de N.-S. Jésus-Christ, 275. — Doctrine secrète des templiers, 278. — Leur procès, 279. — Leur destruction apparente............ 280
La sainte et vaillante Jeanne d'Arc......................... 280
Gille de Laval, seigneur de Raiz, type de la *Barbe-Bleue*...... 290

CHAPITRE VII. — **Superstitions relatives au diable**...... 290

Comment le diable apparaît, 291. — Hallucinations terribles, 293. — Le pourquoi des apparitions, 295. — Ce que disent les tables tournantes 297

LIVRE V. — Les adeptes et le sacerdoce.

CHAPITRE PREMIER. — Prêtres et papes accusés de magie 298
Sainteté inviolable du sacerdoce.......................... 298
Accusations des faux adeptes............................. 299
Sylvestre II faussement accusé............................ 300
Légèreté de Platine...................................... 300
Absurde histoire de la papesse Jeanne 301
Opinion de Naudé sur Sylvestre II........................ 304
Le grimoire d'Honorius, 305. — Son auteur présumable...... 306
Analyse curieuse et entièrement nouvelle de ce grimoire 314

CHAPITRE II. — Apparition des Bohémiens nomades 314
Extrait d'une ancienne chronique.......................... 317
Citation de l'*Histoire vraie des vrais Bohémiens*, par M. Vaillant... 327
Opinion de l'auteur sur les Bohémiens..................... 328

CHAPITRE III. — Légende et histoire de Raymond Lulle....... 341

CHAPITRE IV. — Alchimistes............................... 342
Flamel et le livre du juif Abraham, 342. — Figures mystérieuses de ce livre, 343. — Tradition sur Flamel........................ 345
Bernard le Trévisan. Basile Valentin et Trithème. Cornelius Agrippa, 345. — Le pantacle de Trithème.................. 346
Guillaume Postel. Sa doctrine, 348. — La mère Jeanne, 349. — Postel le Ressuscité, 350. — Le père Desbillons justifie Postel... 351
Paracelse, 353. — La médecine occulte, 354. — Histoire racontée par Tavernier, 355. — Les secrets de Paracelse.............. 357

CHAPITRE V. — Sorciers et magiciens célèbres.................. 358
Analyse kabbalistique du poëme de Dante.................... 358
Le roman de la Rose...................................... 359
Disputes du diable et de Luther........................... 360
Les regrets de Luther de s'être marié 362
Les sorciers sous Henri III............................... 363
Les visions de Jacques Clément............................ 363
Origine des roses-croix, 364. — Henri Khunrath, 366. — Oswald Crollius... 369
Les alchimistes célèbres du commencement du xvii° siècle........ 371
Manifeste des roses-croix................................. 371

CHAPITRE VI. — Procès de magie........................... 373
Crimes réels des sorciers................................. 376
Condamnations déplorables................................. 377
Procès de Louis Gaufridi.................................. 380
Procès d'Urbain Grandier.................................. 381
Jugement de l'auteur sur ce procès........................ 384
Procès pour les religieuses de Louviers, 387. — Procès du père Girard, 388. — Raisons de certains prodiges, 389. — Une histoire d'apparition 391

CHAPITRE VII. — Origines magiques de la maçonnerie......... 399
Ce que c'est que la franc-maçonnerie....................... 399
Légende d'Hiram, 402. — Son explication................... 407

LIVRE VI. — La magie et la révolution.

CHAPITRE PREMIER. — Auteurs remarquables du XVIII° siècle. 408
    Découvertes en Chine. 409
    L'y-kim et les trigrammes de Fo-hi. 409
    Opinion de Leibnitz sur l'y-kim 411
    Swedenborg. 412
    Mesmer, 414. — Découverte du magnétisme 416

CHAPITRE II. — Personnages merveilleux du XVIII° siècle 418
    Le comte de Saint-Germain. 419
    Société secrète du Saint-Jakin. 425
    L'alchimiste Lascaris. 426
    Le comte de Cagliostro, 427. — Explication de son sceau et de son nom kabbalistique. 430
    Secret de la régénération physique suivant Cagliostro. 431

CHAPITRE III. — Prophéties de Cazotte. 435
    École des martinistes, 435. — Le souper de Cazotte, 436. — Mystères du diable amoureux 437
    Lilith et Nahéma, 438. — Mort de Cazotte. 440

CHAPITRE IV. — Révolution française. 441
    Malheurs occasionnés par les hallucinations de Rousseau. 441
    La loge de la rue Plâtrière. 441
    Louis XVI livré à la vengeance des templiers. 443
    Les Joannites et les Jacques. 444
    Étranges prédictions 445

CHAPITRE V. — Phénomènes de médiomanie. 446
    Naissance d'une secte. 446
    Dom Gerle et Catherine Théot. 448
    Visite nocturne de Robespierre. 449
    Les sauveurs de Louis XVII. 451
    Naundorf, Vintras et M. Madrolle. 452

CHAPITRE VI. — Les illuminés d'Allemagne. 454
    La magie d'Eckartshausen. 455
    Évocations de Lavater. 456
    Révélations de l'esprit Gablidone, 457. — Il prédit la venue d'un mage nommé *Osphal, Alphos, Maffon* ou *Éliphisma*. 458
    Stabs et Napoléon. 459
    Les mopses et leurs mystères. 460
    L'épopée dramatique de Faust. 460

CHAPITRE VII. — Empire et restauration 463
    Prédictions relatives à Napoléon 463
    Mademoiselle Lenormand. 465
    Madame Bouche et madame de Krudener près de l'empereur Alexandre 467
    Le paysan Martin voit un ange habillé en laquais et se fait présenter au roi Louis XVIII. 468

LIVRE VII. — La magie au XIXe siècle.

CHAPITRE PREMIER. — Les magnétiseurs mystiques et les matérialistes 470
   Folies contagieuses de Charles Fourier 471
   Le dogme de l'enfer expliqué 472
   Une évocation par M. OEgger vicaire de Notre-Dame........... 476
   Les faux dieux grotesques. — Ganneau, Cheneau, Tourreil, Auguste Comte et Wronski................................ 477

CHAPITRE II. — Des Hallucinations 479
   Histoire de l'halluciné Eugène Vintras..................... 479

CHAPITRE III. — Les magnétiseurs et les somnambules 491
   Justes défiances de l'Église contre les abus du somnambulisme 491
   Ouvrage remarquable du baron Du Potet...................... 492
   Les tables tournantes fatales à Victor Hennequin............ 493
   Une dame russe trouvant que son guéridon est hérétique, le porte à Rome et obtient du Saint-Père l'autorisation de le brûler....... 495
   Réflexions sérieuses à propos d'un mélodrame diabolique et burlesque 496

CHAPITRE IV. — Les fantaisistes en magie 497
   Alphonse Esquiros invente une magie romanesque et fantastique. 498
   Henri Delaage se fait le continuateur d'Alphonse Esquiros... 498
   Ses naïvetés scientifiques et littéraires................... 499
   M. le comte d'Ourches et ses prodiges 500
   M. le baron de Guldenstubbe et ses écritures miraculeuses... 505
   L'homme enterré vivant..................................... 507
   Une histoire de vampire.................................... 517
   Le cartomancien Edmond 519

CHAPITRE V. — Souvenirs intimes de l'auteur 519
   L'auteur est présenté par le *magicien* Esquiros au *dieu* Ganneau.... 520
   Les doctrines excentriques du Mapah........................ 522
   Conséquences fâcheuses..................................... 523
   Cause inconnue de la révolution de 1848.................... 524
   Le magicien posthume 525

CHAPITRE VI. — Des sciences occultes 525
   Récapitulation des principes 528

CHAPITRE VII. — Résumé et conclusion 532
   L'énigme du sphinx et sa solution.......................... 533
   Les huit questions paradoxales avec les réponses........... 549

Conclusion... 549
   Pourquoi celui qui sait doit croire........................ 551
   Résultat des découvertes en magie.......................... 552
   Passage curieux de Vincent de Lérins....................... 553
   Citation du comte Joseph de Maistre........................ 555
   Texte remarquable de saint Thomas.......................... 557
   Avenir probable de la science.............................. 558
   But de l'ouvrage... 559

FIN DE LA TABLE ANALYTIQUE DES MATIÈRES.

HISTOIRE DE LA MAGIE.

INTRODUCTION.

Depuis trop longtemps on confond la magie avec les prestiges des charlatans, avec les hallucinations des malades, et avec les crimes de certains malfaiteurs exceptionnels. Bien des gens, d'ailleurs, définiraient volontiers la magie : *l'art de produire des effets sans causes.* Et d'après cette définition, la foule dira, avec le bon sens qui la caractérise, même dans ses plus grandes injustices, que la magie est une absurdité.

La magie ne saurait être ce que la font ceux qui ne la connaissent pas. Il n'appartient d'ailleurs à personne de la faire ceci ou cela; elle est ce qu'elle est, elle est par elle-même, comme les mathématiques, car c'est la science exacte et absolue de la nature et de ses lois.

La magie est la science des anciens mages; et la religion chrétienne, qui a imposé silence aux oracles menteurs, et fait cesser tous les prestiges des faux dieux, révère elle-même ces mages qui vinrent de l'Orient, guidés par une étoile, pour adorer le Sauveur du monde dans son berceau.

La tradition donne encore à ces mages le titre de *rois*,

parce que l'initiation à la magie constitue une véritable royauté, et parce que le grand art des mages est appelé par tous les adeptes : l'*art royal*, ou le saint royaume, *sanctum regnum*.

L'étoile qui les conduit est cette même étoile flamboyante dont nous retrouvons l'image dans toutes les initiations. C'est pour les alchimistes le signe de la quintessence, pour les magistes le grand arcane, pour les kabbalistes le pentagramme sacré. Or, nous prouverons que l'étude de ce pentagramme devait amener les mages à la connaissance du nom nouveau qui allait s'élever au-dessus de tous les noms et faire fléchir les genoux à tous les êtres capables d'adorer.

La magie réunit donc, dans une même science, ce que la philosophie peut avoir de plus certain et ce que la religion a d'infaillible et d'éternel. Elle concilie parfaitement et incontestablement ces deux termes, qui semblent d'abord si opposés : foi et raison, science et croyance, autorité et liberté.

Elle donne à l'esprit humain un instrument de certitude philosophique et religieuse exact comme les mathématiques, et rendant raison de l'infaillibilité des mathématiques elles-mêmes.

Ainsi donc il existe un absolu dans les choses de l'intelligence et de la foi. La raison suprême n'a pas laissé vaciller au hasard les lueurs de l'entendement humain. Il existe une vérité incontestable, il existe une méthode infaillible de connaître cette vérité ; et par la connaissance de cette vérité, les hommes qui la prennent pour règle peuvent donner à leur volonté une puissance souveraine qui les rendra maîtres de toutes les choses inférieures et de tous les esprits errants, c'est-à-dire arbitres et rois du monde !

S'il en est ainsi, pourquoi cette haute science est-elle encore inconnue? Comment supposer dans un ciel qu'on voit ténébreux l'existence d'un soleil aussi splendide? La haute science a toujours été connue, mais seulement par des intelligences d'élite, qui ont compris la nécessité de se taire et d'attendre. Si un chirurgien habile parvenait, au milieu de la nuit, à ouvrir les yeux d'un aveugle-né, comment lui ferait-il comprendre avant le matin l'existence et la nature du soleil?

La science a ses nuits et ses aurores, parce qu'elle donne au monde intellectuel une vie qui a ses mouvements réglés et ses phases progressives. Il en est des vérités comme des rayons lumineux; rien de ce qui est caché n'est perdu, mais aussi rien de ce qu'on trouve n'est absolument nouveau. Dieu a voulu donner à la science, qui est le reflet de sa gloire, le sceau de son éternité.

Oui, la haute science, la science absolue, c'est la magie, et cette assertion doit sembler bien paradoxale à ceux qui n'ont pas douté encore de l'infaillibilité de Voltaire, ce merveilleux ignorant, qui croyait savoir tant de choses, parce qu'il trouvait toujours le moyen de rire au lieu d'apprendre.

La magie était la science d'Abraham et d'Orphée, de Confucius et de Zoroastre. Ce sont les dogmes de la magie qui furent sculptés sur des tables de pierre par Hénoch et par Trismégiste. Moïse les épura et les *revoila*, c'est le sens du mot révéler. Il leur donna un nouveau voile lorsqu'il fit de la sainte Kabbala l'héritage exclusif du peuple d'Israël et le secret inviolable de ses prêtres, les mystères d'Éleusis et de Thèbes en conservèrent parmi les nations quelques symboles déjà altérés, et dont la clef mystérieuse se perdait parmi les instruments d'une superstition toujours croissante. Jérusalem, meurtrière de ses prophètes, et prostituée tant de fois aux faux dieux des Syriens et des Babyloniens, avait enfin perdu à son tour la parole sainte, quand un sauveur, annoncé aux mages par l'étoile sacrée de l'initiation, vint déchirer le voile usé du vieux temple pour donner à l'Église un nouveau tissu de légendes et de symboles qui cache toujours aux profanes, et conserve aux élus toujours la même vérité.

Voilà ce que notre savant et malheureux Dupuis aurait dû lire dans les planisphères indiens et sur les tables de Denderah, et devant l'affirmation unanime de toute la nature et des monuments de la science de tous les âges, il n'aurait pas conclu à la négation du culte vraiment catholique, c'est-à-dire universel et éternel !

C'était le souvenir de cet absolu scientifique et religieux, de cette doctrine qui se résume en une parole, de cette parole, enfin, alternativement perdue et retrouvée, qui se transmettait aux élus de toutes les initiations antiques; c'était ce même souvenir, conservé ou profané peut-être dans l'ordre célèbre des templiers, qui devenait pour toutes les associations secrètes des rose-croix, des illuminés et des francs-maçons, la raison de leurs rites bizarres, de leurs signes plus ou moins conventionnels, et surtout de leur dévouement mutuel et de leur puissance.

Les doctrines et les mystères de la magie ont été profanés, nous ne voulons pas en disconvenir, et cette profanation même, renouvelée d'âge en âge, a été pour les imprudents révélateurs une grande et terrible leçon. Les gnostiques ont fait proscrire la gnose par les chrétiens et le sanctuaire officiel s'est fermé à la haute initiation. Ainsi la hiérarchie du savoir a été compromise par les attentats de l'ignorance usurpatrice, et les désordres du sanctuaire se sont reproduits dans l'État, car toujours, bon gré mal gré, le roi relève du prêtre, et c'est du sanctuaire éternel de l'enseignement divin que les pouvoirs de la terre pour se rendre durables attendront toujours leur consécration et leur force.

La clef de la science a été abandonnée aux enfants, et, comme on devait s'y attendre, cette clef se trouve actuellement égarée et comme perdue. Cependant un homme d'une haute intuition et d'un grand courage moral, le comte Joseph de Maistre, le catholique déterminé, confessant que le monde était sans religion et ne pouvait longtemps durer ainsi, tournait involontairement les yeux vers les derniers sanctuaires de l'occultisme et appelait de tous ses vœux le jour où l'affinité naturelle qui existe entre la science et la foi les réunirait enfin dans la tête d'un homme de génie. « Celui-là sera grand ! s'écriait-il, et il fera cesser le xviii° siècle, qui dure encore..... On parlera alors de notre stupidité actuelle comme nous parlons de la barbarie du moyen âge ! »

La prédiction du comte de Maistre se réalise ; l'alliance de la science et de la foi, consommée depuis longtemps, s'est enfin montrée, non pas à un homme de génie, il n'en faut pas pour voir la lumière, et d'ailleurs le génie n'a jamais rien prouvé, si ce n'est sa grandeur exceptionnelle et ses lumières inaccessibles à la foule. La grande vérité exige seulement qu'on la trouve, puis les plus simples d'entre le peuple pourront la comprendre et au besoin la démontrer.

Elle ne deviendra pourtant jamais vulgaire, parce qu'elle est hiérarchique et parce que l'anarchie seule flatte les préjugés de la foule ; il ne faut pas aux masses de vérités absolues, autrement le progrès s'arrêterait et la vie cesserait dans l'humanité, le va-et-vient des idées contraires, le choc des opinions, les passions de la mode déterminées toujours par les rêves du moment sont nécessaires à la croissance intellectuelle des peuples. Les foules le sentent bien, et c'est pour cela qu'elles abandonnent si volontiers la chaire des docteurs pour courir aux tréteaux du charlatan. Les hommes même qui passent pour s'occuper spécialement de philosophie, ressemblent presque toujours à ces enfants qui jouent à se proposer entre eux des énigmes, et qui s'empressent de mettre hors du jeu celui qui sait le mot d'avance, de peur que celui-là ne les empêche de jouer en ôtant tout son intérêt à l'embarras de leurs questions.

« Heureux ceux qui ont le cœur pur, car ils verront Dieu, » a dit la sagesse éternelle. La pureté du cœur épure donc l'intelligence et la rectitude de la volonté fait l'exactitude de l'entendement. Celui qui préfère à tout la vérité et la justice aura la justice et la vérité pour récompense, car la Providence suprême nous a donné la liberté pour que nous puissions conquérir la vie ; et la vérité même, quelque rigoureuse qu'elle soit, ne s'impose qu'avec douceur et ne fait jamais violence aux lenteurs ou aux égarements de notre volonté séduite par les attraits du mensonge.

Cependant, dit Bossuet, « avant qu'il y ait quelque

chose qui plaise ou qui déplaise à nos sens, il y a une vérité ; et c'est par elle seule que nos actions doivent être réglées, ce n'est pas par notre plaisir. » Le royaume de Dieu n'est pas l'empire de l'arbitraire, ni pour les hommes ni pour Dieu même. « Une chose, dit saint Thomas, n'est pas juste parce que Dieu la veut, mais Dieu la veut parce qu'elle est juste. » La balance divine régit et nécessite les mathématiques éternelles. « Dieu a tout fait avec le nombre, le poids et la mesure. » C'est ici la Bible qui parle. Mesurez un coin de la création, et faites une multiplication proportionnellement progressive, et l'infini tout entier multipliera ses cercles remplis d'univers qui passeront en segments proportionnels entre les branches idéales et croissantes de votre compas ; et maintenant supposez que d'un point quelconque de l'infini au-dessus de vous une main tienne un autre compas ou une équerre, les lignes du triangle céleste rencontreront nécessairement celles du compas de la science, pour former l'étoile mystérieuse de Salomon.

« Vous serez mesurés, dit l'Évangile, avec la mesure dont vous vous servez vous-mêmes. » Dieu n'entre pas en lutte avec l'homme pour l'écraser de sa grandeur, et il ne place jamais des poids inégaux dans sa balance. Lorsqu'il veut exercer les forces de Jacob, il prend la figure d'un homme, dont le patriarche supporte l'assaut pendant toute une nuit, et la fin de ce combat, c'est une bénédiction pour le vaincu, et avec la gloire d'avoir soutenu un pareil antagonisme le titre national d'*Israël*, c'est-à-dire un nom qui signifie : « fort contre Dieu. »

Nous avons entendu des chrétiens, plus zélés qu'instruits, expliquer d'une manière étrange le dogme de l'éternité des peines. « Dieu, disaient-ils, peut se venger infiniment d'une offense finie, parce que si la nature de l'offenseur a des bornes, la grandeur de l'offensé n'en a pas. » A ce titre et sous ce prétexte, un empereur de la terre devrait punir de mort l'enfant sans raison qui aurait par mégarde sali le bord de sa pourpre. Non, telles ne sont pas les prérogatives de la grandeur, et saint Augustin les comprenait mieux lorsqu'il écrivait : « Dieu est patient parce qu'il est éternel ! »

En Dieu tout est justice, parce que tout est bonté; il ne pardonne jamais à la manière des hommes, parce qu'il ne saurait s'irriter comme eux ; mais le mal étant de sa nature incompatible avec le bien, comme la nuit avec le jour, comme la dissonnance avec l'harmonie, l'homme d'ailleurs étant inviolable dans sa liberté, toute erreur s'expie, tout mal est puni par une souffrance proportionnelle : nous avons beau appeler Jupiter à notre secours quand notre char est embourbé, si nous ne prenons la pelle et la pioche comme le roulier de la fable, le Ciel ne nous tirera pas de l'ornière. « Aide-toi, le Ciel t'aidera! » Ainsi s'explique, d'une manière toute rationnelle et purement philosophique, l'éternité possible et nécessaire du châtiment avec une voie étroite ouverte à l'homme pour s'y soustraire, celle du repentir et du travail !

En se conformant aux règles de la force éternelle, l'homme peut s'assimiler à la puissance créatrice et devenir créateur et conservateur comme elle. Dieu n'a pas limité à un nombre restreint d'échelons la montée lumineuse de Jacob. Tout ce que la nature a fait inférieur à l'homme, elle le soumet à l'homme, c'est à lui d'agrandir son domaine en montant toujours! Ainsi la longueur et même la perpétuité de la vie, l'atmosphère et ses orages, la terre et ses filons métalliques, la lumière et ses prodigieux mirages, la nuit et ses rêves, la mort et ses fantômes, tout cela obéit au sceptre royal du mage, au bâton pastoral de Jacob, à la verge foudroyante de Moïse. L'adepte se fait roi des éléments, transformateur des métaux, arbitre des visions, directeur des oracles, maître de la vie, enfin, dans l'ordre mathématique de la nature, et conformément à la volonté de l'intelligence suprême. Voilà la magie dans toute sa gloire! Mais qui osera dans notre siècle ajouter foi à nos paroles? ceux qui voudront loyalement étudier et franchement savoir, car nous ne cachons plus la vérité sous le voile des paraboles ou des signes hiéroglyphiques, le temps est venu où tout doit être dit, et nous nous proposons de tout dire.

Nous allons découvrir non-seulement cette science toujours occulte qui, comme nous l'avons dit, se cachait sous les ombres des anciens mystères; qui a été mal révélée, ou plutôt indignement défigurée par les gnostiques; qu'on devine sous les obscurités qui couvrent les crimes prétendus des templiers, et qu'on retrouve enveloppée d'énigmes maintenant impénétrables dans les rites de la haute maçonnerie. Mais nous allons amener au grand jour le roi fantastique du sabbat, et montrer au fond de la magie noire elle-même, abandonnée depuis longtemps à la risée des petits-enfants de Voltaire, d'épouvantables réalités.

Pour un grand nombre de lecteurs, la magie est la science du diable. Sans doute. Comme la science de la lumière est celle de l'ombre.

Nous avouons d'abord hardiment que le diable ne nous

fait pas peur. « Je n'ai peur que de ceux qui craignent le diable, disait sainte Thérèse. » Mais aussi nous déclarons qu'il ne nous fait pas rire ; et que nous trouvons fort déplacées les railleries dont il est si souvent l'objet.

Quoi que ce soit, nous voulons l'amener devant la science.

Le diable et la science! — Il semble qu'en rapprochant deux noms aussi étrangement disparates, l'auteur de ce livre ait laissé voir d'abord toute sa pensée. Amener devant la lumière la personnification mystique des ténèbres, n'est-ce pas anéantir devant la vérité le fantôme du mensonge ? n'est-ce pas dissiper au jour les cauchemars informes de la nuit ? C'est ce que penseront, nous n'en doutons pas, les lecteurs superficiels, et ils nous condamneront sans nous entendre. Les chrétiens mal instruits croiront que nous venons saper le dogme fondamental de leur morale en niant l'enfer, et les autres demanderont à quoi bon combattre des erreurs qui ne trompent déjà plus personne ; c'est du moins ce qu'ils imaginent. Il importe donc de montrer clairement notre but et d'établir solidement nos principes. Nous disons d'abord aux chrétiens :

L'auteur de ce livre est chrétien comme vous. Sa foi est celle d'un catholique fortement et profondément convaincu : il ne vient donc pas nier des dogmes, il vient combattre l'impiété sous ses formes les plus dangereuses, celles de la fausse croyance et de la superstition ; il vient tirer des ténèbres le noir successeur d'Arimanes, afin d'étaler au grand jour sa gigantesque impuissance et sa redoutable misère ; il vient soumettre aux solutions de la science le problème antique du mal ; il veut découronner le roi des enfers et lui abaisser le front jusque sous le pied de la croix ! La science Vierge et mère, la science dont Marie est la douce et lumineuse image, n'est-elle pas prédestinée à écraser aussi la tête de l'ancien serpent?

Aux prétendus philosophes l'auteur dira : Pourquoi niez-vous ce que vous ne pouvez comprendre? L'incrédulité qui s'affirme en face de l'inconnu n'est-elle pas plus téméraire et moins consolante que la foi? Quoi, l'épouvantable figure du mal personnifié vous fait sourire? Vous n'entendez donc pas le sanglot éternel de l'humanité qui se débat et qui pleure broyée par les étreintes du monstre? N'avez-vous donc jamais vu le rire atroce du méchant opprimant le juste? N'avez-vous donc jamais senti s'ouvrir en vous-mêmes ces profondeurs infernales que creuse par instant dans toutes les âmes le génie de la perversité? Le mal moral existe, c'est une lamentable vérité; il règne dans certains esprits, il s'incarne dans certains hommes; il est donc personnifié, il existe donc des démons, et le plus méchant de ces démons est Satan. Voilà tout ce que je vous demande d'admettre, et ce qu'il vous sera difficile de ne pas m'accorder.

Qu'il soit bien entendu, d'ailleurs, que la science et la foi ne se prêtent un mutuel concours qu'autant que leurs domaines sont inviolables et séparés. Que croyons-nous? ce que nous ne pouvons absolument savoir bien que nous y aspirions de toutes nos forces. L'objet de la foi n'est pour la science qu'une hypothèse nécessaire, et jamais il ne faut juger des choses de la science avec les procédés de la foi, ni, réciproquement, des choses de la foi avec les procédés de la science. Le verbe de foi n'est pas scientifiquement discutable. « Je crois, parce que c'est absurde, » disait Tertullien, et cette parole, d'une apparence si paradoxale, est de la plus haute raison. En effet, au delà de tout ce que nous pouvons raisonnablement supposer, il y a un infini auquel nous aspirons d'une soif éperdue, et qui échappe même à nos rêves. Mais pour une appréciation finie, l'infini n'est-ce pas l'absurde? Nous sentons cependant que cela est. L'infini nous envahit; il nous déborde; il nous donne le vertige avec ses abîmes; il nous écrase de toute sa hauteur. Toutes les hypothèses scientifiquement probables sont les derniers crépuscules ou les dernières ombres de la science; la foi commence où la raison tombe épuisée... Au delà de la raison humaine, il y a la raison divine, le grand absurde pour ma faiblesse, l'absurde infini qui me confond et que je crois !

Mais le bien seul est infini; le mal ne l'est pas, et c'est pourquoi si Dieu est l'éternel objet de la foi, le diable appartient à la science. Dans quel symbole catholique, en effet, est-il question du diable? Ne serait-ce pas blasphémer que de dire : Nous croyons en lui? Il est nommé, mais non défini dans l'Écriture sainte; la Genèse ne parle nulle part d'une prétendue chute des anges; elle attribue le péché du premier homme au serpent, le plus rusé et le plus dangereux des êtres animés. Nous savons quelle est à ce sujet la tradition chrétienne; mais si cette tradition s'explique par une des plus grandes et des plus universelles allégories de la science, qu'importera cette solution à la foi qui aspire à Dieu seul, et méprise les pompes et les œuvres de Lucifer?

Lucifer ! Le porte-lumière ! quel nom étrange donné à l'esprit des ténèbres. Quoi c'est lui qui porte la lumière et qui aveugle les âmes faibles? Oui, n'en doutez pas, car les traditions sont pleines de révélations et d'inspirations divines.

« Le diable porte la lumière, et souvent même, dit saint Paul, il se transfigure en ange de splendeur. » — « J'ai vu, disait le Sauveur du monde, j'ai vu Satan tomber du ciel comme la foudre. » — « Comment es-tu tombée du ciel, s'écrie le prophète Isaïe, étoile lumineuse, toi qui te levais le matin? » Lucifer est donc une étoile tombée; c'est un météore qui brûle toujours et qui incendie lorsqu'il n'éclaire plus.

Mais ce Lucifer, est-ce une personne ou une force? Est-ce un ange ou un tonnerre égaré? La tradition suppose que c'est un ange; mais le Psalmiste ne dit-il pas au psaume 103 : « Vous faites vos anges des tempêtes et vos ministres des feux rapides? » Le mot *ange* est donné dans la Bible à tous les envoyés de Dieu : messagers ou créations nouvelles, révélateurs ou fléaux, esprits rayonnants ou choses éclatantes. Les flèches de feu que le Très Haut darde dans les nuages sont les anges de sa colère, et ce langage figuré est familier à tous les lecteurs des poésies orientales.

Après avoir été pendant le moyen âge la terreur du monde, le diable en est devenu la risée. Héritier des formes monstrueuses de tous les faux dieux successivement renversés, le grotesque épouvantail a été rendu ridicule à force de difformité et de laideur.

Observons pourtant une chose : c'est que ceux-là seuls osent rire du diable qui ne craignent pas Dieu. Le diable, pour bien des imaginations malades, aurait-il donc été l'ombre de Dieu même, ou plutôt ne serait-il pas souvent l'idole des âmes basses, qui ne comprennent le pouvoir surnaturel que comme l'exercice impuni de la cruauté ?

Il est important de savoir enfin si l'idée de cette puissance mauvaise peut se concilier avec celle de Dieu. Si en un mot le diable existe, et s'il existe, ce que c'est.

Il ne s'agit pas ici d'une superstition ou d'un personnage ridicule : il s'agit de la religion tout entière, et par conséquent de tout l'avenir et de tous les intérêts de l'humanité.

Nous sommes vraiment des raisonneurs étranges ! Nous nous croyons bien forts quand nous sommes indifférents à tout, excepté aux résultats matériels, à l'argent, par exemple ; et nous laissons aller au hasard les idées mères de l'opinion qui, par ses revirements, bouleverse ou peut bouleverser toutes les fortunes.

Une conquête de la science est bien plus importante que la découverte d'une mine d'or. Avec la science, on emploie l'or au service de la vie ; avec l'ignorance, la richesse ne fournit que des instruments à la mort.

Qu'il soit bien entendu d'ailleurs que nos révélations scientifiques s'arrêtent devant la foi, et que, comme chrétien et comme catholique, nous soumettons notre œuvre tout entière au jugement suprême de l'Église.

Et maintenant à ceux qui doutent de l'existence du diable, nous répondons:

Tout ce qui a un nom existe ; la parole peut être proférée en vain, mais en elle-même elle ne saurait être vaine et elle a toujours un sens.

Le Verbe n'est jamais vide, et s'il est écrit qu'il est en Dieu, et qu'il est Dieu, c'est qu'il est l'expression et la preuve de l'être et de la vérité.

Le diable est nommé et personnifié dans l'Évangile, qui est le Verbe de vérité, donc il existe, et il peut être considéré comme une personne. Mais ici c'est le chrétien qui s'incline ; laissons parler la science ou la raison, c'est la même chose.

Le mal existe, il est impossible d'en douter. Nous pouvons faire bien ou mal.

Il est des êtres qui sciemment et volontairement font le mal.

L'esprit qui anime ces êtres et qui les excite à mal faire est dévoyé, détourné de la bonne route, jeté en travers du bien comme un obstacle ; et voilà précisément ce que signifie le mot grec *diabolos*, que nous traduisons par le mot *diable*.

Les esprits qui aiment et font le mal sont accidentellement mauvais.

Il y a donc un diable qui est l'esprit d'erreur, d'ignorance volontaire, de vertige ; et il y a des êtres qui lui obéissent, qui sont ses envoyés, ses émissaires, ses *anges*, et c'est pour cela qu'il est parlé dans l'Évangile d'un feu éternel qui est *préparé*, prédestiné en quelque sorte au diable et à ses anges. Ces paroles sont toute une révélation et nous aurons à les approfondir.

Définissons d'abord bien nettement le mal ; le mal c'est le défaut de rectitude dans l'être.

Le mal moral est le mensonge en actions comme le mensonge est le crime en paroles.

L'injustice est l'essence du mensonge ; tout mensonge est une injustice.

Quand ce qu'on dit est juste, il n'y a pas mensonge.

Quand on agit équitablement et d'une manière vraie, il n'y a pas péché.

L'injustice est la mort de l'être moral, comme le mensonge est le poison de l'intelligence.

L'esprit de mensonge est donc un esprit de mort.

Ceux qui l'écoutent sont empoisonnés par lui et sont ses dupes.

Mais s'il fallait prendre sa personnification absolue au sérieux, il serait lui-même absolument mort et absolument trompé, c'est-à-dire que l'affirmation de son existence impliquerait une évidente contradiction.

Jésus a dit : « Le diable est menteur ainsi que son père. »

Qu'est-ce que le père du diable?

C'est celui qui lui donne une existence personnelle en vivant d'après ses inspirations; l'homme qui se fait diable est le père du mauvais esprit incarné.

Mais il est une conception téméraire, impie, monstrueuse.

Une conception traditionnelle comme l'orgueil des pharisiens.

Une création hybride qui a donné une apparente raison contre les magnificences du christianisme à la mesquine philosophie du xviii° siècle.

C'est le faux Lucifer de la légende hétérodoxe; c'est cet ange assez fier pour se croire Dieu, assez courageux pour acheter l'indépendance au prix d'une éternité de supplices, assez beau pour avoir pu s'adorer en pleine lumière divine; assez fort pour régner encore dans les ténèbres et la douleur, et pour se faire un trône de son inextinguible bûcher, c'est le Satan du républicain et de l'hérétique Milton, c'est ce prétendu héros des éternités ténébreuses calomnié de laideur, affublé de cornes et de griffes qui conviendraient plutôt à son tourmenteur implacable.

C'est ce diable roi du mal, comme si le mal était un royaume !

Ce diable plus intelligent que les hommes de génie qui craignaient ses déceptions.

Cette lumière noire, ces ténèbres qui voient. Ce pouvoir que Dieu n'a pas voulu, et qu'une créature déchue n'a pu créer.

Ce prince de l'anarchie servi par une hiérarchie de purs esprits.

Ce banni de Dieu qui serait partout comme Dieu est sur la terre, plus visible, plus présent au plus grand nombre, mieux servi que Dieu même !

Ce vaincu auquel le vainqueur donnerait ses enfants à dévorer !

Cet artisan des péchés de la chair à qui la chair n'est rien, et qui ne saurait par conséquent rien être à la chair, si on ne l'en suppose créateur et maître comme Dieu !

Un immense mensonge réalisé, personnifié, éternel !

Une mort qui ne peut mourir !

Un blasphème que le verbe de Dieu ne fera jamais taire !

Un empoisonneur des âmes que Dieu tolérerait par une contradiction de sa puissance, ou qu'il conserverait comme les empereurs romains avaient conservé Locusta, parmi les instruments de son règne !

Un supplicié toujours vivant pour maudire son juge et pour avoir raison contre lui puisqu'il ne se repentira jamais !

Un monstre accepté comme bourreau par la souveraine puissance et qui, suivant l'énergique expression d'un ancien écrivain catholique peut appeler Dieu le Dieu du diable en se donnant lui-même comme un diable de Dieu !

Là est le fantôme irréligieux qui calomnie la religion, ôtez-nous cette idole qui nous cache notre sauveur. A bas le tyran du mensonge ! A bas le Dieu noir des manichéens ! A bas l'Arimane des anciens idolâtres ! Vive Dieu seul et son Verbe incarné, Jésus-Christ, le sauveur du monde, qui a vu Satan tomber du ciel ! et vive Marie, la divine mère qui a écrasé la tête de l'infernal serpent !

Voilà ce que *disent*, avec unanimité, la tradition des saints et les cœurs de tous les vrais fidèles : Attribuer une grandeur quelconque à l'esprit déchu, c'est calomnier la divinité; prêter une royauté quelconque à l'esprit rebelle, c'est encourager la révolte, c'est commettre, en pensée du moins, le crime de ceux qu'au moyen âge on appelait avec horreur des *sorciers*.

Car tous les crimes punis autrefois de mort sur les anciens sorciers, sont réels et sont les plus grands de tous les crimes.

Ils ont ravi le feu du ciel, comme Prométhée.

Ils ont chevauché, comme Médée, les dragons ailés et le serpent volant.

Ils ont empoisonné l'air respirable, comme l'ombre du mancenillier.

Ils ont profané les choses saintes et fait servir le corps même du Seigneur à des œuvres de destruction et de malheur.

Comment tout cela est-il possible? C'est qu'il existe un agent mixte, un agent naturel et divin, corporel et spirituel, un médiateur plastique universel, un réceptacle commun des vibrations du mouvement et des images de la forme, un fluide et une force qu'on pourrait appeler en quelque manière l'*imagination de la nature*. Par cette force tous les appareils nerveux communiquent secrètement ensemble; de là naissent la sympathie et l'antipathie; de là viennent les rêves; par là se produisent les phénomènes de seconde vue et de vision extranaturelle. Cet agent universel des œuvres de la nature, c'est l'*od* des hébreux et du chevalier de Richembach, c'est la lumière astrale des martinistes, et nous préférons, comme plus explicite, cette dernière appellation.

L'existence et l'usage possible de cette force sont le grand arcane de la magie pratique. C'est la baguette des thaumaturges et la clavicule de la magie noire.

C'est le serpent édénique qui a transmis à Ève les séductions d'un ange déchu.

La lumière astrale aimante, échauffe, éclaire, magnétise, attire, repousse, vivifie, détruit, coagule, sépare, brise, rassemble toutes choses sous l'impulsion des volontés puissantes.

Dieu l'a créée au premier jour lorsqu'il a dit le FIAT LUX!

C'est une force aveugle en elle-même, mais qui est dirigée par les *égrégores*, c'est-à-dire par les chefs des âmes. Les chefs des âmes sont les esprits d'énergie et d'action.

Ceci explique déjà toute la théorie des prodiges et des miracles. Comment, en effet, les bons et les méchants pourraient-ils forcer la nature à laisser voir les forces exceptionnelles? comment y aurait-il miracles divins et miracles diaboliques? comment l'esprit réprouvé, l'esprit égaré, l'esprit dévoyé, aurait-il plus de force en certain cas et de certaine manière que le juste, si puissant de sa simplicité et de sa sagesse, si l'on ne suppose pas un instrument dont tous peuvent se servir, suivant certaines conditions, les uns pour le plus grand bien, les autres pour le plus grand mal?

Les magiciens de Pharaon faisaient d'abord les mêmes prodiges que Moïse. L'instrument dont ils se servaient était donc le même, l'inspiration seule était différente, et quand ils se déclarèrent vaincus, ils proclamèrent que suivant eux les forces humaines étaient à bout, et que Moïse devait avoir en lui quelque chose de surhumain. Or cela se passait dans cette Égypte, mère des initiations magiques, dans cette terre où tout était science occulte et enseignement hiérarchique et sacré. Était-il plus difficile cependant de faire apparaître des mouches que des grenouilles? Non, certainement; mais les magiciens savaient que la projection fluidique par laquelle on fascine les yeux ne saurait s'étendre au delà de certaines limites, et pour eux déjà ces limites étaient dépassées par Moïse.

Quand le cerveau se congestionne ou se surcharge de lumière astrale, il se produit un phénomène particulier. Les yeux, au lieu de voir en dehors, voient en dedans; la nuit se fait à l'extérieur dans le monde réel et la clarté fantastique rayonne seule dans le monde des rêves. L'œil alors semble retourné et souvent, en effet, il se convulse légèrement et semble rentrer en tournant sous la paupière. L'âme alors aperçoit par des images le reflet de ses impressions et de ses pensées, c'est-à-dire que l'analogie qui existe entre telle idée et telle forme, attire dans la lumière astrale le reflet représentatif de cette forme, car l'essence de la lumière vivante c'est d'être configurative, c'est l'imagination universelle dont chacun de nous s'approprie une part plus ou moins grande, suivant son degré de sensibilité et de mémoire. Là est la source de toutes les apparitions, de toutes les visions extraordinaires et de tous les phénomènes intuitifs qui sont propres à la folie ou à l'extase.

Le phénomène d'appropriation et d'assimilation de la lumière par la sensiblité qui voit, est un des plus grands qu'il soit donné à la science d'étudier. On trouvera peut-être un jour que voir c'est déjà parler, et que la conscience de la lumière est le crépuscule de la vie éternelle dans l'être, la parole de Dieu, qui crée la lumière, semble être proférée par toute intelligence, qui peut se rendre compte des formes et qui veut regarder. — Que la lumière soit! La lumière, en effet, n'existe à l'état de splendeur que pour les yeux qui la regardent, et l'âme amoureuse du spectacle des beautés universelles, et appliquant son attention à cette écriture lumineuse du livre infini qu'on appelle les choses visibles, semble crier, comme Dieu à l'aurore du premier jour, ce verbe sublime et créateur : Fiat lux!

Tous les yeux ne voient pas de même, et la création n'est pas pour tous ceux qui la regardent de la même forme et de la même couleur. Notre cerveau est un livre imprimé au dedans et au dehors, et pour peu que l'attention s'exalte, les écritures se confondent. C'est ce qui se produit constamment dans l'ivresse et dans la folie. Le rêve alors triomphe de la vie réelle et plonge la raison dans un incurable sommeil. Cet état d'hallucination a ses degrés, toutes les passions sont des ivresses, tous les enthousiasmes sont des folies relatives et graduées. L'amoureux voit seul des perfections infinies autour d'un objet qui le fascine et qui l'enivre. Pauvre ivrogne de voluptés! demain ce parfum du vin qui l'attire sera pour lui une réminiscence répugnante et une cause de mille nausées et de mille dégoûts!

Savoir user de cette force, et ne se laisser jamais envahir et surmonter par elle, marcher sur *la tête du serpent*, voilà ce que nous apprend la magie de lumière: dans cet arcane sont contenus tous les mystères du magnétisme, qui peut déjà donner son nom à toute la partie pratique de la haute magie des anciens.

Le magnétisme, c'est la baguette des miracles, mais pour les initiés seulement; car pour les imprudents qui voudraient s'en faire un jouet ou un instrument au service de leurs passions, elle devient redoutable comme cette gloire foudroyante qui, suivant les allégories de la fable, consuma la trop ambitieuse Sémélé dans les embrassements de Jupiter.

Un des grands bienfaits du magnétisme, c'est de rendre évidente, par des faits incontestables, la spiritualité, l'unité et l'immortalité de l'âme. La spiritualité, l'unité et l'immortalité une fois démontrées, Dieu apparaît à toutes les intelligences et à tous les cœurs. Puis de la croyance à Dieu et aux harmonies de la création, on est amené à cette grande harmonie religieuse, qui ne saurait exister en dehors de la hiérarchie miraculeuse et légitime de l'Église catholique, la seule qui ait conservé toutes les traditions de la science et de la foi.

La tradition première de la révélation unique a été conservée sous le nom de *kabbale* par le sacerdoce d'Israël. La doctrine kabbalistique, qui est le dogme de la haute magie, est contenue dans le Sepher Jézirah, le Sohar et le Talmud. Suivant cette doctrine, l'absolu c'est l'être dans lequel se trouve le Verbe, qui est l'expression de la raison d'être et de la vie.

L'être est l'être, אהיה אשר אהיה. Voilà le principe.

Dans le principe était, c'est-à-dire est, a été, et sera le Verbe, c'est-à-dire la raison qui parle.

Εν αρχη ην ο λογος!

Le Verbe est la raison de la croyance, et en lui aussi est l'expression de la foi qui vivifie la science. Le Verbe, λογος, est la source de la logique. Jésus est le Verbe incarné. L'accord de la raison avec la foi, de la science avec la croyance, de l'autorité avec la liberté, est devenu dans les temps modernes l'énigme véritable du sphinx; et en même temps que ce grand problème on a soulevé celui des droits respectifs de l'homme et de la femme; cela devait être, car entre tous ces termes d'une grande et suprême question, l'analogie est constante et les difficultés, comme les rapports, sont invariablement les mêmes.

Ce qui rend paradoxale, en apparence, la solution de ce nœud gordien de la philosophie et de la politique moderne, c'est que pour accorder les termes de l'équation qu'il s'agit de faire, on affecte toujours de les mêler ou de les confondre.

S'il y a une absurdité suprême, en effet, c'est de chercher comment la foi pourrait être une raison, la raison une croyance, la liberté une autorité ; et réciproquement, la femme un homme et l'homme une femme. Ici les définitions mêmes s'opposent à la confusion, et c'est en distinguant parfaitement les termes qu'on arrive à les accorder. Or, la distinction parfaite et éternelle des deux termes primitifs du syllogisme créateur, pour arriver à la démonstration de leur harmonie par l'analogie des contraires, cette distinction, disons-nous, est le second grand principe de cette philosophie occulte, voilée sous le nom de *kabbale* et indiquée par tous les hiéroglyphes sacrés des anciens sanctuaires et des rites encore si peu connus de la maçonnerie ancienne et moderne.

On lit dans l'Écriture que Salomon fit placer devant la porte du temple deux colonnes de bronze, dont l'une s'appelait Jakin et l'autre Boaz, ce qui signifie *le fort* et *le faible*. Ces deux colonnes représentaient l'homme et la femme, la raison et la foi, le pouvoir et la liberté, Caïn et Abel, le droit et le devoir ; c'étaient les colonnes du monde intellectuel et moral, c'était l'hiéroglyphe monumental de l'antinomie nécessaire à la grande loi de création. Il faut, en effet, à toute force une résistance pour appui, à toute lumière une ombre pour repoussoir, à toute saillie un creux, à tout épanchement un réceptacle, à tout règne un royaume, à tout souverain un peuple, à tout travailleur une matière première, à tout conquérant un sujet de conquête. L'affirmation se pose par la négation, le fort ne triomphe qu'en comparaison avec le faible, l'aristocratie ne se manifeste qu'en s'élevant au-dessus du peuple. Que le faible puisse devenir fort, que le peuple puisse conquérir une position aristocratique, c'est une question de transformation et de progrès, mais ce qu'on peut en dire n'arrivera qu'à la confirmation des vérités premières, le faible sera toujours le faible, peu importe que ce ne soit plus le même personnage. De même le peuple sera toujours le peuple, c'est-à-dire la masse gouvernable et incapable de gouverner. Dans la grande armée des inférieurs, toute émancipation personnelle est une désertion forcée, rendue heureusement insensible par un remplacement éternel ; un peuple-roi ou un peuple de rois supposerait l'esclavage du monde et l'anarchie dans une seule et indisciplinable cité, comme il en était à Rome du temps de sa plus grande gloire. Une nation de souverains serait nécessairement aussi anarchique qu'une classe de savants ou d'écoliers qui se croiraient maîtres ; personne n'y voudrait écouter, et tous dogmatiseraient et commanderaient à la fois.

On peut en dire autant de l'émancipation radicale de la femme. Si la femme passe de la condition passive à la condition active, intégralement et radicalement, elle abdique son sexe et devient homme, ou plutôt, comme une telle transformation est physiquement impossible, elle arrive à l'affirmation par une double négation, et se pose en dehors des deux sexes, comme un androgyne stérile et monstrueux. Telles sont les conséquences forcées du grand dogme kabbalistique de la distinction des contraires pour arriver à l'harmonie par l'analogie de leurs rapports.

Ce dogme une fois reconnu, et l'application de ses conséquences étant faite universellement par la loi des analogies, on arrive à la découverte des plus grands secrets de la sympathie et de l'antipathie naturelle, de la science du gouvernement, soit en politique, soit en mariage, de la médecine occulte dans toutes ses branches, soit magnétisme, soit homœopathie, soit influence morale; et d'ailleurs, comme nous l'expliquerons, la loi d'équilibre en analogie conduit à la découverte d'un agent universel, qui était le grand arcane des alchimistes et des magiciens du moyen âge. Nous avons dit que cet agent est une lumière de vie dont les êtres animés sont aimantés, et dont l'électricité n'est qu'un accident et comme une perturbation passagère. A la connaissance et à l'usage de cet agent se rapporte tout ce qui tient à la pratique de la kabbale merveilleuse dont nous aurons bientôt à nous occuper, pour satisfaire la curiosité de ceux qui cherchent dans les sciences secrètes plutôt des émotions que de sages enseignements.

La religion des kabbalistes est à la fois toute d'hypothèses et toute de certitude, car elle procède par analogie du connu à l'inconnu. Ils reconnaissent la religion comme un besoin de l'humanité, comme un fait évident et nécessaire, et là seulement est pour eux la révélation divine, permanente et universelle. Ils ne contestent rien de ce qui est, mais ils rendent raison de toute chose. Aussi leur doctrine, en marquant nettement la ligne de séparation qui doit éternellement exister entre la science et la foi, donne-t-elle à la foi la plus haute raison pour base, ce qui lui garantit une éternelle et incontestable durée; viennent ensuite les formules populaires du dogme qui, seules, peuvent varier et s'entre-détruire; le kabbaliste n'est pas ébranlé pour si peu et trouve tout d'abord une raison aux plus étonnantes formules des mystères. Aussi sa prière peut-elle s'unir à celle de tous les hommes pour la diriger, en l'illustrant de science et de raison, et l'amener à l'orthodoxie. Qu'on lui parle de Marie, il s'inclinera devant cette réalisation de tout ce qu'il y a de divin dans les rêves de l'innocence et de tout ce qu'il y a d'adorable dans la sainte folie du cœur de toutes les mères Ce n'est pas lui qui refusera des fleurs aux autels de la mère de Dieu, des rubans blancs à ses chapelles, des larmes même à ses naïves légendes! Ce n'est pas lui qui rira du Dieu vagissant de la crèche et de la victime sanglante du Calvaire; il répète cependant au fond de son cœur, avec les sages d'Israël et les vrais croyants de l'Islam : « Il n'y a qu'un Dieu, et c'est Dieu; » ce qui veut dire pour un initié aux vraies sciences : « Il n'y a qu'un Être, et c'est l'Être ! » Mais tout ce qu'il y a de politique et de touchant dans les croyances, mais la splendeur des cultes, mais la pompe des créations divines, mais la grâce des prières, mais la magie des espérances du ciel; tout cela n'est-il pas un rayonnement de l'être moral dans toute sa jeunesse et dans toute sa beauté? Oui, si quelque chose peut éloigner le véritable initié des prières publiques et des temples, ce qui peut soulever chez lui le dégoût ou l'indignation contre une forme religieuse quelconque, c'est l'incroyance visible des ministres ou du peuple, c'est le peu de dignité dans les cérémonies du culte, c'est la profanation, en un mot, des choses saintes. Dieu est réellement présent lorsque des âmes recueillies et des cœurs touchés l'adorent; il est sensiblement et terriblement absent lorsqu'on parle de lui sans feu et sans lumière, c'est-à-dire sans intelligence et sans amour.

L'idée qu'il faut avoir de Dieu, suivant la sage

kabbale, c'est saint Paul lui-même qui va nous la révéler : « Pour arriver à Dieu, dit cet apôtre, il faut croire qu'il est et qu'il récompense ceux qui le cherchent. »

Ainsi, rien en dehors de l'idée d'être, jointe à la notion de bonté et de justice, car cette idée seule est l'absolu. Dire que Dieu n'est pas, ou définir ce qu'il est, c'est également blasphémer. Toute définition de Dieu, risquée par l'intelligence humaine, est une recette d'empirisme religieux, au moyen de laquelle la superstition, plus tard, pourra alambiquer un diable.

Dans les symboles kabbalistiques, Dieu est toujours représenté par une double image, l'une droite, l'autre renversée, l'une blanche et l'autre noire. Les sages ont voulu exprimer ainsi la conception intelligente et la conception vulgaire de la même idée, le dieu de lumière et le dieu d'ombre; c'est à ce symbole mal compris qu'il faut reporter l'origine de l'Arimane des Perses, ce noir et divin ancêtre de tous les démons; le rêve du roi infernal, en effet, n'est qu'une fausse idée de Dieu.

La lumière seule, sans ombre, serait invisible pour nos yeux, et produirait un éblouissement équivalent aux plus profondes ténèbres. Dans les analogies de cette vérité physique, bien comprise et bien méditée, on trouvera la solution du plus terrible des problèmes ; l'origine du mal. Mais la connaissance parfaite de cette solution et de toutes ses conséquences n'est pas faite pour la multitude, qui ne doit pas entrer si facilement dans les secrets de l'harmonie universelle. Aussi, lorsque l'initié aux mystères d'Éleusis avait parcouru triomphalement toutes les épreuves, lorsqu'il avait vu et touché les choses saintes, si on le jugeait assez fort pour supporter le dernier et le plus terrible de tous les secrets, un prêtre voilé s'approchait de lui en courant, et lui jetait dans l'oreille cette parole énigmatique : *Osiris est un dieu noir*. Ainsi cet Osiris, dont Typhon est l'oracle, ce divin soleil religieux de l'Égypte, s'éclipsait tout à coup et n'était plus lui-même que l'ombre de cette grande et indéfinissable Isis, qui est tout ce qui a été et tout ce qui sera, mais dont personne encore n'a soulevé le voile éternel.

La lumière pour les kabbalistes représente le principe actif, et les ténèbres sont analogues au principe passif ; c'est pour cela qu'ils firent du soleil et de la lune l'emblème des deux sexes divins et des deux forces créatrices ; c'est pour cela qu'ils attribuèrent à la femme la tentation et le péché d'abord, puis le premier travail, le travail maternel de la rédemption puisque c'est du sein des ténèbres mêmes qu'on voit renaître la lumière. Le vide attire le plein, et c'est ainsi que l'abîme de pauvreté et de misère, le prétendu mal, le prétendu néant, la passagère rébellion des créatures attire éternellement un océan d'être, de richesse, de miséricorde et d'amour. Ainsi s'explique le symbole du Christ descendant aux enfers après avoir épuisé sur la croix toutes les immensités du plus admirable pardon.

Par cette loi de l'harmonie dans l'analogie des contraires, les kabbalistes expliquaient aussi tous les mystères de l'amour sexuel ; pourquoi cette passion est plus durable entre deux natures inégales et deux caractères opposés ? Pourquoi en amour il y a toujours un sacrificateur et une victime, pourquoi les passions les plus obstinées sont celles dont la satisfaction paraît impossible. Par cette loi aussi ils eussent réglé à jamais la question de préséance entre les sexes, question que le saint-simonisme seul a pu soulever sérieusement de nos jours. Ils eussent trouvé que la force naturelle de la femme étant la force d'inertie ou de résistance, le plus imprescriptible de ses droits, c'est le droit à la pudeur; et qu'ainsi elle ne doit rien faire ni rien ambitionner de tout ce qui demande une sorte d'effronterie masculine. La nature y a d'ailleurs bien pourvu en lui donnant une voix douce qui ne pourrait se faire entendre dans les grandes assemblées sans arriver à des tons ridiculement criards. La femme qui aspirerait aux fonctions de l'autre sexe, perdrait par cela même les prérogatives du sien. Nous ne savons jusqu'à quel point elle arriverait à gouverner les hommes, mais à coup sûr les hommes, et ce qui serait plus cruel pour elle, les enfants mêmes ne l'aimeraient plus.

La loi conjugale des kabbalistes donne par analogie la solution du problème le plus intéressant et le plus difficile de la philosophie moderne. L'accord définitif et durable de la raison et de la foi, de l'autorité et de la liberté d'examen, de la science et de la croyance. Si la science est le soleil, la croyance est la lune : c'est un reflet du jour dans la nuit. La foi est le supplément de la raison, dans les ténèbres que laisse la science, soit devant elle, soit derrière elle; elle émane de la raison, mais elle ne peut jamais ni se confondre avec elle, ni la confondre. Les empiétements de la raison sur la foi ou de la foi sur la raison, sont des éclipses de soleil ou de lune; lorsqu'elles arrivent, elles rendent inutiles à la fois le foyer et le réflecteur de la lumière.

La science périt par les systèmes qui ne sont autre chose que des croyances, et la foi succombe au raisonnement. Pour que les deux colonnes du temple soutiennent l'édifice, il faut qu'elles soient séparées et placées en parallèle. Dès qu'on veut violemment les rapprocher comme Sanson, on les renverse et tout l'édifice s'écroule sur la tête du téméraire aveugle ou du révolutionnaire, que des ressentiments personnels ou nationaux ont d'avance voué à la mort.

Les luttes du pouvoir spirituel et du pouvoir temporel ont été de tout temps dans l'humanité de grandes querelles de ménage. La papauté jalouse du pouvoir temporel n'était qu'une mère de famille jalouse de supplanter son mari : aussi perdit-elle la confiance de ses enfants. Le pouvoir temporel à son tour, lorsqu'il usurpe sur le sacerdoce, est aussi ridicule que le serait un homme en prétendant s'entendre mieux qu'une mère aux soins de l'intérieur et du berceau. Ainsi les Anglais, par exemple, au point de vue moral et religieux, sont des enfants emmaillottés par des hommes ; on s'en aperçoit bien à leur tristesse et à leur ennui.

Si le dogme religieux est un conte de nourrice, pourvu qu'il soit ingénieux et d'une morale bienfaisante, il est parfaitement vrai pour l'enfant, et le père de famille serait fort sot d'y contredire. Aux mères, donc, le monopole des récits merveilleux, des petits soins et des chansons. La maternité est le type des sacerdoces, et c'est parce que l'Église doit être exclusivement mère, que le prêtre catholique renonce à être homme et abjure devant elle d'avance ses droits à la paternité.

On n'aurait jamais dû l'oublier : la papauté est une mère universelle ou elle n'est rien. La papesse Jeanne, dont les protestants ont fait une scandaleuse histoire, n'est peut-être qu'une ingénieuse allégorie, et quand les souverains pontifes ont malmené les empereurs et les rois, c'était la papesse Jeanne qui voulait battre son mari au grand scandale du monde chrétien. Aussi les schismes et les hérésies n'ont-ils été au fond, nous le répétons, que des disputes conjugales ; l'Église et le protestantisme disent du mal l'un de l'autre et se regrettent, affectent de s'éviter et s'ennuient d'être l'un sans l'autre, comme des époux séparés.

Ainsi par la kabale, et par elle seule, tout s'explique et se concilie. C'est une doctrine qui vivifie et féconde toutes les autres, elle ne détruit rien et donne au contraire la raison d'être de tout ce qui est. Aussi toutes les forces du monde sont-elles au service de cette science unique et supérieure, et le vrai kabbaliste peut-il disposer à son gré sans hypocrisie et sans mensonge, de la science des sages et de l'enthousiasme des croyants. Il est plus catholique que M. de Maistre, plus protestant que Luther, plus israélite que le grand rabbin, plus prophète que Mahomet ; n'est-il pas au-dessus des systèmes et des passions qui obscurcissent la vérité, et ne peut-il pas à volonté en réunir tous les rayons épars et diversement réfléchis par tous les fragments de ce miroir brisé qui est la foi universelle, et que les hommes prennent pour tant de croyances opposées et différentes ? Il n'y a qu'un être, il n'y a qu'une vérité, il n'y a qu'une loi et qu'une foi, comme il n'y a qu'une humanité en ce monde : אתיה אשר אתית.

Arrivé à de pareilles hauteurs intellectuelles et morales, on comprend que l'esprit et le cœur humain jouissent d'une paix profonde ; aussi ces mots : *Paix profonde, mes frères !* étaient-ils la parole de maître dans la haute maçonnerie, c'est-à-dire dans l'association des initiés à la kabbale.

La guerre que l'Église a dû déclarer à la magie a été nécessitée par les profanations de faux gnostiques, mais la vraie science des mages est essentiellement catholique, parce qu'elle base toute sa réalisation sur le principe de la hiérarchie. Or, dans l'Église catholique seule il y a une hiérarchie sérieuse et absolue. C'est pour cela que les vrais adeptes ont toujours professé pour cette Église le plus profond respect et l'obéissance la plus absolue. Henri Khunrath seul a été un protestant déterminé; mais en cela il était allemand de son époque plutôt que citoyen mystique du royaume éternel.

L'essence de l'antichristianisme est l'exclusion et l'hérésie, c'est le déchirement du corps du Christ, suivant la belle expression de saint Jean : *Omnis spiritus qui solvit Christum hic Antechristus est.* C'est que la religion est la charité. Or, il n'y a pas de charité dans l'anarchie.

La magie aussi a eu ses hérésiarques et ses sectaires, ses hommes de prestiges et ses sorciers. Nous aurons à venger la légitimité de la science, des usurpations de l'ignorance, de la folie et de la fraude, et c'est en cela surtout que notre travail pourra être utile et sera entièrement nouveau.

On n'a jusqu'à présent traité l'histoire de la magie que comme les annales d'un préjugé, ou les chroniques plus ou moins exactes d'une série de phénomènes; personne, en effet, ne croyait plus que la magie fût une science. Une histoire sérieuse de cette science retrouvée doit en indiquer les développements et les progrès; nous marchons donc en plein sanctuaire au lieu de longer des ruines, et nous allons trouver ce sanctuaire enseveli si longtemps sous les cendres de quatre civilisations, plus merveilleusement conservé que ces villes-momies sorties dernièrement des cendres du Vésuve, dans toute leur beauté morte et leur majesté désolée.

Dans son plus magnifique ouvrage, Bossuet a montré la religion liée partout avec l'histoire : qu'aurait-il dit s'il avait su qu'une science, née pour ainsi dire avec le monde, rend raison à la fois des dogmes primitifs de la religion unique et universelle en les unissant aux théorèmes les plus incontestables des mathématiques et de la raison ?

La magie dogmatique est la clef de tous les secrets non encore approfondis par la philosophie de l'histoire ; et la magie pratique ouvre seule à la puissance, toujours limitée mais toujours progressive de la volonté humaine. le temple occulte de la nature.

Nous n'avons pas la prétention impie d'expliquer par la magie les mystères de la religion ; mais nous enseignerons comment la science doit accepter et révérer ces mystères. Nous ne dirons plus que la raison doit s'humilier devant la foi ; elle doit au contraire s'honorer d'être croyante ; car c'est la foi qui sauve la raison des horreurs du néant sur le bord des abîmes pour la rattacher à l'infini.

L'orthodoxie en religion est le respect de la hiérarchie, seule gardienne de l'unité. Or, ne craignons pas de le répéter, la magie est essentiellement la science de la hiérarchie. Ce qu'elle proscrit avant tout, qu'on se le rappelle bien, ce sont les doctrines anarchiques ; et elle démontre, par les lois mêmes de la nature, que l'harmonie est inséparable du pouvoir et de l'autorité.

Ce qui fait, pour le plus grand nombre des curieux, l'attrait principal de la magie, c'est qu'ils y voient un moyen extraordinaire de satisfaire leurs passions. Non, disent les avares, le secret d'Hermès pour la transmutation des métaux n'existe pas, autrement nous l'achèterions et nous serions riches!... Pauvres fous, qui croient qu'un pareil secret puisse se vendre! et quel besoin aurait de votre argent celui qui saurait faire de l'or? — C'est vrai, répondra un incrédule, mais toi-même, Éliphas Lévi, si tu possédais ce secret ne serais-tu pas plus riche que nous? — Eh! qui vous dit que je sois pauvre? Vous ai-je demandé quelque chose? Quel est le souverain du monde qui peut se vanter de m'avoir payé un secret de la science? Quel est le millionnaire auquel j'aie jamais donné quelque raison de croire que je voudrais troquer ma fortune contre la sienne? Lorsqu'on voit d'en bas les richesses de la terre on y aspire toujours comme à la souveraine félicité; mais comme on les méprise lorsqu'on plane au-dessus d'elles, et qu'on a peu d'envie de les reprendre lorsqu'on les a laissées tomber comme des fers!

Oh! s'écriera un jeune homme, si les secrets de la magie étaient vrais, je voudrais les posséder pour être aimé de toutes les femmes. — De toutes, rien que cela. Pauvre enfant, un jour viendra où ce sera trop d'en avoir une. L'amour sensuel est une orgie à deux, où l'ivresse amène vite le dégoût, et alors on se quitte en se jetant les verres à la tête.

Moi, disait un jour un vieil idiot, je voudrais être magicien pour bouleverser le monde! — Brave homme, si vous étiez magicien vous ne seriez pas imbécile; et alors rien ne vous fournirait, même devant le tribunal de votre conscience, le bénéfice des circonstances atténuantes, si vous deveniez un scélérat.

Eh bien ! dira un épicurien, donnez-moi donc les recettes de la magie, pour jouir toujours et ne souffrir jamais....

Ici c'est la science elle-même qui va répondre :

La religion vous a déjà dit : Heureux ceux qui souffrent; mais c'est pour cela même que la religion a perdu votre confiance.

Elle a dit : Heureux ceux qui pleurent, et c'est pour cela que vous avez ri de ses enseignements.

Écoutez maintenant ce que disent l'expérience et la raison :

Les souffrances éprouvent et créent les sentiments généreux; les plaisirs développent et fortifient les instincts lâches.

Les souffrances rendent fort contre le plaisir, les jouissances rendent faible contre la douleur.

Le plaisir dissipe;

La douleur recueille.

Qui souffre amasse;

Qui jouit dépense.

Le plaisir est l'écueil de l'homme.

La douleur maternelle est le triomphe de la femme.

C'est le plaisir qui féconde, mais c'est la douleur qui conçoit et qui enfante.

Malheur à l'homme qui ne sait pas et qui ne veut pas souffrir ! car il sera écrasé de douleurs.

Ceux qui ne veulent pas marcher, la nature les traîne impitoyablement.

Nous sommes jetés dans la vie comme en pleine mer : il faut nager ou périr.

Telles sont les lois de la nature enseignées par la haute magie. Voyez maintenant si l'on peut devenir magicien pour jouir toujours et ne souffrir jamais !

Mais alors, diront d'un air désappointé les gens du monde, à quoi peut servir la magie ? — Que pensez-vous que le prophète Balaam eût pu répondre à son ânesse si elle lui avait demandé à quoi peut servir l'intelligence ?

Que répondrait Hercule à un pygmée qui lui demanderait à quoi peut servir la force ?

Nous ne comparons certes pas les gens du monde à des pymées, et encore moins à l'ânesse de Balaam ; ce serait manquer de politesse et de bon goût. Nous répondrons donc le plus gracieusement possible à ces personnes si brillantes et si aimables, que la magie ne peut leur servir absolument de rien, attendu qu'elles ne s'en occuperont jamais sérieusement.

Notre ouvrage s'adresse aux âmes qui travaillent et qui pensent. Elles y trouveront l'explication de ce qui est resté obscur dans le *dogme* et dans le *rituel de la haute magie* (1). Nous avons, à l'exemple des grands maîtres, suivi dans le plan et la division de nos livres l'ordre rationnel des nombres sacrés. Nous divisons notre histoire de la magie en *sept livres*, et chaque livre contient *sept chapitres.*

Le premier livre est consacré aux *origines magiques,*

---

(1) Éliphas Lévi, *Dogme et Rituel de la haute magie*, 1856, 2 vol. in-8, avec 23 fig. — 25 fr.

c'est la Genèse de la science, et nous lui avons donné pour clef la lettre *aleph* א, qui exprime kabbalistiquement l'unité principiante et originelle.

Le second livre contiendra les *formules historiques et sociales du verbe magique* dans l'antiquité. Sa marque est la lettre *beth* ב, symbole du binaire, expression du verbe réalisateur, caractère spécial de la gnose et de l'occultisme.

Le troisième livre sera l'*exposé des réalisations de la science antique dans la société chrétienne*. Nous y verrons comment, pour la science même, la parole s'est incarnée. Le nombre trois est celui de la génération, de la réalisation, et le livre a pour clef la lettre *ghimel* ג, hiéroglyphe de la naissance.

Dans le quatrième livre, nous verrons la *force civilisatrice de la magie* chez les barbares, et les productions naturelles de cette science parmi les peuples encore enfants, les mystères des druides, les miracles des eubages, les légendes des bardes, et comment tout cela concourt à la formation des sociétés modernes en préparant au christianisme une victoire éclatante et durable. Le nombre quatre exprime la nature et la force, et la lettre *daleth* ד, qui le représente dans l'alphabet hébreux, est figurée dans l'alphabet hiéroglyphique des kabbalistes par un empereur sur son trône.

Le cinquième livre sera consacré à l'*ère sacerdotale du moyen âge*. Nous y verrons les dissidences et les luttes de la science, la formation des sociétés secrètes, leurs œuvres inconnus, les rites secrets des grimoires, les mystères de la divine comédie, les divisions du sanctuaire, qui doivent aboutir plus tard à une glorieuse unité. Le nombre cinq est celui de la quintessence, de la religion, du sacerdoce; son caractère est la lettre *hé* ה, représentée dans l'alphabet magique par la figure du grand prêtre.

Notre sixième livre montrera la *magie mêlée à l'œuvre de la révolution*. Le nombre six est celui de l'antagonisme et de la lutte qui prépare la synthèse universelle. Sa lettre est le *vaf* ו, figure du lingam créateur, du fer recourbé qui moissonne.

Le septième livre sera celui de la *synthèse*, et contiendra l'exposé des travaux modernes et des découvertes récentes, les théories nouvelles de la lumière et du magnétisme, la révélation du grand secret des rose-croix, l'explication des alphabets mystérieux, la science, enfin, du verbe et des œuvres magiques, la synthèse de la science et l'appréciation des travaux de tous les mystiques contemporains. Ce livre sera le complément et la couronne de l'œuvre comme le septénaire est la couronne des nombres, puisqu'il réunit le triangle de l'idée au carré de la forme. Sa lettre correspondante est le *dzaïn* ז, et son hiéroglyphe kabbalistique est un triomphateur monté sur un char attelé de deux sphinx. Nous avons donné cette figure dans notre précédent ouvrage.

Loin de nous la vanité ridicule de nous poser en triomphateur kabbalistique, c'est la science seule qui doit triompher, et celui que nous voulons montrer au monde intelligent, monté sur le char cubique et traîné par les sphinx, c'est le verbe de lumière, c'est le réalisateur divin de la kabbale de Moïse, c'est le soleil humain de l'Évangile, c'est l'homme-Dieu qui est déjà venu comme Sauveur, et qui se manifestera bientôt comme Messie, c'est-à-dire comme roi définitif et absolu des institutions temporelles. C'est cette pensée qui anime notre courage et entretient notre espérance. Et maintenant il nous reste à soumettre toutes nos idées, toutes nos découvertes et tous nos travaux au jugement infaillible de la hiérarchie. Tout ce qui tient à la science, aux hommes acceptés par les sciences, tout ce qui tient à la religion, à l'Église seule, et à la seule Église hiérarchique et conservatrice de l'unité, catholique apostolique et romaine, depuis Jésus-Christ jusqu'à présent.

Aux savants nos découvertes, aux évêques nos aspirations et nos croyances ! Malheur, en effet, à l'enfant qui se croit plus sage que ses pères, à l'homme qui ne reconnaît pas de maîtres, au rêveur qui pense et qui prie pour lui seul ! La vie est une communion universelle, et c'est dans cette communion qu'on trouve l'immortalité. Celui qui s'isole se voue à la mort, et l'éternité de l'isolement, ce serait la mort éternelle !

ÉLIPHAS LÉVI.

LA TÊTE MAGIQUE
du Sohar.

LIVRE PREMIER.

LES ORIGINES MAGIQUES.

א, Aleph.

CHAPITRE PREMIER.

ORIGINES FABULEUSES.

SOMMAIRE. — Origines fabuleuses. — Le livre de la pénitence d'Adam. — Le livre d'Hénoch. — La légende des anges déchus. — Apocalypse de Méthodius. — La Genèse suivant les Indiens. — L'héritage magique d'Abraham, suivant le Talmud. — Le Sépher Jezirah et le Sohar.

« Il y eut, dit le livre apocryphe d'Hénoch, des anges qui se laissèrent tomber du ciel pour aimer les filles de la terre.

» Car en ces jours-là, lorsque les fils des hommes se furent multipliés, il leur naquit des filles d'une grande beauté.

» Et lorsque les anges, les fils du ciel, les virent ils furent pris d'amour pour elles ; et ils se disaient entre eux : « Allons, choisissons-nous des épouses de la race des » hommes, et engendrons des enfants. »

» Alors leur chef Samyasa leur dit : « Peut-être n'aurez-» vous pas le courage d'accomplir cette résolution, et je » resterai seul responsable de votre chute. »

» Mais ils lui répondirent : « Nous jurons de ne pas nous » repentir et d'accomplir tous notre dessein. »

» Et ils étaient deux cents qui descendirent sur la montagne d'Armon.

» Et c'est depuis ce temps-là que cette montagne est nommée Armon, ce qui veut dire la montagne du Serment.

» Voici les noms des chefs de ces anges qui descendirent : Samyasa qui était le premier de tous, Urakabaraméel, Azibéel, Tamiel, Ramuel, Danel, Azkéel, Sarakuyal, Asael, Armers, Batraal, Anane, Zavèbe, Samsavéel, Ertrael, Turel, Jomiael, Arazial.

» Ils prirent des épouses avec lesquelles ils se mêlèrent, leur enseignant la magie, les enchantements et la division des racines et des arbres.

» Amazarac enseigna tous les secrets des enchanteurs, Barkaial fut le maître de ceux qui observent les astres, Akibéel révéla les signes et Azaradel le mouvement de la lune. »

Ce récit du livre kabbalistique d'Hénoch, est le récit de cette même profanation des mystères de la science que nous voyons représenter sous une autre image dans l'histoire du péché d'Adam.

Les anges, les fils de Dieu, dont parle Hénoch, c'étaient les initiés à la magie, puisque après leur chute ils l'enseignèrent aux hommes vulgaires par l'entremise des femmes indiscrètes. La volupté fut leur écueil, ils aimèrent les femmes et se laissèrent surprendre les secrets de la royauté et du sacerdoce.

Alors la civilisation primitive s'écroula, les géants, c'est-à-dire les représentants de la force brutale et des convoitises effrénées, se disputèrent le monde qui ne put leur échapper qu'en s'abîmant sous les eaux du déluge où s'effacèrent toutes les traces du passé.

Ce déluge figurait la confusion universelle où tombe nécessairement l'humanité lorsqu'elle a violé et méconnu les harmonies de la nature.

Le péché de Samyasa et celui d'Adam se ressemblent, tous deux sont entraînés par la faiblesse du cœur, tous deux profanent l'arbre de la science et sont repoussés loin de l'arbre de vie.

Ne discutons pas les opinions ou plutôt les naïvetés de ceux qui veulent prendre tout à la lettre, et qui pensent que la science et la vie ont pu pousser autrefois sous forme d'arbres, mais admettons le sens profond des symboles sacrés.

L'arbre de la science, en effet, donne la mort lorsqu'on en absorbe les fruits, ces fruits sont la parure du monde, ces pommes d'or sont les étoiles de la terre.

Il existe à la bibliothèque de l'Arsenal un manuscrit fort curieux qui a pour titre : *Le livre de la pénitence d'Adam*. La tradition kabbalistique y est présentée sous forme de légende, et voici ce qu'on y raconte :

« Adam eut deux fils, Caïn qui représente la force brutale, Abel qui représente la douceur intelligente. Ils ne purent s'accorder, et ils périrent l'un par l'autre, aussi leur héritage fut-il donné à un troisième fils nommé Seth. »

Voilà bien le conflit des deux forces contraires tournant au profit d'une puissance synthétique et combinée.

« Or Seth, qui était juste, put parvenir jusqu'à l'entrée du paradis terrestre sans que le chérubin l'écartât avec son épée flamboyante. » C'est-à-dire que Seth représente l'initiation primitive.

« Seth vit alors que l'arbre de la science et l'arbre de la vie s'étaient réunis et n'en faisaient qu'un. »

Accord de la science et de la religion dans la haute kabbale.

« Et l'ange lui donna trois grains qui contenaient toute la force vitale de cet arbre. »

C'est le ternaire kabbalistique.

« Lorsque Adam mourut, Seth, suivant les instructions de l'ange, plaça les trois grains dans la bouche de son père expiré comme un gage de vie éternelle.

» Les branches qui sortirent de ces trois grains formèrent le buisson ardent au milieu duquel Dieu révéla à Moïse son nom éternel :

אהיה אשר אהיה

» L'être qui est, qui a été, et qui sera l'être.

» Moïse cueillit une triple branche du buisson sacré, ce fut pour lui la verge des miracles.

» Cette verge bien que séparée de sa racine ne cessa pas de vivre et de fleurir, et elle fut ainsi conservée dans l'arche.

» Le roi David replanta cette branche vivante sur la montagne de Sion, et Salomon plus tard prit le bois de cet arbre au triple tronc pour en faire les deux colonnes Jakin et Bohas, qui étaient à l'entrée du temple, il les revêtit de bronze, et plaça le troisième morceau du bois mystique au fronton de la porte principale.

» C'était un talisman qui empêchait tout ce qui était impur de pénétrer dans le temple.

» Mais les lévites corrompus arrachèrent pendant la

ORIGINES FABULEUSES.

nuit cette barrière de leurs iniquités et la jetèrent au fond de la piscine probatique en la chargeant de pierres.

» Depuis ce moment l'ange de Dieu agita tous les ans les eaux de la piscine et leur communiqua une vertu miraculeuse pour inviter les hommes à y chercher l'arbre de Salomon.

» Au temps de Jésus-Christ, la piscine fut nettoyée, et les juifs trouvant cette poutre, inutile suivant eux, la portèrent hors de la ville et la jetèrent en travers du torrent de Cédron.

» C'est sur ce pont que Jésus passa après son arrestation nocturne au jardin des Oliviers, c'est du haut de cette planche que ses bourreaux le précipitèrent pour le traîner dans le torrent et dans leur précipitation à préparer d'avance l'instrument du supplice, ils emportèrent avec eux le pont qui était une poutre de trois pièces, composée de trois bois différents et ils en firent une croix. »

Cette allégorie renferme toutes les hautes traditions de la kabbale et les secrets si complétement ignorés de nos jours du christianisme de saint Jean.

Ainsi Seth, Moïse, David, Salomon et le Christ auraient emprunté au même arbre kabbalistique leurs sceptres de rois et leurs bâtons de grands pontifes.

Nous devons comprendre maintenant pourquoi le Sauveur au berceau était adoré par les mages.

Revenons au livre d'Hénoch, car celui-ci doit avoir une autorité dogmatique plus grande qu'un manuscrit ignoré. Le livre d'Hénoch est, en effet, cité dans le Nouveau Testament par l'apôtre saint Jude.

La tradition attribue à Hénoch l'invention des lettres. C'est donc à lui que remontent les traditions consignées dans le Sepher Jézirah, ce livre élémentaire de la kabbale, dont la rédaction suivant les rabbins, serait du patriarche Abraham, l'héritier des secrets d'Hénoch et le père de l'initiation en Israël.

Hénoch paraît donc être le même personnage que l'Hermès trismégiste des Égyptiens, et le fameux livre de Thot, écrit tout en hiéroglyphes et en nombres, serait cette bible occulte et pleine de mystères, antérieure aux livres de Moïse, à laquelle l'initié Guillaume Postel fait souvent allusion dans ses ouvrages en la désignant sous le nom de Genèse d'Hénoch.

La Bible dit qu'Hénoch ne mourut point, mais que Dieu *le transporta* d'une vie à l'autre. Il doit revenir s'opposer à l'Antechrist, à la fin des temps, et il sera un des derniers martyrs ou témoins de la vérité, dont il est fait mention dans l'apocalypse de saint Jean.

Ce qu'on dit d'Hénoch, on l'a dit de tous les grands initiateurs de la kabbale.

Saint Jean lui-même ne devait pas mourir, disaient les premiers chrétiens, et l'on a cru longtemps le voir respirer dans son tombeau, car la science absolue de la vie est un préservatif contre la mort et l'instinct des peuples le leur fait toujours deviner.

Quoi qu'il en soit, il nous resterait d'Hénoch deux livres, l'un hiéroglyphique, l'autre allégorique. L'un contenant les clefs hiératiques de l'initiation, l'autre l'histoire d'une grande profanation qui avait amené la destruction du monde et le chaos après le règne des géants.

Saint Méthodius, un évêque des premiers siècles du christianisme, dont les œuvres se trouvent dans la bibliothèque des Pères de l'Église, nous a laissé une apocalypse prophétique où l'histoire du monde se déroule dans une série de visions. Ce livre ne se trouve pas dans la collection des œuvres de saint Méthodius, mais il a été conservé par les gnostiques, et nous le retrouvons imprimé dans le *liber mirabilis*, sous le nom altéré de *Bermechobus*, que des imprimeurs ignorants ont fait à la place de l'abréviation *Bea-methodius* pour *beatus Methodius*.

Ce livre s'accorde en plusieurs points avec le traité allégorique de la pénitence d'Adam. On y trouve que Seth se retira avec sa famille en Orient vers une montagne voisine du paradis terrestre. Ce fut la patrie des initiés, tandis que la postérité de Caïn inventait la fausse magie dans l'Inde, pays du fratricide, et mettait les maléfices au service de l'impunité.

Saint Méthodius prédit ensuite les conflits et le règne successif des Ismaélites, vainqueurs des Romains; des Français, vainqueurs des Ismaélites, puis d'un grand peuple du Nord, dont l'invasion précédera le règne personnel de l'Antechrist. Alors se formera un royaume universel, qui sera reconquis par un prince français, et la justice régnera pendant une longue suite d'années.

Nous n'avons pas à nous occuper ici de la prophétie. Ce qu'il nous importe de remarquer, c'est la distinction de la bonne et de la mauvaise magie, du sanctuaire des fils de Seth et de la profanation des sciences par les descendants de Caïn.

La haute science, en effet, est réservée aux hommes qui sont maîtres de leurs passions, et la chaste nature ne donne pas les clefs de sa chambre nuptiale à des adultères. Il y a deux classes d'hommes, les hommes libres et les esclaves; l'homme naît esclave de ses besoins, mais il peut s'affranchir par l'intelligence. Entre ceux qui sont déjà affranchis et ceux qui ne le sont pas encore l'égalité n'est pas possible. C'est à la raison de régner et aux instincts d'obéir. Autrement si vous donnez à un aveugle les aveugles à conduire, ils tomberont tous dans les abîmes. La liberté, ne l'oublions pas, ce n'est pas la licence des passions affranchies de la loi. Cette licence serait la plus monstrueuse des tyrannies. La liberté, c'est l'obéissance volontaire à la loi ; c'est le droit de faire son devoir et seuls les hommes raisonnables et justes sont libres. Or, les hommes libres doivent gouverner les esclaves, et les esclaves sont appelés à s'affranchir ; non pas du gouvernement des hommes libres, mais de cette servitude des passions brutales, qui les condamne à ne pas exister sans maîtres.

Admettez maintenant avec nous la vérité des hautes sciences, supposez un instant qu'il existe, en effet, une force dont on peut s'emparer et qui soumet à la volonté de l'homme les miracles de la nature? Dites-nous maintenant si l'on peut confier aux brutalités cupides les secrets de la sympathie et des richesses; aux intrigants l'art de la fascination, à ceux qui ne savent pas se conduire eux-mêmes l'empire sur les volontés?... On est effrayé lorsqu'on songe aux désordres que peut entraîner une telle profanation. Il faudra un cataclysme pour laver les crimes de la terre quand tout se sera abîmé dans la boue et dans le sang. Eh bien ! voilà ce que nous révèle l'histoire allégorique de la chute des anges dans le livre d'Hénoch, voilà le péché d'Adam et ses suites fatales. Voilà le déluge et ses tempêtes ; puis, plus tard, la haute malédiction de Chanaan. La révélation de l'occultisme est figurée par l'impudence de ce fils qui montre la nudité paternelle. L'ivresse de Noé est une leçon pour le sacerdoce de tous les temps. Malheur à ceux qui exposent les secrets de la génération divine aux regards impurs de la foule! tenez le sanctuaire fermé, vous qui ne voulez pas livrer votre père endormi à la risée des imitateurs de Cham!

Telle est, sur les lois de la hiérarchie humaine, la tradition des enfants de Seth; mais telles ne furent pas les doctrines de la famille de Caïn. Les caïnistes de l'Inde inventèrent une Genèse pour consacrer l'oppression des plus forts et perpétuer l'ignorance des faibles; l'initiation devint le privilége exclusif des castes suprêmes et des races d'hommes furent condamnées à une servitude éternelle sous prétexte d'une naissance inférieure; ils étaient sortis, disait-on, des pieds ou des genoux de Brahma!

La nature n'enfante ni des esclaves ni des rois, tous les hommes naissent pour le travail.

Celui qui prétend que l'homme est parfait en naissant, et que la société le dégrade et le pervertit, serait le plus sauvage des anarchistes, s'il n'était pas le plus poétique des insensés. Mais Jean-Jacques avait beau être sentimental et rêveur, son fond de misanthropie, développé par la logique de ses séides, porta des fruits de haine et de destruction. Les réalisateurs consciencieux des utopies du tendre philosophe de Genève, furent Robespierre et Marat.

La société n'est pas un être abstrait qu'on puisse rendre séparément responsable de la perversité des hommes; la société c'est l'association des hommes. Elle est défectueuse de leurs vices et sublime de leurs vertus; mais en elle-même, elle est sainte comme la religion qui lui est inséparablement unie. La religion, en effet, n'est-elle pas la société des plus hautes aspirations et des plus généreux efforts?

Ainsi, au mensonge des castes priviligées par la nature, répondit le blasphème de l'égalité antisociale et du droit ennemi de tout devoir; le christianisme seul avait résolu la question en donnant la suprématie au dévouement, et en proclamant le plus grand celui qui sacrifierait son orgueil à la société et ses appétits à la loi.

Les juifs, dépositaires de la tradition de Seth, ne la conservèrent pas dans toute sa pureté, et se laissèrent gagner par les injustes ambitions de la postérité de Caïn. Ils se crurent une race d'élite, et pensèrent que Dieu leur avait plutôt donné la vérité comme un patrimoine que confiée comme un dépôt appartenant à l'humanité toute entière. On trouve, en effet, dans les talmudistes, à côté des sublimes traditions du Sépher Jézirah et du Sohar, des révélations assez étranges. C'est ainsi qu'ils ne craignent pas d'attribuer au patriarche Abraham lui-même l'idolâtrie des nations, lorsqu'ils disent qu'Abraham a donné aux israélites son héritage, c'est-à-dire la science des vrais noms divins; la kabbale, en un mot, aurait été la propriété légitime et héréditaire d'Isaac; mais le patriarche donna, disent-ils, des présents aux enfants de ses concubines; et par ces présents ils entendent des dogmes voilés et des noms obscurs, qui se matérialisèrent bientôt et se transformèrent en idoles. Les fausses religions et leurs absurdes mystères, les superstitions orientales et leurs sacrifices horribles, quel présent d'un père à sa famille méconnue ! N'était-ce pas assez de chasser Agar avec son fils dans le désert, fallait-il, avec leur pain unique et leur cruche d'eau, leur donner un fardeau de mensonge pour désespérer et empoisonner leur exil ?

La gloire du christianisme c'est d'avoir appelé tous les hommes à la vérité, sans distinction de peuples et de castes, mais non toutefois sans distinction d'intelligences et de vertus.

« Ne jetez pas vos paroles devant les pourceaux, a dit le divin fondateur du christianisme, de peur qu'ils ne les foulent aux pieds et que, se tournant contre vous, ils ne vous dévorent. »

L'Apocalypse, ou révélation de saint Jean, qui contient tous les secrets kabbalistiques du dogme de Jésus-Christ, n'est pas un livre moins obscur que le Sohar.

Il est écrit hiéroglyphiquement avec des nombres et des images ; et l'apôtre fait souvent appel à l'intelligence des initiés. « Que celui qui a la science comprenne, que celui qui comprend calcule, » dit-il plusieurs fois après une allégorie ou l'énoncé d'un nombre. Saint Jean, l'apôtre de prédilection et le dépositaire de tous les secrets du Sauveur, n'écrivait donc pas pour être compris de la multitude.

Le Sépher Jézirah, le Sohar et l'Apocalypse sont les chefs-d'œuvre de l'occultisme ; ils contiennent plus de sens que de mots, l'expression en est figurée comme la poésie et exacte comme les nombres. L'Apocalypse résume, complète et surpasse toute la science d'Abraham et de Salomon, comme nous le prouverons en expliquant es clefs de la haute kabbale.

Le commencement du Sohar étonne par la profondeur de ses aperçus et la grandiose simplicité de ses images. Voici ce que nous y lisons :

« L'intelligence de l'occultisme c'est la science de l'équilibre.

» Les forces qui se produisent sans être balancées périssent dans le vide.

» Ainsi ont péri les rois de l'ancien monde, les princes des géants. Ils sont tombés comme des arbres sans racines, et l'on n'a plus trouvé leur place.

» C'est par le conflit des forces non équilibrées que la terre dévastée était nue et informe lorsque le souffle de Dieu se fit place dans le ciel et abaissa la masse des eaux.

» Toutes les aspirations de la nature furent alors vers l'unité de la forme, vers la synthèse vivante des puissances équilibrées, et le front de Dieu, couronné de lumière, se leva sur la vaste mer et se refléta dans les eaux inférieures.

» Ses deux yeux parurent rayonnants de clarté, lançant deux traits de flamme qui se croisèrent avec les rayons du reflet.

» Le front de Dieu et ses deux yeux formaient un triangle dans le ciel, et le reflet formait un triangle dans les eaux.

» Ainsi se révéla le nombre six, qui fut celui de la création universelle. »

Nous traduisons ici, en l'expliquant, le texte qu'on ne saurait rendre intelligible en le traduisant littéralement.

L'auteur du livre a soin, d'ailleurs, de nous déclarer

LE GRAND SYMBOLE KABBALISTIQUE
du Sohar.

que cette forme humaine qu'il donne à Dieu n'est qu'une image de son verbe, et que Dieu ne saurait être exprimé par aucune pensée ni par aucune forme. Pascal a dit que Dieu est un cercle dont le centre est partout et la circonférence nulle part. Mais comment concevoir un cercle sans circonférence? Le Sohar prend l'inverse de cette figure paradoxale, et dirait volontiers du cercle de Pascal que la circonférence en est partout et le centre nulle part; mais ce n'est point à un cercle, c'est à une balance qu'il compare l'équilibre universel des choses. « L'équilibre est partout, dit-il, on trouve donc partout aussi le point central où la balance est suspendue. » Nous trouvons ici le Sohar plus fort et plus profond que Pascal.

L'auteur du Sohar continue son rêve sublime. La synthèse du verbe formulé par la figure humaine monte lentement et sort des eaux comme le soleil qui se lève. Quand les yeux ont paru, la lumière a été faite; quand la bouche se montre, les esprits sont créés et la parole se fait entendre. La tête entière est sortie, et voilà le premier jour de la création. Viennent les épaules, les bras et la poitrine, et le travail commence. L'image divine repousse d'une main la mer et soulève de l'autre les continents et les montagnes. Elle grandit, elle grandit toujours. Sa puissance génératrice apparaît, et tous les êtres vont se multiplier; il est debout, enfin, il met un pied sur la terre et l'autre sur la mer, et se mirant tout entier dans l'Océan de la création, il souffle sur son reflet, il appelle son image à la vie. Créons l'homme, a-t-il dit, et l'homme est créé! Nous ne connaissons rien d'aussi beau dans aucun poëte que cette vision de la création accomplie par le type idéal de l'humanité. L'homme ainsi est l'ombre d'une ombre! mais il est la représentation de la puissance divine. Lui aussi peut étendre les mains de l'Orient à l'Occident; la terre lui est donnée pour domaine. Voilà l'Adam Kadmon, l'Adam primitif des kabbalistes; voilà dans quelle pensée ils en font un géant; voilà pourquoi Swedenborg, poursuivi dans ses rêves par les souvenirs de la kabbale, dit que la création entière n'est qu'un homme gigantesque, et que nous sommes faits à l'image de l'univers.

Le Sohar est une genèse de lumière, le Sépher Jézirah est une échelle de vérités. Là s'expliquent les trente-deux signes absolus de la parole, les nombres et les lettres; chaque lettre reproduit un nombre, une idée et une forme, en sorte que les mathématiques s'appliquent aux idées et aux formes, non moins rigoureusement qu'aux nombres par une proportion exacte et une correspondance parfaite. Par la science du Sépher Jézirah, l'esprit humain est fixé dans la vérité et dans la raison, et peut se rendre compte des progrès possibles de l'intelligence par les évolutions des nombres. Le Sohar représente donc la vérité absolue, et le Sépher Jézirah donne les moyens de la saisir, de se l'approprier et d'en faire usage.

CHAPITRE II.

MAGIE DES MAGES.

SOMMAIRE. — Mystères de Zoroastre ou magie des mages. — La science du feu. — Symboles et enchantements des Perses et des Assyriens. — Les mystères de Ninive et de Babylone. — Domaine de la foudre. — Art de charmer les animaux. — Le bûcher de Sardanapale.

Zoroastre est très probablement un nom symbolique, comme celui de Thot ou d'Hermès. Eudoxe et Aristote le font vivre six mille ans avant la naissance de Platon ; d'autres, au contraire, le font naître cinq cents ans avant la guerre de Troie. Les uns en font un roi de la Bactriane, les autres affirment l'existence de deux ou de trois Zoroastres différents. Eudoxe et Aristote seuls nous semblent avoir compris le personnage magique de Zoroastre en mettant l'âge kabbalistique d'un monde entre l'éclosion de son dogme et le règne théurgique de la philosophie de Platon. Il y a, en effet, deux Zoroastres, c'est-à-dire, deux révélateurs, l'un fils d'Oromase et père d'un renseignement lumineux, l'autre fils d'Arimane et auteur d'une divulgation profane ; Zoroastre est le Verbe incarné des Chaldéens, des Mèdes et des Perses. Sa légende semble une prédiction de celle du Christ, et il a dû avoir aussi son antechrist, suivant la loi magique de l'équilibre universel.

C'est au faux Zoroastre qu'il faut attribuer le culte du feu matériel et le dogme impie du dualisme divin qui a produit plus tard la gnose monstrueuse de Manès, et les principes erronés de la fausse maçonnerie. Le faux Zoroastre est le père de cette magie matérialiste qui a causé le massacre des mages, et fait tomber le vrai magisme sous la proscription et dans l'oubli. L'Église, toujours inspirée par l'esprit de vérité, a dû proscrire sous les noms de *magie*, de *manichéisme*, d'*illuminisme* et de *maçonnerie*, tout ce qui se rattachait de près ou de loin à cette profanation primitive des mystères. L'histoire jusqu'à présent incomprise des templiers, en est un exemple éclatant.

Les dogmes du vrai Zoroastre sont les mêmes que ceux de la pure kabbale, et ses idées sur la divinité sont les mêmes que celles des Pères de l'Église. Les noms seuls diffèrent : ainsi il nomme *triade* ce que nous appelons *trinité*, et dans chaque nombre de la triade, il retrouve le ternaire tout entier. C'est ce que nos théologiens appellent la *circum-insession* des personnes divines. Zoroastre renferme dans cette multiplication de la triade par elle-même la raison absolue du nombre neuf et la clef universelle de tous les nombres et de toutes les formes. Ce que nous appelons les trois personnes divines, Zoroastre le nomme les trois profondeurs. La profondeur première ou paternelle est la source de la foi ; la seconde ou celle du Verbe est la source de la vérité ; la troisième ou l'action créatrice est la source d'amour. On peut consulter, pour se convaincre de ce que nous avançons ici, l'exposition de Psellus sur les dogmes des anciens Assyriens, dans la *Magie philosophique* de François Patricius, page 24, édition de Hambourg, 1593.

Sur cette échelle de neuf degrés, Zoroastre établit la hiérarchie céleste et toutes les harmonies de la nature. Il compte par trois toutes les choses qui émanent de l'idée, par quatre tout ce qui se rattache à la forme, ce qui lui donne le nombre sept pour type de la création. Ici finit l'initiation première, et commencent les hypothèses de l'école ; les nombres se personnifient, les idées prennent des emblèmes qui plus tard deviendront des idoles. Voici venir les Synochées, les Télétarques et les Pères, serviteurs de la triple Hécate, puis les trois Amilictes, et les trois visages d'Hypézocos ; puis les anges puis les démons, puis les âmes humaines. Les astres sont les images et les reflets des splendeurs intellectuelles, et notre soleil est l'emblème d'un soleil de vérité, ombre lui-même de cette source première d'où jaillissent toutes les splendeurs. C'est pour cela que les disciples de Zoroastre saluaient le lever du jour, et passaient parmi les barbares pour des adorateurs du soleil.

Tels étaient les dogmes des mages, mais ils possédaient, en outre, des secrets qui les rendaient maîtres des puissances occultes de la nature. Ces secrets, dont l'ensemble pourrait s'appeler une *pyrotechnie transcendantale*, se rattachaient tous à la science profonde et au gouvernement du feu. Il est certain que les mages connaissaient l'électricité, et avaient des moyens de la produire et de la diriger qui nous sont encore inconnus.

Numa, qui étudia leurs rites et fut initié à leurs mystères, possédait, au dire de Lucius Pison, l'art de former et de diriger la foudre. Ce secret sacerdotal dont l'initiateur romain voulait faire l'apanage des souverains de Rome, fut perdu par Tullus Hostilius qui dirigea mal la décharge électrique et fut foudroyé. Pline rapporte ces faits comme une ancienne tradition étrusque (1), et

(1) Plin., liv. II, ch. 53.

raconte que Numa se servit avec succès de sa batterie foudroyante contre un monstre nommé *Volta*, qui désolait les campagnes de Rome. Ne croirait-on pas, en lisant cette révélation, que notre physicien Volta est un mythe, et que le nom des piles voltaïques remonte au siècle de Numa ?

Tous les symboles assyriens se rapportent à cette science du feu qui était le grand arcane des mages ; partout nous retrouvons l'enchanteur qui perce le lion et qui manie les serpents. Le lion c'est le feu céleste, les serpents sont les courants électriques et magnétiques de la terre. C'est à ce grand secret des mages qu'il faut rapporter toutes les merveilles de la magie hermétique, dont les traditions disent encore que le secret du grand œuvre consiste dans le *gouvernement du feu*.

Le savant François Patricius a publié, dans sa *Magie philosophique*, les oracles de Zoroastre recueillis dans les livres des platoniciens, dans la théurgie de Proclus, dans les commentaires sur Parménide, dans les commentaires d'Hermias sur Phèdre, dans les notes d'Olympiodore sur le *Philèbe* et le *Phédon*. Ces oracles sont d'abord la formule nette et précise du dogme que nous venons d'exposer, puis viennent les prescriptions du rituel magique, et voici en quels termes elles sont exprimées :

LES DÉMONS ET LES SACRIFICES.

« La nature nous enseigne par induction qu'il existe des démons incorporels, et que les germes du mal qui existent dans la matière, tournent au bien et à l'utilité commune.

» Mais ce sont là des mystères qu'il faut ensevelir dans les replis les plus impénétrables de la pensée.

» Le feu toujours agité et bondissant dans l'atmosphère peut prendre une configuration semblable à celle des corps.

» Disons mieux, affirmons l'existence d'un feu plein d'images et d'échos.

» Appelons, si vous le voulez, ce feu une lumière surabondante qui rayonne, qui parle, qui s'enroule.

» C'est le coursier fulgurant de la lumière, ou plutôt c'est l'enfant aux larges épaules qui dompte et soumet le coursier céleste.

» Qu'on l'habille de flamme et d'or ou qu'on le représente nu comme l'Amour en lui donnant aussi des flèches.

» Mais si ta méditation se prolonge, tu réuniras tous ces emblèmes sous la figure du lion ;

» Alors qu'on ne voit plus rien ni de la voûte des cieux ni de la masse de l'univers.

» Les astres ont cessé de briller, et la lampe de la lune est voilée.

» La terre tremble et tout s'environne d'éclairs.

» Alors n'appelle pas le simulacre visible de l'âme de la nature.

» Car tu ne dois point le voir avant que ton corps ne soit purifié par les saintes épreuves.

» Amolissant les âmes et les entraînant toujours loin des travaux sacrés, les chiens terrestres sortent alors de ces limbes où finit la matière, et montrent aux regards mortels des apparences de corps toujours trompeuses.

» Travaille autour des cercles décrits par le rhombus d'Hécate.

» Ne change rien aux noms barbares de l'évocation : car ce sont les noms panthéistiques de Dieu ; ils sont aimantés des adorations d'une multitude et leur puissance est ineffable.

» Et lorsque après tous les fantômes, tu verras briller ce feu incorporel, ce feu sacré dont les flèches traversent à la fois toutes les profondeurs du monde ;

» Écoute ce qu'il te dira ! »

Cette page étonnante que nous traduisons en entier du latin de Patricius, contient tous les secrets du magnétisme avec des profondeurs que n'ont jamais soupçonnées les Du Potet et les Mesmer.

Nous y voyons : 1° d'abord la lumière astrale parfaitement décrite avec sa force configurative et sa puissance pour réfléter le verbe et répercuter la voix ;

2° La volonté de l'adepte figurée par l'enfant *aux larges épaules* monté sur le cheval blanc ; hiéroglyphe que nous avons retrouvé sur un ancien tarot de la Bibliothèque impériale ;

3° Le danger d'hallucinations dans les opérations magiques mal dirigées ;

4° L'instrument magnétique qui est le rhombus, espèce de jouet d'enfant en bois creux qui tourne sur lui-même avec un ronflement toujours croissant ;

5° La raison des enchantements par les paroles et les noms barbares ;

6° La fin de l'œuvre magique, qui est l'apaisement de l'imagination et des sens, l'état de somnambulisme complet et la parfaite lucidité.

Il résulte de cette révélation de l'ancien monde, que l'extase lucide est une application volontaire et immédiate de l'âme au feu universel, ou plutôt à cette *lumière pleine d'images* qui *rayonne*, qui *parle* et qui *s'enroule* autour de tous les objets et de tous les globes de l'univers.

Application qui s'opère par la persistance d'une volonté dégagée des sens et affermie par une série d'épreuves.

C'était là le commencement de l'initiation magique.

L'adepte, parvenu à la lecture immédiate dans la lumière, devenait voyant ou prophète; puis, ayant mis sa volonté en communication avec cette lumière, il apprenait à la diriger comme on dirige la pointe d'une flèche; il envoyait à son gré le trouble ou la paix dans les âmes, communiquait à distance avec les autres adeptes, s'emparait enfin de cette force représentée par le lion céleste.

C'est ce que signifient ces grandes figures assyriennes qui tiennent sous leurs bras des lions domptés.

C'est la lumière astrale qui est représentée par ces gigantesques sphinx, ayant des corps de lions et des têtes de mages.

La lumière astrale, devenue l'instrument de la puissante magique, est le glaive d'or de Mithra qui immole le taureau sacré.

C'est la flèche de Phœbus qui perce le serpent Python.

Reconstruisons maintenant en esprit ces grandes métropoles de l'Assyrie, Babylone et Ninive, remettons à leur place ces colosses de granit, rebâtissons ces temples massifs, portés par des éléphants ou par des sphinx, relevons ces obélisques au-dessus desquels planent des dragons aux yeux étincelants et aux ailes étendues.

Le temple et le palais dominent ces entassements de merveilles ; là se tiennent cachées en se révélant sans cesse par des miracles les deux divinités visibles de la terre, le sacerdoce et la royauté.

Le temple, au gré des prêtres, s'entoure de nuages ou brille de clartés surhumaines ; les ténèbres se font parfois pendant le jour, parfois aussi la nuit s'illumine ; les lampes du temple s'allument d'elles-mêmes, les dieux rayonnent, on entend gronder la foudre, et malheur à l'impie qui aurait attiré sur sa tête la malédiction des initiés ! Le temple protége le palais, et les serviteurs du roi combattent pour la religion des mages ; le roi est sacré, c'est le dieu de la terre, on se prosterne lorsqu'il passe, et l'insensé qui oserait sans ordre franchir le seuil de son palais, serait immédiatement frappé de mort !

Frappé de mort sans massue et sans glaive, frappé par une main invisible, tué par la foudre, terrassé par le feu du ciel ! Quelle religion et quelle puissance ! quelles grandes ombres que celles de Nemrod, de Bélus et de Sémiramis ! Que pouvaient donc être avant les cités presque fabuleuses, où ces immenses royautés trônèrent autrefois, les capitales de ces géants, de ces magiciens, que les traditions confondent avec les anges et nomment encore les fils de Dieu et les princes du ciel ! Quels mystères dorment dans les tombeaux des nations ; et ne sommes-nous pas des enfants lorsque, sans prendre la peine d'évoquer ces effrayants souvenirs, nous nous applaudissons de nos lumières et de nos progrès !

Dans son *livre sur la magie*, M. Du Potet avance, avec une certaine crainte, qu'on peut, par une puissante émision de fluide magnétique, foudroyer un être vivant (1).

La puissance magique s'étend plus loin, mais il ne s'agit pas seulement du prétendu fluide magnétique. C'est la lumière astrale tout entière, c'est l'élément de l'électricité et de la foudre, qui peut être mise au service de la volonté humaine ; et que faut-il faire pour acquérir cette formidable puissance? Zoroastre vient de nous le le dire : il faut connaître ces lois mystérieuses de l'équilibre qui asservissent à l'empire du bien les puissances mêmes du mal ; il faut avoir purifié son corps par les saintes épreuves, lutté contre les fantômes de l'hallucination et saisi corps à corps la lumière, comme Jacob dans sa lutte avec l'ange ; il faut avoir dompté ces chiens fantastiques qui aboient dans les rêves ; il faut, en un mot, pour nous servir de l'expression si énergique de l'oracle, avoir entendu parler la lumière. Alors on est maître, alors on peut la diriger, comme Numa, contre les ennemis des saints mystères ; mais si l'on n'est pas parfaitement pur, si la domination de quelque passion animale vous soumet encore aux fatalités des tempêtes de la vie, on se brûle aux feux qu'on allume, on est la proie du serpent qu'on déchaîne, et l'on périra foudroyé comme Tullus Hostilius.

Il n'est pas conforme aux lois de la nature que l'homme puisse être dévoré par les bêtes sauvages. Dieu l'a armé de puissance pour leur résister ; il peut les fasciner du regard, les gourmander avec la voix, les arrêter d'un signe,... et nous voyons, en effet, que les animaux les plus féroces redoutent la fixité du regard de l'homme,

(1) Du Potet, *la Magie dévoilée*, ou Principes de science occulte, 1852, 1 vol. in-4.

et semblent tressaillir à sa voix. Les projections de la lumière astrale les paralysent et les frappent de crainte. Lorsque Daniel fut accusé de fausse magie et d'imposture, le roi de Babylone le soumit, ainsi que ses accusateurs, à l'épreuve des lions. Les animaux n'attaquent jamais que ceux qui les craignent ou ceux dont eux-mêmes ils ont peur. Un homme intrépide et désarmé ferait certainement reculer un tigre par le magnétisme de son regard.

Les mages se servaient de cet empire, et les souverains de l'Assyrie avaient dans leurs jardins des tigres soumis, des léopards dociles et des lions apprivoisés. On en nourrissait d'autres dans les souterrains des temples pour servir aux épreuves de l'initiation. Les bas-reliefs symboliques en font foi ; ce ne sont que luttes d'hommes et d'animaux, et toujours on voit l'adepte couvert du vêtement sacerdotal les dominer du regard et les arrêter d'un geste de la main. Plusieurs de ces représentations sont symboliques sans doute, quand les animaux reproduisent quelques-unes des formes du sphinx; mais il en est d'autres où l'animal est représenté au naturel et où le combat semble être la théorie d'un véritable enchantement.

La magie est une science dont on ne peut abuser sans la perdre et sans se perdre soi-même. Les souverains et les prêtres du monde assyrien étaient trop grands pour ne pas être exposés à se briser si jamais ils tombaient ; ils devinrent orgueilleux et ils tombèrent. La grande époque magique de la Chaldée est antérieure aux règnes de Sémiramis et de Ninus. A cette époque déjà la religion se matérialise et l'idolâtrie commence à triompher.

Le culte d'Astarté succède à celui de la Vénus céleste, la royauté se fait adorer sous les noms de Baal et de Bel ou Bélus. Sémiramis abaisse la religion au-dessous de la politique et des conquêtes, et remplace les vieux temples mystérieux par de fastueux et indiscrets monuments; l'idée magique toutefois domine encore les sciences et les arts, et imprime aux merveilleuses constructions de cette époque un caractère inimitable de force et de grandeur. Le palais de Sémiramis était une synthèse bâtie et sculptée de tout le dogme de Zoroastre. Nous en reparlerons lorsque nous expliquerons le symbolisme de ces sept chefs-d'œuvre de l'antiquité, qu'on appela les merveilles du monde.

Le sacerdoce s'était fait plus petit que l'empire, en voulant matérialiser sa propre puissance ; l'empire en tombant devait l'écraser, et ce fut ce qui arriva sous l'efféminé Sardanapale. Ce prince, amoureux de luxe et de mollesse, avait fait de la science des mages une de ses prostituées. A quoi bon la puissance d'opérer des merveilles si elle ne donne pas du plaisir? Enchanteurs, forcez l'hiver à donner des roses; augmentez la saveur du vin; employez votre empire sur la lumière à faire resplendir la beauté des femmes comme celle des divinités! On obéit et le roi s'enivre. Cependant la guerre se déclare, l'ennemi s'avance.... Qu'importe l'ennemi au lâche qui jouit et qui dort? Mais c'est la ruine, c'est l'infamie, c'est la mort!... la mort! Sardanapale ne la craint pas, il croit que c'est un sommeil sans fin ; mais il saura bien se soustraire aux travaux et aux affronts de la servitude... La nuit suprême est arrivée ; le vainqueur est aux portes, la ville ne peut plus résister ; demain c'en est fait du royaume d'Assyrie.... Le palais de Sardanapale s'illumine, et il rayonne de si merveilleuses splendeurs qu'il éclaire toute la ville consternée. Sur des amas d'étoffes précieuses, de pierreries et de vases d'or, le roi fait sa dernière orgie. Ses femmes, ses favoris, ses complices, ses prêtres avilis l'entourent ; les clameurs de l'ivresse se mêlent au bruit de mille instruments, les lions apprivoisés rugissent, et une fumée de parfums sortant des souterrains du palais en enveloppe déjà toutes les constructions d'un épais nuage. Des langues de flamme percent déjà les lambris de cèdre ;... les chants d'ivresse vont faire place aux cris d'épouvante et aux râles de l'agonie.... Mais la magie qui n'a pu, entre les mains de ses adeptes dégradés, conserver l'empire de Ninus, va du moins mêler ses merveilles aux terribles souvenirs de ce gigantesque suicide. Une clarté immense et sinistre telle que n'en avaient jamais vu les nuits de Babylone, semble repousser tout à coup et élargir la voûte du ciel.... Un bruit semblable à celui de tous les tonnerres éclatant ensemble ébranle la terre et secoue la ville, dont les murailles tombent... La nuit profonde redescend ; le palais de Sardanapale n'existe plus, et demain ses vainqueurs ne trouveront plus rien de ses richesses, de son cadavre et de ses plaisirs.

Ainsi finit le premier empire d'Assyrie et la civilisation faite par le vrai Zoroastre. Ici finit la magie proprement dite, et commence le règne de la kabbale. Abraham, en sortant de la Chaldée, en a emporté les mystères. Le peuple de Dieu grandit en silence, et nous trouverons bientôt Daniel aux prises avec les misérables enchanteurs de Nabuchodonosor et de Balthazar (1).

(1) Suivant Suidas, Cedrénus et la chronique d'Alexandrie, ce fut

MYSTÈRE DE L'ÉQUILIBRE UNIVERSEL
Suivant les Mythologies Indienne et Japonaise.

CHAPITRE III.

MAGIE DANS L'INDE.

SOMMAIRE. — Dogme des gymnosophistes. — La trimourti et les Avatars. — Singulière manifestation de l'esprit prophétique. — Influence du faux Zoroastre sur le mysticisme indien. — Antiquités religieuses des Védas. — Magie des brahmes et des faquirs. — Leurs livres et leurs œuvres.

L'Inde, que la tradition kabbalistique nous dit avoir été peuplée par les descendants de Caïn, et où se retirèrent plus tard les enfants d'Abraham et de Céthurah, l'Inde est par excellence le pays de la goétie et des prestiges. La magie noire s'y est perpétuée avec les traditions originelles du fratricide rejeté par les puissants sur les faibles, continué par les castes oppressives et expié par les parias.

On peut dire de l'Inde qu'elle est la savante mère de toutes les idolâtries. Les dogmes de ses gymnosophistes seraient les clefs de la plus haute sagesse, si elles n'ouvraient encore mieux les portes de l'abrutissement et de la mort. L'étonnante richesse du symbolisme indien ferait presque supposer qu'il est antérieur à tous les autres, tant il y a d'originalité primitive dans ses poétiques conceptions; mais c'est un arbre dont le serpent infernal semble avoir mordu la racine. La déification du diable

---

Zoroastre lui-même qui, assiégé dans son palais, se fit disparaître tout à coup avec tous ses secrets et toutes ses richesses dans un immense éclat de tonnerre. En ce temps-là, tout roi qui exerçait la puissance divine passait pour une incarnation de Zoroastre, et Sardanapale se fit une apothéose de son bûcher.

contre laquelle nous avons déjà énergiquement protesté, s'y étale dans toute son impudeur. La terrible trimourti des brahmes se compose d'un créateur, d'un destructeur et d'un réparateur. Leur Addha-Nari, qui figure la divinité mère ou la nature céleste, se nomme aussi *Bowhanie*, et les tuggs ou étrangleurs lui offrent des assassinats. Vichnou le réparateur ne s'incarne guère que pour tuer un diable subalterne qui renaît toujours, puisqu'il est favorisé par Rutrem ou Shiva, le dieu de la mort. On sent que Shiva est l'apothéose de Caïn, mais rien dans toute cette mythologie ne rappelle la douceur d'Abel. Ses mystères toutefois sont d'une poésie grandiose, ses allégories d'une singulière profondeur. C'est la kabbale profanée ; aussi, loin de fortifier l'âme en la rapprochant de la suprême sagesse, le brahmanisme la pousse et la fait tomber avec des théories savantes dans les gouffres de la folie.

C'est à la fausse kabbale de l'Inde que les gnostiques empruntèrent leurs rêves tour à tour horribles et obscènes. C'est la magie indienne qui, se présentant tout d'abord avec ses mille difformités sur le seuil des sciences occultes, épouvante les esprits raisonnables et provoque les anathèmes de toutes les Églises sensées. C'est cette science fausse et dangereuse, qui, trop souvent confondue par les ignorants et les demi-savants avec la vraie science, leur a fait envelopper tout ce qui porte le nom d'occultisme dans un anathème auquel celui même qui écrit ces pages a souscrit énergiquement lorsqu'il n'avait pas trouvé encore la clef du sanctuaire magique. Pour les théologiens des Védas, Dieu ne se manifeste que dans la force. Tout progrès et toute révélation sont déterminés par une victoire. Vichnou s'incarne dans les monstrueux léviathans de la mer et dans les sangliers énormes qui façonnent la terre primitive à coup de boutoirs.

C'est une merveilleuse genèse du panthéisme, et pourtant dans les auteurs de ces fables, quel somnambulisme lucide ! Le nombre dix des Avatars correspond à celui des Séphirots de la kabbale. Vichnou revêt successivement trois formes animales, les trois formes élémentaires de la vie, puis il se fait sphinx, et apparaît enfin sous la figure humaine ; il est brahme alors et sous les apparences d'une feinte humilité il envahit toute la terre ; bientôt il se fait enfant pour être l'ange consolateur des patriarches, il devient guerrier pour combattre les oppresseurs du monde, puis il incarne la politique pour l'opposer à la violence, et semble quitter la forme humaine pour se donner l'agilité du singe. La politique et la violence se sont usées réciproquement, le monde attend un rédempteur intellectuel et moral. Vichnou s'incarne dans Chrisna; il apparaît proscrit dans son berceau près duquel veille un âne symbolique ; on l'emporte pour le soustraire à ses assassins, il grandit et prêche une doctrine de miséricorde et de bonnes œuvres. Puis il descend aux enfers, enchaîne le serpent infernal et remonte glorieux au ciel ; sa fête annuelle est au mois d'août sous le signe de la Vierge. Quelle étonnante intuition des mystères du christianisme ! et combien ne doit-elle pas sembler extraordinaire, si l'on pense que les livres sacrés de l'Inde ont été écrits plusieurs siècles avant l'ère chrétienne. A la révélation de Chrisna succède celle de Bouddha, qui réunit ensemble la religion la plus pure et la plus parfaite philosophie. Alors le bonheur du monde est consommé et les hommes n'ont plus à attendre que la dixième et dernière incarnation, lorsque Vichnou reviendra sous sa propre figure conduisant le cheval du dernier jugement, ce cheval terrible dont le pied de devant est toujours levé et qui brisera le monde lorsque ce pied s'abaissera.

Nous devons reconnaître ici les nombres sacrés et les calculs prophétiques des mages. Les gymnosophistes et les initiés de Zoroastre ont puisé aux mêmes sources,… mais c'est le faux Zoroastre, le Zoroastre noir qui est resté le maître de la théologie de l'Inde : les derniers secrets de cette doctrine dégénérée, sont le panthéisme, et par suite le matérialisme absolu, sous les apparences d'une négation absolue de la matière. Mais qu'importe qu'on matérialise l'esprit ou qu'on spiritualise la matière, dès qu'on affirme l'égalité et même l'identité de ces deux termes ? La conséquence de ce panthéisme est la destruction de toute morale : il n'y a plus ni crimes ni vertus dans un monde où tout est Dieu.

On doit comprendre d'après ces dogmes l'abrutissement progressif des brahmes dans un quiétisme fanatique, mais ce n'est pas encore assez; et leur grand rituel magique, le livre de l'occultisme indien, l'*Oupnek'hat*, leur enseigne les moyens physiques et moraux de consommer l'œuvre de leur hébétement et d'arriver par degrés à la folie furieuse que leurs sorciers appellent l'*état divin*. Ce livre de l'Oupnek'hat est l'ancêtre de tous les grimoires, et c'est le monument le plus curieux des antiquités de la goétie.

Ce livre est divisé en *cinquante sections* : c'est une ombre mêlée d'éclairs. On y trouve des sentences sublimes et des oracles de mensonge. Tantôt on croirait lire l'évangile de saint Jean, lorsqu'on trouve, par exemple, dans les sections onzième et quarante-huitième :

« L'ange du feu créateur est la parole de Dieu.

» La parole de Dieu a produit la terre et les végétaux qui en sortent et la chaleur qui les mûrit.

» La parole du Créateur est elle-même le Créateur, et elle en est le fils unique. »

Tantôt ce sont des rêveries dignes des hérésiarques les plus extravagants :

« La matière n'étant qu'une apparence trompeuse, le soleil, les astres, les éléments eux-mêmes sont des génies, les animaux sont des démons et l'homme un pur esprit trompé par les apparences des corps. »

Mais nous sommes suffisamment édifiés sur le dogme, venons au rituel magique des enchanteurs indiens.

« Pour devenir Dieu il faut retenir son haleine.

» C'est-à-dire l'attirer aussi longtemps qu'on le pourra et s'en gonfler pleinement.

» En second lieu, la garder aussi longtemps qu'on le pourra et prononcer quarante fois en cet état le nom divin AUM.

» Troisièmement, expirer aussi longuement que possible en envoyant mentalement son souffle à travers les cieux se rattacher à l'éther universel.

» Dans cet exercice, il faut se rendre comme aveugle et sourd, et immobile comme un morceau de bois.

» Il faut se poser sur les coudes et sur les genoux, le visage tourné vers le nord.

» Avec un doigt on ferme une aile du nez, par l'autre on attire l'air, puis on la ferme avec un doigt en pensant que Dieu est le créateur, qu'il est dans tous les animaux, dans la fourmi comme dans l'éléphant : on doit rester enfoncé dans ces pensées.

» D'abord on dit *Aum* douze fois ; et pendant chaque aspiration il faut dire *Aum* quatre-vingts fois, puis autant de fois qu'il est possible...

» Faites tout cela pendant trois mois, sans crainte, sans paresse, mangeant et dormant peu ; au quatrième mois les dévas se font voir à vous ; au cinquième vous aurez acquis toutes les qualités des dévatas ; au sixième vous serez sauvé, vous serez devenu Dieu. »

Il est évident qu'au sixième mois, le fanatique assez imbécile pour persévérer dans une semblable pratique sera mort ou fou.

S'il résiste à cet exercice de soufflet mystique, l'Oupnek'hat, qui ne veut pas le laisser en si beau chemin, va le faire passer à d'autres exercices.

« Avec le talon bouchez l'anus, puis tirez l'air de bas en haut du côté droit, faites-le tourner trois fois autour de la seconde région du corps ; de là faites-le parvenir au nombril, qui est la troisième ; puis à la quatrième, qui est le milieu du cœur ; puis à la cinquième, qui est la gorge ; puis à la sixième, qui est l'intérieur du nez, entre les deux sourcils ; là retenez le vent : il est devenu le souffle de l'âme universelle. »

Ceci nous semble être tout simplement une méthode de se magnétiser soi-même et de se donner par la même occasion quelque congestion cérébrale.

« Alors, continue l'auteur de l'Oupnek'hat, pensez au grand *Aum*, qui est le nom du Créateur, qui est la voix universelle, la voix pure et indivisible qui remplit tout ;

cette voix est le Créateur même ; elle se fait entendre au contemplateur de dix manières. Le premier son est comme la voix d'un petit moineau ; le deuxième est le double du premier ; le troisième est comme le son d'une cymbale ; le quatrième comme le murmure d'un gros coquillage ; le cinquième est comme le chant de la vînâ (espèce de lyre indienne) ; le sixième comme le son de l'instrument qu'on appelle tal ; le septième ressemble au son d'une flûte de bacabou posée près de l'oreille ; le huitième au son de l'instrument pakaoudj, frappé avec la main ; le neuvième au son d'une petite trompette, et le dixième au son du nuage qui rugit et qui fait *dda, dda, dda!*...

» A chacun de ces sons le contemplateur passe par différents états, jusqu'au dixième où il devient Dieu.

» Au premier, les poils de tout son corps se dressent.

» Au second, ses membres sont engourdis.

» Au troisième, il ressent dans tous ses membres la fatigue qui suit les jouissances de l'amour.

» Au quatrième, la tête lui tourne, il est comme ivre.

» Au cinquième, l'*eau de la vie* reflue dans son cerveau.

» Au sixième, cette eau descend en lui et il s'en nourrit.

» Au septième, il devient maître de la vision, il voit au dedans des cœurs, il entend les voix les plus éloignées.

» Au neuvième, il se sent assez subtil pour se transporter où il veut, et, comme les anges, tout voir sans être vu.

» Au dixième, il devient la voix universelle et indivisible, il est le grand créateur, l'être éternel, exempt de tout, et, devenu le repos parfait, il distribue le repos au monde. »

Il faut remarquer, dans cette page si curieuse, la description complète des phénomènes du somnambulisme lucide mêlée à une théorie complète de magnétisme solitaire. C'est l'art de se mettre en extase par la tension de la volonté et la fatigue du système nerveux.

Nous recommandons aux magnétistes l'étude approfondie des mystères de l'Oupnek'hat.

L'emploi gradué des narcotiques et l'usage d'une gamme de disques coloriés produit des effets analogues à ceux que décrit le sorcier indien, et M. Ragon en a donné la recette dans son *Livre de la maçonnerie occulte*, faisant suite à l'orthodoxie maçonnique, page 499.

L'Oupnek'hat donne un moyen plus simple de perdre connaissance et d'arriver à l'extase : c'est de regarder des deux yeux le bout de son nez et de rester dans cette posture, ou plutôt dans cette grimace, jusqu'à la convulsion du nerf optique.

Toutes ces pratiques sont douloureuses et dangereuses autant que ridicules, et nous ne les conseillons à personne ; mais nous ne doutons pas qu'elles ne produisent effectivement, dans un espace de temps plus ou moins long, suivant la sensibilité des sujets, l'extase, la catalepsie, et même l'évanouissement léthargique.

Pour se procurer des visions, pour arriver aux phénomènes de la seconde vue, il faut se mettre dans un état qui tient du sommeil, de la mort et de la folie. C'est en cela surtout que les Indiens sont habiles, et c'est à leurs secrets peut-être qu'il faut rapporter les facultés étranges de certains *médiums* américains.

On pourrait définir la magie noire l'art de se procurer et de procurer aux autres une folie artificielle. C'est aussi par excellence la science des empoisonnements. Mais ce que tout le monde ne sait pas, et ce que M. Dupotet, parmi nous, a le premier découvert, c'est qu'on peut tuer par congestion ou par soustraction subite de lumière astrale, lorsque, par une série d'exercices presque impossibles, semblables à ceux que décrit le sorcier indien, on a fait de son propre appareil nerveux assoupli à toutes les tensions et à toutes les fatigues, une sorte de pile galvanique vivante, capable de condenser et de projeter avec force cette lumière qui enivre et qui foudroie.

Mais là ne s'arrêtent pas les secrets magiques de l'Oupnek'hat; il en est un dernier que l'hiérophante ténébreux confie à ses initiés, comme le grand et suprême arcane, et c'est, en effet, l'ombre et l'inverse de ce grand secret de la haute magie.

Le grand arcane des vrais mages c'est l'absolu en morale, et par conséquent en direction des œuvres et en liberté.

Le grand arcane de l'Oupnek'hat c'est l'absolu en immoralité, en fatalité et en quiétisme mortel.

Voici comment s'exprime l'auteur du livre indien :

« Il est permis de mentir pour faciliter les mariages et pour exalter les vertus d'un bramine ou les qualités d'une vache.

» Dieu s'appelle vérité, et en lui l'ombre et la lumière ne font qu'un. Celui qui sait cela ne ment jamais, car s'il veut mentir il fait de son mensonge une vérité.

» Quelque péché qu'il commette, quelque mauvaise œuvre qu'il fasse, il n'est jamais coupable. Quand même il serait deux fois parricide, quand même il tuerait un brahme initié aux mystères des Védas, quelque chose qu'il commette enfin, sa lumière n'en sera pas diminuée, car, dit Dieu, je suis l'âme universelle, en moi sont le bien et le mal qui se corrigent l'un par l'autre. Celui qui sait cela n'est jamais pécheur; il est universel comme moi. » (*Oupnek'hat*, instruction 108, pages 35 et 92 du tome Ier de la traduction d'Anquetil.)

De pareilles doctrines sont loin d'être civilisatrices, et d'ailleurs l'Inde, en immobilisant sa hiérarchie sociale, parquait l'anarchie dans les castes; la société ne vit que d'échanges. Or l'échange est impossible quand tout appartient aux uns et rien aux autres. A quoi servent les échelons sociaux dans une prétendue civilisation où personne ne peut ni descendre ni monter? Ici se montre enfin le châtiment tardif du fratricide, châtiment qui enveloppe toute sa race et le condamne à mort. Vienne une autre nation orgueilleuse et égoïste, elle sacrifiera l'Inde, comme les légendes orientales racontent que Lamech a tué Caïn. Malheur toutefois au meurtrier même de Caïn! disent les oracles sacrés de la Bible.

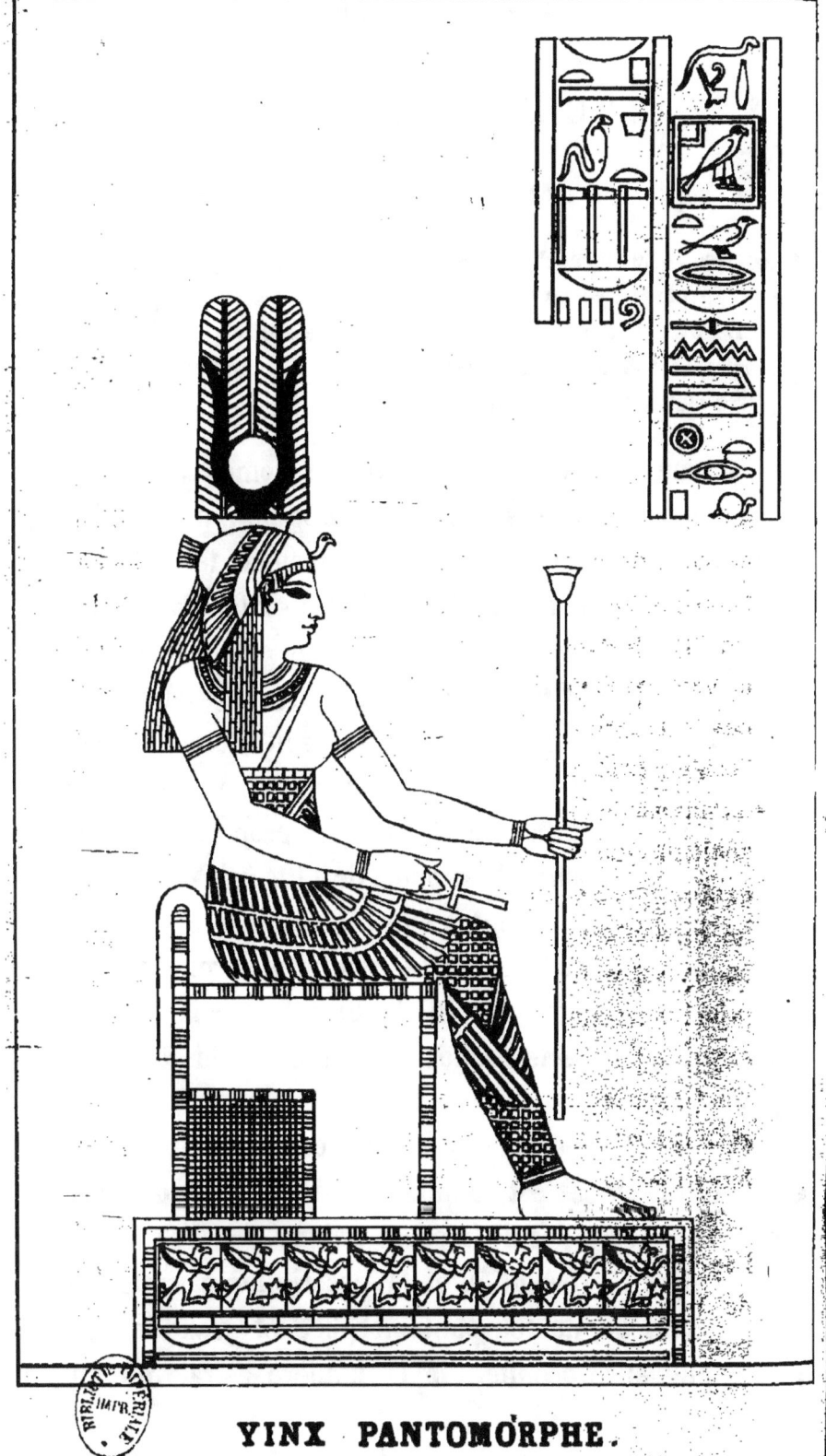

YINX PANTOMORPHE.
Vingt et unième Clé du Tarot Égyptien primitif.

CHAPITRE IV.

MAGIE HERMÉTIQUE.

SOMMAIRE. — Le dogme d'Hermès Trismégiste. — La magie hermétique. — L'Égypte et ses merveilles. — Le patriarche Joseph et sa politique. — Le livre de Thot. — La table magique de Bembo. — La clef des oracles. — L'éducation de Moïse. — Les magiciens de Pharaon. — La pierre philosophale et le grand œuvre.

C'est en Égypte que la magie se complète comme science universelle et se formule en dogme parfait. Rien ne surpasse et rien n'égale comme résumé de toutes les doctrines du vieux monde les quelques sentences gravées sur une pierre précieuse par Hermès et connues sous le nom de *table d'émeraude*; l'unité de l'être et l'unité des harmonies, soit ascendantes, soit descendantes, l'échelle progressive et proportionnelle du Verbe; la loi immuable de l'équilibre et le progrès proportionnel des analogies universelles, le rapport de l'idée au Verbe donnant la mesure du rapport entre le créateur et le créé; les mathématiques nécessaires de l'infini, prouvées par les mesures d'un seul coin du fini; tout cela est exprimé par cette seule proposition du grand hiérophante égyptien:

« Ce qui est supérieur est comme ce qui est inférieur, et ce qui est en bas est comme ce qui est en haut pour former les merveilles de la chose unique. »

Puis vient la révélation et la description savante de l'agent créateur, du feu pantomorphe, du grand moyen de la puissance occulte, de la lumière astrale en un mot.

« Le soleil est son père, la lune est sa mère, le vent l'a porté dans son ventre. »

Ainsi cette lumière est émanée du soleil, elle reçoit sa forme et son mouvement régulier des influences de la lune, elle a l'atmosphère pour réceptacle et pour prison.

« La terre est sa nourrice. »

C'est-à-dire qu'elle est équilibrée et mise en mouvement par la chaleur centrale de la terre.

« C'est le principe universel, le TELESMA du monde. »

Hermès enseigne ensuite comment de cette lumière, qui est aussi une force, on peut faire un levier et un dissolvant universel, puis aussi un agent formateur et coagulateur.

Comment il faut tirer des corps où elle est latente, cette lumière à l'état de feu, de mouvement, de splendeur, de gaz lumineux, d'eau ardente, et enfin de terre ignée, pour imiter, à l'aide de ces diverses substances, toutes les créations de la nature.

La table d'émeraude, c'est toute la magie en une seule page.

Les autres ouvrages attribués à Hermès, tels que le *Pymandre*, l'*Asclepius*, la *Minerve du monde*, etc., sont regardés généralement par les critiques comme des productions de l'école d'Alexandrie. Ils n'en contiennent pas moins les traditions hermétiques conservées dans les sanctuaires de la théurgie. Les doctrines d'Hermès ne sauraient être perdues pour qui connaît les clefs du symbolisme. Les ruines de l'Égypte sont comme des pages éparses avec lesquelles on peut encore, en les rassemblant, reconstruire le livre entier, livre prodigieux dont les grandes lettres étaient des temples, dont les phrases étaient des cités toutes ponctuées d'obélisques et de sphinx !

La division même de l'Égypte était une synthèse magique ; les noms de ses provinces correspondaient aux figures des nombres sacrés : le royaume de Sésostris se divisait en trois parties : la haute Égypte ou la Thébaïde, figure du monde céleste et patrie des extases ; la basse Égypte, symbole de la terre ; et l'Égypte moyenne ou centrale, pays de la science et des hautes initiations. Chacune de ces trois parties était divisée en dix provinces appelées nomes, et placées sous la protection spéciale d'un dieu. Ces dieux, au nombre de trente, groupés trois par trois, exprimaient symboliquement toutes les conceptions du ternaire dans la décade, c'est-à-dire la triple signification naturelle, philosophique et religieuse des idées absolues attachées primitivement aux nombres. Ainsi, la triple unité ou le ternaire originel, le triple binaire ou le mirage du triangle, qui forme l'étoile de Salomon ; le triple ternaire ou l'idée tout entière sous chacun de ses trois termes ; le triple quaternaire, c'est-à-dire le nombre cyclique des révolutions astrales, etc. La géographie de l'Égypte, sous Sésostris, est donc un pantacle, c'est-à-dire un résumé symbolique de tout le dogme magique de Zoroastre, retrouvé et formulé d'une manière plus précise par Hermès.

Ainsi, la terre égyptienne était un grand livre et les enseignements de ce livre étaient répétés, traduits en peintures, en sculpture, en architecture, dans toutes les villes et dans tous les temples. Le désert même avait ses enseignements éternels, et son Verbe de pierre s'asseyait carrément sur la base des pyramides, ces limites de l'intelligence humaine, devant lesquelles médita pendant tant de siècles un sphinx colossal en s'enfonçant lentement dans le sable. Maintenant sa tête, mutilée par les âges, se dresse encore au-dessus de son tombeau, comme si elle attendait pour disparaître qu'une voix humaine vienne expliquer au monde nouveau le problème des pyramides.

L'Égypte est pour nous le berceau des sciences et de la sagesse ; car elle revêtit d'images, sinon plus riches, du moins plus exactes et plus pures que celles de l'Inde, le dogme antique du premier Zoroastre. L'art sacerdotal et l'art royal y formèrent des adeptes par l'initiation, et l'initiation ne se renferma pas dans les limites égoïstes des castes. On vit un esclave hébreu s'initier lui-même et parvenir au rang de premier ministre, et peut-être de grand hiérophante, car il épousa la fille d'un prêtre égyptien, et l'on sait que le sacerdoce ne se mésalliait jamais. Joseph réalisa en Égypte le rêve du communisme ; il rendit le sacerdoce et l'état seuls propriétaires, arbitres, par conséquent, du travail et de la richesse. Il abolit ainsi la misère, et fit de l'Égypte entière une famille patriarchale. On sait que Joseph dut son élévation à sa science pour l'interprétation des songes, science à laquelle les chrétiens de nos jours, je dis même les chrétiens fidèles, refusent de croire, tout en admettant que la Bible, où sont racontées les merveilleuses divinations de Joseph, est la parole du Saint-Esprit.

La science de Joseph n'était autre chose que l'intelligence des rapports naturels qui existent entre les idées et les images, entre le Verbe et ses figures. Il savait que pendant le sommeil, l'âme plongée dans la lumière astrale voit les reflets de ses pensées les plus secrètes et même de ses pressentiments ; il savait que l'art de traduire les hiéroglyphes du sommeil est la clef de la lucidité universelle ; car tous les êtres intelligents ont des révélations en songes.

La science hiéroglyphique absolue avait pour base un alphabet où tous les dieux étaient des lettres, toutes les lettres des idées, toutes les idées des nombres, tous les nombres des signes parfaits.

Cet alphabet hiéroglyphique dont Moïse fit le grand secret de sa kabbale, et qu'il reprit aux Égyptiens ; car, suivant le Sepher Jezirah, il venait d'Abraham : cet alphabet, disons-nous, est le fameux livre de Thauth, soupçonné par Court de Gébelin de s'être conservé jusqu'à nos jours sous la forme de ce jeu de cartes bizarres qu'on appelle le *tarot;* mal deviné ensuite par Eteilla, chez qui une persévérance de trente ans ne put suppléer au bon sens et à la première éducation qui lui manquaient ; existant encore, en effet, parmi les débris des monuments égyptiens, et dont la clef la plus curieuse et la plus complète se trouve dans le grand ouvrage du père Kircher sur l'Égypte. C'est la copie d'une table isiaque ayant appartenu au célèbre cardinal Bembo. Cette table était de cuivre avec des figures d'émail ; elle a été malheureusement perdue ; mais Kircher en donne une copie exacte, et ce savant jésuite a deviné, sans pouvoir toutefois pousser plus loin son explication, qu'elle contenait la clef hiéroglyphique des alphabets sacrés.

Cette table est partagée en trois compartiments égaux ; en haut les douze maisons célestes, en bas les douze stations laborieuses de l'année, au centre les vingt et un signes sacrés correspondent aux lettres.

Au milieu de la région centrale siége l'image d'IYNX, pantomorphe, emblème de l'être universel correspondant au jod hébraïque, la lettre unique dont se forment toutes les autres. Autour d'IYNX on voit la triade ophionienne correspondant aux trois lettres mères des alphabets égyptien et hébreu ; à droite les deux triades *ibimorphe* et *sérapéenne*, à gauche la triade *nephtéenne* et celle d'*Hécate*, figures de l'actif et du passif, du volatil et du fixe, du feu fécondant et de l'eau génératrice. Chaque couple de triades, combiné avec le centre, donne un septénaire ; le centre lui-même en contient un. Ainsi les trois septénaires donnent l'absolu numéral des trois mondes, et le nombre complet des lettres primitives, auxquelles on ajoute un signe complémentaire, comme aux neuf caractères des nombres, on ajoute le zéro.

Les dix nombres et les vingt-deux lettres sont ce qu'on appelle en kabbale les trente-deux voies de la science, et leur description philosophique est le sujet du livre primitif et révéré qu'on nomme le *Sepher Jezirah*, et qu'on peut trouver dans la collection de Pistorius et ailleurs. L'alphabet de Thauth n'est l'original de notre tarot que d'une manière détournée. Le tarot que nous avons est d'origine juive et les types des figures ne remontent pas plus haut que le règne de Charles VII. Le jeu de cartes de Jacquemin Gringonneur est le premier tarot que nous connaissions, mais les symboles qu'il reproduit sont de la plus haute antiquité. Ce jeu fut un essai de quelque astrologue de ce temps-là pour ramener le roi à la raison à l'aide de cette clef, des oracles dont les ré-

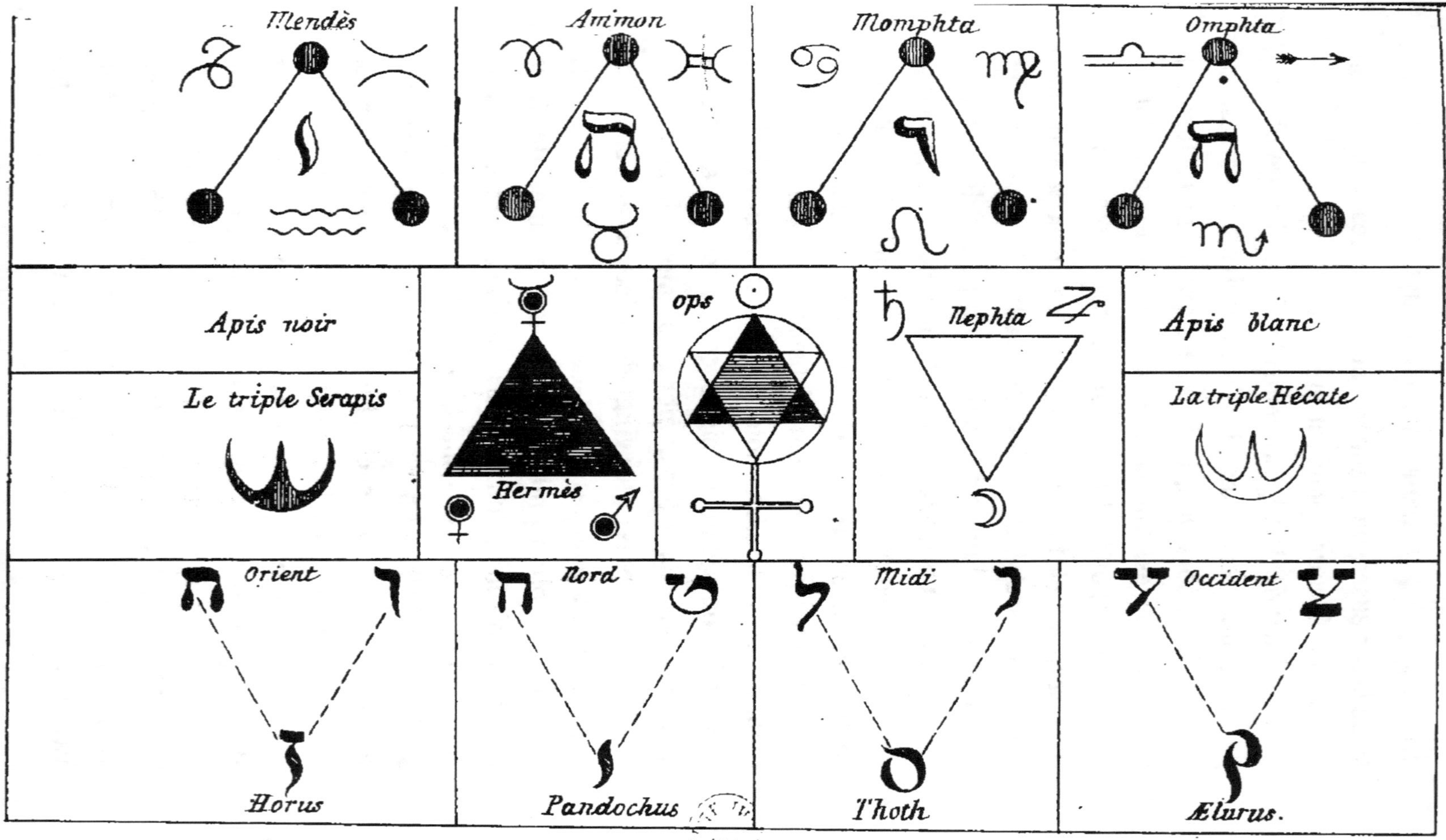
Mendès
Ammon
Momphta
Omphta
Apis noir
Le triple Serapis
Hermès
ops
Nephta
Apis blanc
La triple Hécate
Orient
Horus
Nord
Pandochus
Midi
Thoth
Occident
Ælurus.

ponses, résultant de la combinaison variée des signes, sont toujours exactes comme les mathématiques et mesurées comme les harmonies de la nature. Mais il faut être déjà bien raisonnable pour savoir se servir d'un instrument de science et de raison ; le pauvre roi, tombé en enfance, ne vit que des jouets d'enfant dans les peintures de Gringonneur, et fit un jeu de cartes des alphabets mystérieux de la kabbale.

Moïse nous raconte qu'à leur sortie d'Égypte, les Israélites emportèrent les vases sacrés des Égyptiens. Cette histoire est allégorique, et le grand prophète n'eût pas encouragé son peuple au vol. Ces vases sacrés, ce sont les secrets de la science égyptienne que Moïse avait appris à la cour de Pharaon. Loin de nous l'idée d'attribuer à la magie les miracles de cet homme inspiré de Dieu ; mais la Bible elle-même nous apprend que Jannès et Mambrès, les magiciens de Pharaon, c'est-à-dire les grands hiérophantes d'Égypte, accomplirent d'abord, par leur art, des merveilles semblables aux siennes. Ainsi, ils changèrent des baguettes en serpents et des serpents en baguettes, ce qui peut s'expliquer par prestige ou fascination. Ils changèrent l'eau en sang, ils firent paraître instantanément une grande quantité de grenouilles, mais ils ne purent amener ni des mouches ni d'autres insectes parasites, nous avons déjà dit pourquoi, et comment il faut expliquer leur aveu lorsqu'ils se déclarèrent vaincus.

Moïse triompha et emmena les Israélites hors de la terre de servitude. A cette époque, la vraie science se perdait en Égypte, parce que les prêtres, abusant de la grande confiance du peuple, le laissaient croupir dans une abrutissante idolâtrie; là était le grand écueil de l'ésotérisme. Il fallait voiler au peuple la vérité sans la lui cacher; il fallait empêcher le symbolisme de s'avilir en tombant dans l'absurde; il fallait entretenir dans toute sa dignité et dans toute sa beauté première le voile sacré d'Isis. C'est ce que le sacerdoce égyptien ne sut pas faire. Le vulgaire imbécile prit pour des réalités vivantes les formes hiéroglyphiques d'Osiris et d'Hermanubis. Osiris devint un bœuf, et le savant Hermès un chien. Osiris, devenu bœuf, se promena bientôt sous les oripeaux du bœuf Apis, et les prêtres n'empêchèrent pas le peuple d'adorer une viande prédestinée à leur cuisine.

Il était temps de sauver les saintes traditions. Moïse créa un peuple nouveau, et lui défendit sévèrement le culte des images. Malheureusement ce peuple avait déjà vécu avec les idolâtres, et les souvenirs du bœuf Apis le poursuivaient dans le désert. On sait l'histoire du veau d'or, que les enfants d'Israël ont toujours adoré un peu. Moïse, cependant, ne voulut pas livrer à l'oubli les hiéroglyphes sacrés, et il les sanctifia en les consacrant au culte épuré du vrai Dieu. Nous verrons comment tous les objets servant au culte de Jehovah étaient symboliques, et rappelaient les signes révérés de la révélation primitive.

Mais il faut en finir d'abord avec la gentilité et suivre, à travers les civilisations païennes, l'histoire des hiéroglyphes matérialisés et des anciens rites avilis.

CHAPITRE V.

MAGIE EN GRÈCE.

SOMMAIRE. — La fable de la toison d'or. — Orphée, Amphion et Cadmus. — Clef magique des poëmes d'Homère. — Eschyle révélateur des mystères. — Dogme d'Orphée expliqué par la légende. — Les oracles et les pythonisses. — Magie noire de Médée et de Circé.

Nous touchons à l'époque où les sciences exactes de la magie vont se revêtir de leur forme naturelle : la beauté. Nous avons vu dans le Sohar le prototype de l'homme se lever dans le ciel en se mirant dans l'océan de l'Être. Cet homme idéal, cet ombre du Dieu pantomorphe, ce fantôme viril de la forme parfaite ne restera pas isolé. Une compagne va lui naître sous le doux ciel de l'Héllénie. La Vénus céleste, Vénus chaste et féconde, la triple mère des trois Grâces, sort à son tour, non plus des eaux dormantes du chaos, mais des ondes vivantes et agitées de cet archipel murmurateur de poésie où les îles pavoisées d'arbres verts et de fleurs semblent être les vaisseaux des dieux.

Le septénaire magique des Chaldéens se change en musique sur les sept cordes de la lyre d'Orphée. C'est l'harmonie qui défriche les forêts et les déserts de la Grèce. Aux chants poétiques d'Orphée, les rochers s'amollissent, les chênes se déracinent, et les bêtes sauvages se soumettent à l'homme. C'est par une semblable magie qu'Amphion bâtit les murs de Thèbes. La savante Thèbes de Cadmus, la ville qui est un pantacle comme les sept merveilles du monde, la cité de l'initiation. C'est Orphée qui a donné la vie aux nombres, c'est Cadmus qui a attaché la pensée aux caractères. L'un a fait un peuple amoureux de toutes les beautés, l'autre a donné à ce peuple une patrie digne de son génie et de ses amours.

Dans les traditions de l'ancienne Grèce, nous voyons apparaître Orphée parmi les héros de la toison d'or, ces conquérants primitifs du grand œuvre. La toison d'or, c'est la dépouille du soleil, c'est la lumière appropriée aux usages de l'homme ; c'est le grand secret des œuvres magiques, c'est l'initiation enfin, que vont chercher en Asie les héros allégoriques de la toison d'or. D'une autre part, Cadmus est un exilé volontaire de la grande Thèbes d'Égypte. Il apporte en Grèce les lettres primitives et l'harmonie qui les rassemble. Au mouvement de cette harmonie, la ville typique, la ville savante, la nouvelle Thèbes se bâtit d'elle-même, car la science est tout entière dans les harmonies des caractères hiéroglyphiques, phonétiques et numéraux qui se meuvent d'eux-mêmes suivant les lois des mathématiques éternelles. Thèbes est circulaire et sa citadelle est carrée, elle a sept portes comme le ciel magique et sa légende deviendra bientôt l'épopée de l'occultisme et l'histoire prophétique du génie humain.

Toutes ces allégories mystérieuses, toutes ces traditions savantes sont l'âme de la civilisation en Grèce, mais il ne faut pas chercher l'histoire réelle des héros de ces poëmes ailleurs que dans les transformations du symbolisme oriental apporté en Grèce par des hiérophantes inconnus. Les grands hommes de ce temps-là écrivaient seulement l'histoire des idées, et se souciaient peu de nous initier aux misères humaines de l'enfantement des empires. Homère aussi a marché dans cette voie ; il met en œuvre les dieux, c'est-à-dire les types immortels de la pensée, et si le monde s'agite c'est une conséquence forcée du froncement des sourcils de Jupiter. Si la Grèce porte le fer et le feu en Asie, c'est pour venger les outrages de la science et de la vertu sacrifiées à la volupté. C'est pour rendre l'empire du monde à Minerve et à Junon, en dépit de cette molle Vénus qui a perdu tous ceux qui l'ont trop aimée.

Telle est la sublime mission de la poésie : elle substitue les dieux aux hommes, c'est-à-dire les causes aux effets et les conceptions éternelles aux chétives incarnations des grandeurs sur la terre. Ce sont les idées qui élèvent ou qui font tomber les empires. Au fond de toute grandeur il y a une croyance, et pour qu'une croyance soit poétique, c'est-à-dire créatrice, il faut qu'elle relève d'une vérité. La véritable histoire digne d'intéresser les sages, c'est celle de la lumière toujours victorieuse des ténèbres. Une grande journée de ce soleil se nomme une civilisation.

La fable de la toison d'or rattache la magie hermétique aux initiations de la Grèce. Le bélier solaire dont il faut conquérir la toison d'or pour être souverain du monde est la figure du grand œuvre. Le vaisseau des Argonautes construit avec les planches des chênes prophétiques de Dodone, le *vaisseau parlant*, c'est la barque des mystères d'Isis, l'arche des semences et de la rénovation, le coffre d'Osiris, l'œuf de la régénération divine. Jason l'aventurier est l'initiable ; ce n'est un héros que par son audace, il a de l'humanité toutes les inconstances et toutes les faiblesses, mais il emmène avec lui les personnifications de toutes les forces. Hercule qui symbolise la force brutale ne doit point concourir à l'œuvre, il s'égare en chemin à la poursuite de ses indignes amours; les autres arrivent au pays de l'initiation, dans la Colchide, où se conservaient encore quelques-uns des secrets de Zoroastre; mais comment se faire donner la clef de ces mystères? La science est encore une fois trahie par une femme. Médée livre à Jason les arcanes du grand œuvre, elle livre le royaume et les jours de son père; car c'est une loi fatale du sanctuaire occulte que la révélation des secrets entraîne la mort de celui qui n'a pu les garder.

Médée apprend à Jason quels sont les monstres qu'il doit combattre et de quelle manière il peut en triompher. C'est d'abord le serpent ailé et terrestre, le fluide astral qu'il faut surprendre et fixer; il faut lui arracher les dents et les semer dans une plaine qu'on aura d'abord labourée en attelant à la charrue les taureaux de Mars. Les dents du dragon sont les acides qui doivent dissoudre la terre métallique préparée par un double feu et par les forces magnétiques de la terre. Alors il se fait une fermentation et comme un grand combat, l'impur est dévoré par l'impur, et la toison brillante devient la récompense de l'adepte.

Là se termine le roman magique de Jason; vient ensuite celui de Médée, car dans cette histoire l'antiquité grecque a voulu renfermer l'épopée des sciences occultes. Après la magie hermétique vient la goétie, parricide, fratricide, infanticide, sacrifiant tout à ses passions et ne jouissant jamais du fruit de ses crimes. Médée trahit son père, comme Cham; assassine son frère, comme Caïn. Elle poignarde ses enfants, elle empoisonne sa rivale et ne recueille que la haine de celui par qui elle voulait être aimée. On peut s'étonner de voir que Jason maître de la toison d'or n'en devienne pas plus sage, mais souvenons-nous qu'il ne doit la découverte de ses secrets qu'à la trahison. Ce n'est pas un adepte comme Orphée, c'est un ravisseur comme Prométhée. Ce qu'il cherche ce n'est pas la science, c'est la puissance et la richesse. Aussi mourra-t-il malheureusement, et les propriétés inspiratrices et souveraines de la toison d'or ne seront-elles jamais comprises que par les disciples d'Orphée.

Prométhée, la toison d'or, la Thébaïde, l'Iliade et l'Odyssée, cinq grandes épopées toutes pleines des grands mystères de la nature et des destinées humaines composent la Bible de l'ancienne Grèce, monument immense, entassement de montagnes sur des montagnes, de chefs-d'œuvres sur des chefs-d'œuvres, de formes belles comme la lumière sur des pensées éternelles et grandes comme la vérité!

Ce ne fut d'ailleurs qu'à leurs risques et périls que les hiérophantes de la poésie initièrent les populations de la Grèce à ces merveilleuses fictions conservatrices de la vérité. Eschyle qui osa mettre en scène les luttes gigantesques, les plaintes surhumaines et les espérances divines de Prométhée, le poëte terrible de la famille d'Œdipe, fut accusé d'avoir trahi et profané les mystères, et n'échappa qu'avec peine à une sévère condamnation. Nous ne pouvons maintenant comprendre toute l'étendue de l'attentat du poëte. Son drame était une trilogie, et l'on y voyait toute l'histoire symbolique de Prométhée. Eschyle avait donc osé montrer au peuple assemblé Prométhée délivré par Alcide et renversant Jupiter de son trône. La toute-puissance du génie qui a souffert et la victoire définitive de la patience sur la force : c'était beau sans doute. Mais les multitudes ne pouvaient-elles pas y voir les triomphes futurs de l'impiété et de l'anarchie! Prométhée vainqueur de Jupiter ne pouvait-il pas être pris pour le peuple affranchi un jour de ses prêtres et de ses rois ; et de coupables espérances n'entraient-elles pas pour beaucoup dans les applaudissements prodigués à l'imprudent révélateur?

Nous devons des chefs-d'œuvre à ces faiblesses du dogme pour la poésie, et nous ne sommes pas de ces initiés austères qui voudraient comme Platon exiler les poëtes, après les avoir couronnés ; les vrais poëtes sont des envoyés de Dieu sur la terre, et ceux qui les repoussent ne doivent pas être bénis du Ciel.

Le grand initiateur de la Grèce et son premier civilisateur en fut aussi le premier poëte ; car en admettant même qu'Orphée ne fût qu'un personnage mystique ou fabuleux, il faudrait croire à l'existence de Musée et lui attribuer les vers qui portent le nom de son maître. Peu nous importe d'ailleurs qu'un des Argonautes se soit ou non appelé Orphée, le personnage poétique a plus fait que de vivre ; il vit toujours, il est immortel ! La fable d'Orphée est tout un dogme, c'est une révélation des destinées sacerdotales, c'est une idéal nouveau issu du culte de la beauté. C'est déjà la régénération et la rédemption de l'amour. Orphée descend aux enfers chercher Eurydice, et il faut qu'il la ramène sans la regarder. Ainsi l'homme pur doit se créer une compagne, il doit l'élever à lui en se dévouant à elle, et en ne la convoitant pas. C'est en renonçant à l'objet de la passion qu'on mérite de posséder celui du véritable amour. Ici déjà on pressent les rêves si chastes de la chevalerie chrétienne. Pour arracher son Eurydice à l'enfer, il ne faut point la regarder !... Mais l'hiérophante est encore un homme, il faiblit, il doute, il regarde.

Ah miseram Eurydicen !...

Elle est perdue ! la faute est faite, l'expiation commence ; Orphée est veuf, il reste chaste. Il est veuf sans avoir eu le temps de connaître Eurydice, veuf d'une vierge il restera vierge, car le poëte n'a pas deux cœurs, et les enfants de la race des dieux aiment pour toujours. Aspirations éternelles, soupirs vers un idéal qu'on retrouvera au delà du tombeau, veuvage consacré à la muse sacrée. Quelle révélation avancée des inspirations à venir ! Orphée portant au cœur une blessure que la mort seule pourra guérir, se fait médecin des âmes et des corps ; il meurt, enfin, victime de sa chasteté ; il meurt de la mort des initiateurs et des prophètes ; il meurt après avoir proclamé l'unité de Dieu et l'unité de l'amour, et tel fut plus tard le fond des mystères dans l'initiation orphique.

Après s'être montré si fort au-dessus de son époque, Orphée devait laisser la réputation d'un sorcier et d'un enchanteur. On lui attribue, comme à Salomon, la connaissance des simples et des minéraux, la science de la médecine céleste et de la pierre philosophale. Il savait tout cela, sans doute, puisqu'il personnifie dans sa légende l'initiation primitive, la chute et la réparation ; c'est-à-dire les trois parties du grand œuvre de l'humanité : voici en quels termes, suivant Ballanche, on peut résumer l'initiation orphique :

« L'homme, après avoir subi l'influence des éléments, doit faire subir aux éléments sa propre influence.

» La création est l'acte d'un magisme divin continu et éternel.

» Pour l'homme être réellement c'est se connaître.

» La responsabilité est une conquête de l'homme, la peine même du péché est un nouveau moyen de conquêtes.

» Toute vie repose sur la mort.

» La palingénésie est la loi réparatrice.

» Le mariage est la reproduction dans l'humanité du grand mystère cosmogonique. Il doit être un comme Dieu et la nature sont un.

» Le mariage c'est l'unité de l'arbre de vie ; la débauche c'est la division et la mort.

» L'arbre de vie étant unique, et les branches qui s'épanouissent dans le ciel et fleurissent en étoiles correspondant aux racines cachées dans la terre,

» L'astrologie est une synthèse.

» La connaissance des vertus, soit médicales, soit magiques des plantes, des métaux, des corps, en qui réside plus ou moins la vie, est une synthèse.

» Les puissances de l'organisation, à ses divers degrés, sont révélés par une synthèse.

» Les agrégations et les affinités des métaux, comme l'âme végétative des plantes, comme toutes les forces assimilatrices, sont également révélées par une synthèse (1). »

(1) Ballanche, *Orphée*, liv. VIII, p. 169, édit. 1833

On a dit que le beau est la splendeur du vrai. C'est donc à cette grande lumière d'Orphée qu'il faut attribuer la beauté de la forme révélée pour la première fois en Grèce. C'est à Orphée que remonte l'école du divin Platon, ce père profane de la haute philosophie chrétienne. C'est à lui que Pythagore et les illuminés d'Alexandrie ont emprunté leurs mystères. L'initiation ne change pas ; nous la retrouvons toujours la même à travers les âges. Les derniers disciples de Pascalis Martinez sont encore les enfants d'Orphée, mais ils adorent le réalisateur de la philosophie antique, le verbe incarné des chrétiens.

Nous avons dit que la première partie de la fable de la toison d'or renferme les secrets de la magie orphique, et que la seconde partie est consacrée à de sages avertissements contre les abus de la goétie ou de la magie ténébreuse.

La goétie ou fausse magie, connue de nos jours sous le nom de *sorcellerie*, ne saurait être une science ; c'est l'empirisme de la fatalité. Toute passion excessive produit une force factice dont la volonté ne saurait être maîtresse, mais qui obéit au despotisme de la passion. C'est pour cela qu'Albert le Grand disait : « Ne maudissez personne lorsque vous êtes en colère. » C'est l'histoire de la malédiction d'Hippolyte par Thésée. La passion excessive est une véritable folie. Or la folie est une ivresse ou congestion de lumière astrale. C'est pour cela que la folie est contagieuse, et que les passions en général portent avec elles un véritable maléfice. Les femmes, plus facilement entraînées par l'ivresse passionnée, sont en général meilleures sorcières que les hommes ne peuvent être sorciers. Le mot *sorcier* désigne assez les victimes du sort et pour ainsi dire les champignons vénéneux de la fatalité.

Les sorcières chez les Grecs, et spécialement en Thessalie, pratiquaient d'horribles enseignements et s'abandonnaient à d'abominables rites. C'étaient en général des femmes perdues de désirs qu'elles ne pouvaient plus satisfaire, des courtisanes devenues vieilles, des monstres d'immoralité et de laideur. Jalouses de l'amour et de la vie, ces misérables femmes n'avaient d'amants que dans les tombes, ou plutôt elles violaient les sépultures pour dévorer d'affreuses caresses la chair glacée des jeunes hommes. Elles volaient les enfants dont elles étouffaient les cris en les pressant contre leurs mamelles pendantes. On les appelait des *lamies*, des *stryges*, des *empuses*; les enfants, ces objets de leur envie et par conséquent de leur haine, étaient sacrifiés par elles; les unes, comme la Canidie dont parle Horace, les enterraient jusqu'à la tête, et les laissaient mourir de faim, en les entourant d'aliments auxquels ils ne pouvaient atteindre; les autres leur coupaient la tête, les pieds et les mains, et faisaient réduire leur graisse et leur chair dans des bassins de cuivre, jusqu'à la consistance d'un onguent qu'elles mêlaient aux sucs de la jusquiame, de la belladone et des pavots noirs. Elles emplissaient de cet onguent l'organe sans cesse irrité par leurs détestables désirs; elles s'en frottaient les tempes et les aisselles, puis elles tombaient dans une léthargie pleine de rêves effrénés et luxurieux. Il faut bien oser le dire : voilà les origines et les traditions de la magie noire ; voilà les secrets qui se perpétuèrent jusque dans notre moyen âge ; voilà, enfin, quelles victimes prétendues innocentes l'exécration publique, bien plus que la sentence des inquisiteurs, condamnait à mourir dans les flammes. C'est en Espagne, et en Italie surtout, que pullulait encore la race des stryges, des lamies et des empuses; et ceux qui en doutent peuvent consulter les plus savants criminalistes de ces pays, résumés par François Torreblanca, avocat royal à la chancellerie de Grenade, dans son *Epitome delictorum*.

Médée et Circé sont les deux types de la magie malfaisante chez les Grecs. Circé est la femme vicieuse qui fascine et dégrade ses amants; Médée est l'empoisonneuse hardie qui ose tout, et qui fait servir la nature même à ses crimes. Il est, en effet, des êtres qui charment comme Circé, et près desquels on s'avilit; il est des femmes dont l'amour dégrade les âmes; elles ne savent inspirer que des passions brutales; elles vous énervent, puis elles vous méprisent. Ces femmes, il faut comme Ulysse, les faire obéir et les subjuguer par la crainte, puis savoir les quitter sans regret. Ce sont des monstres de beauté; elles sont sans cœur; la vanité seule les fait vivre. L'antiquité les représentait encore sous la figure des sirènes.

Quant à Médée, c'est la créature perverse, qui veut le mal et qui l'opère. Celle-ci est capable d'aimer et n'obéit pas à la crainte, mais son amour est plus redoutable encore que la haine. Elle est mauvaise mère et tueuse de petits enfants. Elle aime la nuit et va cueillir au clair de la lune des herbes malfaisantes pour en composer des poisons. Elle magnétise l'air, elle porte malheur à la terre, elle infecte l'eau, elle empoisonne le feu. Les reptiles lui prêtent leur bave: elle murmure d'affreuses paroles; des traces de sang la suivent, des membres découpés tombent de ses mains. Ses conseils rendent fou, ses caresses font horreur.

Voilà la femme qui a voulu se mettre au-dessus des devoirs de son sexe, en s'initiant elle-même à des sciences défendues. Les hommes se détournent et les enfants se cachent quand elle passe. Elle est sans raison et sans amour, et les déceptions de la nature révoltée contre elle sont le supplice toujours renaissant de son orgueil.

CHAPITRE VI.

MAGIE MATHÉMATICIENNE DE PYTHAGORE.

SOMMAIRE. — Les Vers dorés et les symboles de ce maître. — Les mystères cachés dans la vie et les instincts des animaux. — Loi d'assimilation. — Secret des métamorphoses, ou comment on peut se changer en loup. — Éternité de la vie dans la continuité de la mémoire. — Le fleuve d'oubli.

Numa, dont nous avons indiqué les connaissances magiques, avait eu pour initiateur un certain Tarchon, disciple d'un Chaldéen nommé Tagès. La science alors avait ses apôtres, qui parcouraient le monde pour y semer des prêtres et des rois. Souvent même la persécution aidait à l'accomplissement des desseins de la Providence, et c'est ainsi que vers la soixante-deuxième olympiade, quatre générations après le règne de Numa, Pythagore, de Samos, vint en Italie pour échapper à la tyrannie de Polycrate.

Le grand vulgarisateur de la philosophie des nombres avait alors parcouru tous les sanctuaires du monde; il était venu en Judée, où il s'était fait circoncire pour être admis aux secrets de la kabbale, que lui communiquèrent, non sans une certaine réserve, les prophètes Ézéchiel et Daniel. Puis, il s'était fait admettre, non sans peine, à l'initiation égyptienne, sur la recommandation du roi Amasis. La puissance de son génie suppléa aux communications imparfaites des hiérophantes, et il devint lui-même un maître et un révélateur.

Pythagore définissait Dieu : une vérité vivante et absolue revêtue de lumière.

Il disait que le verbe était le nombre manifesté par la forme.

Il faisait tout descendre de la *tétractys*, c'est-à-dire du quaternaire.

Dieu, disait-il encore, est la musique suprême dont la nature est l'harmonie.

Suivant lui, l'expression la plus haute de la justice c'est le culte; le plus parfait usage de la science c'est la médecine; le beau c'est l'harmonie, la force c'est la raison, le bonheur c'est la perfection, la vérité pratique c'est qu'il faut se méfier de la faiblesse et de la perversité des hommes.

Lorsqu'il fut venu s'établir à Crotone, les magistrats de cette ville, voyant quel empire il exerçait sur les esprits et sur les cœurs, le craignirent d'abord, puis ensuite le consultèrent. Pythagore leur conseilla de sacrifier aux muses et de conserver entre eux la plus parfaite harmonie, car, leur disait-il, ce sont les conflits entre les maîtres qui révoltent les serviteurs ; puis il leur donna le grand précepte religieux, politique et social :

« Il n'y'a aucun mal qui ne soit préférable à l'anarchie. »

Sentence d'une application universelle et d'une profondeur presque infinie, mais que notre siècle même n'est pas encore assez éclairé pour bien comprendre.

Il nous reste de Pythagore, outre les traditions de sa vie, ses vers dorés et ses symboles ; ses vers dorés sont devenus des lieux communs de morale vulgaire, tant ils ont eu de succès à travers les âges. En voici une traduction :

Ἕπητὰ χρυσᾶ.

Aux dieux, suivant les lois, rends de justes hommages ;
Respecte le serment, les héros et les sages ;
Honore tes parents, tes rois, tes bienfaiteurs ;
Choisis pour tes amis les hommes les meilleurs.
Sois obligeant et doux, sois facile en affaires.
Ne hais pas ton ami pour des fautes légères ;
Sers de tout ton pouvoir la cause du bon droit :
Qui fait tout ce qu'il peut fait toujours ce qu'il doit.
Mais sache réprimer comme un maître sévère,
L'appétit, le sommeil, Vénus et la colère.
Ne forfais à l'honneur ni de près ni de loin,
Et seul, sois pour toi-même un rigoureux témoin.
Sois juste en actions et non pas en paroles ;
Ne donne pas au mal de prétextes frivoles.
Le sort nous enrichit, il peut nous appauvrir ;
Mais, faibles ou puissants, nous devons tous mourir.
A ta part de douleurs ne sois point réfractaire :
Accepte le remède utile et salutaire,
Et sache que toujours les hommes vertueux,
Des mortels affligés sont les moins malheureux.
Aux injustes propos que ton cœur se résigne ;
Laisse parler le monde et suis toujours ta ligne.

Mais surtout ne fais rien par l'exemple emporté,
Qui soit sans rectitude et sans utilité.
Fais marcher devant toi le conseil qui t'éclaire,
Pour que l'absurdité ne vienne pas derrière.
La sottise est toujours le plus grand des malheurs,
Et l'homme sans conseil répond de ses erreurs.
N'agis point sans savoir, sois zélé pour apprendre :
Prête à l'étude un temps que le bonheur doit rendre.
Ne sois pas négligent du soin de ta santé ;
Mais prends le nécessaire avec sobriété.
Tout ce qui ne peut nuire est permis dans la vie ;
Sois élégant et pur sans exciter l'envie.
Fuis et la négligence et le faste insolent :
Le luxe le plus simple est le plus excellent.
N'agis point sans songer à ce que tu vas faire,
Et réfléchis, le soir, sur ta journée entière.
Qu'ai-je fait ? qu'ai-je ouï ? que dois-je regretter ?
Vers la vertu divine ainsi tu peux monter.

Jusqu'ici les vers dorés ne semblent être que les leçons d'un pédagogue. Ils ont pourtant une toute autre portée. Ce sont les lois préliminaires de l'initiation magique, c'est la première partie du grand œuvre, c'est-à-dire la création de l'adepte parfait. La suite le fait voir et le prouve :

Je t'en prends à témoin, Tétractys ineffable,
Des formes et du temps fontaine inépuisable ;
Et toi qui sais prier, quand les dieux sont pour toi,
Achève leur ouvrage et travaille avec foi.
Tu parviendras bientôt et sans peine à connaître
D'où procède, où s'arrête, où retourne ton être ;
Sans crainte et sans désirs tu sauras les secrets
Que la nature voile aux mortels indiscrets.
Tu fouleras aux pieds cette faiblesse humaine
Qu'au hasard et sans but la fatalité mène.
Tu sauras qui conduit l'avenir incertain,
Et quel démon caché tient les fils du destin.

> Tu monteras alors sur le char de lumière,
> Esprit victorieux et roi de la matière.
> Tu comprendras de Dieu le règne paternel,
> Et tu pourras t'asseoir dans un calme éternel.

Pythagore disait : « De même qu'il y a trois notions divines et trois régions intelligibles, il y a aussi un triple verbe, car l'ordre hiérarchique se manifeste toujours par trois. Il y a la parole simple, la parole hiéroglyphique et la parole symbolique ; en d'autres termes, il y a le verbe qui exprime, le verbe qui cache, et le verbe qui signifie ; toute l'intelligence hiératique est dans la science parfaite de ces trois degrés. »

Il enveloppait donc la doctrine de symboles, mais il évitait avec soin les personnifications et les images qui selon lui enfantent tot ou tard l'idolâtrie. On l'a accusé même de détester les poëtes, mais c'était seulement aux mauvais poëtes que Pythagore interdisait l'art des vers.

> Ne chante point de vers, si tu n'as point de lyre,

dit-il dans ses symboles. Ce grand homme ne pouvait ignorer la relation exacte qui existe entre les sublimes pensées et les belles expressions figurées, ses symboles mêmes sont pleins de poésie.

> N'arrache point les fleurs qui forment des couronnes.

C'est ainsi qu'il recommande à ses disciples de n'amoindrir jamais la gloire et de ne point flétrir ce que le monde semble avoir besoin d'honorer.

Pythagore était chaste, mais loin de conseiller le célibat à ses disciples il se maria lui-même et eut des enfants. On cite une belle parole de la femme de Pythagore ; on lui demandait si la femme qui vient d'avoir des relations avec un homme n'avait pas besoin de quelques expiations, et combien de temps après elle pouvait se croire assez pure pour s'approcher des choses saintes. — Tout de suite, dit-elle, si c'est avec son mari ; si c'est avec un autre, jamais !

C'est par cette sévérité de principes, c'est avec cette pureté de mœurs qu'on s'initiait dans l'école de Pythagore aux mystères de la nature, et qu'on prenait assez d'empire sur soi-même pour commander aux forces élémentaires. Pythagore possédait cette faculté qu'on nomme chez nous seconde vue et qui s'appelait alors divination. Un jour il était avec ses disciples sur le bord de la mer. Un vaisseau se montre à l'horizon : « Maître lui dit un des disciples, pensez-vous que je serais riche si l'on me donnait la cargaison de ce vaisseau ? — Elle vous serait bien inutile, dit Pythagore. — Eh bien ! je la garderais pour mes héritiers. — Vous voudriez donc leur laisser deux cadavres ? »

Le vaisseau entra dans le port un instant après ; il rapportait le corps d'un homme qui avait voulu être enseveli dans sa patrie.

On raconte que les animaux obéissaient à Pythagore. Un jour, au milieu des jeux olympiques, il appela un aigle qui traversait le ciel ; l'aigle descendit en tournoyant et continua son vol à tire d'aile quand le maître lui fit signe de s'en aller. Une ourse monstrueuse ravageait l'Apulie, Pythagore la fit venir à ses pieds et lui ordonna de quitter le pays ; depuis elle ne reparut plus ; et comme on lui demandait à quelle science il devait un pouvoir aussi merveilleux :

— A la science de la lumière, répondait-il.

Les êtres animés, en effet, sont des incarnations de lumière ; les formes sortent des pénombres de la laideur pour arriver progressivement aux splendeurs de la beauté, les instincts sont proportionnels aux formes, et l'homme, qui est la synthèse de cette lumière dont les animaux sont l'analyse, est créé pour leur commander ; mais parce qu'au lieu d'être leur maître, il s'est fait leur persécuteur et leur bourreau, ils le craignent et se révoltent contre lui. Ils doivent cependant sentir la puissance d'une volonté exceptionnelle qui se montre pour eux bienveillante et directrice, ils sont alors invinciblement magnétisés, et un grand nombre de phénomènes modernes peuvent et doivent nous faire comprendre la possibilité des miracles de Pythagore.

Les physionomistes ont remarqué que la plupart des hommes rappellent par quelques traits de leur physionomie la ressemblance de quelque animal. Cette ressemblance peut bien n'être qu'imaginaire et se produire par l'impression que font sur nous les diverses physionomies, en nous révélant les traits saillants du caractère des personnes. Ainsi nous trouverons qu'un homme bourru ressemble à un ours, un homme hypocrite à un chat et ainsi des autres. Ces sortes de jugements s'exagèrent dans l'imagination et se complètent dans les rêves, où souvent les personnes qui nous ont péniblement impressionné pendant la veille, se transforment en animaux et nous font éprouver toutes les angoisses du cauchemar. Or les animaux sont comme nous et plus que nous sous l'empire de l'imagination, car ils n'ont pas le jugement pour en rectifier les écarts. Aussi s'affectent-ils à notre égard suivant leurs sympathies ou leurs antipathies surexcitées par notre magnétisme. Ils n'ont d'ailleurs aucune conscience de ce qui constitue la forme humaine et ne voient en nous que d'autres animaux qui les dominent. Ainsi le chien prend son maître pour un chien plus parfait que lui. C'est dans la direction de cet instinct que consiste le secret de l'empire sur les animaux. Nous avons vu un célèbre dompteur de bêtes féroces fasciner ses lions en leur montrant un visage terrible et se grimer lui-même en lion furieux; ici s'applique à la lettre le proverbe populaire : « Il faut hurler avec les loups, et bêler avec les agneaux. » D'ailleurs chaque forme animale représente un instinct particulier, une aptitude ou un vice. Si nous faisons prédominer en nous le caractère de la bête, nous en prenons de plus en plus la forme extérieure, au point d'en imprimer l'image parfaite dans la lumière astrale et de nous voir nous-mêmes, dans l'état de rêve ou d'extase, tels que nous serions vus par des somnambules ou des extatiques, et tels que nous apparaissons sans doute aux animaux. Que la raison s'éteigne alors, que le rêve persévérant se change en folie et nous voici changés en bêtes comme le fut Nabuchodonosor. Ainsi s'expliquent les histoires de loups-garoux dont quelques-unes ont été juridiquement constatées. Les faits étaient constants, avérés, mais ce qu'on ignorait c'est que les témoins n'étaient pas moins hallucinés que les loups-garoux eux-mêmes.

Les faits de coïncidence et de correspondances des rêves ne sont ni rares ni extraordinaires. Les extatiques se voient et se parlent d'un bout du monde à l'autre dans l'état d'extase. Nous voyons une personne pour la première fois ; et il nous semble que nous la connaissons depuis longtemps, c'est que nous l'avons souvent déjà rencontrée en rêve. La vie est pleine de ces singularités, et pour ce qui est de la transformation des êtres humains en animaux, nous en rencontrons des exemples à chaque pas. Combien d'anciennes femmes galantes et gourmandes, réduites à l'état d'idiotisme après avoir couru toutes les gouttières de l'existence, ne sont plus que de vieilles chattes uniquement éprises de leur matou !

Pythagore croyait par-dessus tout à l'immortalité de l'âme et à l'éternité de la vie. La succession continuelle des étés et des hivers, des jours et des nuits, du sommeil et du réveil, lui expliquaient assez le phénomène de la mort. L'immortalité spéciale de l'âme humaine consistait selon lui dans la prolongation du souvenir. Il prétendait se rappeler, dit-on, ses existences antérieures, et s'il est vrai qu'il le prétendait, c'est qu'il trouvait, en effet, quelque chose de pareil dans ses réminiscences, car un tel homme n'a pu être ni un charlatan ni un fou. Mais il est probable qu'il croyait retrouver ces anciens souvenirs dans ses rêves, et l'on aura pris pour une affirmation positive ce qui n'était de sa part qu'une recherche et une hypothèse ; quoi qu'il en soit, sa pensée était grande et la vie réelle de notre individualité ne consiste que dans la mémoire. Le fleuve d'oubli des anciens était la vraie image philosophique de la mort. La Bible semble donner à cette idée une sanction divine lorsqu'elle dit au livre des Psaumes : « La vie du juste sera dans l'éternité de la mémoire (1). »

(1) *In memoria æterna erit justus.*

LE SEPHER JEZIRAH

Pantacle des lettres Kabbalistiques Clé du Tarot,
du Sepher Jezirah et du Sohar.

CHAPITRE VII.

LA SAINTE KABBALE.

SOMMAIRE. — Les noms divins. — Le tétragramme et ses quatre formes. — Le mot unique qui opère toutes les transmutations. — Les clavicules de Salomon perdues et retrouvées. — La chaîne des esprits. — Le tabernacle et le temple. — L'ancien serpent. — Le monde des esprits suivant le Sohar. — Quels sont les esprits qui apparaissent. — Comment on peut se faire servir par les esprits élémentaires.

Remontons maintenant aux sources de la vraie science et revenons à la sainte kabbale, ou tradition des enfants de Seth, emportée de Chaldée par Abraham, enseignée au sacerdoce égyptien par Joseph, recueillie et épurée par Moïse, cachée sous des symboles dans la Bible, révélée par le Sauveur à saint Jean, et contenue encore tout entière sous des figures hiératiques analogues à celles de toute l'antiquité dans l'Apocalypse de cet apôtre.

Les kabbalistes ont en horreur tout ce qui ressemble à l'idolâtrie; ils donnent pourtant à Dieu la figure humaine, mais c'est une figure purement hiéroglyphique.

Ils considèrent Dieu comme l'infini intelligent, aimant et vivant. Ce n'est pour eux ni la collection des êtres, ni l'abstraction de l'Être ni un être philosophiquement définissable. Il est dans tout, distinct de tout et plus grand que tout. Son nom même est ineffable : et encore ce nom n'exprime-t-il que l'idéal humain de sa divinité. Ce que Dieu est par lui-même il n'est pas donné à l'homme de le comprendre.

Dieu est l'absolu de la foi; mais l'absolu de la raison c'est l'ÊTRE.

L'Être est par lui-même et parce qu'il est. La raison d'être de l'Être c'est l'Être même. On peut demander : « Pourquoi existe-t-il quelque chose, c'est-à-dire pourquoi telle ou telle chose existe-t-elle ? » Mais on ne peut sans être absurde demander : « Pourquoi l'Être est-il ? » Ce serait supposer l'Être avant l'Être.

La raison et la science nous démontrent que les modes d'existence de l'Être s'équilibrent suivant des lois harmonieuses et hiérarchiques. Or la hiérarchie se synthétise en montant et devient toujours de plus en plus monarchique. La raison cependant ne peut s'arrêter à un chef unique sans s'effrayer des abîmes qu'elle semble laisser au-dessus de ce suprême monarque, elle se tait donc et cède la place à la foi qui adore.

Ce qui est certain, même pour la science et pour la raison, c'est que l'idée de Dieu est la plus grande, la plus sainte et la plus utile de toutes les aspirations de l'homme ; que sur cette croyance repose la morale avec sa sanction éternelle. Cette croyance est donc dans l'humanité le plus réel des phénomènes de l'Être, et si elle était fausse, la nature affirmerait l'absurde, le néant formulerait la vie, Dieu serait en même temps et ne serait pas.

C'est à cette réalité philosophique et incontestable, qu'on nomme l'idée de Dieu, que les kabbalistes donnent un nom ; dans ce nom sont contenus tous les autres. Les chiffres de ce nom produisent tous les nombres, les hiéroglyphes des lettres de ce nom expriment toutes les lois et toutes les choses de la nature.

Nous ne reviendrons pas ici sur ce que nous avons dit dans notre dogme de la haute magie sur le **tétragramme** divin, nous ajouterons seulement que les kabbalistes l'écrivent de quatre principales manières :

יהוה

JHVH,

qu'ils ne prononcent pas, mais qu'ils épèlent : *Jod, he vau hé*, et que nous prononçons *Jéhovah*, ce qui est contraire à toute analogie, car le tétragramme ainsi défiguré se trouverait composé de six lettres.

אדני

ADNI,

que nous prononçons *Adonaï*, ce nom veut dire Seigneur.

אהיה

AHIH,

que nous prononçons *Eieie*, ce nom signifie Être.

אגלא

AGLA,

qui se prononce comme il s'écrit, et qui renferme hiéroglyphiquement tous les mystères de la kabbale.

En effet la lettre Aleph א est la première de l'alphabet hébreu ; elle exprime l'unité, elle représente hiéroglyphiquement le dogme d'Hermès : « Ce qui est supérieur est analogue à ce qui est inférieur. » Cette lettre, en effet, à comme deux bras dont l'un montre la terre et l'autre le ciel avec un mouvement analogue.

La lettre Ghimel ג est la troisième de l'alphabet ; elle exprime numériquement le ternaire et hiéroglyphiquement l'enfantement, la fécondité.

La lettre Lamed ל est la douzième ; elle est l'expression du cycle parfait. Comme signe hiéroglyphique, elle représente la circulation du mouvement perpétuel, et le rapport du rayon à la circonférence.

La lettre Aleph répétée est l'expression de la synthèse.

Le nom d'AGLA signifie donc :

L'unité qui par le ternaire accomplit le cycle des nombres pour retourner à l'unité ;

Le principe fécond de la nature qui fait un avec lui ;

La vérité première qui féconde la science et la ramène à l'unité ;

La syllepse, l'analyse, la science et la synthèse ;

Les trois personnes divines qui sont un seul Dieu. Le secret du grand œuvre, c'est-à-dire la fixation de la lumière astrale par une émission souveraine de volonté, ce que les adeptes figuraient par un serpent percé d'une flèche formant avec elle la lettre Aleph א.

Puis les trois opérations, dissoudre, sublimer, fixer, correspondant aux trois substances nécessaires, sel, soufre et mercure, le tout exprimé par la lettre Ghimel ג.

Puis les douze clefs de Basile (Valentin) exprimées par Lamed ל.

Enfin l'œuvre accomplie conformément à son principe et reproduisant le principe même.

Telle est l'origine de cette tradition kabbalistique qui met toute la magie dans un mot. Savoir lire ce mot et le prononcer, c'est-à-dire en comprendre les mystères et traduire en actions ces connaissances absolues, c'est avoir la clef des merveilles. Pour prononcer le nom d'AGLA, il faut se tourner du côté de l'orient, c'est-à-dire s'unir d'intention et de science à la tradition orientale. N'oublions pas que suivant la kabbale, le Verbe parfait est la parole réalisée par des actes. De là vient cette expression qui se retrouve plusieurs fois dans la Bible : « Faire une parole » (*facere verbum*), dans le sens d'accomplir une action.

Prononcer kabbalistiquement le nom d'AGLA, c'est donc subir toutes les épreuves de l'initiation et en achever toutes les œuvres.

Nous avons dit dans notre dogme de la haute magie comment le nom de Jéhovah se décompose en soixante et douze noms explicatifs, qu'on appelle *Schemhamphoras*. L'art d'employer ces soixante et douze noms et d'y trouver les clefs de la science universelle, est ce que les kabbalistes ont nommé les *clavicules* de Salomon. En effet, à la suite des recueils d'évocations et de prières qui portent ce titre, on trouve ordinairement soixante et douze cercles magiques formant trente-six talismans. C'est quatre fois neuf, c'est-à-dire le nombre absolu multiplié par le quaternaire. Ces talismans portent chacun deux des soixante et douze noms avec le signe emblématique de leur nombre et de celle des quatre lettres du nom de Jéhovah à laquelle ils correspondent. C'est ce qui a donné lieu aux quatre décades emblématiques du tarot : le bâton figurant le Jod ; la coupe, le hé ; l'épée, le vaf ; et le denier, le hé final. Dans le tarot on a ajouté le complément de la dizaine, qui répète synthétiquement le caractère de l'unité.

Les traditions populaires de la magie disaient que le possesseur des clavicules de Salomon peut converser avec les esprits de tous les ordres et se faire obéir par toutes les puissances naturelles. Or, ces clavicules plusieurs fois perdues, puis retrouvées, ne sont autre chose que les talismans des soixante et douze noms et les mystères des trente-deux voies hiéroglyphiquement reproduits par le tarot. A l'aide de ces signes et au moyen de leurs combinaisons infinies, comme celles des nombres et des lettres, on peut, en effet, arriver à la révélation naturelle et mathématique de tous les secrets de la nature, et entrer, par conséquent, en communication avec la hiérarchie entière des intelligences et des génies.

Les sages kabbalistes se tiennent en garde contre les rêves de l'imagination et les hallucinations de la veille. Aussi évitent-ils toutes ces évocations malsaines qui ébranlent le système nerveux et enivrent la raison. Les expérimentateurs curieux des phénomènes de vision extranaturelle ne sont guère plus sensés que les mangeurs d'opium et de haschish. Ce sont des enfants qui se font du mal à plaisir. On peut se laisser surprendre par l'ivresse; on peut même s'oublier volontairement au point de vouloir en éprouver les vertiges; mais à l'homme qui se respecte une seule expérience suffit; et les honnêtes gens ne s'enivrent pas deux fois.

Le comte Joseph de Maistre dit qu'on se moquera un jour de notre stupidité actuelle comme nous nous moquons de la barbarie du moyen âge. Qu'eût-il pensé, s'il eût vu nos tourneurs de tables? et s'il eût entendu nos faiseurs de théories sur le monde occulte des esprits? Pauvres gens que nous sommes ! Nous n'échappons à l'absurde que par l'absurde contraire. Le xviiie siècle croyait protester contre la superstition en niant la religion, et nous protestons contre l'impiété du xviiie siècle en revenant aux vieux contes de grand'mères; ne pourrait-on être plus chrétien que Voltaire et se dispenser de croire encore aux revenants?

Les morts ne peuvent pas plus revenir sur la terre qu'ils ont quittée, qu'un enfant ne pourrait rentrer dans le sein de sa mère.

Ce que nous appelons la *mort*, est une naissance dans une vie nouvelle. La nature ne défait pas ce qu'elle a fait dans l'ordre des progressions nécessaires de l'existence, et elle ne saurait donner le démenti à ses lois fondamentales.

L'âme humaine, servie et limitée par des organes, ne peut qu'au moyen de ces organes mêmes se mettre en rapport avec les choses du monde visible. Le corps est une enveloppe proportionnelle au milieu matériel dans lequel l'âme ici-bas doit vivre. En limitant l'action de l'âme il la concentre et la rend possible. En effet, l'âme sans corps serait partout, mais partout si peu, qu'elle ne pourrait agir nulle part; elle serait perdue dans l'infini, elle serait absorbée et comme anéantie en Dieu.

Supposez une goutte d'eau douce enfermée dans un globule et jetée dans la mer : tant que le globule ne sera pas brisé, la goutte d'eau subsistera dans sa nature propre, mais si le globule se brise, cherchez la goutte d'eau dans la mer.

Dieu en créant les esprits n'a pu leur donner une personnalité consciencieuse d'elle-même qu'en leur donnant une enveloppe qui centralise leur action et l'empêche de se perdre en la limitant.

Quand l'âme se sépare du corps, elle change donc nécessairement de milieu puisqu'elle change d'enveloppe. Elle part revêtue seulement de sa forme astrale, de son enveloppe de lumière et elle monte d'elle-même au-dessus de l'atmosphère comme l'air remonte au-dessus de l'eau en s'échappant d'un vase brisé.

Nous disons que l'âme monte parce que son enveloppe monte, et que son action et sa conscience sont comme nous l'avons dit attachées à son enveloppe.

L'air asmosphérique devient solide pour ces corps de lumière infiniment plus légers que lui et qui ne pourraient redescendre qu'en se chargeant d'un vêtement plus lourd, mais où prendraient-ils ce vêtement au-dessus de notre atmosphère? Ils ne pourraient donc revenir sur la terre qu'en s'y incarnant de nouveau, leur retour serait une chute, ils se noieraient comme esprits libres et recommenceraient leur noviciat. Mais la religion catholique n'admet pas qu'un pareil retour soit possible.

Les kabbalistes formulent par un seul axiome toute la doctrine que nous exposons ici :

« L'esprit, disent-ils, se revêt pour descendre et se dépouille pour monter. »

La vie des intelligences est toute ascensionnelle ; l'enfant dans le sein de sa mère vit d'une vie végétative et reçoit la nourriture par un lien qui s'attache comme l'arbre est attaché à la terre et nourri en même temps par sa racine.

Lorsque l'enfant passe de la vie végétative à la vie instinctive et animale, son cordon se brise, il peut marcher.

Lorsque l'enfant se fait homme, il échappe aux chaînes de l'instinct et peut agir en être raisonnable.

Lorsque l'homme meurt, il échappe à ces lois de la pesanteur qui le faisaient toujours retomber sur la terre.

Lorsque l'âme a expié ses fautes, elle devient assez forte pour quitter les ténèbres extérieures de l'atmosphère terrestre et pour monter vers le soleil.

Alors commence la montée éternelle de l'échelle sainte, car l'éternité des élus ne saurait être oisive ; ils vont de vertus en vertus, de félicité en félicité, de triomphe en triomphe, de splendeur en splendeur.

La chaîne toutefois ne saurait être interrompue et ceux des plus hauts degrés peuvent encore exercer une influence sur les plus bas, mais suivant l'ordre hiérarchique, et de la même manière qu'un roi en gouvernant sagement fait du bien au dernier de ses sujets.

D'echelons en échelons, les prières montent et les grâces descendent sans se tromper jamais de chemin.

Mais les esprits une fois montés ne redescendent plus, car à mesure qu'ils montent les degrés se solidifient sous leurs pieds.

Le grand chaos s'est affermi, dit Abraham, dans la parabole du mauvais riche ; et ceux qui sont ici ne peuvent plus descendre là-bas.

L'extase peut exalter les forces du corps sidéral au point de lui faire entraîner dans son élan le corps matériel, ce qui prouve que la destinée de l'âme est de monter.

Les faits de suspension aérienne sont possibles : mais il est sans exemple qu'un homme ait pu vivre sous terre ou dans l'eau.

Il serait également impossible qu'une âme séparée de son corps pût vivre, même un seul instant, dans l'épaisseur de notre atmosphère. Les âmes des morts ne sont donc pas autour de nous comme le supposent les tourneurs de tables. Ceux que nous aimons peuvent nous voir encore et nous apparaître, mais seulement par mirage et par reflet dans le miroir commun qui est la lumière. Ils ne peuvent plus d'ailleurs s'intéresser aux choses mortelles, et ne tiennent plus à nous que par ceux de nos sentiments qui sont assez élevés pour avoir encore quelque chose de conforme ou d'analogue à leur vie dans l'éternité.

Telles sont les révélations de la haute kabbale contenues et cachées dans le livre mytérieux de Sohar. Révélations hypothétiques sans doute pour la science, mais appuyées sur une série d'inductions rigoureuses en partant des faits mêmes que la science conteste le moins; or il faut aborder ici un des secrets les plus dangereux de la magie. C'est l'hypothèse plus que probable de l'existence des larves fluidiques connues dans l'ancienne théurgie sous le nom d'esprits élémentaires. Nous en avons dit quelques mots dans notre *Dogme et rituel de la haute magie* (1), et le malheureux abbé de Villars, qui s'était joué de ces terribles révélations, a payé de sa vie son imprudence. Ce secret est dangereux en ce qu'il touche de près au grand arcane magique. En effet, évoquer les esprits élémentaires, c'est avoir la puissance de coaguler les fluides par une projection de lumière astrale. Or cette puissance ainsi dirigée ne peut produire que des désordres et des malheurs comme nous le prouverons plus tard. Voici maintenant la théorie de l'hypothèse avec les preuves de la probabilité :

L'esprit est partout, c'est lui qui anime la matière; il se dégage de la pesanteur en perfectionnant son enve-

(1) *Dogme et Rituel de la haute magie*, 1856, 2 vol. in-8 avec 23 fig.

loppe qui est sa forme. Nous voyons, en effet, la forme progresser avec les instincts jusqu'à l'intelligence et la beauté ; ce sont les efforts de la lumière attirée par l'attrait de l'esprit, c'est le mystère de la génération progressive et universelle.

La lumière est l'agent efficient des formes et de la vie, parce qu'elle est en même temps mouvement et chaleur. Lorsqu'elle parvient à se fixer et à se polariser autour d'un centre, elle produit un être vivant, puis elle attire pour le perfectionner et le conserver toute la substance plastique nécessaire. Cette substance plastique formée en dernière analyse de terre et d'eau, a été avec raison appelée dans la Bible le limon de la terre.

Mais la lumière n'est point l'esprit, comme le croient les hiérophantes indiens, et toutes les écoles de goétie ; elle est seulement l'instrument de l'esprit. Elle n'est point le corps du *protoplastès*, comme le faisaient entendre les théurgistes de l'école d'Alexandrie ; elle est la première manifestation physique du souffle divin. Dieu la crée éternellement, et l'homme, à l'image de Dieu, la modifie et semble la multiplier.

Prométhée, dit la fable, ayant dérobé le feu du ciel, anima des images faites de terre et d'eau, et c'est pour ce crime qu'il fut enchaîné et foudroyé par Jupiter.

Les esprits élémentaires, disent les kabbalistes dans leurs livres les plus secrets, sont les enfants de la solitude d'Adam ; ils sont nés de ses rêves, lorsqu'il aspirait à la femme que Dieu ne lui avait pas donnée encore.

Paracelse dit que le sang perdu, soit régulièrement, soit en rêve, par les célibataires des deux sexes, peuple l'air de fantômes.

Nous croyons indiquer assez clairement ici, d'après les maîtres, l'origine supposée de ces larves sans qu'il soit besoin de nous expliquer davantage.

Ces larves ont donc un corps aérien formé de la vapeur du sang. C'est pour cela qu'elles cherchent le sang répandu et se nourrissaient autrefois de la fumée des sacrifices.

Ce sont les enfants monstrueux de ces cauchemars impurs qu'on appelait autrefois les incubes et les succubes.

Lorsqu'ils sont assez condensés pour être vus, ce n'est qu'une vapeur colorée par le reflet d'une image ; ils n'ont pas de vie propre, mais ils imitent la vie de celui qui les évoque comme l'ombre imite le corps.

Ils se produisent surtout autour des idiots et des êtres sans moralité que leur isolement abandonne à des habitudes déréglées.

La cohésion des parties de leur corps fantastique étant très faible, ils craignent le grand air, le grand feu et surtout la pointe des épées.

Ils deviennent en quelque sorte des appendices vaporeux du corps réel de leurs parents, puisqu'ils ne vivent que de la vie de ceux qui les ont créés ou qui se les approprient en les évoquant. En sorte que si on blesse leurs apparences de corps, le père peut être réellement blessé, comme l'enfant non encore né est réellement blessé ou défiguré par les imaginations de sa mère.

Le monde entier est plein de phénomènes qui justifient ces révélations singulières et ne peuvent s'expliquer que par elles.

Ces larves attirent à elles la chaleur vitale des personnes bien portantes, et épuisent rapidement celles qui sont faibles.

De là sont venues les histoires de vampires, histoires affreusement réelles et périodiquement constatées comme chacun sait.

C'est pour cela qu'à l'approche des *médiums*, c'est-à-dire des personnes obsédées par les larves, on sent un refroidissement dans l'atmosphère.

Ces larves ne devant l'existence qu'aux mensonges de l'imagination exaltée et au déréglement des sens, ne se produisent jamais en présence d'une personne qui sait et qui peut dévoiler le mystère de leur monstrueuse naissance.

LIVRE II.

FORMATION ET RÉALISATIONS DU DOGME.

ב, Beth.

CHAPITRE PREMIER.

SYMBOLISME PRIMITIF DE L'HISTOIRE.

SOMMAIRE. — Le pantacle édénique. — Le chérub. — Les enfants de Caïn. — Secrets magiques de la tour de Babel. — Malédiction des descendants de Chanaan. — Anathème porté contre les sorciers. — Grandeurs et décadences du dogme en Égypte, en Grèce et à Rome. — Naissance de la philosophie sceptique. — Guerre de l'empirisme contre la magie. — Scepticisme tempéré de Socrate. — Essai de synthèse de Platon. — Rationalisme d'Aristote. — Le sacerdoce et la science.

Il ne nous appartient pas d'expliquer l'Écriture sainte au point de vue religieux et dogmatique. Soumis avant toute chose à l'ordre hiérachique, nous laissons la théologie aux docteurs de l'Église et nous rendons à la science humaine tout ce qui est du domaine de l'expérience et de la raison. Lors donc que nous paraissons risquer une application nouvelle d'un passage de la Bible ou de l'Évangile, c'est toujours sauf le respect des décisions ecclésiastiques. Nous ne dogmatisons pas, nous soumettons aux autorités légitimes nos observations et nos études.

Ce qui nous frappe tout d'abord en lisant dans le livre sacré de Moïse l'histoire originelle du genre humain, c'est la description du paradis terrestre qui se résume dans la figure d'un pantacle parfait. Il est circulaire ou carré, puisqu'il est arrosé également par quatre fleuves disposés en croix, et au centre se trouvent les deux arbres qui représentent la science et la vie, l'intelligence stable et le mouvement progressif, la sagesse et la création. Autour de l'arbre de la science se roule le serpent d'Asclépios et d'Hermès : au pied de l'arbre sont l'homme et la femme, l'actif et le passif, l'intelligence et l'amour. Le serpent, symbole de l'attrait originel et du feu central de la terre, tente la femme qui est la plus faible, et celle-ci fait succomber l'homme; mais elle ne cède au serpent que pour le dompter plus tard, et un jour elle lui écrasera la tête en donnant un sauveur au monde.

La science tout entière est figurée dans cet admirable tableau. L'homme abdique le domaine de l'intelligence en cédant aux sollicitations de la partie sensitive; il profane le fruit de la science qui doit nourrir l'âme en le faisant servir à des usages de satisfaction injuste et matérielle, il perd alors le sentiment de l'harmonie et de la vérité. Il est revêtu d'une peau de bête, parce que la forme physique se conforme toujours tôt ou tard aux dispositions morales; il est chassé du cercle arrosé par les quatre fleuves de vie, et un chérub, armé d'une épée flamboyante toujours agitée, l'empêche de rentrer dans le domaine de l'unité.

Comme nous l'avons fait remarquer dans notre dogme, Voltaire, ayant découvert qu'en hébreu un chérub signifie un bœuf, s'est fort amusé de cette histoire. Il aurait moins ri s'il avait vu dans l'ange à tête de taureau l'im' e du symbolisme obscur, et dans le glaive flamboyant et mobile ces éclairs de vérité mal conçue et trompeuse, qui donnèrent tant de crédit après la chute originelle à l'idolâtrie des nations.

Le glaive flamboyant représentait aussi cette lumière que l'homme ne savait plus diriger et dont il subissait les atteintes fatales au lieu d'en gouverner la puissance.

Le grand œuvre magique considéré d'une manière absolue, c'est la conquête et la direction de l'épée flamboyante du chérub.

Le chérub c'est l'ange où l'âme de la terre représentée toujours dans les anciens mystères sous la figure d'un taureau.

C'est pour cela que dans les symboles mitthriaques, on voit le maître de la lumière domptant le taureau terrestre et lui plongeant dans le flanc le glaive qui en fait sortir la vie figurée par des gouttes de sang.

La première conséquence du péché d'Ève, c'est la mort d'Abel. En séparant l'amour de l'intelligence, Ève l'a séparé de la force; la force, devenue aveugle et asservie aux convoitises terrestres, devient jalouse de l'amour et le tue. Puis les enfants de Caïn perpétuent le crime de leur père. Ils mettent au monde des filles fatalement belles, des filles sans amour, nées pour la damnation des anges et pour le scandale des descendants de Seth.

Après le déluge et à la suite de cette prévarication de Cham, dont nous avons déjà indiqué le mystère, les enfants des hommes veulent réaliser un projet insensé: ils veulent construire un pantacle et un palais universel. C'est un gigantesque essai de socialisme égalitaire, et le phalanstère de Fourier est une conception bien chétive auprès de la tour de Babel. C'était un essai de protestation contre la hiérarchie de la science, une citadelle élevée contre les inondations et la foudre, un promontoire du haut duquel la tête du peuple divinisé planerait sur l'atmosphère et sur les tempêtes. Mais on ne monte pas à la science sur des escaliers de pierre; les degrés hiérarchiques de l'esprit ne se bâtissent pas avec du mortier comme les étages d'une tour. L'anarchie protesta contre cette hiérarchie matérialisée. Les hommes ne s'entendirent plus, leçon fatale, si mal comprise par ceux qui de nos jours ont rêvé une autre Babel. Aux doctrines brutalement et matériellement hiérarchiques, répondent les négations égalitaires : toutes les fois que le genre humain, se bâtira une tour, on s'en disputera le sommet, et la tendance des multitudes sera d'en déserter la base. Pour satisfaire toutes les ambitions, en rendant le sommet plus large que la base, il faudrait faire une tour branlante au vent qui tomberait au moindre choc.

La dispersion des hommes fut le premier effet de la malédiction portée contre les profanateurs enfants de Cham. Mais la race de Chanaan porta d'une manière toute particulière le poids de cette malédiction qui devait vouer plus tard leur postérité à l'anathème.

La chasteté conservatrice de la famille est le caractère distinctif des initiations hiérarchiques ; la profanation et la révolte sont toujours obscènes et tendent à la promiscuité infanticide. La souillure des mystères de la naissance, l'attentat contre les enfants, étaient le fond des cultes de l'ancienne Palestine abandonnée aux rites horribles de la magie noire. Le dieu noir de l'Inde, le monstrueux Rutrem aux formes priapesques, y régnait sous le nom de *Belphégor*.

Les talmudistes et le juif platonicien Philon racontent

des choses si honteuses du culte de cette idole qu'elles ont semblé incroyables au savant jurisconsulte Seldenus. C'était, disent-ils, une idole barbue à la bouche béante, ayant pour langue un gigantesque phallus ; on se découvrait sans pudeur devant ce visage et on lui présentait des offrandes stercoraires. Les idoles de Moloch et de Chamos étaient des machines meurtrières qui tantôt broyaient contre leur poitrine de bronze, tantôt consumaient dans leurs bras rougis au feu de malheureux petits enfants. On dansait au bruit des trompettes et des tambourins pour ne pas entendre les cris des victimes et les mères conduisaient la danse. L'inceste, la sodomie et la bestialité étaient des usages reçus chez ces peuples infâmes et faisaient même partie des rites sacrés.

Conséquence fatale des harmonies universelles ! on ne forfait pas impunément à la vérité. L'homme révolté contre Dieu est poussé malgré lui à l'outrage de la nature. Aussi les mêmes causes produisant toujours les mêmes effets, le sabbat des sorciers au moyen-âge n'était qu'une répétition des fêtes de Chamos et de Belphégor. C'est contre ces crimes qu'un arrêt de mort éternel est porté par la nature elle-même. Les adorateurs des dieux noirs, les apôtres de la promiscuité, les théoriciens d'impudeur publique, les ennemis de la famille et de la hiérarchie, les anarchistes en religion et en politique sont des ennemis de Dieu et de l'humanité ; ne pas les séparer du monde, c'est consentir à l'empoisonnement du monde : ainsi raisonnaient les inquisiteurs. Nous sommes loin de regretter les cruelles exécutions du moyen âge et d'en désirer le retour. A mesure que la société deviendra plus chrétienne, elle comprendra de mieux en mieux qu'il faut soigner les malades et non pas les faire mourir. Les instincts criminels ne sont-ils pas les plus affreuses de toutes les maladies mentales?

N'oublions pas que la haute magie se nomme l'*art sacerdotal* et l'*art royal*; elle dut partager en Égypte, en Grèce et à Rome, les grandeurs et les décadences du sacerdoce et de la royauté. Toute philosophie ennemie du culte et de ses mystères est fatalement hostile aux grands pouvoirs politiques, qui perdent leur grandeur s'ils cessent, aux yeux des multitudes, d'être les images de la puissance divine. Toute couronne se brise lorsqu'elle se heurte contre la tiare.

Dérober le feu du ciel et détrôner les dieux, c'est le rêve éternel de Prométhée ; et le Prométhée populaire détaché du Caucase par Hercule, qui symbolise le travail, emportera toujours avec lui ses clous et ses chaînes; il traînera toujours son vautour immortel suspendu à sa plaie béante, tant qu'il ne viendra pas apprendre l'obéissance et la résignation aux pieds de celui qui, étant né roi des rois et Dieu des dieux, a voulu avoir à son tour les mains cloués et la poitrine ouverte pour la conversion de tous les esprits rebelles.

Les institutions républicaines, en ouvrant à l'intrigue la carrière du pouvoir, ébranlèrent fortement les principes de la hiérachie. Le soin de former des rois ne fut plus confié au sacerdoce, et l'on y suppléa soit par l'hérédité qui livre le trône aux chances inégales de la naissance, soit par l'élection populaire, qui laisse en dehors l'influence religieuse, pour constituer la monarchie suivant des principes républicains. Ainsi se formèrent les gouvernements qui présidèrent tour à tour aux triomphes et aux abaissements des États de la Grèce et de Rome. La science renfermée dans les sanctuaires fut alors négligée, et des hommes d'audace ou de génie, que les initiateurs n'accueillaient pas, inventèrent une science qu'ils opposèrent à celle des prêtres, ou opposèrent aux secrets du temple le doute et la dénégation. Ces philosophes, à la suite de leur imagination aventureuse, arrivèrent vite à l'absurde et s'en prirent à la nature des défauts de leurs propres systèmes. Héraclite se prit à pleurer ; Démocrite prit le parti de rire, et ils étaient aussi fous l'un que l'autre. Pyrrhon finira par ne croire à rien, ce qui ne sera pas de nature à le dédommager de ne rien savoir. Dans ce chaos philosophique, Socrate apporta un peu de lumière et de bon sens en affirmant l'existence pure et simple de la morale. Mais qu'est-ce qu'une morale sans religion ? Le déisme abstrait de Socrate se traduisait pour le peuple par l'athéisme ; Socrate manquait absolument de dogme, Platon son disciple essaya de lui en donner un auquel Socrate avouait n'avoir jamais songé.

La doctrine de Platon fait époque, dans l'histoire du génie humain, mais ce philosophe ne l'avait pas inventée, et, comprenant qu'il n'y a pas de vérité en dehors de la religion, il alla consulter les prêtres de Memphis et se fit initier à leurs mystères. On croit même qu'il eut connaissance des livres sacrés des hébreux. Il ne put toutefois recevoir en Égypte qu'une initiation imparfaite, car les prêtres eux-mêmes avaient oublié alors le sens des hiéroglyphes primitifs. Nous en avons la preuve dans l'histoire du prêtre qui passa trois jours à déchiffrer une inscription hiératique trouvée dans le tombeau d'Alcmène, et envoyée par Agésilas, roi de Sparte. Cornuphis, qui

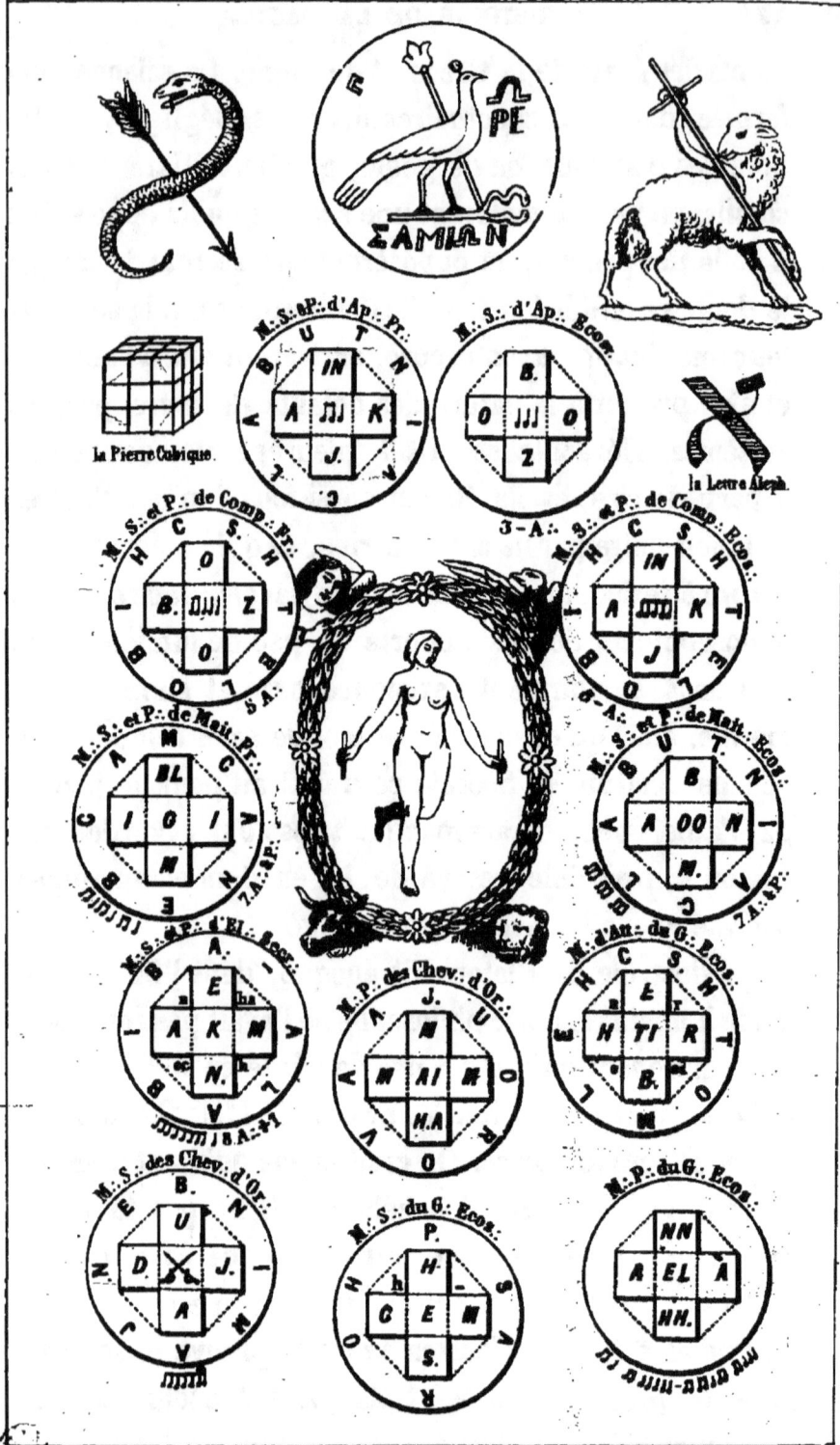

Le Sceau de Cagliostro, le Sceau de la Junon Samienne, le Sceau Apocalyptique et les douze Sceaux de la pierre cubique, autour de la Clé du Tarot.

était sans doute le plus savant des hiérophantes, consulta tous les anciens recueils de signes et de caractères, et découvrit enfin que cette inscription était faite en caractères de *prothée ;* or le prothée était le nom qu'on donnait en Grèce au livre de Thoth, dont les hiéroglyphes mobiles pouvaient prendre autant de formes qu'il y a de combinaisons possibles au moyen des caractères, des nombres, et des figures élémentaires. Mais le livre de Thoth étant la clef des oracles et le livre élémentaire de la science, comment Cornuphis, s'il était vraiment instruit dans l'art sacerdotal, avait-il dû chercher si longtemps avant d'en reconnaître les signes? Une autre preuve de l'obscurcissement des vérités premières de la science à cette époque, c'est que les oracles s'en plaignaient dans un style qui n'était déjà plus compris.

Lorsque Platon, à son retour d'Égypte, voyageait avec Simmias près des confins de la Carie, il rencontra des hommes de Délos qui le prièrent de leur expliquer un oracle d'Apollon. Cet oracle disait que pour faire cesser les maux de la Grèce il fallait doubler la pierre cubique. Les Déliens avaient donc essayé de doubler une pierre cubique qui se trouvait dans le temple d'Apollon. Mais en la doublant de tous côtés ils n'étaient parvenus qu'à faire un polyèdre à vingt-cinq faces, et pour revenir à la forme cubique ils avaient dû augmenter vingt-six fois, et en le doublant toujours, le volume primitif de la pierre. Platon renvoya les émissaires déliens au mathématicien Eudoxe, et leur dit que l'oracle leur conseillait l'étude de la géométrie. Ne comprit-il pas lui-même le sens profond de cette figure, ou ne daigna-t-il pas l'expliquer à ces ignorants, c'est ce que nous ne saurions dire. Mais ce qui est certain, c'est que la pierre cubique et sa multiplication expliquent tous les secrets des nombres sacrés, et surtout celui du mouvement perpétuel caché par les adeptes et cherché par les sots sous le nom de quadrature du cercle. Par cette agglomération cubique de vingt-six cubes autour d'un cube central, l'oracle avait fait trouver aux Déliens non-seulement les éléments de la géométrie mais encore la clef des harmonies de la création expliquées par l'enchaînement des formes et des nombres. Le plan de tous les grands temples allégoriques de l'antiquité se retrouve dans cette multiplication, du cube par la croix d'abord autour de laquelle on peut décrire un cercle, puis la croix cubique qui peut se mouvoir dans un globe. Toutes ces notions qu'une figure fera mieux comprendre, ont été conservées jusqu'à nos jours dans les initiations maçonniques, et justifient parfaitement le nom donné aux associations modernes, car elles sont aussi les principes fondamentaux de l'architecture et de la science du bâtiment.

Les Déliens avaient cru résoudre la question géométrique en diminuant de moitié leur multiplication, mais ils avaient encore trouvé huit fois le volume de leur pierre cubique. On peut du reste, augmenter à plaisir le nombre de leurs essais : car cette histoire n'est peut-être autre chose qu'un problème proposé par Platon lui-même à ses disciples. S'il faut admettre comme un fait la réponse de l'oracle, nous y trouverons un sens plus étendu encore, car doubler la pierre cubique c'est faire sortir le binaire de l'unité, la forme de l'idée, l'action de la pensée. C'est réaliser dans le monde l'exactitude des mathématiques éternelles, c'est établir la politique sur la base des sciences exactes, c'est conformer le dogme religieux à la philosophie des nombres.

Platon a moins de profondeur mais plus d'éloquence que Pythagore. Il essaye de concilier la philosophie des raisonneurs avec les dogmes immuables des voyants; il ne veut pas vulgariser, il veut reconstituer la science. Aussi sa philosophie devait-elle fournir plus tard au christianisme naissant des théories toutes prêtes et des dogmes à vivifier.

Toutefois, bien qu'il fondât ses théorèmes sur les mathématiques, Platon, abondant en formes harmonieuses et prodigue de merveilleuses hypothèses, fut plus poëte que géomètre. Un génie exclusivement calculateur, Aristote, devait tout remettre en question dans les écoles, et tout soumettre aux épreuves des évolutions numérales et de la logique des calculs. Aristote, excluant la foi platonicienne, veut tout prouver et tout renfermer dans ses catégories; il traduit le ternaire en syllogisme et le binaire en enthymème. La chaîne des êtres pour lui devient un sorite. Il veut tout abstraire, tout raisonner; l'Être même devient pour lui une abstraction perdue dans les hypothèses de l'ontologie. Platon inspirera les Pères de l'Église, Aristote sera le maître des scolastiques du moyen âge, et Dieu sait combien s'amasseront de ténèbres autour de cette logique qui ne croit à rien et qui prétend tout expliquer. Une seconde Babel se prépare, et la confusion des langues n'est pas loin.

L'Être est l'Être, la raison de l'Être est dans l'Être. Dans le principe est le Verbe et le Verbe (λογος) est la logique formulée en parole, la raison parlée; le Verbe est en Dieu et le Verbe est Dieu même manifesté à l'intelligence. Voilà ce qui est au-dessus de toutes les philosophies. Voilà ce qu'il faut croire sous peine de ne jamais rien savoir et de retomber dans le doute absurde de Pyrrhon. Le sacerdoce gardien de la foi repose tout entier sur cette base de la science, et c'est dans son enseignement qu'il faut saluer le principe divin du Verbe éternel.

CHAPITRE II.

LE MYSTICISME.

SOMMAIRE. — Origine et effets du mysticisme. — Il matérialise les signes sous prétexte de spiritualiser la matière. — Il se concilie avec tous les vices ; il persécute les sages ; il est contagieux. — Apparitions, prodiges infernaux. — Fanatisme des sectaires. — Magie noire à l'aide des mots et des signes inconnus. — Phénomènes des maladies hystériques. — Théorie des hallucinations.

La légitimité de droit divin appartient tellement au sacerdoce que sans elle le vrai sacerdoce n'existe pas. L'initiation et la consécration ont une véritable hérédité.

Ainsi le sanctuaire est inviolable pour les profanes et ne peut être envahi par les sectaires.

Ainsi les lumières de la révélation divine se distribuent avec une suprême raison, parce qu'elles descendent avec ordre et harmonie. Dieu n'éclaire pas le monde avec des météores et des foudres, mais il fait graviter paisiblement les univers chacun autour de son soleil.

Cette harmonie tourmente certaines âmes impatientes du devoir, et viennent des hommes qui ne pouvant forcer

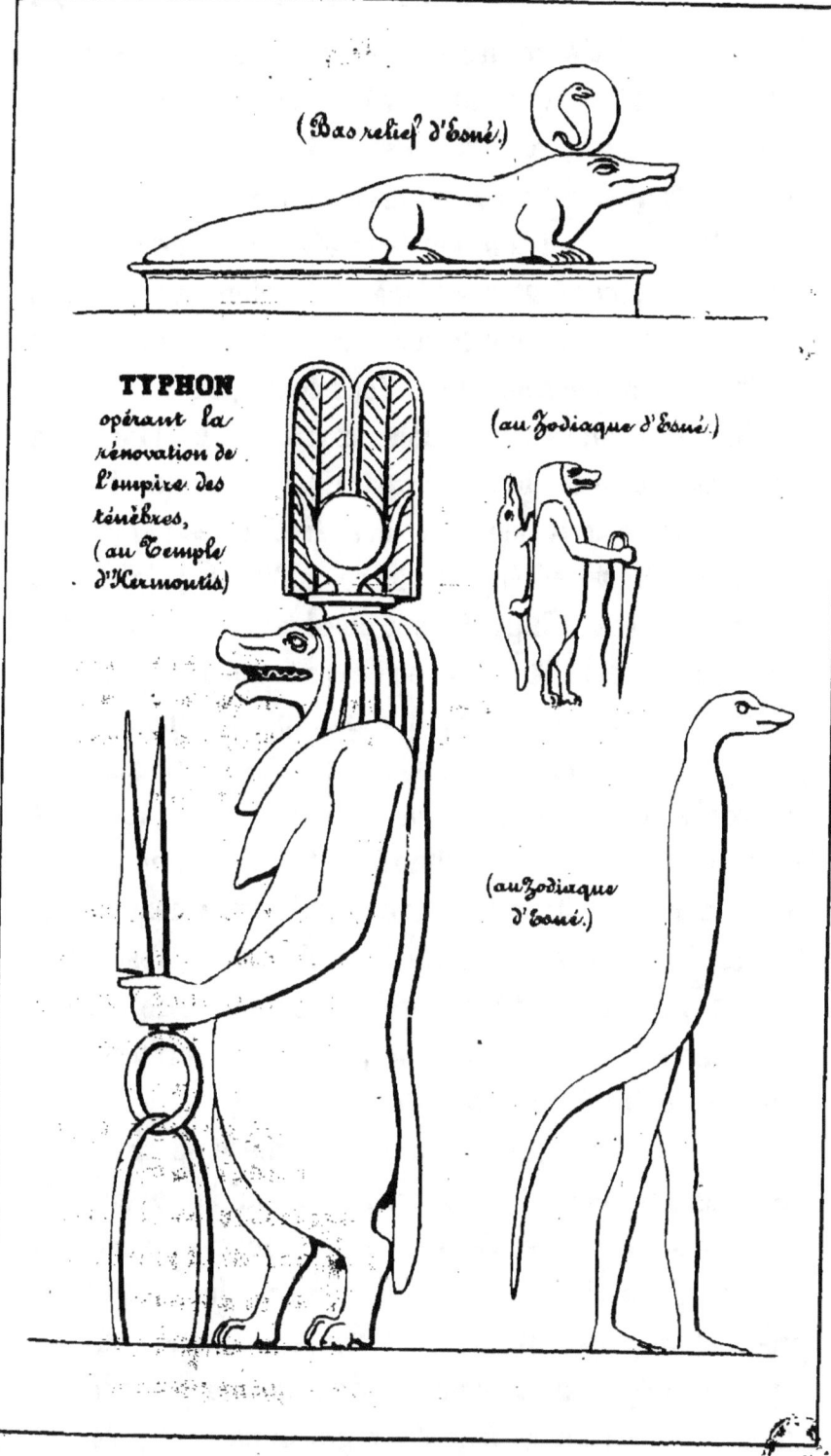

SYMBOLES TYPHONIENS
Types Égyptiens de la Goëtie
et de la Négromancie.

la révélation à s'accorder avec leurs vices, se posent en réformateurs de la morale. « Si Dieu a parlé, disent-ils, comme Rousseau, pourquoi n'en ai-je rien entendu ? »— Bientôt ils ajoutent : « Il a parlé, mais c'est à moi ; » ils l'ont rêvé, et ils finissent par le croire. Ainsi commencent les sectaires, ces fauteurs d'anarchie religieuse que nous ne voudrions pas voir livrer aux flammes, mais qu'il faudrait enfermer comme des fous contagieux.

Ainsi se formèrent les écoles mystiques profanatrices de la science. Nous avons vu par quels procédés les fakirs de l'Inde arrivaient par des éréthismes nerveux et des congestions cérébrales à ce qu'ils appelaient la *lumière incréée*. L'Égypte eut aussi ses sorciers et ses enchanteurs, et la Thessalie en Grèce fut pleine de conjurations et de maléfices. Se mettre directement en rapport avec les démons et les dieux, c'est supprimer le sacerdoce, c'est renverser la base du trône ; l'instinct anarchique des prétendus illuminés le savait bien. Aussi est-ce par l'attrait de la licence qu'ils espéraient recruter des disciples, et ils donnaient d'avance l'absolution à tous les scandales des mœurs, se contentant de la rigidité dans la révolte et de l'énergie dans la protestation contre la légitimité sacerdotale.

Les bacchantes qui déchirèrent Orphée se croyaient inspirées d'un dieu, et sacrifièrent le grand hiérophante à leur ivresse divinisée. Les orgies de Bacchus étaient des excitations mystiques, et toujours les sectaires de la folie procédèrent par mouvements déréglés, excitations frénétiques et dégoûtantes convulsions ; depuis les prêtres efféminés de Bacchus jusqu'aux gnostiques ; depuis les derviches tourneurs jusqu'aux épileptiques de la tombe du diacre Pâris, le caractère de l'exaltation superstitieuse et fanatique est toujours le même.

C'est toujours sous prétexte d'épurer le dogme, c'est au nom d'un spiritualisme outré que les mystiques de tous les temps ont matérialisé les signes du culte. Il en est de même des profanateurs de la science des mages, car la haute magie, ne l'oublions pas, c'est l'art sacerdotal primitif. Elle réprouve tout ce qui se fait en dehors de la hiérarchie légitime et applaudit non pas au supplice, mais à la condamnation des sectaires et des sorciers.

Nous rapprochons à dessein ces deux qualifications, tous les sectaires ont été des évocateurs d'esprits et de fantômes qu'ils donnaient au monde pour des dieux ; ils se flattaient tous d'opérer des miracles à l'appui de leurs mensonges. A ces titres donc ils étaient tous des goétiens, c'est-à-dire de véritables opérateurs de magie noire.

L'anarchie étant le point de départ et le caractère distinctif du mysticisme dissident, la concorde religieuse est impossible entre sectaires, mais ils s'entendent à merveille sur un point : c'est la haine de l'autorité hiérarchique et légitime. En cela donc consiste réellement leur religion, puisque c'est le seul lien qui les rattache les uns aux autres. C'est toujours le crime de Cham ; c'est le mépris du principe de la famille, et l'outrage infligé au père, dont tous les dissidents proclament hautement l'ivresse, dont ils découvrent avec des rires sacriléges la nudité et le sommeil.

Les mystiques anarchistes confondent tous la lumière, intellectuelle avec la lumière astrale ; ils adorent le serpent au lieu de révérer la sagesse obéissante et pure qui lui met le pied sur la tête. Aussi s'enivrent-ils de vertiges et ne tardent-ils pas à tomber dans l'abîme de la folie.

Les fous sont tous des visionnaires et souvent ils peuvent se croire des thaumaturges, car l'hallucination étant contagieuse, il se passe souvent ou il semble se passer autour des fous des choses inexplicables. D'ailleurs les phénomènes de la lumière astrale attirée ou projetée avec excès, sont eux-mêmes de nature à déconcerter les demi-savants. En s'accumulant dans les corps, elle leur donne, par la distension violente des molécules, une telle élasticité, que les os peuvent se tordre, les muscles s'allonger outre mesure. Il se forme des tourbillons et comme des trombes de cette lumière, qui soulèvent les corps les plus pesants et peuvent les soutenir en l'air pendant un temps proportionnel à la force de projection. Les malades se sentent alors comme prêts d'éclater, et sollicitent des secours par compression et percussion. Les coups les plus violents et la compression la plus forte étant alors équilibrés par la tension fluidique, ne font ni contusions ni blessures, et soulagent le patient au lieu de l'étouffer.

Les fous prennent les médecins en horreur et les mystiques hallucinés détestent les sages, ils les fuient d'abord, ils les persécutent ensuite fatalement et malgré eux ; s'ils sont doux et indulgents, c'est pour les vices ; la raison soumise à l'autorité les trouve implacables : les sectaires en apparence les plus doux sont pris de fureur et de haine, lorsqu'on leur parle de soumission et de hiérarchie. Toujours les hérésies ont occasionné des troubles. Si un faux prophète ne pervertit pas, il faut qu'il tue. Ils réclament à grands cris la tolérance pour eux, mais ils se gardent bien d'en faire usage envers les autres. Les protestants déclamaient contre les bûchers de Rome à l'époque même où Jean Calvin, de son autorité privée, faisait brûler Michel Servet..

Ce sont les crimes des donatistes, des circoncellions et de tant d'autres qui ont forcé les princes catholiques à sévir, et l'Église même à leur abandonner les coupables. Ne dirait-on pas à entendre les gémissements de l'irréligion que les vaudois, les albigeois et les hussites étaient des agneaux? Étaient-ce des innocents que ces sombres puritains d'Écosse et d'Angleterre qui tenaient le poignard d'une main et la Bible de l'autre en prêchant l'extermination des catholiques? Une seule église au milieu de tant de représailles et d'horreurs à toujours posé et maintenu en principe son horreur du sang : c'est l'église hiérarchique et légitime.

L'Église, en admettant la possibilité et l'existence des miracles diaboliques, reconnaît l'existence d'une force naturelle dont on peut se servir, soit pour le bien, soit pour le mal. Aussi a-t-elle sagement décidé que si la sainteté de la doctrine peut légitimer le miracle, le miracle seul ne peut jamais autoriser les nouveautés de la doctrine.

Dire que Dieu, dont les lois sont parfaites et ne se démentent jamais, se sert d'un moyen naturel pour opérer les choses qui nous semblent surnaturelles, c'est affirmer la raison suprême et le pouvoir immuable de Dieu, c'est agrandir l'idée que nous avons de sa providence; ce n'est point nier son intervention dans les merveilles qui s'opèrent en faveur de la vérité, que les catholiques sincères le comprennent bien.

Les faux miracles occasionnés par les congestions astrales ont toujours une tendance anarchique et immorale, parce que le désordre appelle le désordre. Aussi les dieux et les génies des sectaires sont-ils avides de sang et promettent-ils ordinairement leur protection au prix du meurtre. Les idolâtres de la Syrie et de la Judée se faisaient des oracles avec des têtes d'enfants qu'ils arrachaient violemment du corps de ces pauvres petites créatures. Ils faisaient sécher ces têtes, et après leur avoir mis sous la langue une lame d'or avec des caractères inconnus, ils les plaçaient dans des creux pratiqués dans la muraille, leur faisaient un corps de plantes magiques environnées de bandelettes, allumaient une lampe devant ces affreuses idoles, leur offraient de l'encens et venaient religieusement les consulter ; ils croyaient entendre parler cette tête dont les derniers cris d'angoisse avaient sans doute ébranlé leur imagination. D'ailleurs nous avons dit que le sang attire les larves. Dans les sacrifices infernaux, les anciens creusaient une fosse et la remplissaient de sang tiède et fumant ; ils voyaient alors ramper, monter, descendre, accourir du creux de la terre, de toutes les profondeurs de la nuit, des ombres débiles et pâles. Ils traçaient avec la pointe de l'épée sanglante le cercle des évocations, allumaient des feux de laurier, d'aulne et de cyprès sur des autels couronnés d'asphodèle et de verveine, la nuit alors semblait devenir plus froide et plus sombre, la lune se cachait sous les nuages, et l'on entendait le faible frôlement des fantômes qui se pressaient autour du cercle pendant que les chiens hurlaient lamentablement dans toute la campagne.

Pour tout pouvoir, il faut tout oser, tel était le principe des enchantements et de leurs horreurs. Les faux magiciens se liaient par le crime, et ils se croyaient capables de faire peur aux autres quand ils étaient parvenus à s'épouvanter eux-mêmes. Les rites de la magie noire sont restés horribles comme les cultes impies qu'elle avait produits, soit dans les associations de malfaiteurs conspirant contre les civilisations antiques, soit chez les peuplades barbares. C'est toujours le même amour des ténèbres, ce sont toujours les mêmes profanations, les mêmes prescriptions sanglantes. La magie anarchique est le culte de mort. Le sorcier s'abandonne à la fatalité, il abjure sa raison, il renonce à l'espérance de l'immortalité et il immole des enfants. Il renonce au mariage honnête et fait vœu de débauche stérile. A ces conditions il jouit de la plénitude de sa folie, il s'enivre de sa méchanceté au point de la croire toute-puissante, et transformant en réalité ses hallucinations, il se croit maître d'évoquer à son gré toute la tombe et tout l'enfer.

Les mots barbares et les signes inconnus ou même absolument insignifiants sont les meilleurs en magie noire. On s'hallucine mieux avec des pratiques ridicules et des évocations imbéciles que par des rites ou des formules capables de tenir l'intelligence en éveil. M. Du Potet affirme avoir expérimenté la puissance de certains signes sur les crisiaques, et les signes qu'il trace de sa main dans son livre occulte, avec précaution et mystère, sont analogues, sinon absolument semblables, aux prétendues signatures diaboliques qui se trouvent dans les anciennes éditions du grand grimoire. Les mêmes causes doivent produire toujours les mêmes effets, et il n'y a rien de nouveau sous la lune des sorciers, non plus que sous le soleil des sages.

L'état d'hallucination permanent est une mort ou une abdication de la conscience; on est alors livré à tous les hasards de la fatalité des rêves. Chaque souvenir apporte son reflet, chaque mauvais désir crée une image, chaque remords enfante un cauchemar. La vie devient celle d'un animal, mais d'un animal ombrageux et tourmenté. On n'a plus conscience ni de la morale ni du temps. Les réalités n'existent plus, tout danse dans le tourbillon des formes les plus insensées. Une heure semble parfois durer des siècles; des années peuvent passer avec la rapidité d'une heure.

Notre cerveau, tout phosphorescent de lumière astrale, est plein de reflets et de figures sans nombre. Quand nous fermons les yeux, il nous semble souvent qu'un panorama tantôt brillant, tantôt sombre et terrible, se déroule sous notre paupière. Un malade atteint de la fièvre ferme à peine les yeux pendant la nuit, qu'il est ébloui souvent par une insupportable clarté. Notre système nerveux, qui est un appareil électrique complet, concentre la lumière dans le cerveau, qui est le pôle négatif de l'appareil, ou la projette par les extrémités qui sont les pointes destinées à remettre en circulation notre fluide vital. Quand le cerveau attire violemment une série d'images analogues à une passion qui a rompu l'équilibre de la machine, l'échange de lumière ne se fait plus, la respiration astrale s'arrête et la lumière dévoyée se coagule en quelque sorte dans le cerveau. Aussi les hallucinés ont-ils les sensations les plus fausses et les plus perverses. Il en est qui trouvent de la jouissance à se découper la peau en lanières et à s'écorcher lentement, d'autres mangent et savourent les substances les moins faites pour servir de nourriture. M. le docteur Brierre de Boismont, dans son savant *Traité des hallucinations* (1), a rassemblé plusieurs séries d'observations excessivement curieuses ; tous les excès de la vie, soit en bien mal compris, soit en mal non combattu, peuvent exalter le cerveau et y produire des stagnations de lumière. L'ambition excessive, les prétentions orgueilleuses à la sainteté, une continence pleine de scrupules et de désirs, des passions honteuses satisfaites malgré les avertissements réitérés du remords : tout cela conduit à l'évanouissement de la raison, à l'extase morbide, à l'hystérie, aux visions, à la folie. Un homme n'est pas fou, remarque le savant docteur, parce qu'il a des visions, mais parce qu'il croit plus à ses visions qu'au sens commun. C'est donc l'obéissance et l'autorité seules qui peuvent sauver les mystiques ; s'ils ont en eux-mêmes une confiance obstinée, il n'y a plus de remède, ils sont déjà les excommuniés de la raison et de la foi : ce sont les aliénés de la charité universelle. Ils se croient plus sages que la société ; ils croient former une religion, et ils sont seuls ; ils pensent avoir dérobé pour leur usage personnel les clefs secrètes de la vie, et leur intelligence est déjà tombée dans la mort.

(1) Brierre de Boismont, *Des hallucinations, ou histoire raisonnée des apparitions, des visions, des songes, de l'extase, du magnétisme et du somnambulisme*, 2ᵉ édition, 1852, 1 vol. in-8.

CHAPITRE III.

INITIATIONS ET ÉPREUVES.

Sommaire. — La doctrine secrète de Platon. — Théosophie et théurgie. — L'antre de Trophonius. — Origines des fables de l'Achéron et du Ténare. — Le tableau symbolique de Cébès. — Les doctrines ultramondaines du *Phédon*. — La sépulture des morts. — Sacrifices pour apaiser les mânes.

Ce que les adeptes nomment le *grand œuvre* n'est pas seulement la transmutation des métaux, c'est aussi et surtout la médecine universelle, c'est-à-dire le remède à tous les maux, y compris la mort.

L'œuvre qui crée la médecine universelle, c'est la régénération morale de l'homme. C'est cette seconde naissance dont parlait le Sauveur au docteur de la loi, Nikodémos, qui ne le comprenait pas, et Jésus lui disait : « Quoi, vous êtes maître en Israël et vous ignorez ce mystère ! » comme s'il voulait lui faire entendre qu'il s'agissait des principes fondamentaux de la science religieuse, et qu'il n'était pas permis à un maître de les ignorer.

Le grand mystère de la vie et de ses épreuves est représenté dans la sphère céleste et dans le cycle de l'année. Les quatre formes du sphinx correspondent aux quatre éléments et aux quatre saisons. Les figures symboliques du bouclier d'Achille, dans Homère, ont une signification analogue à celle des douze travaux d'Hercule. Achille doit mourir comme Hercule, après avoir vaincu les éléments et combattu contre les dieux. Hercule, victorieux de tous les vices figurés par les monstres qu'il doit combattre, succombe un instant au plus dangereux de tous, à l'amour ; mais il arrache enfin de sa poitrine, avec des lambeaux de sa chair, la tunique brûlante de Déjanire ; il la laisse coupable et vaincue ; il meurt affranchi et immortel.

Tout homme qui pense est un Œdipe appelé à deviner l'énigme du sphinx ou à mourir. Tout initié doit être un Hercule accomplissant le cycle d'une grande année de travaux et méritant, par les sacrifices du cœur et de la vie, les triomphes de l'apothéose.

Orphée n'est roi de la lyre et des sacrifices qu'après avoir tour à tour conquis et su perdre Eurydice. Omphale et Déjanire sont jalouses d'Hercule : l'une veut l'avilir, l'autre cède aux conseils d'une lâche rivale qui la pousse à empoisonner le libérateur du monde ; mais elle va le guérir d'un empoisonnement bien autrement funeste, celui de son indigne amour. La flamme du bûcher va purifier ce cœur trop faible ; Hercule expire dans toute sa force et peut s'asseoir victorieux près du trône de Jupiter !

Jacob, avant d'être le grand patriarche d'Israël, avait combattu pendant toute une longue nuit contre un ange.

L'ÉPREUVE, tel est le grand mot de la vie : la vie est un serpent qui s'enfante et se dévore sans cesse ; il faut échapper à ses étreintes et lui mettre le pied sur la tête. Hermès, en le multipliant, l'oppose à lui-même, et dans un équilibre éternel il en fait le talisman de son pouvoir et la gloire de son caducée.

Les grandes épreuves de Memphis et d'Éleusis avaient pour but de former des rois et des prêtres, en confiant la science à des hommes courageux et forts. Il fallait, pour être admis à ces épreuves, se livrer corps et âme au sacerdoce et faire l'abandon de sa vie. On descendait alors dans des souterrains obscurs où il fallait traverser tour à tour des bûchers allumés, des courants d'eau profonde et rapide, des ponts mobiles jetés sur des abîmes, et cela sans laisser éteindre et s'échapper une lampe qu'on tenait à la main. Celui qui chancelait ou qui avait peur ne devait jamais revoir la lumière ; celui qui franchissait avec intrépidité tous les obstacles était reçu parmi les *mystes*, c'est-à-dire qu'on l'initiait aux petits mystères. Mais il restait à éprouver sa fidélité et son silence, et ce n'était qu'au bout de plusieurs années qu'il devenait *épopte*, titre qui correspond à celui d'adepte.

La philosophie, rivale du sacerdoce, imita ces pratiques et soumit ses disciples à des épreuves. Pythagore exigeait le silence et l'abstinence pendant cinq ans : Platon n'admettait dans son école que des géomètres et des musiciens, il réservait d'ailleurs une partie de son enseignement pour les initiés et sa philosophie avait ses mystères. C'est ainsi qu'il fait créer le monde par les démons, et qu'il fait sortir tous les animaux de l'homme. Les démons de Platon ne sont autres que les *Éloïm* de Moïse, c'est-à-dire les forces par le concours et l'harmonie desquelles le principe suprême a créé. En disant que les animaux sortent de l'homme, il veut dire que les animaux sont l'analyse de la forme vivante dont l'homme est la synthèse. C'est Platon qui le premier a proclamé la divinité du verbe, c'est-à-dire de la parole, et ce verbe créateur, il semble en pressentir l'incarnation prochaine sur la terre ; il annonce les souffrances et le supplice du juste parfait, réprouvé par l'iniquité du monde.

Cette philosophie sublime du verbe appartient à la pure kabbale, et Platon ne l'a point inventée. Il ne le cache pas d'ailleurs et déclare hautement qu'*en aucune science il ne faut jamais recevoir que ce qui s'accorde avec les vérités éternelles et avec les oracles de Dieu.* Dacier, a qui nous empruntons cette citation, ajoute que, « par ces vérités éternelles, Platon entend une ancienne tradition, qu'il prétend que les premiers hommes avaient reçue de Dieu et qu'ils avaient transmise à leurs descendants. » Certes, à moins de nommer positivement la kabbale, on ne saurait être plus clair. C'est la définition au lieu du nom : c'est quelque chose de plus précis en quelque manière que le nom même.

« Ce ne sont pas les livres, dit encore Platon, qui donnent ces hautes connaissances ; il faut les puiser en soi-même par une profonde méditation et chercher le feu sacré dans sa propre source.... C'est pourquoi je n'ai jamais rien écrit de ces révélations et je n'en parlerai jamais.

» Tout homme qui entreprendra de les rendre vulgaires ne l'entreprendra jamais qu'inutilement, et tout le fruit qu'il tirera de son travail, c'est qu'excepté un petit nombre d'hommes à qui Dieu a donné assez d'intelligence pour voir en eux-mêmes ces vérités célestes, il donnera aux uns du mépris pour elles, et remplira les autres d'une vaine et téméraire confiance, comme s'ils savaient des choses merveilleuses qu'ils ne savent pourtant pas (1). »

---

(1) Dacier, *la Doctrine de Platon* (*Bibliothèque des anciens philosophes*), t. III, p. 81.

Il écrit à Denys le Jeune :

« Il faut que je déclare à Archédémus ce qui est beaucoup plus précieux et plus divin et ce que vous avez grande envie de savoir, puisque vous me l'avez envoyé exprès ; car, selon ce qu'il m'a dit, vous ne croyez pas que je vous aie suffisamment expliqué ce que je pense sur la nature du premier principe ; il faut vous l'écrire par énigmes, afin que si ma lettre est interceptée sur terre ou sur mer, celui qui la lira n'y puisse rien comprendre.

» Toutes choses sont autour de leur roi, elles sont à cause de lui, et il est seul la cause des bonnes choses ; second pour les secondes et troisième pour les troisièmes (1). »

Il y a dans ce peu de paroles un résumé complet de la théologie des séphirots. Le roi, c'est Ensoph, l'être suprême et absolu. Tout rayonne de ce centre qui est partout, mais que nous concevons surtout de trois manières et dans trois sphères différentes. Dans le monde divin, qui est celui de la première cause, il est unique et premier. Dans le monde de la science qui est celui des causes secondes, l'influence du premier principe se fait sentir, mais on ne le conçoit plus que comme la première des causes secondes ; il s'y manifeste par le binaire, c'est le principe créateur passif. Enfin, dans le troisième monde, qui est celui des formes, il se révèle comme la forme parfaite, le verbe incarné, la beauté et la bonté suprêmes, la perfection créée ; il est donc à la fois le premier, le second et le troisième, puisqu'il est tout en

---

(1) Dacier, *loco citato*, t. III, p. 194.

tout, le centre et la cause de tout. N'admirons point ici le génie de Platon, reconnaissons seulement la science exacte de l'initié.

Qu'on ne nous dise plus que notre grand apôtre saint Jean a emprunté à la philosophie de Platon le début de son évangile. C'est Platon, au contraire, qui avait puisé aux mêmes sources que saint Jean ; mais il n'avait pas reçu l'esprit qui vivifie. La philosophie du plus grand des révélateurs humains pouvait aspirer au verbe fait homme : l'Évangile seul pouvait le donner au monde.

La kabbale enseignée aux Grecs par Platon prit plus tard le nom de *théosophie* et embrassa dans la suite le dogme magique tout entier. Ce fut à cet ensemble de doctrine occulte que se rattachèrent successivement toutes les découvertes des chercheurs. On voulut passer de la théorie à la pratique et réaliser la parole par les œuvres ; les dangereuses expériences de la divination apprirent à la science comment on peut se passer du sacerdoce, le sanctuaire était trahi et des hommes sans mission osaient faire parler les dieux. C'est pour cela que la théurgie partagea les anathèmes de la magie noire et fut soupçonnée d'en imiter les crimes, parce qu'elle ne pouvait se défendre d'en partager l'impiété. On ne soulève pas impunément le voile d'Isis, et la curiosité est un blasphème contre la foi, lorsqu'il s'agit des choses divines. « Heureux ceux qui croiront sans avoir vu, nous a dit le grand révélateur. »

Les expériences de la théurgie et de la nécromancie sont toujours funestes à ceux qui s'y abandonnent. Lorsqu'on a une fois mis le pied sur le seuil de l'autre monde, il faut mourir et presque toujours d'une manière étrange et terrible. Le vertige commence, la catalepsie et la folie achèvent. Il est certain qu'en présence de certaines personnes et après une série d'actes enivrants, une perturbation se fait dans l'atmosphère, les boiseries craquent, les portes tremblent et gémissent. Des signes bizarres et quelquefois sanglants semblent s'imprimer d'eux-mêmes sur du parchemin vierge ou sur des linges. Ces signes sont toujours les mêmes et les magistes les classifient sous le nom d'*écritures diaboliques*. La seule vue de ces caractères fait retomber les crisiaques en convulsion ou en extase ; ils croient alors voir les esprits, et Satan, c'est-à-dire le génie de l'erreur, se transfigure pour eux en ange de lumière. Ces prétendus esprits demandent pour se montrer des excitations sympathiques produites par le rapprochement des sexes, il faut mettre les mains dans les mains, les pieds sur les pieds, il faut se souffler au visage, et souvent suivent des extases obscènes. Les initiés se passionnent pour ce genre d'ivresse, ils se croient les élus de Dieu et les interprètes du ciel, ils traitent de fanatisme l'obéissance à la hiérarchie. Ce sont les successeurs de la race caïnique de l'Inde. Ce sont des *hatchichims* et des faquirs. Les avertissements ne les éclaireront pas et ils périront parce qu'ils ont voulu périr.

Les prêtres de la Grèce, pour guérir de semblables malades, employaient une sorte d'*homœopathie;* ils les terrifiaient en exagérant le mal même dans une seule crise et les faisaient dormir dans la caverne de Trophonius. On se préparait à ce sommeil par des jeûnes, des lustrations et des veilles, puis on descendait dans le souterrain et on y était laissé et enfermé sans lumière. Des gaz enivrants, assez semblables à ceux de la grotte du Chien qu'on voit près de Naples, s'exhalaient dans cette caverne et ne tardaient pas à terrasser le visionnaire; il avait alors d'épouvantables rêves causés par un commencement d'asphyxie; on venait à temps le secourir et on l'emportait tout palpitant, tout pâle et les cheveux hérissés sur un trépied où il prophétisait avant de s'éveiller entièrement. Ces sortes d'épreuves causaient un tel ébranlement dans le système nerveux, que les crisiaques ne s'en souvenaient pas sans frissonner et n'osaient plus jamais parler d'évocations et de fantômes. Il en est qui depuis ne purent jamais s'égayer ni sourire; et l'impression générale était si triste, qu'elle passa en proverbe et qu'on disait d'une personne dont le front ne se déridait pas : « Elle a dormi dans la caverne de Trophonius. »

Ce n'est pas dans les livres des philosophes, c'est dans le symbolisme religieux des anciens qu'il faut chercher les traces de la science et en retrouver les mystères. Les prêtres d'Égypte connaissaient mieux que nous les lois du mouvement et de la vie. Ils savaient tempérer ou affermir l'action par la réaction, et prévoyaient facilement la réalisation des effets dont ils avaient posé la cause. Les colonnes de Seth, d'Hermès, de Salomon, d'Hercule ont symbolisé dans les traditions magiques cette loi universelle de l'équilibre; et la science de l'équilibre avait conduit les initiés à celle de la gravitation universelle autour des centres de vie, de chaleur et de lumière. Aussi dans les calendriers sacrés des Égyptiens dont chaque mois était, comme on sait, placé sous la protection de trois décans ou génies de dix jours, le premier décan du signe du lion est-il représenté par une tête humaine à sept rayons avec une grande queue de scorpion et le signe du Sagittaire sous le menton. Au-dessous de cette tête est le nom de IAO ; on appelait cette figure *khnoubis*, mot égyptien qui signifie or et lumière. Thalès et Pythagore apprirent dans les sanctuaires de l'Égypte que la terre tourne autour du soleil, mais ils ne cherchèrent pas à répandre cette connaissance, parce qu'il eût fallu révéler pour cela un des grands secrets du temple, la double loi d'attraction et de rayonnement de fixité et de mouvement qui est le principe de la création et la cause perpétuelle de la vie. Aussi l'écrivain chrétien, Lactance, qui avait entendu parler de cette tradition magique et de l'effet sans la cause, se moque-t-il fort de ces théurgistes rêveurs qui font tourner la terre et nous donnent des antipodes, lesquels, suivant lui, devaient avoir, pendant que nous marcherions la tête haute, les pieds en haut et la tête en bas. D'ailleurs, ajoute naïvement Lactance avec toute la logique des ignorants et des enfants, de pareils hommes ne tiendraient pas à terre et tomberaient la tête la première dans le ciel inférieur. Ainsi raisonnaient les philosophes pendant que les prêtres, sans leur répondre et sans sourire même de leurs erreurs, écrivaient en hiéroglyphes créateurs de tous les dogmes et de toutes les poésies, les secrets de la vérité.

Dans leur description allégorique des enfers, les hiérophantes grecs avaient caché les grands secrets de la magie. On y trouve quatre fleuves, comme dans le paradis terrestre, plus un cinquième qui serpente sept fois entre les autres. Un fleuve de douleurs et de gémissements, le Cocyte, et un fleuve d'oubli, le Léthé, puis un fleuve d'eau rapide, irrésistible, qui entraîne tout et qui roule en sens contraire avec un fleuve de feu. Ces deux fleuves mystérieux, l'Achéron et le Phlégéton, dont l'eau représente le fluide négatif et l'autre le fluide positif, tournent éternellement l'un dans l'autre. Le Phlégéton échauffe et fait fumer les eaux froides et noires de l'Achéron et l'Achéron couvre d'épaisses vapeurs les flammes liquides du Phlégéton. De ces vapeurs sortent par milliers des larves et des lémures, images vaines des corps qui ont vécu et de ceux qui ne vivent pas encore; mais qu'ils aient bu ou non au fleuve des douleurs, tous aspirent au fleuve d'oubli, dont l'eau assoupissante leur rendra la jeunesse et la paix. Les sages seuls ne veulent pas oublier, car leurs souvenirs sont déjà leur récompense. Aussi sont-ils seuls vraiment immortels, puisqu'ils ont seuls la conscience de leur immortalité.

Les supplices du Ténare sont des peintures vraiment divines des vices et de leur châtiment éternel. La cupidité de Tantale, l'ambition de Sysiphe ne seront jamais expiées, car elles ne peuvent jamais être satisfaites. Tantale a soif dans l'eau, Sysiphe roule au sommet d'une montagne un piédestal sur lequel il veut s'asseoir et qui retombe toujours sur lui en l'entraînant au fond de l'abîme. Ixion, l'amoureux sans frein, qui a voulu violer la reine du ciel, est fouetté par des furies infernales. Il n'a pourtant pas joui de son crime et n'a pu embrasser qu'un fantôme. Ce fantôme peut-être a paru condescendre à ses fureurs et l'aimer, mais quand il méconnaît le devoir, quand il se satisfait par le sacrilége, l'amour, c'est de la haine en fleurs !

Ce n'est pas au delà de la tombe, c'est dans la vie

même qu'il faut chercher les mystères de la mort. Le salut ou la réprobation commencent ici-bas et le monde terrestre a aussi son ciel et son enfer. Toujours même ici-bas la vertu est récompensée, toujours même ici-bas le vice est puni ; et ce qui nous fait croire parfois à l'impunité des méchants, c'est que les richesses, ces instruments du bien et du mal, semblent leur être parfois données au hasard. Mais malheur aux hommes injustes, lorsqu'ils possèdent la clef d'or, elle n'ouvre pour eux que la porte du tombeau et de l'enfer.

Tous les vrais initiés ont reconnu l'immense utilité du travail et de la douleur. La douleur, a dit un poëte allemand, c'est le chien de ce berger inconnu qui mène le troupeau des hommes. Apprendre à souffrir, apprendre à mourir, c'est la gymnastique de l'Éternité, c'est le noviciat immortel.

Tel est le sens moral de la divine comédie de Dante esquissée déjà du temps de Platon dans le tableau allégorique de Cébès. Ce tableau, dont la description nous a été conservée et que plusieurs peintres du moyen âge ont refait d'après cette description, est un monument à la fois philosophique et magique. C'est une synthèse morale très complète, et c'est en même temps la plus audacieuse démonstration qui ait été faite du grand arcane, de ce secret dont la révélation bouleverserait la terre et le ciel. Nos lecteurs n'attendent pas sans doute que nous leur en donnions l'explication. Celui qui trouve ce mystère comprend qu'il est inexplicable de sa nature, et qu'il donne la mort à ceux qui le surprennent comme à celui qui l'a révélé.

Ce secret est la royauté du sage, c'est la couronne de

l'initié que nous voyons redescendre vainqueur du sommet des épreuves dans la belle allégorie de Cébès. Le grand arcane le rend maître de l'or et de la lumière qui sont au fond la même chose, il a résolu le problème de la quadrature du cercle, il dirige le mouvement perpétuel, et il possède la pierre philosophale. Ici les adeptes me comprendront. Il n'y a ni interruption dans le travail de la nature ni lacune dans son œuvre. Les harmonies du ciel correspondent à celles de la terre, et la vie éternelle accomplit ses évolutions suivant les mêmes lois que la vie d'un jour. Dieu a tout disposé avec poids, nombre et mesure, dit la Bible, et cette lumineuse doctrine était aussi celle de Platon. Dans le *Phédon*, il fait discourir Socrate sur les destinées de l'âme d'une manière tout à fait conforme aux traditions kabbalistiques. Les esprits épurés par l'épreuve s'affranchissent des lois de la pesanteur, et surtout de l'atmosphère des larmes ; les autres y rampent dans les ténèbres, et ce sont ceux-là qui apparaissent aux hommes faibles ou criminels. Ceux qui se sont affranchis des misères de la vie matérielle ne reviennent plus en contempler les crimes et en partager les erreurs : c'est vraiment assez d'une fois.

Le soin que prenaient les anciens d'ensevelir les morts protestait hautement contre la nécromancie, et toujours ceux-là ont été regardés comme des impies qui troublent le repos de la tombe. Rappeler les morts sur la terre, ce serait les condamner à mourir deux fois ; et ce qui faisait craindre surtout aux hommes pieux des anciens cultes de rester sans sépulture après leur mort, c'était l'appréhension que leur cadavre ne fût profané par les Stryges et ne servît aux enchantements. Après la mort, l'âme appartient à Dieu, et le corps à la mère commune qui est la terre. Malheur à ceux qui osent attenter à ces refuges! Quand on avait troublé le sanctuaire de la tombe, les anciens offraient des sacrifices aux mânes irrités; et il y avait une sainte pensée au fond de cet usage. En effet, s'il était permis à un homme d'attirer vers lui par une chaîne de conjurations les âmes qui nagent dans les ténèbres en aspirant vers la lumière, celui-là se donnerait des enfants rétrogrades et posthumes qu'il devrait nourrir de son sang et de son âme. Les nécromanciens sont des enfanteurs de vampires, ne les plaignons donc pas s'ils meurent rongés par les morts!

CHAPITRE IV.

MAGIE DU CULTE PUBLIC.

SOMMAIRE. — Ce que c'est que la superstition. — Orthodoxie magique. — Dissidence des profanes. — Apparitions et incarnations des dieux. — Tyrésias et-Calchas. — Les magiciens d'Homère. — Les sibylles et leurs vers écrits sur des feuilles jetées au vent. — Origine de la géomancie et de la cartomancie.

Les idées produisent les formes et à leur tour les formes reflétent et reproduisent les idées. Pour ce qui est des sentiments, l'association les multiplie dans la réunion de ceux qui les partagent, en sorte que tous sont électrisés de l'enthousiasme de tous. C'est pour cela que si tel ou tel homme du peuple en particulier se trompe aisément sur le juste et sur le beau, le peuple en masse applaudira toujours à ce qui est sublime avec un élan non moins sublime.

Ces deux grandes lois de la nature observées par les anciens mages, leur avaient fait comprendre la nécessité d'un culte public, unique, obligatoire, hiérarchique et symbolique comme la religion tout entière, splendide comme la vérité, riche et varié comme la nature, étoilé comme le ciel, plein de parfums comme la terre, de ce culte enfin que devait plus tard constituer Moïse, que Salomon devait réaliser dans toutes ses splendeurs, et qui, transfiguré encore une fois, réside aujourd'hui dans la grande métropole de Saint-Pierre de Rome.

L'humanité n'a jamais eu réellement qu'une religion et qu'un culte. Cette lumière universellle a eu ses mirages incertains, ses reflets trompeurs et ses ombres, mais toujours après les nuits de l'erreur, nous la voyons reparaître unique et pure comme le soleil.

Les magnificences du culte sont la vie de la religion, et si le Christ veut des ministres pauvres, sa divinité souveraine ne veut pas de pauvres autels. Les protestants n'ont pas compris que le culte est un enseignement, et que dans l'imagination de la multitude il ne faut pas créer un dieu mesquin ou misérable. Voyez ces oratoires qui ressemblent à des mairies et ces honnêtes ministres tournés comme des huissiers ou des commissaires, ne font-ils pas nécessairement prendre la religion pour une formalité, et Dieu pour un juge de paix? Les Anglais qui prodiguent tant d'or dans leurs habitations particulières, et qui affectent d'aimer tant la Bible, ne devraient-ils pas se souvenir des pompes inouïes du temple de Salomon et trouver leurs églises bien froides et bien nues? Mais ce qui dessèche leur culte c'est la sécheresse de leur cœur, et comment voulez-vous qu'avec ce culte sans magie, sans éblouissements et sans larmes, ces cœurs soient jamais rappelés à la vie?

L'orthodoxie est le caractère absolu de la haute magie. Quand la vérité vient au monde, l'étoile de la science en avertit les mages et ils viennent adorer l'enfant créateur de l'avenir. C'est par l'intelligence de la hiérarchie et la pratique de l'obéissance qu'on obtient l'initiation, et un véritable initié ne sera jamais un sectaire.

Les traditions orthodoxes furent emportées de la Chaldée par Abraham, elles régnaient en Égypte du temps de Joseph avec la connaissance du vrai Dieu. Koung-Tseu voulut les établir en Chine, mais le mysticisme imbécile de l'Inde devait, sous la forme idolâtrique du culte de Fô, prévaloir dans ce grand empire. Moïse emporta l'orthodoxie d'Égypte comme Abraham de la Chaldée, et dans les traditions secrètes de la kabbale nous trouvons une théologie entière, parfaite, unique, semblable à ce que la nôtre a de plus grandiose et de mieux expliqué par les pères et les docteurs, le tout avec un ensemble et des lumières qu'il n'est pas donné encore au monde de comprendre. Le Sohar, qui est la clef des livres saints, ouvre aussi toutes les profondeurs et éclaire toutes les obscurités des mythologies anciennes et des sciences cachées primitivement dans le sanctuaire. Il est vrai qu'il faut connaître le secret de cette clef pour arriver à s'en servir, et que pour les intelligences même les plus pénétrantes, mais non initiées à ce secret, le Sohar est absolument incompréhensible et même illisible.

Nous espérons que les lecteurs attentifs de nos écrits sur la magie trouveront d'eux-mêmes ce secret, et parviendront à leur tour à déchiffrer d'abord, puis à lire ce livre qui contient l'explication de tant de mystères.

L'initiation étant la conséquence nécessaire de la hiérarchie, principe fondamental des réalisations magiques, les profanes, après avoir essayé inutilement de forcer les portes du sanctuaire, prirent le parti d'élever autel contre autel, et d'opposer les divulgations ignorantes du schisme aux réticences de l'orthodoxie. D'horribles histoires coururent sur les mages : les sorciers et les stryges rejetèrent sur eux la responsabilité de leurs crimes; c'étaient des buveurs de sang humain, des mangeurs de petits enfants. Cette vengeance de l'ignorance présomptueuse contre la science discrète a obtenu de tous les temps un succès qui en a perpétué l'usage. Un misérable n'a-t-il pas imprimé dans je ne sais quel pamphlet, qu'il avait lui-même et de ses oreilles entendu dans un club l'auteur de ce livre demander que le sang des riches fût mis en boudins pour nourrir le peuple affamé? Plus la calomnie est énorme, plus elle fait d'impression sur les sots.

Les accusateurs des mages commettaient eux-mêmes les forfaits dont ils les accusaient, et s'abandonnaient à toutes les frénésies d'une sorcellerie dévergondée. Il n'était bruit que d'apparitions et de prodiges. Les dieux eux-mêmes descendaient en formes visibles pour autoriser les orgies. Les cercles furieux de prétendus illuminés remontent jusqu'aux bacchantes qui ont assassiné Orphée. Un panthéisme mystique et luxurieux multiplia toujours depuis ces cercles fanatiques et clandestins où la promiscuité et le meurtre se mêlaient aux extases et aux prières. Mais les destinées fatales de ce dogme absorbant et destructeur sont écrites dans une des plus belles fables de la mythologie grecque. Des pirates tyrrhéniens ont surpris Hiacchos endormi et le portent dans leur vaisseau. Ils croient que le dieu de l'inspiration est leur esclave, mais tout à coup en pleine mer leur vaisseau se transfigure, les mâts deviennent des ceps, les cordages des vignes, partout apparaissent des satyres dansant avec des lynx et des panthères, le vertige s'empare de l'équipage, ils se voient tous changés en boucs, et se précipitent dans la mer. Hiacchos alors aborde en Béotie et se rend à Thèbes, la ville de l'initiation, où il trouve que Panthée avait usurpé le pouvoir. Panthée à son tour veut emprisonner le dieu ; mais la prison s'ouvre d'elle-même, le captif rayonne, vainqueur au milieu de Thèbes. Panthée devient furieux et les filles de Cadmus devenues des bacchantes le mettent en pièces croyant immoler un jeune taureau.

Le panthéisme, en effet, ne saurait constituer une synthèse et doit périr divisé par les sciences, filles de Cadmus.

Après Orphée, Cadmus, Œdipe et Amphiaraüs, les grands types fabuleux du sacerdoce magique en Grèce sont Tyrésias et Calchas, mais Tyrésias est un hiérophante inintelligent ou infidèle. Un jour il trouve deux serpents entrelacés, il croit qu'ils se battent et les sépare en les frappant de son bâton : il n'a pas compris le symbole du caducée, il veut diviser les forces de la nature, il veut séparer la science de la foi, l'intelligence de l'amour, l'homme de la femme ; il les voit unis comme des lutteurs, et il croit qu'ils se battent, il les blesse en les séparant, et le voilà lui-même ayant perdu son équilibre ; il sera tour à tour homme et femme, jamais complétement, car l'accomplissement du mariage lui est interdit. Ici se révèlent tous les mystères de l'équilibre universel et de la loi créatrice. En effet c'est l'androgyne humain qui enfante ; l'homme et la femme tant qu'ils sont séparés restent stériles, comme la religion sans la science et réciproquement, comme l'intelligence sans amour, comme la douceur sans force et la force sans douceur, comme la justice sans miséricorde et la miséricorde sans justice. L'harmonie résulte de l'analogie des contraires, il faut les distinguer pour les unir et non les séparer pour choisir entre eux. L'homme, dit-on, va sans cesse du blanc au noir dans ses opinions et se trompe toujours. Cela doit être, car la forme visible, la forme réelle est blanche et noire, elle se produit en alliant l'ombre et la lumière sans les confondre. Ainsi se marient tous les contraires dans la nature, et celui qui veut les séparer s'expose au châtiment de Tyrésias. D'autres disent qu'il devint aveugle pour avoir surpris Minerve toute nue, c'est-à-dire pour avoir profané les mystères : c'est une autre allégorie, mais c'est toujours le même symbole.

C'est sans doute à cause de sa profanation des mystères qu'Homère fait errer l'ombre de Tyrésias dans les ténèbres Cimmériennes, et nous le montre revenant avec les larves et les ombres malheureuses qui cherchent à s'abreuver de sang, lorsqu'Ulysse consulte les esprits avec un cérémonial bien autrement magique et formidable que les grimaces de nos *mediums* et les petits papiers innocents des modernes nécromanciens.

Le sacerdoce est presque muet dans Homère, le devin Calchas n'est ni un souverain pontife ni un grand hiérophante. Il semble être au service des rois dont il redoute la colère, et n'ose dire à Agamemnon des vérités désagréables qu'après avoir imploré la protection d'Achille. Il jette ainsi la division entre ces chefs et devient la cause des désastres de l'armée. Homère, dont tous les récits sont d'importantes et profondes leçons, veut aussi, par cet exemple, montrer à la Grèce combien il importe que le ministère divin soit indépendant des influences temporelles. La tribu sacerdotale ne doit relever que du suprême pontificat, et le grand prêtre est frappé d'impuissance ; s'il manque une seule couronne à sa tiare il faut qu'il soit roi temporel pour être l'égal des souverains de la terre, roi par l'intelligence et par la science, roi enfin par sa mission divine. Tant qu'un pareil sacerdoce n'existera pas, semble dire le sage Homère, il manquera quelque chose à l'équilibre des empires.

Le devin Théoclymènes dans l'Odyssée joue à peu près le rôle d'un parasite, il paie aux poursuivants de Pénélope leur hospitalité peu bienveillante par un avertissement inutile, puis il se retire prudemment avant l'esclandre qu'il prévoit.

Il y a loin du rôle de ces diseurs de bonne ou de mauvaise aventure, à celui de ces sibylles qui habitaient dans des sanctuaires où elles se rendaient invisibles et qu'on n'abordait qu'en tremblant. Circés nouvelles, elles ne cédaient pourtant qu'à l'audace : il fallait pénétrer par adresse ou de force dans leur retraite, les prendre par les cheveux, les menacer avec l'épée et les traîner jusqu'au fatal trépied. Alors elles rougissaient et pâlissaient tour à tour, et frémissantes, les cheveux hérissés, elles proféraient des paroles sans suite, puis elle s'échappaient furieuses, écrivaient sur des feuilles d'arbres des mots qui rassemblés devaient former des vers prophétiques et jetaient ces feuilles au vent, puis elles se renfermaient dans leur retraite et ne répondaient plus si on tentait de les rappeler.

L'oracle avait autant de sens différents qu'il était possible d'en trouver en combinant les feuilles de toutes les manières. Si au lieu de mots les feuilles eussent porté des signes hiéroglyphiques, le nombre des interprétations eût encore augmenté, et l'on eût pu consulter le sort en les assemblant au hasard; c'est ce que firent depuis les géomanciens qui devinaient par des nombres et des figures de géométrie jetés au hasard. C'est ce que font encore de nos jours les adeptes de la cartomancie, en se servant de grands alphabets magiques du tarot dont ils ignorent assez généralement la valeur. Dans ces opérations, le sort choisit seulement les signes qui doivent inspirer l'interprète, et sans une faculté toute spéciale d'intuition et de seconde vue, les phrases indiquées par l'assemblage des lettres sacrées et les révélations indiquées par l'assemblage des figures prophétiseront au hasard. Ce n'est pas tout d'assembler les lettres, il faut savoir lire. La cartomancie bien comprise est une véritable consultation des esprits sans nécromancie et sans sacrifices, elle veut donc l'assistance d'un bon *medium*, la pratique en est d'ailleurs dangereuse et nous ne la conseillons à personne. N'est-ce donc pas assez du souvenir de nos misères pour aggraver nos souffrances dans le présent, faut-il encore les surcharger de toute l'anxiété de l'avenir, et souffrir tous les jours d'avance les catastrophes qu'il nous est impossible d'éviter ?

CHAPITRE V.

MYSTÈRES DE LA VIRGINITÉ.

SOMMAIRE. — L'hellénisme à Rome. — Institutions de Numa. — Les Vestales. — Allégories du feu sacré. — Portée religieuse de l'histoire de Lucrèce. — Mystères de la bonne déesse. — Culte du foyer et de la mère patrie. — Colléges des flamines et des augures. — Les oracles. — Opinions erronées de Fontenelle et de Kircher. — Aperçu du calendrier magique chez les Romains.

L'empire romain ne fut qu'une transfiguration de celui des Grecs. L'Italie était la grande Grèce, et lorsque l'hellénisme perfectionna ses dogmes et ses mystères, c'est qu'il fallait commencer l'éducation des enfants de la louve : Rome était déjà au monde.

Un fait spécial caractérise l'initiation donnée aux Romains par Numa, c'est l'importance typique rendue à la femme, à l'exemple des Égyptiens qui adoraient la divinité suprême sous le nom d'Isis.

Chez les Grecs, le Dieu de l'initiation c'est Iacchos, le vainqueur de l'Inde, le resplendissant Androgyne aux cornes d'Ammon, le Panthée qui tient la coupe des sacrifices et y fait ruisseler le vin de la vie universelle, Iacchos, le fils de la foudre et le dompteur des tigres et des lions, mais c'est en profanant les mystères d'Iacchos que les bacchantes ont déchiré Orphée ; Iacchos, sous le nom romain de Bacchus, ne sera plus que le dieu de l'ivresse, et Numa demandera ses inspirations à la sage et discrète Égérie, la déesse du mystère et de la solitude. Il faut bien donner une mère à ces sauvages enfants trouvés qui n'ont pu devenir époux qu'en enlevant des femmes par surprise et par trahison. Ce qui doit assurer l'avenir de Rome, c'est le culte de la patrie et de la famille. Numa l'a compris, et il apprend d'Égérie comment on honore la mère des dieux. Il lui élève un temple sphérique sous la coupole duquel brûle un feu qui ne doit jamais s'éteindre. Ce feu est entretenu par quatre vierges qu'on nommera *vestales* et qui seront entourées d'honneurs extraordinaires si elles sont fidèles, punies avec une rigueur exceptionnelle si elles manquent à leur dignité. L'honneur de la vierge est celui de la mère, et la famille ne peut être sainte qu'autant que la pureté virginale sera reconnue possible et glorieuse. Ici déjà la femme sort de la servitude antique, ce n'est plus l'esclave orientale, c'est la divinité domestique, c'est la gardienne du foyer, c'est l'honneur du père et de l'époux. Rome est devenue le sanctuaire des mœurs, et à ce prix elle sera la souveraine des nations et la métropole du monde.

La tradition magique de tous les âges accorde à la virginité quelque chose de surnaturel et de divin. Les inspirations prophétiques cherchent les vierges, et c'est en haine de l'innocence et de la virginité que la Goëtie sacrifie des enfants au sang desquels elle reconnaît pourtant une vertu sacrée et expiatoire. Lutter contre l'attrait de la génération s'est c'exercer à vaincre la mort, et la suprême chasteté était la plus glorieuse couronne proposée aux hiérophantes. Répandre sa vie dans des embrassements humains c'est jeter des racines dans la tombe. La chasteté est une fleur qui n'a plus de tige sur la terre et qui, aux caresses du soleil qui l'invite à monter vers lui, peut se détacher sans efforts et s'envoler comme un oiseau.

Le feu sacré des vestales était le symbole de la foi et du chaste amour. C'était aussi l'emblême de cet agent universel dont Numa savait produire et diriger la forme électrique et foudroyante. En effet, pour rallumer le feu des vestales, si par une négligence très punissable elles l'avaient laissé s'éteindre, il fallait le soleil ou la foudre. On le renouvelait et on le consacrait au commencement de toutes les années, pratique conservée parmi nous et observée la veille de Pâques.

C'est à tort qu'on a accusé le christianisme d'avoir emprunté ce qu'il y avait de plus beau dans les anciens cultes. Le christianisme, cette dernière forme de l'orthodoxie universelle, a gardé tout ce qui lui appartenait et n'a rejeté que les pratiques dangereuses et les vaines superstitions.

Le feu sacré représentait aussi l'amour de la patrie et la religion du foyer. C'est à cette religion, c'est à l'inviolabilité du sanctuaire conjugal que Lucrèce se sacrifia. Lucrèce personnifie toute la majesté de l'ancienne Rome; elle pouvait sans doute se soustraire à l'outrage en abandonnant sa mémoire à la calomnie, mais la haute réputation est une noblesse qui oblige. En matière d'honneur un scandale est plus déplorable qu'une faute. Lucrèce éleva sa dignité d'honnête femme jusqu'à la hauteur du sacerdoce en subissant un attentat pour l'expier ensuite et le punir.

C'est en mémoire de cette illustre Romaine que la haute initiation au culte de la patrie et du foyer fut confiée aux femmes, à l'exclusion des hommes. Là elles devaient apprendre que le véritable amour est celui qui inspire les plus héroïques dévouements. On leur disait que la vraie beauté de l'homme c'est l'héroïsme et la grandeur ; que la femme capable de trahir ou d'abandonner son mari, flétrit à la fois son avenir et son passé et se met au front la tache ineffaçable d'une prostitution rétrospective aggravée encore par un parjure. Cesser d'aimer celui auquel on a donné la fleur de sa jeunesse, c'est le plus grand malheur qui puisse affliger le cœur d'une femme honnête ; mais le déclarer hautement, c'est renier son innocence passée, c'est renoncer à la probité du cœur et à l'intégrité de l'honneur, c'est la dernière et la plus irréparable de toutes les hontes.

Telle était la religion de Rome : c'est à la magie d'une pareille morale qu'elle a dû toutes ses grandeurs, et lorsque pour elle le mariage cessa d'être sacré, la décadence n'était pas loin.

S'il est vrai que, du temps de Juvénal, les mystères de la bonne déesse étaient des mystères d'impureté, ce dont il est permis peut-être de douter un peu, car les femmes seules admises à ces prétendues orgies se seraient donc dénoncées elles-mêmes? en admettant, disons-nous, que cela soit vrai, puisque tout était possible après les règnes de Néron et de Domitien, que pouvons-nous en conclure sinon que le règne moral de la mère des dieux était passé et qu'il devait faire place au culte populaire, plus universel et plus pur de Marie, la mère de Dieu?

Numa, initié aux lois magiques et sachant les influences magnétiques de la vie commune, institua des colléges de prêtres et d'augures, et les soumit à des règles ; c'était l'idée première des couvents, une des grandes puissances de la religion. Déjà depuis longtemps en Judée, les prophètes se réunissaient en cercles sympathiques, et mettaient en commun l'inspiration et la prière. Il semble que Numa ait connu les traditions de la Judée, ses flamines et ses saliens s'exaltaient par des évolutions et des danses qui rappellent celle de David devant l'arche. Numa n'institua pas de nouveaux oracles capables de rivaliser avec celui de Delphes, mais il instruisit ses prêtres dans l'art des augures, c'est-à-dire qu'il leur révéla une certaine théorie des pressentiments et de la seconde vue déterminés par des lois secrètes de la nature. Nous méprisons maintenant l'art des aruspices et des augures, parce que nous avons perdu la science profonde de la lumière et des analogies universelles de ses reflets. Voltaire, dans son charmant conte de Zadig, esquisse en jouant une science de divination toute naturelle, mais qui n'en est pas moins merveilleuse, parce qu'elle suppose une finesse d'observation tout exceptionnelle et une série de déductions qui échappe habituellement à la logique si bornée du vulgaire. On raconte que Parménides, maître de Pythagore, ayant goûté de l'eau d'une source, prédit un prochain tremblement de terre : il n'y a rien là qui doive sembler étrange, car les saveurs bitumineuses et sulfureuses répandues dans l'eau ont pu avertir le philosophe du travail intérieur des terrains avoisinants. Peut-être même l'eau était-elle seulement troublée d'une manière insolite. Quoi qu'il en soit, nous prévoyons encore la rigueur des hivers par le vol des oiseaux, et nous pourrions prévoir certaines influences atmosphériques par l'inspection des organes digestifs et respiratoires des animaux. Or, les perturbations physiques de l'atmosphère ont souvent des causes morales. Les révolutions se traduisent en l'air par de grands orages, le souffle des peuples agite le ciel. Le succès marche avec les courants électriques, et les couleurs de la lumière vivante reflètent les mouvements de la foudre. « Il y a quelque chose dans l'air, » dit le peuple avec son instinct prophétique. Les aruspices et les augures apprenaient à lire les caractères que trace partout la lumière, et à reconnaître les marques des courants et des révolutions astrales. Ils savaient pourquoi les oiseaux volent isolés ou se rassemblent, quelles influences les font aller vers le nord ou vers le midi, vers l'orient ou l'occident, et c'est ce que nous ne savons plus, nous qui nous moquons des augures. Il est si facile de se moquer et si difficile de bien apprendre.

C'est par suite de ce parti pris de dénigrer et de nier tout ce que nous ne comprenons pas, que des hommes d'esprit, comme Fontenelle, et des savants, comme Kircher, ont écrit des choses si téméraires sur les anciens oracles. Tout est manœuvres et supercheries aux yeux de ces esprits forts. Ils inventent des statues machinées, des porte-voix cachés, des échos ménagés dans les souterrains des temples. Pourquoi donc calomnier toujours le sanctuaire? N'y aurait-il donc jamais eu que des fripons parmi les prêtres? Ne pouvait-il se trouver parmi les hiérophantes de Cérès ou d'Apollon des hommes honnêtes et convaincus? On trompait donc ceux-là comme les autres? Mais qui donc les trompait constamment sans se trahir pendant une suite de siècles, car les fourbes ne sont pas immortels. Des expériences récentes prouvent que les pensées peuvent se transmettre, se traduire en écriture et s'imprimer par les seules forces de la lumière astrale. Des mains mystérieuses écrivent encore sur nos murs comme au festin de Balthazar. Souvenons-nous de cette sage parole d'un savant qu'on n'accusera certainement ni de fanatisme ni de crédulité : Arago disait qu'en dehors des mathématiques pures, celui qui prononce le mot *impossible*, manque de prudence.

Le calendrier religieux de Numa est calqué sur celui des mages, c'est une série de fêtes et de mystères rappelant toute la doctrine secrète des initiés et adaptant parfaitement les actes publics du culte aux lois universelles de la nature. La disposition des mois et des jours est restée la même sous l'influence conservatrice de la régénération chrétienne. Comme les Romains de Numa, nous sanctifions encore par l'abstinence les jours consacrés au souvenir de la génération et de la mort; mais pour nous le jour de Vénus est sanctifié par les expiations du calvaire. Le jour sombre de Saturne est celui où notre dieu incarné dort dans sa tombe, mais il ressuscitera, et la vie qu'il nous promet, émoussera la faux de Chronos. Le mois que les Romains consacraient à Maïa, la nymphe de la jeunesse et des fleurs, la jeune mère qui sourit aux prémices de l'année, est voué par nous à Marie, la rose mystique, le lis de pureté, la céleste mère du Sauveur. Ainsi nos usages religieux sont anciens comme le monde, nos fêtes ressemblent à celles de nos pères, et le Sauveur des chrétiens n'est venu rien supprimer des beautés symboliques et religieuses de l'ancienne initiation ; il est venu, comme il le disait lui-même à propos de la loi figurative des Israélites, tout réaliser et tout accomplir.

CHAPITRE VI.

DES SUPERSTITIONS.

SOMMAIRE. — Leur origine ; leur durée. — La sorcellerie est la superstition de la magie. — Superstitions grecques et romaines. — Les présages, les songes, les enchantements, les fascinations. — Le mauvais œil. — Les sorts. — Les envoûtements.

Les superstitions sont des formes religieuses qui survivent aux idées perdues. Toutes ont eu pour raison d'être une vérité qu'on ne sait plus ou qui s'est transfigurée. Leur nom, du latin *superstes*, signifie ce qui survit : ce sont les restes matériels des sciences ou des opinions anciennes.

La multitude, toujours plutôt instinctive que pensante, s'attache aux idées par les formes, et change difficilement d'habitudes. Lorsqu'on veut combattre les superstitions, il semble toujours au peuple qu'on s'attaque à la religion même ; aussi saint Grégoire, l'un des plus grands papes de la chrétienté, ne voulait-il pas qu'on supprimât les usages. Purifiez les temples, écrivait-il à ses missionnaires, mais ne les détruisez pas, « car, tant que la nation verra subsister ses anciens lieux de prière, elle s'y rendra par habitude et vous la gagnerez plus facilement au culte du vrai Dieu. »

« Les Bretons, dit encore ce saint pape, font à certains

jours des sacrifices et des festins, laissez-leur les festins, ne supprimez que les sacrifices ; laissez-leur la joie de leurs fêtes, mais de païenne qu'elle était, rendez-la doucement et progressivement chrétienne. »

La religion garda presque les noms mêmes des coutumes pieuses qu'elle remplaçait par les saints mystères. Ainsi les anciens célébraient tous les ans un banquet nommé les charisties ; ils y invitaient les âmes de leurs ancêtres et faisaient ainsi acte de foi en la vie universelle et immortelle. L'Eucharistie, c'est-à-dire la charistie par excellence, a remplacé les charisties, et nous communions à Pâques avec tous nos amis de la terre et du ciel. Loin de favoriser par de semblables progrès les anciennes superstitions, le christianisme rendait l'âme et la vie aux signes survivants des croyances universelles.

La magie, cette science de la nature qui tient de si près à la religion, puisqu'elle initie les hommes aux secrets de la divinité, la magie, cette science oubliée, vit encore tout entière dans les signes hiéroglyphiques, et en partie dans les traditions vivantes ou superstitions qu'elle a laissées.

Ainsi, par exemple, l'observance des nombres et des jours est une réminiscence aveugle du dogme magique primitif. Le vendredi, jour consacré à Vénus, était regardé par les anciens comme un jour funeste, parce qu'il rappelle les mystères de la naissance et de la mort. On ne commençait rien ce jour-là chez les juifs, mais on achevait tout le travail de la semaine parce qu'il précède le jour du sabbat ou du repos obligatoire. Le nombre treize, qui vient après le cycle parfait de douze, représente aussi la mort après les travaux de la vie. L'article du symbole israélite relatif à la mort est le treizième. Par suite du démembrement de la famille de Joseph en deux tribus, il se trouvait treize convives à la première pâque d'Israël, dans la terre promise, c'est-à-dire treize tribus au partage des moissons de Chanaan. Une de ces tribus fut exterminée, et ce fut celle de Benjamin, le plus jeune des enfants de Jacob. De là est venue cette tradition que lorsqu'on est treize à table, le plus jeune doit bientôt mourir.

Les mages s'abstenaient de la chair de certains animaux et ne mangeaient pas de sang. Moïse mit leur pratique en précepte, et dit, relativement au sang, que l'âme des animaux s'y trouve unie, et qu'il ne faut pas se nourrir d'âmes animales. Ces âmes animales qui restent dans le sang sont comme un phosphore de lumière astrale coagulée et corrompue qui peut devenir le germe d'un grand nombre de maladies; le sang des animaux suffoqués se digère mal et prédispose aux apoplexies et aux cauchemars. La chair des carnivores est également malsaine à cause des instincts féroces dont elle a été animée, et de ce qu'elle a déjà absorbé de corruption et de mort.

« Lorsque l'âme d'un animal est séparée de son corps avec violence, dit Porphyre, elle ne s'en éloigne pas, et comme les âmes humaines qu'une mort violente a fait périr, elle reste près de son corps. Lors donc qu'on tue les animaux, leurs âmes se plaisent auprès des corps qu'on les a forcés de quitter. Rien ne peut les en éloigner : elles y sont retenues par sympathie. On en a vu plusieurs qui gémissaient près de leurs corps. Ainsi les âmes des hommes dont les corps ne sont point inhumés, restent près de leurs cadavres; c'est de celles-là que les magiciens abusent pour leurs opérations, en les forçant de leur obéir, lorsqu'ils sont les maîtres du corps mort soit en entier, soit en partie. Les théosophes qui sont instruits de ces mystères, et qui savent quelle est la sympathie de l'âme des bêtes pour les corps dont elles sont séparées et avec quel plaisir elles s'en approchent, ont avec raison défendu l'usage de certaines viandes, afin que nous ne soyons pas infestés d'âmes étrangères. »

Porphyre ajoute qu'on peut devenir prophète en se nourrissant de cœurs de corbeaux, de taupes et d'éperviers. Ici le théurgiste d'Alexandrie tombe dans les recettes du petit Albert; mais s'il arrive sitôt à la superstition, c'est qu'il a promptement fait fausse route, car son point de départ était la science.

Les anciens, pour désigner les propriétés secrètes des animaux, disaient que les dieux à l'époque de la guerre des géants avaient pris diverses formes pour se cacher, et qu'ils se plaisaient parfois à les reprendre. Ainsi Diane se change en louve; le soleil en taureau, en lion, en dragon et en épervier; Hécate en cheval, en lionne, en chienne. Le nom de Phérébate a été donné, suivant plusieurs théosophes, à Proserpine parce qu'elle se nourrit de tourterelles. Les tourterelles sont l'offrande ordinaire que les prêtresses de Maïa font à cette déesse qui est la Proserpine de la terre, la fille de la blonde Cérès, nourricière du genre humain. Les initiés d'Éleusis doivent s'abstenir d'oiseaux domestiques, de poissons, de fèves, de pêches et de pommes; ils ne touchent jamais une femme en couches ou qui a ses mois. Porphyre, à qui nous empruntons encore tous ces détails, ajoute la phrase que voici :

« Quiconque a étudié la science des visions, sait que l'on doit s'abstenir de toutes sortes d'oiseaux si l'on veut être délivré du joug des choses terrestres et trouver une place parmi les dieux du ciel. » Mais il n'en dit pas la raison.

Suivant Euripide, les initiés au culte secret de Jupiter en Crète s'abstenaient de la chair des animaux. Voici comment il fait parler ces prêtres ; c'est le chœur qui s'adresse au roi Minos :

« Fils d'une Tyrienne de Phénicie, descendant d'Europe et du grand Jupiter, roi de l'île de Crète, fameuse par cent villes ; nous venons vers toi, en quittant les temples des dieux construits du bois des chênes et des cyprès façonnés par le fer, nous menons une vie pure. — Depuis le temps que j'ai été fait prêtre de Jupiter idéen, je ne prends plus de part aux repas nocturnes des bacchanales, et je ne mange plus les viandes saignantes, mais j'offre des flambeaux à la mère des dieux : je suis prêtre parmi les curètes revêtus de blanc ; je m'éloigne du berceau des hommes, j'évite aussi leurs tombes, et je ne mange rien de ce qui a été animé par le souffle de vie. »

La chair des poissons est phosphorescente, et par conséquent aphrodisiaque. Les fèves sont échauffantes et font rêver creux. On trouverait sans doute une raison profonde à toutes les abstinences, même les plus singulières, en dehors de toute superstitions. Il est certaines combinaisons d'aliment qui sont contraires aux harmonies de la nature. « Ne faites pas cuire le chevreau dans le lait de sa mère, » disait Moïse ; prescription touchante comme allégorie et sage sous le rapport de l'hygiène.

Les Grecs comme les Romains, mais moins que les Romains, croyaient aux présages ; ils regardaient les serpents comme de bon augure lorsqu'ils goûtaient aux offrandes sacrées. S'il tonnait à droite ou gauche, l'augure était favorable ou malheureux. Les éternuments étaient des présages, et ils observaient de même certains autres accidents naturels aussi bruyants, mais moins honnêtes que l'éternument. Dans l'hymne de Mercure, Homère raconte qu'Apollon, auquel le dieu des voleurs, étant encore au berceau, venait de dérober ses bœufs, prend l'enfant et le secoue pour lui faire avouer le larcin :

> Mercure s'avisant d'un étrange miracle,
> De ses flancs courroucés fit entendre l'oracle ;
> Jusqu'au grand Apollon la vapeur en monta,
> Et gourmandant l'enfant qu'à terre il rejeta,
> Bien qu'il eût grand désir d'achever son voyage,
> Le dieu se détourna, puis lui tint ce langage :
>
> Courage, de Maïa, l'excellente en beauté,
> Et du grand Jupiter, beau fils emmaillotté,
> Sans doute je pourrais trouver par aventure
> La trace de mes bœufs, guidé par cet augure,
> Mais tu me conduiras toujours en attendant.
> (*Hymnes d'Homère*, traduction de Salomon Certon, page 59.)

Chez les Romains tout était présage. Un caillou auquel le pied se heurtait, le cri d'une chouette, l'aboiement d'un chien, un vase brisé, une vieille femme qui vous regardait la première, un animal qu'on rencontrait. Ces vaines terreurs avaient pour principe cette grande science magique de la divination qui ne néglige aucun indice et qui, d'un effet inaperçu du vulgaire, remonte à une série de causes qu'elle enchaîne entre elles. Elle sait, par exemple, que les influences atmosphériques qui font hurler le chien, sont mortelles pour certains malades ; que la présence et le tournoiement des corbeaux annoncent des cadavres abandonnés : ce qui est toujours de sinistre augure. Les corbeaux fréquentent plus volontiers les régions du meurtre et du supplice. Le passage de certains oiseaux annonce les hivers rigoureux, d'autres par des cris plaintifs sur la mer donnent le signal des tempêtes. Ce que la science discerne, l'ignorance le remarque et le généralise. La première trouve partout d'utiles avertissements ; l'autre s'inquiète de tout et se fait peur à elle-même.

Les Romains étaient aussi grands observateurs de songes ; l'art de les expliquer tient à la science de la lumière vitale et à l'intelligence de sa direction et de ses reflets. Les hommes versés dans les mathématiques transcendantales savent bien qu'il n'y a pas d'image sans lumière soit directe, soit reflétée, soit réfractée, et par la direction du rayon dont ils sauront reconnaître le retour sous la brisure, ils parviendront toujours par un calcul exact au foyer lumineux dont ils apprécieront la force universelle ou relative. Ils tiendront compte aussi de l'état sain ou maladif de l'appareil visuel, soit extérieur, soit intérieur, auquel ils attribueront la difformité ou la rectitude apparente des images. Les songes, pour ceux-là, seront toute une révélation. Le songe est un semblant d'immortalité dans cette mort de toutes les nuits que nous appelons le sommeil. Dans les rêves nous vivons de la vie universelle sans conscience de bien ou de mal, de temps ou d'espace. Nous voltigeons sur les arbres, nous dansons sur l'eau, nous soufflons sur les prisons et elles s'écroulent, ou bien nous sommes lourds, tristes, poursuivis, enchaînés, suivant l'état de notre santé, et souvent aussi celui de notre conscience. Tout cela sans doute est utile à observer, mais que peuvent en conclure ceux qui ne savent pas et qui ne veulent rien apprendre ?

L'action toute-puissante de l'harmonie pour exalter l'âme et la rendre maîtresse des sens, était bien connue des anciens sages, mais ce qu'ils employaient pour calmer, les enchanteurs en firent usage pour exalter et pour enivrer. Les sorcières de Thessalie et celles de Rome étaient convaincues de ceci : que la lune était arrachée du ciel par les vers barbares qu'elles récitaient et venait tomber sur la terre toute pâle et toute sanglante. La monotomie de leur récitation, les passes de leurs baguettes magiques, leurs tournoiements autour des cercles les magnétisaient, les exaltaient, les amenaient progressivement jusqu'à la fureur, jusqu'à l'extase, jusqu'à la catalepsie. Elles rêvaient alors tout éveillées et voyaient les tombeaux s'ouvrir, l'air se charger de nuées de démons et la lune tomber du ciel.

La lumière astrale est l'âme vivante de la terre, âme matérielle et fatale, nécessitée dans ses productions et dans ses mouvements par les lois éternelles de l'équilibre. Cette lumière qui entoure et pénètre tous les corps peut en annuler la pesanteur et les faire tourner autour d'un eentre puissâmment absorbant. Des phénomènes qu'on n'a pas assez examinés et qui se reproduisent de nos jours, ont prouvé la vérité de cette théorie. C'est à cette loi naturelle qu'il faut attribuer les tourbillons magiques au centre desquels se plaçaient les enchanteurs. C'est le secret de la fascination exercée sur les oiseaux par certains reptiles et sur les natures sensitives par les natures négatives et absorbantes ; les *mediums* sont en général des êtres malades en qui le vide se fait, et qui attirent alors la lumière comme les abîmes attirent l'eau des tourbillons. Les corps les plus lourds peuvent être alors soulevés comme des pailles, et entraînés par le courant. Ces natures négatives et mal équilibrées, en qui le corps fluidique est informe, projettent à distance leur force d'attraction et s'ébauchent en l'air des membres supplémentaires et fantastiques. Lorsque le célèbre *medium* Home fait apparaître autour de lui des mains sans corps, il a lui-même les mains mortes et glacées. On pourrait dire que les *mediums* sont des créatures phénoménales en qui la mort lutte visiblement contre la vie. Il faut juger de même les fascinateurs, les jeteurs de sort, les gens qui ont le mauvais œil et les envoûteurs. Ce sont des vampires, soit volontaires, soit involontaires ; ils attirent la vie qui leur manque et troublent ainsi l'équilibre de la lumière. S'ils le font volontairement, ce sont des malfaiteurs qu'il faut punir ; s'ils le font involontairement, ce sont des malades fort dangereux dont les personnes délicates et nerveuses surtout doivent soigneusement éviter le contact.

Voici ce que Porphyre raconte dans la vie de Plotin :

« Parmi ceux qui faisaient profession de philosophes, il y en avait un nommé Olympius, il était d'Alexandrie ; il avait été pendant quelque temps disciple d'Ammonius, il traita Plotin avec mépris parce qu'il voulait avoir plus de réputation que lui. Il employa des cérémonies magiques pour lui nuire ; mais s'étant aperçu que son entreprise retombait sur lui-même, il convint devant ses amis

LES SEPT MERVEILLES DU MONDE

qu'il fallait que l'âme de Plotin fût bien puissante, puisqu'elle rétorquait sur ses ennemis leurs mauvais desseins. Plotin sentait l'action hostile d'Olympius, et parfois il lui arriva de dire : « Voici Olympius qui a maintenant des convulsions. » Celui-ci ayant éprouvé plusieurs fois qu'il souffrait lui-même les maux qu'il voulait faire souffrir à Plotin, cessa enfin de le persécuter. »

L'équilibre est la grande loi de la lumière vitale : si nous la projetons avec violence, et qu'elle soit repoussée par une nature mieux équilibrée que la nôtre, elle revient sur nous avec une violence égale. Malheur donc à ceux qui veulent employer les forces naturelles au service de l'injustice, car la nature est juste et ses réactions sont terribles.

CHAPITRE VII.

MONUMENTS MAGIQUES.

SOMMAIRE. — Les pyramides. — Les sept merveilles. — Thèbes et ses sept portes. — Le bouclier d'Achille. — Les colonnes d'Hercule.

Nous avons dit que l'ancienne Égypte était un pantacle, et l'on pourrait en dire autant de l'ancien monde tout entier. Plus les grands hiérophantes mettaient de soin à cacher leur science absolue, plus ils cherchaient à en agrandir et à en multiplier les symboles. Les pyramides triangulaires et carrées par la base, représentaient leur métaphysique basée sur la science de la nature. Cette science de la nature avait pour clef symbolique la forme gigantesque de ce grand sphinx qui s'est creusé un lit profond dans le sable en veillant au pied des pyramides. Les sept grands monuments appelés les merveilles du monde étaient les magnifiques commentaires des sept lignes dont se composaient les pyramides, et des sept portes mystérieuses de Thèbes. A Rhodes, était le pantacle du soleil. Le dieu de la lumière et de la vérité y apparaissait sous une forme humaine revêtue d'or, il élevait dans sa main droite le phare de l'intelligence ; dans sa main gauche, il tenait la flèche du mouvement et de l'action. Ses pieds reposaient à droite à gauche sur des môles qui représentaient les forces éternellement équilibrées de la nature, la nécessité et la liberté, le passif et l'actif, le fixe et le volatil, les colonnes d'Hercule.

A Éphèse, était le pantacle de la lune : c'était le temple de la Diane panthée. Ce temple était fait à l'image de l'univers : c'était un dôme sur une croix avec une galerie carrée et une enceinte circulaire comme le bouclier d'Achille.

Le tombeau de Mausole était le pantacle de la Vénus pudique ou conjugale : il avait une forme lingamique. Son enceinte était circulaire, son élévation carrée. Au centre du carré s'élevait une pyramide tronquée sur laquelle était un char attelé de quatre chevaux disposés en croix.

Les pyramides étaient le pantacle d'Hermès ou de Mercure.

Le Jupiter olympien était celui de Jupiter ; les murs de Babylone et la forteresse de Sémiramis étaient le pantacle de Mars.

Enfin le temple de Salomon, ce pantacle universel et

absolu qui devait dévorer tous les autres, était pour la gentilité le pantacle terrible de Saturne.

La philosophie septénaire de l'initiation chez les anciens pouvait se résumer ainsi :

Trois principes absolus qui n'en sont qu'un ; quatre formes élémentaires qui n'en sont qu'une, formant un tout unique composé d'idée et de forme.

Les trois principes étaient ceux-ci :

1° L'Être est l'Être.

En philosophie, identité de l'idée et de l'Être ou vérité ; en religion, le premier principe, le Père.

2° L'Être est réel.

En philosophie, identité du savoir et de l'Être ou réalité ; en religion le LOGOS de Platon, le *Demiourgos*, le Verbe.

3° L'Être est logique.

En philosophie, identité de la raison et de la réalité ; en religion, la Providence, l'action divine qui réalise le bien ; l'amour réciproque du vrai et du bien, ce que dans le christianisme nous appelons le Saint-Esprit

Les quatre formes élémentaires étaient l'expression de deux lois fondamentales : la résistance et le mouvement ; l'inertie qui résiste ou le fixe, la vie qui agit ou le volatil ; en d'autres termes plus généraux, la matière et l'esprit : la matière était le néant formulé en affirmation passive ; l'esprit était le principe de la nécessité absolue dans le vrai. L'action négative du néant matériel sur l'esprit était appelée mauvais principe ; l'action positive de l'esprit sur le néant pour le remplir de création et de lumière était appelée bon principe. A ces deux conceptions correspondaient l'humanité d'une part, et de l'autre la vie raisonnable rédemptrice de l'humanité conçue dans le péché, c'est-à-dire dans le néant, à cause de sa génération matérielle.

Telle était la doctrine de l'initiation secrète. Telle est l'admirable synthèse que le christianisme est venu vivifier de son souffle, illuminer de ses splendeurs, établir divinement par son dogme, réaliser par ses sacrements.

Synthèse qui a disparu sous le voile qui la conserve, mais que l'humanité retrouvera, quand le moment sera venu, dans toute sa beauté primitive et dans toute sa maternelle fécondité!

LIVRE III.

SYNTHÈSE ET RÉALISATION DIVINE DU MAGISME PAR LA RÉVÉLATION CHRÉTIENNE.

ג, Ghimel.

CHAPITRE PREMIER.

CHRIST ACCUSÉ DE MAGIE PAR LES JUIFS.

SOMMAIRE. — Le côté inconnu du christianisme. — Paraboles du Talmud et du Sepher Toldos-Jeschut. — L'Évangile et l'Apocalypse de saint Jean. — Les Joannites. — Les livres de magie brûlés par saint Paul. — Cessation des oracles. — Transfiguration du prodige naturel en miracle et de la divination en prophétie.

Dans les premières lignes de l'Évangile selon saint Jean, il y a une parole que l'Église catholique ne prononce jamais sans fléchir les genoux. Cette parole, la voici : LE VERBE S'EST FAIT CHAIR.

Dans cette parole est contenue la révélation chrétienne tout entière. Aussi saint Jean donne-t-il pour critérium d'orthodoxie la confession de Jésus-Christ *en chair*, c'est-à-dire en réalité visible et humaine.

Ézéchiel, le plus profond kabbaliste des anciens prophètes, après avoir vivement coloré dans ses visions les pantacles et les hiéroglyphes de la science ; après avoir fait tourner les roues dans les roues, allumé des yeux vivants autour des sphères, fait marcher en battant des ailes les quatre animaux mystérieux, Ézéchiel ne voit plus qu'une plaine couverte d'ossements desséchés ; il parle, et les formes reviennent, la chair couvre les os. Une triste beauté s'étend sur les dépouilles de la mort, mais c'est une beauté froide et sans vie. Telles étaient les doctrines et les mythologies du vieux monde, lorsqu'un souffle de charité descendit du ciel. Alors les formes mortes se levèrent, les rêves philosophiques firent place à des hommes vraiment sages ; la parole s'incarna et devint vivante ; il n'y eut plus d'abstractions, tout fut réel. La foi qui se prouve par les œuvres remplaça les hypothèses qui n'aboutissaient qu'à des fables. La magie se transforma en sainteté, les prodiges devinrent des miracles, et les multitudes réprouvées par l'initiation antique furent appelées à la royauté et au sacerdoce de la vertu.

La réalisation est donc l'essence de la religion chrétienne. Aussi son dogme donne-t-il un corps aux allégories même les plus évidentes. On montre encore à Jérusalem la maison du mauvais riche, et peut-être trouverait-on même, en cherchant bien, quelque lampe ayant appartenu aux vierges folles. Ces crédulités naïves n'ont au fond rien de bien dangereux, et prouvent seulement la virtualité réalisatrice de la foi chrétienne.

Les Juifs l'accusent d'avoir matérialisé les croyances et idéalisé les choses terrestres. Nous avons rapporté dans notre *Dogme et rituel de la haute magie* la parabole assez ingénieuse du Sépher Toldos-Jeschut qui prouve cette accusation. Dans le Talmud, ils racontent que Jésus Ben-Sabta, ou *le fils de la Séparée*, ayant étudié en Egypte les mystères profanes, éleva en Israël une fausse pierre angulaire et entraîna le peuple dans l'idolâtrie. Ils reconnaissent toutefois que le sacerdoce israélite a eu tort de le maudire des deux mains, et c'est à cette occasion qu'on trouve dans le Talmud ce beau précepte qui rapprochera un jour Israël du christianisme : « Ne maudissez jamais des deux mains, afin qu'il vous en reste toujours une pour pardonner et pour bénir. »

Le sacerdoce juif fut en effet injuste envers ce paisible maître qui ordonnait à ses disciples d'obéir à la hiérarchie constituée. « Ils sont assis dans la chaire de Moïse, disait le Sauveur, faites-donc ce qu'ils vous disent, mais ne faites pas ce qu'ils font. » Un autre jour le Maître ordonne à dix lépreux d'aller se montrer aux prêtres, et pendant qu'ils y allaient, ils furent guéris. Touchante abnégation du divin thaumaturge qui renvoie à ses plus mortels ennemis l'honneur même de ses miracles!

D'ailleurs, pour accuser le Christ d'avoir posé une fausse pierre angulaire, savaient-ils bien eux-mêmes où était alors la véritable? La pierre *angulaire*, la pierre *cubique*, la pierre *philosophale*, car tous ces noms symboliques signifient la même chose, cette pierre fondamentale du temple kabbalistique, carrée par la base et triangulaire au sommet comme les pyramides, les Juifs du temps des pharisiens n'en avaient-ils pas perdu la science? En accusant Jésus d'être un novateur, ne dénonçaient-ils pas leur oubli de l'antiquité? Cette lumière qu'Abraham avait vue avec des tressaillements de joie, n'était-elle pas éteinte pour les enfants infidèles de Moïse, lorsque Jésus la retrouva et la fit briller d'une nouvelle splendeur? Pour en être certain, il faut comparer avec l'Évangile et l'Apocalypse de saint Jean les mystérieuses doctrines du Sépher Jesirah et du Sohar. On comprendra alors que le christianisme, loin d'être une hérésie juive, était la vraie tradition orthodoxe du judaïsme, et que les scribes et les pharisiens étaient seuls des sectaires.

D'ailleurs l'orthodoxie chrétienne est un fait prouvé par l'adhésion du monde et par la cessation chez les Juifs du souverain sacerdoce et du sacrifice perpétuel, les deux marques certaines d'une véritable religion. Le judaïsme sans temple, sans grand prêtre et sans sacrifice, n'existe plus que comme opinion contradictoire. Quelques hommes sont restés juifs; le temple et l'autel sont devenus chrétiens.

On trouve dans les Évangiles apocryphes une belle exposition allégorique de ce critérium de certitude du christianisme, qui consiste dans l'évidence de la réalisation. Quelques enfants s'amusaient à pétrir des oiseaux d'argile, et l'enfant Jésus jouait avec eux. Chacun des petits artistes vantait exclusivement son ouvrage. Jésus ne disait rien, mais quand il eut terminé ses oiseaux, il frappa des mains, leur dit : Volez! et ils s'envolèrent. Voilà comment les institutions chrétiennes se sont montrées supérieures à celles de l'ancien monde. Celles-ci sont mortes, et le christianisme a vécu.

Considéré comme l'expression parfaite, réalisée et vivante de la kabbale, c'est-à-dire de la tradition primitive, le christianisme est encore inconnu, et c'est pour cela que le livre kabbalistique et prophétique de l'Apocalypse est encore inexpliqué.

Sans les clefs kabbalistiques, en effet, il est parfaitement inexplicable, puisqu'il est incompréhensible.

Les Joannites, ou disciples de saint Jean, conservèrent

longtemps l'explication traditionnelle de cette épopée prophétique, mais les gnostiques vinrent tout brouiller et tout perdre, comme nous l'expliquerons plus tard.

Nous lisons dans les Actes des apôtres, que saint Paul réunit à Éphèse tous les livres qui traitaient des *choses curieuses*, et les brûla publiquement. Nul doute qu'il ne soit ici question des livres de la goétie ou nigromancie des anciens. Cette perte est à regretter sans doute, car des monuments même de l'erreur peuvent sortir des éclairs de vérité et des renseignements précieux pour la science.

Tout le monde sait qu'à la venue de Jésus-Christ, les oracles cessèrent dans tout le monde, et qu'une voix cria sur la mer : « Le grand Pan est mort ! » Un écrivain païen se fâche de ces assertions, et déclare que les oracles ne cessèrent pas, mais qu'il ne se trouva bientôt plus personne pour les consulter. La rectification est précieuse, et nous trouvons une telle justification plus concluante en vérité que la prétendue calomnie.

Il faut dire la même chose des prestiges, qui furent dédaignés quand se produisirent les vrais miracles ; et en effet si les lois supérieures de la nature obéissent à la vraie supériorité morale, les miracles deviennent surnaturels comme les vertus qui les produisent. Notre théorie n'ôte rien à la puissance de Dieu, et la lumière astrale obéissant à la lumière supérieure de la grâce représente réellement pour nous le serpent allégorique qui vient poser sa tête vaincue sous le pied de la Reine du ciel.

CHAPITRE II.

VÉRITÉ DU CHRISTIANISME PAR LA MAGIE.

SOMMAIRE. — Comment la magie rend témoignage de la vérité du christianisme. — L'esprit de charité, la raison et la foi. — Vanité et ridicule des objections. — Pourquoi l'autorité du sacerdoce chrétien a dû condamner la magie. — Simon le Magicien.

La magie, étant la science de l'équilibre universel et ayant pour principe absolu la *vérité-réalité-raison* de l'être, rend compte de toutes les antinomies, et concilie toutes les réalités opposées entre elles par ce principe générateur de toutes les synthèses : *L'harmonie résulte de l'analogie des contraires.*

Pour l'initié à cette science, la religion ne saurait être mise en question, puisqu'elle existe : on ne conteste pas ce qui est.

L'ÊTRE EST L'ÊTRE, אהיה אשר אהיה.

L'opposition apparente de la religion à la raison fait la force de l'une et de l'autre, en les établissant dans leur domaine distinct et séparé et en fécondant le côté négatif de chacune par le côté affirmatif de l'autre : c'est, comme nous venons de le dire, l'harmonie par l'analogie des contraires. Ce qui a causé toutes les erreurs et toutes les confusions religieuses, c'est que par suite de l'ignorance de cette grande loi, on a voulu faire de la religion une philosophie et de la philosophie une religion ; on a voulu soumettre les choses de la foi aux procédés de la science, chose aussi ridicule que de soumettre la science aux obéissances aveugles de la foi : il n'appartient pas plus à un théologien d'affirmer une absurdité mathématique ou de nier la démonstration d'un théorème, qu'à un savant d'ergoter, au nom de la science, pour ou contre les mystères du dogme.

Demandez à l'*Académie des sciences* s'il est mathématiquement vrai qu'il y a trois personnes en Dieu, et s'il peut être constaté par le moyen des sciences que Marie, mère de Dieu, a été conçue sans péché? L'Académie des siences se récusera, et elle aura raison : les savants n'ont rien à voir là-dedans, cela est du domaine de la foi.

On ne discute pas un article de foi, on le croit ou on ne le croit pas; mais il est de foi précisément parce qu'il échappe à l'examen de la science.

Quand le comte de Maistre assure qu'on parlera un jour avec étonnement de notre stupidité actuelle, il fait allusion sans doute à ces prétendus esprits forts qui viennent tous les jours vous dire :

Je croirai quand la vérité du dogme me sera scientifiquement prouvée.

C'est-à-dire, je croirai quand je n'aurai plus rien à croire, et que le dogme sera détruit comme dogme, en devenant un théorème scientifique.

Cela veut dire en d'autres termes : je n'admettrai l'infini que lorsqu'il sera pour moi expliqué, déterminé, circonscrit, défini; en un mot, fini.

Je croirai donc à l'infini quand je serai sûr que l'infini n'existe pas.

Je croirai à l'immensité de l'Océan quand je l'aurai vu mettre en bouteilles.

Mais, bonnes gens, ce qu'on vous a clairement prouvé et fait comprendre, vous ne le croyez plus, vous le savez.

D'un autre côté, si l'on vous disait que le pape a décidé que deux et deux ne font pas quatre, et que le carré de l'hypoténuse n'est pas égal aux carrés tracés sur les deux autres côtés d'un triangle rectangle, vous diriez avec raison : Le pape n'a pas décidé cela, parce qu'il ne peut pas le décider. Cela ne le regarde pas, et il ne s'en mêlera pas.

Tout beau, va s'écrier un disciple de Rousseau, l'Église nous ordonne de croire des choses formellement contraires aux mathématiques.

Les mathématiques nous disent que le tout est plus grand que la partie. Or, quand Jésus-Christ a communié avec ses disciples, il a dû tenir son corps entier dans sa main, et *il a mis sa tête dans sa bouche*. (Cette pauvre plaisanterie se trouve textuellement dans Rousseau.)

Il est facile de répondre à cela, que le sophiste confond ici la science avec la foi, et l'ordre naturel avec l'ordre surnaturel ou divin.

Si la religion disait que, dans la communion de la cène, notre Sauveur avait deux corps naturels de même forme et de même grandeur, et que l'un a mangé l'autre, la science aurait droit de se récrier.

Mais la religion dit que le corps du Maître était divinement et sacramentellement contenu sous le signe ou l'apparence naturelle d'un morceau de pain. Encore une fois, c'est à croire ou ne pas croire ; mais quiconque raisonnera là-dessus et voudra discuter scientifiquement la chose, méritera de passer pour un sot.

Le vrai en science se prouve par des démonstrations exactes; le vrai en religion se prouve par l'unanimité de la foi et la sainteté des œuvres.

Celui-là a le droit de remettre les péchés, dit l'Évangile, qui peut dire au paralytique : Lève-toi, et marche.

La religion est vraie, si elle réalise la morale la plus parfaite.

La preuve de la foi ce sont les œuvres.

Le christianisme a-t-il constitué une société immense d'hommes ayant la hiérarchie pour principe, l'obéissance pour règle et la charité pour loi? Voilà ce qu'il est permis de demander à la science.

Si la science répond d'après les documents historiques : Oui, mais ils ont manqué à la charité.

Je vous prends par vos propres paroles, pouvons-nous répondre aux interprètes de la science. Vous avouez donc que la charité existe, puisqu'on peut y manquer?

La *charité!* grand mot et grande chose, mot qui n'existait pas avant le christianisme, chose qui est la vraie religion tout entière!

L'esprit de charité n'est-il pas l'esprit divin rendu visible sur la terre?

Cet esprit n'a-t-il pas rendu son existence sensible par des actes, par des institutions, par des monuments, par des œuvres immortelles?

En vérité, nous ne concevons pas comment un incrédule de bonne foi peut voir une fille de Saint-Vincent de Paul sans avoir envie de se mettre à genoux et de prier!

L'esprit de charité, c'est Dieu, c'est l'immortalité de l'âme, c'est la hiérarchie, c'est l'obéissance, c'est le pardon des injures, c'est la simplicité et l'intégrité de la foi.

Les sectes séparées sont atteintes de mort dans leur principe, parce qu'elles ont manqué à la charité en se séparant, et au plus simple bon sens en voulant raisonner sur la foi.

C'est dans ces sectes que le dogme est absurde, parce qu'il est soi-disant raisonnable. Alors ce doit être un théorème scientifique, ou ce n'est rien. En religion, on sait que la lettre tue et que l'esprit seul vivifie ; or, de quel esprit peut-il être question ici, sinon de l'esprit de charité ?

La foi qui transporte les montagnes et qui fait endurer le martyre, la générosité qui donne, l'éloquence qui parle la langue des hommes et celle des anges, tout cela n'est rien sans la charité, dit saint Paul.

La science peut défaillir, ajoute le même apôtre, la prophétie peut cesser, la charité est éternelle.

La charité et ses œuvres, voilà la réalité en religion : or, la raison véritable ne se refuse jamais à la réalité ; car la réalité, c'est la démonstration de l'être qui est la vérité.

C'est ainsi que la philosophie donne la main à la religion, sans jamais vouloir en usurper le domaine ; et c'est à cette condition que la religion bénit, encourage et illumine la philosophie de ses charitables splendeurs.

La charité est le lien mystérieux que rêvaient les initiés de l'Hellénie pour concilier Eros et Anteros. C'est ce couronnement de la porte du temple de Solomon qui devait unir ensemble les deux colonnes Jakin et Boaz ; c'est la garantie mutuelle des droits et des devoirs, de l'autorité et de la liberté, du fort et du faible, du peuple et du gouvernement, de l'homme et de la femme ; c'est le sentiment divin qui doit vivifier la science humaine ; c'est l'absolu du bien, comme le principe ÊTRE-RÉALITÉ-RAISON est l'absolu du vrai. Ces éclaircissements étaient nécessaires pour faire bien comprendre ce beau symbole des mages adorant le Sauveur au berceau. Ils sont trois, un blanc, un cuivré et un noir, et ils offrent de l'or, de l'encens et de la myrrhe. La conciliation des contraires est exprimée par ce double ternaire, et c'est précisément ce que nous venons d'expliquer.

Le christianisme, attendu par les mages, était en effet la conséquence de leur doctrine secrète ; mais en naissant, ce Benjamin de l'antique Israël devait donner la mort à sa mère.

La magie de lumière, la magie du vrai Zoroastre, de Melchisédech et d'Abraham, devait cesser à la venue du grand réalisateur. Dans un monde de miracles les prodiges ne devaient plus être qu'un scandale, l'orthodoxie magique s'était transfigurée en orthodoxie religieuse ; les dissidents ne pouvaient plus être que des illuminés et des sorciers ; le nom même de la magie ne devait plus être pris qu'en mauvaise part, et c'est sous cette malédiction que nous suivrons désormais les manifestations magiques à travers les âges.

Le premier hérésiarque dont fassent mention les traditions de l'Église fut un thaumaturge dont la légende raconte une multitude de merveilles : c'était Simon le Magicien ; son histoire nous appartient de droit, et nous allons essayer de la retrouver parmi les fables populaires.

Simon était Juif de naissance, on croit qu'il était né au bourg de Gitton, dans le pays de Samarie. Il eut pour maître de magie un sectaire nommé Dosithée qui se disait l'envoyé de Dieu et le Messie annoncé par les prophètes. Simon apprit de ce maître non-seulement l'art des prestiges, mais encore certains secrets naturels qui appartiennent réellement à la tradition secrète des mages : il possédait la science du feu astral, et l'attirait autour de lui à grands courants, ce qui le rendait en apparence impassible et incombustible ; il avait aussi le pouvoir de s'élever et de se soutenir en l'air, toutes choses qui ont été faites sans aucune science, mais par accident naturel, par des enthousiastes ivres de lumière astrale, tels que les convulsionnaires de Saint-Médard, phénomènes qui se reproduisent de nos jours dans les extases des *médiums*. Il magnétisait à distance ceux qui croyaient en lui et leur apparaissait sous diverses figures. Il produisait des images et des reflets visibles au point de faire apparaître en pleine campagne des arbres fantastiques et imaginaires que tout le monde croyait voir. Les choses naturellement inanimées se mouvaient autour de lui, comme font les meubles autour de l'Américain Home, et souvent, lorsqu'il voulait entrer dans une maison ou en sortir, les portes craquaient, s'agitaient et finissaient par s'ouvrir d'elles-mêmes.

Simon opéra ces merveilles devant les notables et le peuple de Samarie ; on les exagéra encore, et le thaumaturge passa pour un être divin. Or, comme il n'avait pu arriver à cette puissance que par des excitations qui avaient troublé sa raison, il se crut lui-même un personnage tellement extraordinaire, qu'il s'arrogea sans façon les honneurs divins, et songea modestement à usurper les adorations du monde entier.

Ses crises ou ses extases produisaient sur son corps des effets extraordinaires. Tantôt on le voyait pâle, flétri, brisé, semblable à un vieillard qui va mourir ; tantôt le fluide lumineux ranimait son sang, faisait briller ses yeux, tendait et adoucissait la peau de son visage, en sorte qu'il paraissait tout à coup régénéré et rajeuni. Les Orientaux, grands amplificateurs de merveilles, prétendaient alors l'avoir vu passer de l'enfance à la décrépitude, et revenir, suivant son bon plaisir, de la décrépitude à l'enfance. Enfin il ne fut bruit partout que de ses miracles, et il devint l'idole des Juifs de Samarie et des pays environnants.

Mais les adorateurs du merveilleux sont généralement avides d'émotions nouvelles, et ils se fatiguent vite de ce qui les a d'abord étonnés. L'apôtre saint Philippe étant venu prêcher l'Évangile à Samarie, il se fit un nouveau courant d'enthousiasme qui fit perdre à Simon tout son prestige. Lui-même se sentit délaissé par sa maladie, qu'il prenait pour une puissance ; il se crut surpassé par des magiciens plus savants que lui, et prit le parti de s'attacher aux apôtres pour étudier, surprendre ou acheter leur secret.

Simon n'était certainement pas initié à la haute magie ; car elle lui aurait appris que pour disposer des forces secrètes de la nature de manière à les diriger sans être brisé par elles, il faut être un sage et un saint ; que pour se jouer avec ces terribles armes sans les connaître, il faut être un fou, et qu'une mort prompte et terrible attend les profanateurs du sanctuaire de la nature.

Simon était dévoré de la soif implacable des ivrognes : privé de ses vertiges, il croyait avoir perdu son bonheur ; malade de ses ivresses passées, il comptait se guérir en s'enivrant encore. On ne redevient pas volontiers un simple mortel après s'être posé en dieu. Simon se soumit donc, pour retrouver ce qu'il avait perdu, à toutes les rigueurs de l'austérité apostolique ; il veilla, il pria, il jeûna, mais les prodiges ne revenaient point.

Après tout, se dit-il un jour, entre Juifs on doit pouvoir s'entendre, et il proposa de l'argent à saint Pierre. Le chef des apôtres le chassa avec indignation. Simon n'y comprenait plus rien, lui qui recevait si volontiers les offrandes de ses disciples ; il quitta au plus vite la société de ces hommes si désintéressés, et avec l'argent dont saint Pierre n'avait pas voulu, il fit emplète d'une femme esclave nommée Hélène.

Les divagations mystiques sont toujours voisines de la débauche. Simon devint éperdûment épris de sa servante ; la passion, en l'affaiblissant et en l'exaltant, lui rendit ses catalepsies et ses phénomènes morbides qu'il appelait sa puissance et ses miracles. Une mythologie pleine de réminiscences magiques mêlées à des rêves érotiques sortit tout armée de son cerveau ; il se mit alors à voyager comme les apôtres, traînant après lui son Hélène, dogmatisant et se faisant voir à ceux qui voulaient l'adorer et sans doute aussi le payer.

Suivant Simon, la première manifestation de Dieu avait été une splendeur parfaite qui produisit immédiatement son reflet. Ce soleil des âmes c'était lui, et son reflet c'était Hélène, qu'il affectait d'appeler Sélène, nom qui en grec signifie la lune.

Or, la lune de Simon était descendue au commencement des siècles sur la terre que Simon avait ébauchée dans ses rêves éternels ; elle y devint mère, car la pensée de son soleil l'avait fécondée, et elle mit au monde les anges qu'elle éleva pour elle seule et sans leur parler de leur père.

Les anges se révoltèrent contre elle et l'enchaînèrent dans un corps mortel.

Alors la splendeur de Dieu fut forcée de descendre à son tour pour racheter son Hélène, et le Juif Simon vint sur la terre.

Il devait y vaincre la mort et emmener vivante à travers les airs son Hélène, suivie du chœur triomphant de ses élus. Le reste des hommes serait abandonné sur la terre à la tyrannie éternelle des anges.

Ainsi cet hérésiarque, plagiaire du christianisme, mais en sens inverse, affirmait le règne éternel de la révolte et du mal, faisait créer ou du moins achever le monde par les démons, détruisait l'ordre et la hiérarchie pour se poser seul avec sa concubine comme étant la voie, la vérité et la vie. C'était le dogme de l'Antechrist ; et il ne devait pas mourir avec Simon, il s'est perpétué jusqu'à nos jours ; et les traditions prophétiques du christianisme affirment même qu'il doit avoir son règne d'un moment et son triomphe, avant-coureur des plus terribles calamités.

Simon se faisait appeler saint, et, par une étrange coïncidence, le chef d'une secte gnostique moderne, qui rappelle tout le mysticisme sensuel du premier hérésiarque, l'inventeur de la *femme libre*, se nommait aussi Saint-Simon. Le *caïnisme*, tel est le nom qu'on pourrait donner à toutes les fausses révélations émanées de cette source impure. Ce sont des dogmes de malédiction et de haine contre l'harmonie universelle et contre l'ordre social ; ce sont les passions déréglées affirmant le droit au lieu du devoir ; l'amour passionnel, au lieu de l'amour chaste et dévoué ; la prostituée, au lieu de la mère ; Hélène, la concubine de Simon, au lieu de Marie, mère du Sauveur.

Simon devint un personnage et se rendit à Rome, où l'empereur, curieux de tous les spectacles extraordinaires, était disposé à l'accueillir : cet empereur était Néron.

L'illuminé Juif étonna le fou couronné par un tour devenu commun sur nos théâtres d'escamoteurs. Il se fit trancher la tête, puis vint saluer l'empereur avec sa tête sur les épaules ; il fit courir les meubles, ouvrir les portes ; il se comporta enfin comme un véritable *médium*, et devint le sorcier ordinaire des orgies néroniennes et des festins de Trimalcyon.

Suivant les légendaires, ce fut pour préserver les Juifs de Rome de la doctrine de Simon, que saint Pierre se rendit dans cette capitale du monde. Néron apprit bientôt par ses espions de bas étage qu'un nouveau thaumaturge israélite était arrivé pour faire la guerre à son enchanteur. Il résolut de les mettre en présence et de s'amuser du conflit. Pétrone et Tigellin étaient peut-être de la fête.

« Que la paix soit avec vous ! dit en entrant le prince des apôtres.

— Nous n'avons que faire de ta paix, répondit Simon, c'est par la guerre que la vérité se découvre. La paix entre adversaires, c'est le triomphe de l'un et la défaite de l'autre. »

DISPUTE PUBLIQUE
entre St Pierre et St Paul d'une part et Simon le Magicien de l'autre,
Ascension et chute de Simon.
d'après une gravure du 15.e Siècle.

Saint Pierre reprit :

« Pourquoi refuses-tu la paix? Ce sont les vices des hommes qui ont créé la guerre ; la paix accompagne toujours la vertu.

— La vertu, c'est la force et le savoir-faire, dit Simon. Moi, j'affronte le feu, je m'élève dans les airs, je ressuscite les plantes, je change la pierre en pain ; et toi, que fais-tu?

— Je prie pour toi, dit saint Pierre, afin que tu ne périsses pas victime de tes prestiges.

— Garde tes prières : elles ne monteront pas aussitôt que moi vers le ciel. »

Et voilà le magicien qui s'élance par une fenêtre, et qui s'élève dans les airs. Avait-il quelque appareil aérostatique sous ses longs vêtements ou s'élevait-il, comme les convulsionnaires du diacre Paris, par une exaltation de lumière astrale, c'est ce que nous ne saurions dire. Pendant ce temps saint Pierre était à genoux et priait ; tout à coup Simon pousse un grand cri et tombe : on le releva avec les cuisses brisées. Et Néron fit emprisonner saint Pierre, qui lui semblait être un magicien moins divertissant que Simon ; celui-ci mourut de sa chute. Toute cette histoire, qui remonte aux rumeurs populaires de ce temps-là, est maintenant reléguée peut-être à tort parmi les légendes apocryphes. Elle n'en est pas moins remarquable et digne d'être conservée.

La secte de Simon ne s'éteignit pas avec lui, il eut pour successeur un de ses disciples, nommé Ménandre. Celui-ci ne se disait pas dieu, il se contentait du rôle de prophète ; lorsqu'il baptisait ses prosélytes, un feu visible descendait sur l'eau ; il leur promettait l'immortalité de l'âme et du corps au moyen de ce bain magique, et il y avait encore, du temps de saint Justin, des ménandriens qui se croyaient fermement immortels. La mort des uns ne désabusait pas les autres, car le défunt était immédiatement excommunié et considéré comme un faux frère. Les ménandriens regardaient la mort comme une véritable apostasie et complétaient leur phalange immortelle en enrôlant de nouveaux prosélytes. Ceux qui savent jusqu'où peut aller la folie humaine, ne s'étonneront pas si nous leur apprenons qu'en cette année même 1858, il existe encore en Amérique et en France des continuateurs fanatiques de la secte des ménandriens.

La qualification de magicien ajoutée au nom de Simon fit prendre en horreur la magie par les chrétiens ; mais on n'en continua pas moins à honorer le souvenir des rois mages qui avaient adoré le Sauveur dans son berceau.

CHAPITRE III.

DU DIABLE.

Sommaire. — Son origine ; ce qu'il est suivant la foi et suivant la science. — Satan, ses pompes et ses œuvres. — Les possédés de l'Évangile. — Le vrai nom du diable, suivant la kabbale et d'après les confessions des énergumènes. — Généalogie infernale. — Le bouc du sabbat. — L'ancien serpent et le faux Lucifer.

Le christianisme, en formulant nettement la conception divine, nous fait comprendre Dieu comme l'amour le plus pur et le plus absolu, et définit nettement l'esprit opposé à Dieu. C'est l'esprit d'opposition et de haine, c'est Satan. Mais cet esprit n'est pas un personnage, et il ne faut pas le comprendre comme une espèce de dieu noir ; c'est une perversité commune à toutes les intelligences dévoyées. « Je me nomme *Légion*, dit-il dans l'Évangile, parce que nous sommes une multitude. »

L'intelligence naissante peut être comparée à l'étoile du matin, et si elle tombe volontairement dans les ténèbres après avoir brillé un instant, on peut lui appliquer cette apostrophe d'Isaïe au roi de Babylone : « Comment es-tu tombé du ciel, beau Lucifer, brillante étoile du matin! » Mais est-ce à dire pour cela que le Lucifer céleste, que l'étoile matinale de l'intelligence divine soit devenue un flambeau de l'enfer? Le nom de *porte-lumière* est-il justement donné à l'ange des égarements et des ténèbres? Nous ne le pensons pas, à moins qu'on n'entende comme nous, et suivant les traditions magiques, par l'enfer personnifié en Satan et figuré par l'ancien serpent, ce feu central qui s'enroule autour de la terre, dévorant tout ce qu'il produit et se mordant la queue comme le serpent de Chronos, cette lumière astrale dont le Seigneur parlait lorsqu'il disait à Caïn : « Si tu fais le mal, le péché sera aussitôt à tes portes, c'est-à-dire le désordre s'emparera de tous tes sens ; mais je t'ai soumis la convoitise de la mort, et c'est à toi de lui commander. »

La personnification royale et presque divine de Satan est une erreur qui remonte au faux Zoroastre, c'est-à-dire au dogme altéré des seconds mages, les mages matérialistes de la Perse; ils avaient changé en dieux les deux pôles du monde intellectuel, et de la force passive ils avaient fait une divinité opposée à la force active. Nous avons signalé dans la mythologie de l'Inde la même monstrueuse erreur.

Arimanes ou Schiva, tel est le père du démon, comme le comprennent les légendaires superstitieux, et c'est pour cela que le Sauveur disait : « Le diable est menteur comme son père. »

L'Église, sur cette question, s'en rapporte aux textes de l'Évangile, et n'a jamais donné de décisions dogmatiques dont la définition du diable fût l'objet. Les bons chrétiens évitent même de le nommer, et les moralistes religieux recommandent à leurs fidèles de ne pas s'occuper de lui, mais de lui résister en ne pensant qu'à Dieu.

Nous ne pouvons qu'admirer cette sage réserve de l'enseignement sacerdotal. Pourquoi, en effet, prêterait-on la lumière du dogme à celui qui est l'obscurité intellectuelle et la nuit la plus sombre du cœur? Qu'il reste inconnu, cet esprit qui veut nous arracher à la connaissance de Dieu !

Nous ne prétendons pas ici faire ce que n'a pas fait l'Église, nous constatons seulement sur ce sujet quel fut l'enseignement secret des initiés aux sciences occultes.

Ils disaient que le grand agent magique, justement appelé *Lucifer*, parce qu'il est le véhicule de la lumière et le réceptacle de toutes les formes, est une force intermédiaire répandue dans toute la création ; qu'elle sert à créer et à détruire, et que la chute d'Adam a été une ivresse érotique qui a rendu sa génération esclave de cette lumière fatale ; que toute passion amoureuse qui envahit les sens est un tourbillon de cette lumière qui veut nous entraîner vers le gouffre de la mort; que la folie, les hallucinations, les visions, les extases, sont une exaltation très dangereuse de ce phosphore intérieur; que cette lumière enfin est de la nature du feu, dont l'usage intelligent échauffe et vivifie, dont l'excès au contraire brûle, dissout et anéantit.

L'homme serait appelé à prendre un souverain empire sur cette lumière et à conquérir par ce moyen son immortalité, et menacé en même temps d'être enivré, absorbé et détruit éternellement par elle.

Cette lumière, en tant que dévorante, vengeresse et fatale, serait le feu de l'enfer, le serpent de la légende ; et l'erreur tourmentée dont alors elle serait pleine, les pleurs et le grincement de dents des êtres avortés qu'elle dévore, le fantôme de la vie qui leur échappe, et semble insulter à leur supplice, tout cela serait le diable ou Satan.

Les actions mal dirigées par le vertige de la lumière astrale, les mirages trompeurs de plaisir, de richesse et de gloire dont les hallucinations sont pleines, seraient les pompes et les œuvres de l'enfer.

Le père Hilarion Tissot croit que toutes les maladies nerveuses accompagnées d'hallucinations et de délire sont des possessions du diable, et en comprenant les choses dans le sens des kabbalistes, il aurait pleinement raison.

Tout ce qui livre notre âme à la fatalité des vertiges est vraiment infernal, puisque le ciel est le règne éternel de l'ordre, de l'intelligence et de la liberté.

Les possédés de l'Évangile fuyaient devant Jésus-Christ, les oracles se taisaient devant les apôtres, et les malades d'hallucinations ont toujours manifesté une répugnance invincible pour les initiés et les sages.

La cessation des oracles et des possessions était une preuve du triomphe de la liberté humaine sur la fatalité. Quand les maladies astrales se montrent de nouveau, c'est un signe funeste qui annonce l'affaiblissement des âmes. Des commotions fatales suivent toujours ces manifestations. Les convulsions durèrent jusqu'à la révolution française, et les fanatiques de Saint-Médard en avaient prédit les sanglantes calamités.

Le célèbre criminaliste Torreblanca, qui a étudié à fond les questions de magie diabolique, en décrivant les opérations du démon, décrit précisément tous les phénomènes de perturbation astrale. Voici quelques numéros du sommaire de son chapitre XV de la *Magie opératrice* :

1. L'effort continuel du démon est tendu pour nous pousser dans l'erreur.

2. Le démon trompe les sens en troublant l'imagination, dont il ne saurait pourtant changer la nature.

3. Des apparences qui fappent la vue de l'homme se forme immédiatement un corps imaginaire dans l'entendement, et tant que dure le fantôme, les apparences l'accompagnent.

4. Le démon détruit l'équilibre de l'imagination par le trouble des fonctions vitales, soit maladie, soit irrégularité dans la santé.

5 et 6. Quand l'équilibre de l'imagination et de la raison est détruit par une cause morbide, on rêve tout éveillé, et l'on peut voir avec une apparence réelle ce qui n'existe réellement pas.

7. La vue cesse d'être juste quand l'équilibre est troublé dans la perception mentale des images.

8 et 9. Exemples de maladies où l'on voit les objets doubles, etc.

10. Les visions sortent de nous et sont des reflets de notre propre image.

11. Les anciens connaissaient deux maladies qu'ils nommaient, l'une *frénésie* (φρενιτις), l'autre *corybantisme* (κορυβαντιάσμος), dont l'une fait voir des formes imaginaires, l'autre fait entendre des voix et des sons qui n'existent pas, etc.

Il résulte de ces assertions, d'ailleurs fort remarquables, que Torreblanca attribue les maladies au démon, et que par le démon il entend la maladie elle-même ; ce que nous entendrions bien volontiers avec lui si l'autorité dogmatique le permettait.

Les efforts continuels de la lumière astrale pour dissoudre et absorber les êtres appartiennent à sa nature même ; elle ronge comme l'eau, à cause de ses courants continuels ; elle dévore comme le feu, parce qu'elle est l'essence même du feu et sa force dissolvante.

L'esprit de perversité et l'amour de la destruction chez les êtres qu'elle domine n'est que l'instinct de cette force. C'est aussi un résultat de la souffrance de l'âme qui vit d'une vie incomplète et se sent déchirée par des tiraillements en sens contraires. Elle aspire à en finir, et craint cependant de mourir seule, elle voudrait donc anéantir avec elle la création tout entière.

Cette perversité astrale se manifeste ordinairement par la haine des enfants. Une force inconnue porte certains malades à les tuer, des voix impérieuses demandent leur mort. Le docteur Brierre de Boismont cite des exemples terribles de cette manie qui nous rappelle les crimes de Papavoine et d'Henriette Cornier (1).

Les malades de perversion astrales ont malveillants et s'attristent de la joie des autres. Ils ne veulent pas surtout

(1) *Histoire des hallucinations*, 2ᵉ édition, 1853.

qu'on espère ; ils savent trouver les paroles les plus navrantes et les plus désespérantes, même lorsqu'ils cherchent à consoler, parce que la vie est pour eux une souffrance et parce qu'ils ont le vertige de la mort.

C'est aussi la perversion astrale et l'amour de la mort qui font abuser des œuvres de la génération, qui portent à en pervertir l'usage ou à les flétrir par des moqueries sacriléges et des plaisanteries honteuses. L'obscénité est un blasphème contre la vie.

Chacun de ces vices s'est personnifié en une idole noire ou un démon qui est une image négative et défigurée de la divinité qui donne la vie ; ce sont les idoles de la mort.

Moloch est la fatalité qui dévore les enfants.

Satan et Nisroch sont les dieux de la haine, de la fatalité et du désespoir.

Astarté, Lilith, Nahéma, Astaroth, sont les idoles de la débauche et de l'avortement.

Adramelech est le dieu du meurtre.

Bélial, celui de la révolte éternelle et de l'anarchie. Conceptions funèbres d'une raison près de s'éteindre qui adore lâchement son bourreau pour obtenir de lui qu'il fasse cesser son supplice en achevant de la dévorer !

Le vrai nom de Satan, disent les kabbalistes, c'est le nom de Jéhovah renversé, car Satan n'est pas un dieu noir, c'est la négation de Dieu. Le diable est la personnification de l'athéisme ou de l'idolâtrie.

Pour les initiés, ce n'est pas une personne, c'est une force créée pour le bien, et qui peut servir au mal ; c'est l'instrument de la liberté. Ils représentaient cette force qui préside à la génération physique sous la forme mythologique et cornue du dieu Pan ; de là est venu le bouc du sabbat, le frère de l'ancien serpent, et le porte-lumière ou *phosphore* dont les poëtes on fait le faux Lucifer de la légende.

CHAPITRE IV.

DES DERNIERS PAÏENS.

SOMMAIRE. — Apollonius de Tyane ; sa vie et ses prodiges. — Essais de Julien pour galvaniser l'ancien culte. — Ses évocations. — Jamblique et Maxime de Tyr. — Commencement des sociétés secrètes et pratiques défendues de la magie.

Le miracle éternel de Dieu, c'est l'ordre immuable de sa providence dans les harmonies de la nature ; les prodiges sont des désordres et ne doivent être attribués qu'aux défaillances de la créature. Le miracle divin est donc une réaction providentielle pour rétablir l'ordre troublé. Lorsque Jésus guérissait les possédés, il les calmait et faisait cesser leurs actes merveilleux ; lorsque les apôtres apaisaient l'exaltation des pythonisses, ils faisaient cesser la divination. L'esprit d'erreur est un esprit d'agitation et de subversion ; l'esprit de vérité porte partout avec lui le calme et la paix.

Telle fut l'action civilisatrice du christianisme naissant; mais les passions amies du trouble ne devaient pas lui laisser sans combats la palme de sa facile victoire. Le polythéisme expirant demanda des forces à la magie des anciens sanctuaires ; aux mystères de l'Évangile on opposa encore ceux d'Éleusis. Apollonius de Tyane fut mis en parallèle avec le Sauveur du monde ; Philostrate se chargea de faire une légende à ce dieu nouveau, puis vint l'empereur Julien, qui eût été adoré si le javelot qui le tua n'avait en même temps porté le dernier coup à l'idolâtrie césarienne ; la renaissance violente et surannée d'une religion morte dans ses formes fut un véritable avortement, et Julien dut périr avec l'enfant décrépit qu'il s'efforçait de remettre au monde.

Ce n'en furent pas moins deux grands et curieux personnages que cet Apollonius et ce Julien, et leur histoire fait époque dans les annales de la magie.

En ce temps-là, les légendes allégoriques étaient à la mode ; les maîtres incarnaient leur doctrine dans leur personne, et les disciples initiés écrivaient des fables qui renfermaient les secrets de l'initiation. L'histoire d'Apollonius par Philostrate, absurde si l'on veut la prendre à la lettre, est très curieuse si l'on veut, d'après les données de la science, en examiner les symboles. C'est une sorte d'évangile païen opposé aux Évangiles du christianisme ; c'est toute une doctrine secrète qu'il nous est donné d'expliquer et de reconstruire.

Ainsi, le chapitre premier du livre troisième de Philostrate est consacré à la description de l'Hyphasis, fleuve merveilleux qui prend sa source dans une plaine et se perd dans des régions inaccessibles. L'Hyphasis représente la science magique, dont les premiers principes sont simples et les conséquences très difficiles à bien déduire. Les mariages sont inféconds dit Philostrate, s'ils ne sont pas consacrés avec le baume des arbres qui croissent aux bords de l'Hyphasis.

Les poissons de ce fleuve sont consacrés à Vénus ; ils

ont la crête bleue, les écailles de diverses couleurs et la queue de couleur d'or ; ils relèvent cette queue quand ils veulent. Il y a aussi dans ce fleuve un animal semblable à un ver blanc ; cet insecte fondu rend une huile brûlante qu'on ne peut garder que dans du verre. Ce n'est que pour le roi qu'on prend cet animal, parce qu'il est d'une force à renverser les murailles ; sa graisse mise à l'air prend feu, et rien au monde n'est capable alors d'éteindre l'incendie.

Par les poissons du fleuve Hyphasis, Apollonius entend la configuration universelle, bleue d'un côté, multicolore au centre, dorée à l'autre pôle, comme les expériences magnétiques nous l'ont récemment fait connaître. Le ver blanc de l'Hyphasis c'est la lumière astrale, qui, condensée par un triple feu, se résoud en une huile qui est la médecine universelle. On ne peut garder cette huile que dans du verre, parce que le verre n'est pas conducteur de la lumière astrale, ayant peu de porosité ; ce secret est gardé pour le roi, c'est-à-dire pour l'initié du premier ordre, car il s'agit d'une force capable de renverser des villes. Les grands secrets sont indiqués ici avec la plus grande clarté.

Dans le chapitre suivant, Philostrate parle des licornes. Il dit qu'on fait de leur corne des gobelets dans lesquels on doit boire pour se préserver de tous les poisons. La corne unique de la licorne représente l'unité hiérarchique : aussi, dit Philostrate, d'après Damis, ces gobelets sont réservés pour les rois. Heureux, dit Apollonius, celui qui ne s'enivrerait jamais qu'en buvant dans un pareil verre !

Damis dit aussi qu'Apollonius trouva une femme

blanche jusqu'au sein et noire depuis le sein jusqu'en haut. Ses disciples étaient effrayés de ce prodige ; mais Apollonius, qui savait ce qu'elle était, lui tendit la main. C'est, dit-il, la Vénus des Indes, et ses deux couleurs sont celles du bœuf Apis adoré des Égyptiens. Cette femme noire et blanche, c'est la science magique dont les membres blancs, c'est-à-dire les formes créées, révèlent la tête noire, c'est-à-dire la cause suprême ignorée des hommes. Philostrate et Damis le savaient bien, et sous ces emblèmes ils écrivaient avec discrétion la doctrine d'Apollonius. Les chapitres V, VI, VII, VIII, IX et X du troisième livre de la *Vie d'Apollonius* par Philostrate, contiennent le secret du grand œuvre. Il s'agit des dragons qui défendent l'abord du palais des sages. Il y a trois sortes de dragons : ceux des marais, ceux de la plaine et ceux de la montagne. La montagne, c'est le soufre ; le marais, c'est le mercure ; la plaine, c'est le sel des philosophes. Les dragons de la plaine ont sur le dos des pointes en forme de scie, c'est la puissance acide du sel. Les dragons des montagnes ont les écailles de couleur dorée, ils ont une barbe d'or, et en rampant ils font un bruit semblable au tintement du cuivre ; ils ont dans la tête une pierre qui opère tous les miracles ; ils se plaisent au bord de la mer Rouge, et on les prend au moyen d'une étoffe rouge sur laquelle sont brodées des lettres d'or ; ils reposent la tête sur ces lettres enchantées et s'endorment, on leur coupe alors la tête avec une hache. Qui ne reconnaît ici la pierre des philosophes, le magistère au rouge, et le fameux *regimen ignis*, ou gouvernement du feu, exprimé par les lettres d'or ? Sous le nom de *citadelle* des sages, Philostrate décrit ensuite l'Athanor. C'est une colline toujours entourée d'un brouillard, ouverte du côté méridional; elle contient un puits large de quatre pas, d'où sort une vapeur azurée qui monte par la chaleur du soleil en déployant toutes les couleurs de l'arc-en-ciel; le fond du puits est sablé d'arsenic rouge; près du puits est un bassin plein de feu, d'où sort une flamme plombée, sans odeur et sans fumée, qui n'est jamais plus haute ni plus basse que les bords du bassin ; là se trouvent aussi deux récipients de pierre noire contenant l'un la pluie et l'autre le vent. Quand la sécheresse est excessive, on ouvre le tonneau de la pluie, et il en sort des nuages qui humectent tout le pays. On ne saurait décrire plus exactement le feu secret des philosophes et ce qu'ils nomment leur bain-marie. On voit par ce passage que les anciens alchimistes, dans leur grand œuvre, employaient l'électricité, le magnétisme et la vapeur.

Philostrate parle ensuite de la pierre philosophale, qu'il nomme indifféremment *pierre* ou *lumière*. « Il n'est permis à aucun profane de la chercher, car elle s'évanouit, si l'on ne sait pas la prendre avec les procédés de l'art. Les sages seuls, au moyen de certaines paroles et de certains rites, peuvent trouver la *pantarbe*, c'est le nom de cette pierre, qui de nuit a l'apparence d'un feu, étant enflammée et étincelante ; et si on la regarde de jour, elle éblouit. Cette lumière est une matière subtile d'une force admirable, car elle attire tout ce qui est proche. » (Philostrate, *Vie d'Apollonius de Tyane*, livre III, chapitre XLVI.)

Cette révélation des doctrines secrètes d'Apollonius prouve que la pierre philosophale n'est autre chose qu'un aimant universel formé de lumière astrale condensée et fixée autour d'un centre. C'est un phosphore artificiel dont tant d'allégories et de traditions ne sauraient laisser l'existence douteuse, et dans lequel se concentrent toutes les vertus de la chaleur génératrice du monde.

Toute la vie d'Apollonius écrite par Philostrate, d'après Damis l'Assyrien, est un tissu d'apologues et de paraboles; c'était la mode alors d'écrire ainsi la doctrine cachée des grands initiateurs. On ne doit donc pas s'étonner de ce que ce récit contient des fables, mais sous l'allégorie de ces fables il faut trouver et comprendre la science occulte des hiérophantes.

Malgré sa grande science et ses brillantes vertus, Apollonius n'était pas le continuateur de l'école hiérarchique des mages. Son initiation venait des Indes, et il se livrait pour s'inspirer aux pratiques énervantes des brahmes; il préchait ouvertement la révolte et le régicide: c'était un grand caractère égaré.

La figure de l'empereur Julien nous paraît plus poétique et plus belle que celle d'Apollonius. Julien porta sur le trône du monde toute l'austérité d'un sage; il voulait transfuser la jeune sève du christianisme au corps de l'hellénisme vieilli. Noble insensé coupable seulement de trop aimer les souvenirs de la patrie et les images des dieux de ses pères. Julien, pour contre-balancer la puissance réalisatrice du dogme chrétien, appela aussi la magie noire à son aide, et s'enfonça, à la suite de Jamblique et de Maxime d'Éphèse, dans de ténébreuses évocations; ses dieux, dont il voulait ressusciter la beauté et la jeunesse, lui apparurent vieux et décrépits, inquiets de la vie et de la lumière et prêts à fuir devant le signe de la croix!

C'était fait pour toujours de l'hellénisme, le Galiléen avait vaincu. Julien mourut en héros, sans blasphémer son vainqueur, comme on l'a faussement prétendu. Ses derniers moments, qu'Ammien Marcellin nous raconte assez au long, furent ceux d'un guerrier et d'un philosophe ; les malédictions du sacerdoce chrétien retentirent longtemps sur sa tombe, et cependant le Sauveur, qui doit tant aimer les nobles âmes, n'a-t-il pas pardonné à des adversaires moins intéressants et moins généreux que Julien ?

Après la mort de cet empereur, l'idolâtrie et la magie furent enveloppées dans une même réprobation universelle. C'est alors que prirent naissance ces sociétés secrètes d'adeptes auxquelles se rallièrent plus tard les gnostiques et les manichéens ; sociétés dépositaires d'une tradition mélangée de vérités et d'erreurs, mais qui se transmettaient, sous le sceau du serment le plus terrible, le grand arcane de l'ancienne toute-puissance et les espérances toujours trompées des cultes éteints et des sacerdoces déchus.

CHAPITRE V.

DES LÉGENDES.

SOMMAIRE. — La légende de saint Cyprien et de sainte Justine. — L'oraison de saint Cyprien. — L'âne d'or d'Apulée. — La fable de Psyché. — La procession d'Isis. — Étrange supposition de saint Augustin. — Philosophie des Pères de l'Église.

Les étranges récits contenus dans la légende dorée, quelque fabuleux qu'ils soient, n'en remontent pas moins à la plus haute antiquité chrétienne. Ce sont des paraboles plutôt que des histoires; le style en est simple et oriental comme celui des Évangiles, et leur existence traditionnelle prouve qu'une sorte de mythologie avait été inventée pour cacher les mystères kabbalistiques de l'initiation joannite. La légende dorée est un talmud chrétien écrit tout en allégories et en apologues. Étudiée sous ce point de vue tout nouveau à force d'être ancien, la légende dorée devient un livre de la plus grande importance et du plus haut intérêt.

Un des récits de cette légende pleine de mystères caractérise le conflit de la magie et du christianisme naissant d'une manière tout à fait dramatique et saisissante. C'est comme une ébauche anticipée des *Martyrs* de Chateaubriand et du *Faust* de Gœthe fondus ensemble.

Justine était une jeune et belle vierge païenne, fille d'un prêtre des idoles, le type de Cymodocée. Sa fenêtre s'ouvrait sur une cour voisine de l'église des chrétiens; tous les jours elle entendait la voix pure et recueillie d'un diacre lire tout haut les saints Évangiles. Cette parole inconnue toucha et remua son cœur, si bien qu'un soir sa mère la voyant pensive et la pressant de lui confier les préoccupations de son âme, Justine se jeta à ses pieds en lui disant : « Mère, bénissez-moi ou pardonnez-moi, je suis chrétienne. »

La mère pleura en embrassant sa fille, et alla rejoindre son époux, à qui elle confia ce qu'elle venait d'apprendre.

Ils s'endormirent ensuite et eurent tous deux le même rêve. Une lumière divine descendait sur eux, et une voix douce les appelait en leur disant: « Venez à moi, vous qui êtes affligés et je vous consolerai ; venez, les bien-aimés de mon père, et je vous donnerai le royaume qui vous est préparé depuis le commencement du monde.

Le matin venu, le père et la mère bénirent leur fille. Tous trois se firent inscrire au nombre des Catéchumènes, et, après les épreuves d'usage, ils furent admis au saint baptême.

Justine revenait blanche et radieuse de l'Église entre sa mère et son vieux père, lorsque deux hommes sombres, enveloppés dans leur manteau, passèrent comme Faust et Méphistophélès près de Marguerite : c'étaient le magicien Cyprien et son disciple Acladius. Les deux hommes s'arrêtèrent éblouis par cette apparition, Justine passa sans les voir et rentra chez elle avec sa famille.

La scène change, nous sommes dans le laboratoire de Cyprien, des cercles sont tracés, une victime égorgée palpite près d'un réchaud fumant; debout devant le magicien apparaît le génie des ténèbres.

— Me voici, car tu m'as appelé, parle ! que me demandes-tu ?

— J'aime une vierge.

— Séduis-la.

— Elle est chrétienne.

— Dénonce-la.

— Je veux la posséder et non la perdre ; peux-tu quelque chose pour moi ?

— J'ai séduit Ève, qui était innocente et qui s'entretenait tous les jours familièrement avec Dieu même. Si ta vierge est chrétienne, sache bien que c'est moi qui ai fait crucifier Jésus-Christ.

— Donc, tu me la livreras ?

— Prends cet onguent magique, tu en graisseras le seuil de sa demeure, le reste me regarde.

Voici maintenant Justine qui dort dans sa petite chambre chaste et sévère, Cyprien est à la porte murmurant des paroles sacriléges et accomplissant d'horribles rites; Satan se glisse au chevet de la jeune fille et lui souffle des rêves voluptueux pleins de l'image de Cyprien qu'elle croit rencontrer encore au sortir de l'Église; mais cette fois elle le regarde, elle l'écoute, et il lui dit des choses qui mettent le trouble dans son cœur; tout à coup elle s'agite, elle s'éveille et fait le signe de la croix; le démon disparaît et le séducteur, qui fait sentinelle à la porte, attend inutilement toute la nuit.

Le lendemain il recommence ses évocations, et il fait d'amers reproches à son infernal complice; celui-ci avoue son impuissance. Cyprien le chasse honteusement et fait apparaître un démon d'un ordre supérieur. Le nouveau venu se transforme tour à tour en jeune fille et en beau garçon pour tenter Justine par des conseils et des caresses. La vierge va succomber, mais son bon ange l'assiste; elle joint le souffle au signe de la croix et chasse le mauvais esprit. Cyprien alors invoque le roi des enfers. Satan vient en personne. Il frappe Justine de toutes les douleurs de Job et répand une peste affreuse dans Antioche, en faisant dire aux oracles que la peste cessera quand Justine apaisera Vénus et l'amour outragés. Justine prie publiquement pour le peuple, et la peste cesse. Satan est vaincu à son tour, Cyprien le contraint d'avouer la toute-puissance du signe de la croix et le brave en se marquant de ce signe. Il abjure la magie, il est chrétien, il devient évêque et retrouve Justine dans un monastère de vierges; ils s'aiment alors du pur et durable amour de la céleste charité, la persécution les atteint; on les arrête ensemble, ils sont mis à mort le même jour et vont consommer au sein de Dieu leur mariage mystique et éternel.

La légende fait saint Cyprien évêque d'Antioche, tandis que l'histoire ecclésiastique le fait évêque de Carthage. Peu importe d'ailleurs que ce soit ou non le même. L'un est un personnage poétique, l'autre est un père de l'Église et un martyr.

On trouve dans les anciens grimoires une oraison attribuée au saint Cyprien de la légende et qui est peut-être du saint évêque de Carthage. Les expressions obscures et figurées dont elle est remplie, auront peut-être fait supposer qu'avant d'être évêque et chrétien, Cyprien s'était adonné aux pratiques funestes de la magie noire.

En voici la traduction :

« Moi, Cyprien, serviteur de notre Seigneur Jésus-Christ, j'ai prié Dieu le père tout-puissant, et j'ai dit : tu es le Dieu fort, mon Dieu tout-puissant qui habites dans la grande lumière ! Tu es saint et digne de louange, et depuis le temps ancien, tu as vu la malice de ton serviteur et les iniquités dans lesquelles j'étais plongé par la malice du démon. Je ne savais pas alors ton vrai nom, je passais au milieu des brebis et elles étaient sans pasteur. Les nuages ne pouvaient donner leur rosée à la terre, les arbres restaient sans fruits et les femmes en travail ne pouvaient être délivrées; je liais et je ne déliais point, je liais les poissons de la mer et ils n'étaient point libres, je liais les sentiers de la mer et je retenais ensemble bien des maux. Mais maintenant, Seigneur Jésus-

Christ, mon Dieu, j'ai connu ton saint nom et je l'ai aimé, et je me suis converti de tout mon cœur, de toute mon âme et de toutes mes entrailles, me détournant de la multitude de mes fautes pour marcher dans ton amour et suivant tes commandements qui sont ma foi et ma prière. Tu es le verbe de vérité, la parole unique du père, et je te conjure maintenant de rompre la chaîne des nuées et de faire descendre sur tes enfants ta pluie bienfaisante comme du lait, et de délier les fleuves et de rendre libres les créatures qui nagent ainsi que celles qui volent ; je te conjure de briser toutes les chaînes et toutes les entraves par la vertu de ton saint nom ! »

Cette prière est évidemment très ancienne et elle renferme des souvenirs très remarquables des figures primitives de l'ésotérisme chrétien aux premiers siècles.

La qualification d'*aurea* ou *dorée* donnée à la légende fabuleuse des saints allégoriques en indique assez le caractère. L'or aux yeux des initiés est de la lumière condensée, ils appellent nombres d'or les nombres sacrés de la kabbale, vers dorés de Pythagore, les enseignements moraux de ce philosophe, et c'est pour la même raison qu'un livre mystérieux d'Apulée où un âne joue un grand rôle a été appelé l'âne d'or.

Les païens accusaient les chrétiens d'adorer un âne, et ils n'avaient point inventé cette injure, elle venait des juifs de Samarie qui, figurant les données de la kabbale sur la divinité par des symboles égyptiens, représentaient aussi l'intelligence par la figure de l'étoile magique adorée sous le nom de *Rempham*, la science sous l'emblème d'Anubis dont ils changeaient le nom en celui de *Nibbas*, et la foi vulgaire ou la crédulité sous la figure de *Thartac*, dieu qu'on représentait avec un livre, un manteau et une tête d'âne; suivant les docteurs samaritains, le christianisme était le règne de *Thartac* ; c'étaient la foi aveugle et la crédulité vulgaire érigées en oracle universel et préférées à l'intelligence et à la science. C'est pourquoi dans leurs rapports avec les gentils, lorsqu'ils entendaient ceux-ci les confondre avec les chrétiens, ils se récriaient et priaient qu'on ne les confondît pas avec les adorateurs exclusifs de la tête d'âne.

Cette prétendue révélation fit beaucoup rire les philosophes, et Tertullien parle d'une caricature romaine exposée de son temps où l'on voyait Thartac dans toute sa gloire avec cette inscription qui fit rire Tertullien lui-même, auteur, comme l'on sait, du fameux *credo quia absurdum : tête d'âne, Dieu des chrétiens*.

L'âne d'or d'Apulée est la légende occulte de Thartac. C'est une épopée magique et une satyre contre le christianisme, que l'auteur avait sans doute professé pendant quelque temps. C'est du moins ce qu'il semble dire sous l'allégorie de sa métamorphose en âne.

Voici le sujet du livre d'Apulée : Il voyage en Thessalie, pays des enchantements ; il reçoit l'hospitalité chez un homme dont la femme est sorcière ; il séduit la servante de cette femme et croit surprendre par ce moyen les secrets de la maîtresse. La servante veut en effet livrer à son amant une composition au moyen de laquelle la sorcière se métamorphose en oiseau, mais elle se trompe de boîte et Apulée se trouve métamorphosé en âne.

La maladroite amante le console en lui disant que pour reprendre sa première forme il suffit de manger des roses, la rose est la fleur de l'initiation. Mais où trouver des roses pendant la nuit ? Il faut attendre au lendemain. La servante mène l'âne à l'écurie, des voleurs surviennent, l'âne est pris et emmené. Plus moyen depuis lors de s'approcher des roses, les roses ne sont pas faites pour les ânes, et les jardiniers le chassent à coups de bâton.

Pendant sa longue et triste captivité il entend raconter l'histoire de Psyché, cette histoire merveilleuse et symbolique qui est comme l'âme et la poésie de la sienne. Psyché a voulu surprendre les secrets de l'amour comme Apulée ceux de la magie, elle a perdu l'amour, et lui la forme humaine ; elle est errante, exilée, soumise à la colère de Vénus, il est esclave des voleurs. Mais Psyché doit remonter au ciel après avoir traversé l'enfer, et Lucius sera pris en pitié par les dieux. Isis lui apparaît en songe et lui promet que son prêtre averti par une révélation lui donnera des roses pendant les solennités de sa fête prochaine. Cette fête arrive, et Apulée décrit longuement la procession d'Isis, description précieuse pour la science, car on y trouve la clé des mystères égyptiens ; des hommes déguisés marchent les premiers portant des animaux grotesques ; ce sont les fables vulgaires : puis viennent des femmes semant des fleurs avec des miroirs sur leurs épaules qui réfléchissent l'image de la grande divinité. Ainsi les hommes vont en avant et formulent les dogmes que les femmes embellissent et reflètent sans le savoir par leur instinct maternel des vérités plus élevées ; des hommes et des femmes viennent ensuite portant la lumière : c'est l'alliance des deux termes, l'actif et le passif générateurs de la science et de la vie.

Après la lumière, vient l'harmonie, représentée par de

jeunes musiciens. Puis enfin les images des dieux au nombre de trois, suivies par le grand hiérophante qui porte non pas l'image, mais le symbole de la grande Isis, une boule d'or surmontée d'un caducée.

Lucius Apuleius voit dans la main du grand prêtre une couronne de roses; il s'approche et on ne le repousse pas; il mange des roses et redevient homme.

Tout cela est savamment écrit et entremêlé d'épisodes tantôt héroïques, tantôt grivois, comme il convient à la double nature de Lucius et de l'âne. Apulée a été en même temps le Rabelais et le Swedenborg de l'ancien monde prêt à finir.

Les grands réalisateurs du christianisme ne comprirent pas ou affectèrent de ne pas comprendre le mysticisme d'Apulée. Saint Augustin, dans la Cité de Dieu, se demande de l'air du monde le plus sérieux s'il faut croire que réellement Apulée ait été métamorphosé en âne. Ce père se montra même assez disposé à l'admettre, mais seulement comme un phénomène exceptionnel et qui ne tire pas à conséquence. Si c'est une ironie de la part de saint Augustin, il faut convenir qu'elle est cruelle; si c'est une naïveté... Mais saint Augustin, le délié rhéteur de Madaure, n'avait guère l'habitude d'être naïf.

Bien aveugles et bien malheureux, en effet, étaient ces initiés aux antiques mystères qui riaient de l'âne de Bethléem sans apercevoir l'enfant-Dieu qui rayonnait sur les pacifiques animaux de la crèche et sur le front duquel se reposait l'étoile conciliatrice du passé et de l'avenir!

Pendant que la philosophie convaincue d'impuissance insultait au christianisme triomphant, les pères de l'Église s'emparaient de toutes les magnificences de Platon et créaient une philosophie nouvelle fondée sur la réalité vivante du Verbe divin toujours présent dans son église, renaissant dans chacun de ses membres, immortel dans l'humanité ; rêve d'orgueil plus grand que celui de Prométhée, si ce n'était en même temps une doctrine toute d'abnégation et de dévouement, humaine parce qu'elle est divine, divine parce qu'elle est humaine!

CHAPITRE VI.

PEINTURES KABBALISTIQUES ET EMBLÈMES SACRÉS.

SOMMAIRE. — Ésotérisme de l'Église primitive. — Peintures kabbalistiques et emblèmes sacrés des premiers siècles. — Les vrais et les faux gnostiques. — Profanation de la gnose. — Rites impurs et sacriléges. — La magie noire érigée en culte par les sectaires. — Montan et ses prophétesses. — Marcos et son magnétisme. — Les dogmes du faux Zoroastre reproduits dans l'Arianisme. — Perte des vraies traditions kabbalistiques.

L'Église primitive, obéissant au précepte formel du Sauveur, ne livrait pas ses plus saints mystères aux profanations de la foule. On n'était reçu au baptême et à la communion que par des initiations progressives. On tenait cachés les livres saints dont la lecture entière et l'explication surtout étaient réservées au sacerdoce. Les images étaient alors moins nombreuses et surtout moins explicites. On s'abstenait de reproduire la figure même du Sauveur; les peintures des catacombes sont pour la plupart des emblèmes kabbalistiques : c'est la croix édénique avec les quatre fleuves dans lesquels viennent boire des cerfs ; c'est le poisson mystérieux de Jonas remplacé souvent par un serpent bicéphale ; c'est un homme sortant d'un coffre qui rappelle celui d'Osiris. Le gnosticisme devait faire proscrire plus tard toutes ces allégories dont il abusa pour matérialiser et profaner les traditions saintes de la kabbale des prophètes.

Le nom de *gnostique* ne fut pas toujours dans l'Église un nom proscrit. Ceux des pères dont la doctrine se rattachait aux traditions de saint Jean employèrent souvent cette dénomination pour désigner le chrétien parfait ; on la trouve dans saint Irénée et dans saint Clément d'Alexandrie. Nous ne parlons pas ici du grand Synésius qui fut un kabbaliste parfait, mais un orthodoxe douteux.

Les faux gnostiques furent tous des rebelles à l'ordre hiérarchique qui voulurent niveler la science en la vulgarisant, substituer les visions à l'intelligence, le fanatisme personnel à la religion hiérarchique, et surtout la licence mystique des passions sensuelles à la sage sobriété chrétienne et à l'obéissance aux lois, mère des chastes mariages et de la tempérance conservatrice.

Produire l'extase par des moyens physiques et remplacer la sainteté par le somnambulisme, telle fut toujours la tendance de ces sectes caïniques continuatrices de la magie noire de l'Inde. L'Église devait les réprouver avec énergie, elle ne fit pas défaut à sa mission : il est à regretter seulement que le bon grain scientifique ait souvent souffert lorsqu'on promena le fer et le feu dans les campagnes envahies par l'ivraie.

Ennemis de la génération et de la famille, les faux gnostiques s'efforçaient de produire la stérilité en multipliant la débauche ; ils voulaient, disaient-ils, spiritualiser la matière, et ils matérialisaient l'esprit de la manière la plus révoltante. Ce n'étaient dans leur théologie qu'accouplements d'Eones et embrassements luxurieux. Ils adoraient comme les Brahmes la mort sous la figure du Lingham, leur création était un onanisme infini et leur rédemption un avortement éternel!

Espérant échapper à la hiérarchie par le miracle comme si le miracle en dehors de la hiérarchie prouvait autre chose que le désordre ou la fourberie, les gnostiques, depuis Simon le magicien, étaient grands faiseurs de prodiges ; substituant au culte régulier les rites impurs de la magie noire, ils faisaient apparaître du sang au lieu du vin eucharistique, et remplaçaient le paisible et pur banquet du céleste agneau par des communions d'anthropophages. L'hérésiarque Marcos, disciple de Valentin, disait la messe avec deux calices; dans le plus petit, il versait du vin, puis il prononçait la formule magique et l'on voyait le plus grand s'emplir d'une liqueur sanglante qui montait en bouillonnant. Marcos, qui n'était point prêtre, voulait prouver par là que Dieu l'avait revêtu d'un sacerdoce miraculeux. Il conviait tous ses disciples à accomplir sous ses yeux la même merveille. Les femmes surtout obtenaient un succès pareil au sien, puis elles tombaient en convulsions et en extase. Marcos soufflait sur elles et leur communiquait sa démence au point de les engager à oublier pour lui, et par esprit de religion, toute retenue et toute pudeur.

Cette intrusion de la femme dans le sacerdoce fut toujours le rêve des faux gnostiques ; car en nivelant ainsi les sexes, ils introduisaient l'anarchie dans la famille et posaient à la société une pierre d'achoppement. Le sacerdoce réel de la femme c'est la maternité, et le culte de cette religion du foyer c'est la pudeur. Les gnostiques ne le comprenaient pas ou plutôt ils le comprenaient trop, et en égarant les instincts religieux de la mère ils renversaient la barrière sacrée qui s'opposait à la licence de leurs désirs.

Ils n'avaient cependant pas tous la triste franchise de l'impudeur. Quelques-uns, comme les Montanistes, exagéraient au contraire la morale afin de la rendre impraticable. Montan, dont les âpres doctrines séduisirent le génie extrême et paradoxal de Tertullien, s'abandonnait avec Priscille et Maximille ses prophétesses, on dirait aujourd'hui ses somnambules, à tout le dévergondage des frénésies et des extases. Le châtiment naturel de ces excès ne manqua pas à leurs auteurs, ils finirent par la folie furieuse et le suicide.

La doctrine des Marcosiens était *une kabbale profanée et matérialisée*; ils prétendaient que Dieu avait tout créé au moyen des lettres de l'alphabet ; que ces lettres étaient autant d'émanations divines ayant par elles-mêmes la puissance génératrice des êtres ; que les paroles étaient toutes puissantes et opéraient virtuellement et réellement des prodiges. Tout cela est vrai en un sens, mais ce sens n'était pas celui des sectateurs de Marcos. Ils suppléaient aux réalités par les hallucinations et croyaient se rendre invisibles parce que dans l'état de somnambulisme ils se transportaient mentalement où ils voulaient. Pour les faux mystiques la vie doit se confondre souvent avec le rêve jusqu'à ce qu'enfin le rêve triomphant déborde et submerge la réalité : c'est alors le règne complet de la folie.

L'imagination, dont la fonction naturelle est d'évoquer les images des formes, peut aussi, dans un état d'exaltation extraordinaire, produire les formes elles-mêmes ; comme le prouvent les phénomènes des grossesses monstrueuses et une multitude de faits analogues que la science officielle ferait mieux d'étudier que de les nier avec obstination.

Ce sont ces créations désordonnées que la religion flétrit avec raison du nom de *miracles diaboliques*, et tels étaient les miracles de Simon, des Ménandriens et de Marcos.

De notre temps encore un faux gnostique nommé Vintras, actuellement réfugié à Londres, fait apparaître du sang dans des calices vides et sur des hosties profanées.

Ce malheureux tombe alors dans des extases comme Marcos, et prophétise le renversement de la hiérarchie et le prochain triomphe d'un prétendu sacerdoce tout de visions, d'expansions libres et d'amour. Il n'y a rien de nouveau sous le soleil.

Après le panthéisme polymorphe des gnostiques, vint le *dualisme* de Manès. Ainsi se formula en dogme religieux la fausse initiation des pseudo-mages de la Perse. Le mal personnifié devint un Dieu rival de Dieu même. Il y eut un roi de la lumière et un roi des ténèbres, et c'est à cette époque qu'il faut faire remonter cette idée funeste contre laquelle nous protestons de toutes nos forces, de la souveraineté et de l'ubiquité de Satan. Nous ne prétendons ici nier ni affirmer la tradition de la chute des anges, nous en rapportant comme toujours en matière de foi aux décisions suprêmes et infaillibles de la sainte Église catholique, apostolique et romaine. Mais si les anges déchus avaient un chef avant leur chute, cette chute doit les avoir précipités dans une complète anarchie tempérée seulement par la justice inflexible de Dieu ; séparé de la divinité qui est le principe de la force et plus coupable que les autres, le prince des anges rebelles ne saurait être que le dernier et le plus impuissant des réprouvés.

Si donc il existe dans la nature une force qui attire les créatures oublieuses de Dieu vers le péché et vers la mort, cette force, que nous ne refusons pas de reconnaître comme capable de servir d'instrument aux esprits déchus, serait la lumière astrale; nous revenons sur cette idée, et nous tenons à l'expliquer parfaitement, afin qu'on en comprenne bien toute la portée et toute l'orthodoxie.

Cette révélation d'un des grands secrets de l'occultéisme fera comprendre tout le danger des évocations, des expériences curieuses, des abus du magnétisme, des tables tournantes et de tout ce qui tient aux prodiges et aux hallucinations.

Arius avait préparé les succès du *manichéisme* par sa création hybride d'un fils de Dieu différent de Dieu même : c'était en effet supposer le dualisme en Dieu; c'était admettre l'inégalité dans l'absolu, l'infériorité dans la suprême puissance. La possibilité du conflit, sa nécessité même entre le père et le fils, puisque l'inégalité entre les termes du syllogisme divin devait amener forcément une conclusion négative. Le verbe de Dieu devait-il être le bien ou le mal? Dieu même ou le diable? Telle était la portée immense d'une diphthongue ajoutée au mot grec ομουσιος pour en faire ομοιουσιος ! En déclarant le fils *consubstantiel* au père, le concile de Nicée sauva le monde, et c'est ce que ne peuvent comprendre ceux qui ne savent pas que les principes constituent réellement l'équilibre de l'univers.

Le gnoticisme, l'arianisme, le manichéisme, étaient sortis de la kabbale mal entendue. L'Église alors dut interdire aux fidèles l'étude si dangereuse de cette science dont le suprême sacerdoce devait seul se réserver les clefs. La tradition kabbalistique paraît, en effet, avoir été conservée par les souverains pontifes au moins jusqu'à Léon III, auquel on attribue un rituel occulte qui aurait été donné par ce pontife à l'empereur Charlemagne, et qui reproduit tous les caractères même les plus secrets des clavicules de Salomon. Ce petit livre qui devait rester caché ayant été divulgué plus tard, dut être condamné par l'Église et tomba dans le domaine de la magie noire. On le connaît encore sous le nom d'*Enchiridion* de Léon III, et nous en possédons un ancien exemplaire très rare et très curieux.

La perte des clefs kabbalistiques ne pouvait entraîner celle de l'infaillibilité de l'Église toujours assistée de l'esprit saint, mais elle jeta de grandes obscurités dans l'exégèse et rendit complétement inintelligibles les grandes figures de la prophétie d'Ézéchiel et de l'apocalypse de saint Jean.

Puissent les successeurs légitimes de saint Pierre accepter l'hommage de ce livre et bénir les travaux du plus humble de leurs enfants, qui croit avoir trouvé une des clefs de la science et qui vient la déposer aux pieds de celui auquel seul il appartient d'ouvrir et de fermer les trésors de l'intelligence et de la foi !

CHAPITRE VII.

PHILOSOPHES DE L'ÉCOLE D'ALEXANDRIE.

SOMMAIRE. — Dernières luttes et alliances définitives de l'ancienne initiation et du christianisme triomphant. — Hypatie et Synésius. — Saint Denys l'aréopagiste.

L'école de Platon, prête à s'éteindre, jeta dans Alexandrie une grande lumière; mais déjà le christianisme, triomphant après trois siècles de combats, s'était assimilé tout ce qu'il y avait de vrai et de durable dans les doctrines de l'antiquité. Les derniers adversaires de la religion nouvelle croyaient arrêter la marche des hommes vivants en galvanisant des momies. Le combat ne pouvait déjà plus être sérieux et les païens de l'école d'Alexandrie travaillaient contre leur gré et à leur insu au monument sacré qu'élevaient pour dominer tous les âges les disciples de Jésus de Nazareth.

Ammonius Saccas, Plotin, Porphyre, Proclus sont de grands noms pour la science et pour la vertu. Leur théologie était élevée, leur doctrine morale, leurs mœurs austères. Mais la plus grande et la plus touchante figure de cette époque, la plus brillante étoile de cette pléiade, fut Hypathie, fille de Théon, cette chaste et savante fille que son intelligence et ses vertus devaient conduire au baptême mais qui mourut martyre de la liberté de conscience lorsqu'on entreprit de l'y traîner.

A l'école d'Hypathie se forma Synésius de Cyrène qui fut plus tard évêque de Ptolémaïde, l'un des plus savants philosophes et le plus grand poëte du christianisme des premiers siècles ; c'était lui qui écrivait :

« Le peuple se moquera toujours des choses faciles à comprendre, il a besoin d'impostures. »

Lorsqu'on voulut l'élever à la dignité épiscopale, il disait dans une lettre adressée à un de ses amis :

« Un esprit ami de la sagesse et qui contemple de près la vérité est forcé de la déguiser pour la faire accepter aux multitudes. Il y a en effet une grande analogie entre la lumière et la vérité, comme entre nos yeux et les intelligences ordinaires. Si l'œil recevait tout à coup une lumière trop abondante, il serait ébloui, et les lueurs tempérées d'ombres sont plus utiles à ceux dont la vue est encore faible ; c'est pour cela que, selon moi, les fictions sont nécessaires au peuple, et que la vérité devient funeste à ceux qui n'ont pas la force de la contempler dans tout son éclat. Si donc les lois sacerdotales permettent la réserve des jugements et l'allégorie des paroles, je pourrai accepter la dignité qu'on me propose, à condition qu'il me sera permis d'être philosophe chez moi et au dehors narrateur d'apologues et de paraboles…. Que peuvent avoir de commun, en effet, la vile multitude et la sublime sagesse ? La vérité doit être tenue secrète et les foules ont besoin d'un enseignement proportionnel à leur imparfaite raison. »

Synésius eut tort d'écrire de pareilles choses. Quoi de plus maladroit, en effet, que de laisser voir une arrière-pensée lorsqu'on est chargé d'un enseignement public ? C'est d'après de pareilles indiscrétions que bien des gens vont répétant encore de nos jours : il faut une religion pour le peuple ! Mais qu'est-ce que le peuple ? Personne ne veut en être lorsqu'il s'agit d'intelligence et de moralité.

Le livre le plus remarquable de Synésius est un *Traité des songes.* Il y développe les pures doctrines kabbalistiques et s'élève comme théosophe à une hauteur qui rend son style obscur et qui l'a fait soupçonner d'hérésie ; mais il n'y avait en lui ni l'entêtement ni le fanatisme d'un sectaire. Il vécut et mourut dans la paix de l'Église, exposant franchement ses doutes, mais se soumettant à l'autorité hiérarchique : son clergé et son peuple ne voulurent rien exiger de plus.

Suivant Synésius, l'état de rêve prouve la spécialité et l'immatérialité de l'âme qui se crée alors un ciel, des campagnes, des palais inondés de lumière, ou des cavernes sombres, suivant ses affections et ses désirs. On peut juger du progrès moral par les habitudes des rêves, car en cet état le libre arbitre est suspendu, et la fantaisie s'abandonne tout entière aux instincts dominants. Les images se produisent alors, soit comme un reflet, soit comme une ombre de la pensée. Les pressentiments y prennent un corps, les souvenirs se mêlent aux espérances. Le livre des rêves s'écrit alors en caractères tantôt splendides tantôt obscurs, mais on peut trouver des règles certaines pour le déchiffrer et pour le lire.

Jérôme Cardan a écrit un long commentaire sur le *Traité des songes* de Synésius, et l'a en quelque sorte complété par un dictionnaire de tous les songes avec leur explication. Ce travail n'a rien de commun avec les petits livres ridicules qu'on trouve dans la librairie de pacotille, et il appartient réellement à la bibliothèque sérieuse des sciences occultes.

Quelques critiques ont attribué à Synésius les livres extrêmement remarquables qui portent le nom de saint Denis l'Aréopagite; ce qui est maintenant généralement reconnu, c'est qu'ils sont apocryphes et appartiennent à la belle époque de l'école d'Alexandrie. Ces livres, dont on ne peut comprendre toute la sublimité si l'on n'est initié aux secrets de la haute kabbale, sont le véritable monument de la conquête de cette science par le christianisme. Les principaux traités sont ceux des noms divins, de la hiérarchie dans le ciel et de la hiérarchie dans l'Église. Le traité des noms divins explique en les simplifiant tous les mystères de la théologie rabbinique. Dieu, dit l'auteur, est le principe infini et indéfinissable parfaitement un et indicible, mais nous lui donnons des noms qui expriment nos aspirations vers cette perfection divine; l'ensemble de ces noms, leurs relations avec les nombres, composent ce qu'il y a de plus élevé dans la pensée humaine, et la théologie est moins la science de Dieu que celle de nos aspirations les plus sublimes. L'auteur établit ensuite sur l'échelle primitive des nombres tous les degrés de la hiérarchie spirituelle toujours régie par le ternaire. Les ordres angéliques sont au nombre de trois et chaque ordre contient trois chœurs. C'est sur ce modèle que la hiérarchie doit s'établir aussi sur la terre. L'Église en présente le type le plus parfait : il y a les princes de l'Église, les évêques et les simples ministres. Parmi les princes, on compte des cardinaux-évêques, des cardinaux-prêtres et des cardinaux-diacres; parmi les évêques, il y a les archevêques, les évêques et les prélats coadjuteurs; parmi les ministres, il y a les curés, les simples prêtres et les diacres. On s'élève à cette sainte hiérarchie par trois degrés préparatoires, le sous-diaconat, les ordres mineurs et la cléricature. Les fonctions de tous ces ordres correspondent à celles des anges et des saints, et doivent glorifier les noms divins triples pour chacune des trois personnes, puisque dans chacune des hypostases divines on adore la trinité tout entière. Cette théologie transcendantale était celle de la primitive Église, et peut-être ne l'a-t-on attribuée à saint Denis l'Aréopagite que par suite d'une tradition qui remontait au temps même des apôtres et de saint Denis, comme les rabbins rédacteurs du Sépher Jézirah ont attribué ce livre au patriarche Abraham, parce qu'il contient les principes de la tradition conservée de père en fils dans la famille de ce patriarche. Quoi qu'il en soit, les livres de saint Denis l'Aréopagite sont précieux pour la science ; ils consacrent l'union des initiations de l'ancien monde avec la révélation du christianisme, en alliant une intelligence parfaite de la suprême philosophie avec l'orthodoxie la plus complète et la plus irréprochable.

LIVRE IV.

LA MAGIE ET LA CIVILISATION.

ד, Daleth.

CHAPITRE PREMIER.

MAGIE CHEZ LES BARBARES.

SOMMAIRE. — Le monde fantastique des sorciers. — Prodiges accomplis et monstres vaincus pendant les premiers siècles de l'ère chrétienne. — La Gaule magique. — Philosophie secrète des druides. — Leur théogonie, leurs rites. — Évocations et sacrifices. — Mission et influence des eubages. — Origine du patriotisme français. — Médecine occulte.

La magie noire reculait devant la lumière du christianisme, Rome était conquise par la croix et les prodiges se réfugiaient dans ce cercle d'ombre que les provinces barbares faisaient autour de la nouvelle splendeur romaine. Entre un grand nombre de phénomènes étranges, en voici un qui fut constaté sous le règne de l'empereur Adrien :

A Tralles en Asie, une jeune fille noble nommée *Philinnium*, originaire de Corinthe, et fille de Démostratès et de Charito, s'était éprise d'un jeune homme de basse condition nommé *Machatès*. Un mariage était impossible, Philinnium, comme nous l'avons dit, était noble et c'était de plus une fille unique et une riche héritière. Machatès

LA MAGIE HERMÉTIQUE
tirée d'un ancien manuscrit.

était un homme du peuple et tenait une hôtellerie (1). La passion de Philinnium s'exaspéra par les obstacles ; elle s'échappa de la maison paternelle, et vint trouver Machatès. Un commerce illégitime s'établit entre eux et dura six mois, après lesquels la jeune fille fut découverte par ses parents, reprise par eux et sévèrement séquestrée. On prit même des mesures pour quitter le pays et emmener Philinnium à Corinthe ; mais alors la jeune fille, qui avait sensiblement dépéri depuis qu'elle était séparée de son amant, fut atteinte d'une maladie de langueur, elle ne souriait plus, ne dormait plus, refusait toute nourriture, et définitivement elle mourut.

Les parents renoncèrent alors à leur départ, et achetèrent un caveau funéraire où la jeune fille fut déposée couverte des plus riches vêtements. Cette sépulture était dans un enclos appartenant à la famille, où personne n'entra plus, car les païens n'avaient pas coutume d'aller prier près de la tombe des morts.

Machatès ignorait ce qu'était devenue sa maîtresse ; tout s'était passé en secret, tant cette noble famille craignait le scandale. La nuit qui suivit la sépulture de Philinnium, le jeune homme était prêt à se coucher, lorsque sa porte s'ouvrit lentement, il s'avança tenant sa lampe à la main, et reconnut Philinnium magnifiquement parée, mais pâle, froide, et le regardant avec des yeux d'une effrayante fixité.

Machatès courut à elle, la prit dans ses bras, lui fit mille questions et mille caresses, ils passèrent enfin la nuit ensemble, mais avant le jour Philinnium se leva et

(1) Cette circonstance, qui ne se trouve pas dans Phlégon, a été ajoutée par les démonographes français.

disparut pendant que son amant était encore plongé dans un profond sommeil.

La jeune fille avait une vieille nourrice qui la pleurait et qu'elle avait tendrement aimée. Peut-être cette femme avait-elle été complice des égarements de la pauvre morte, et depuis qu'on avait enseveli sa bien-aimée elle ne dormait plus, et se relevait souvent la nuit dans une sorte de délire pour aller rôder autour de la demeure de Machatès. Quelques jours donc après ce que nous venons de raconter, la nourrice passant le soir à une heure assez avancée près de la maison du jeune homme vit de la lumière dans sa chambre. Elle s'approcha, et regardant par les fentes de l aporte, elle reconut Philinnium qui était assise près de son amant, le contemplant sans rien dire et s'abandonnant à ses caresses.

La pauvre femme tout éperdue courut chez ses maîtres, éveilla la mère et lui raconta ce qu'elle venait de voir ; la mère la traita d'abord de visionnaire et de folle, puis enfin vaincue par ses instances, elle se lève et se rend à la maison de Machatès. Tout dormait déjà, elle frappe, personne ne lui répond ; elle regarde par les fentes de la porte, la lampe était éteinte, mais un rayon de la lune éclairait encore la chambre. Sur un siége, Charito reconnut les vêtements de sa fille et dans le lit, malgré l'ombre de l'alcove, elle distingua la forme de deux personnes qui dormaient.

L'épouvante saisit la mère, elle retourna chez elle en chancelant, n'eut pas le courage de visiter le sépulcre de sa fille et passa le reste de la nuit dans l'agitation et dans les larmes.

Le lendemain elle retourna au logis de Machatès et le

questionna avec douceur. Le jeune homme avoua que Philinnium revenait le voir toutes les nuits. « Pourquoi me la refuser, dit-il à la mère, nous sommes fiancés devant les dieux; » et, ouvrant un coffre, il montra à Charito l'anneau et la ceinture de sa fille. « Elle me les a donnés la nuit dernière, ajouta-t-il, en me jurant de n'appartenir jamais qu'à moi ; ne cherchez donc plus à nous séparer puisqu'une promesse mutuelle nous réunit.

— Iras-tu donc à ton tour la trouver dans sa tombe, dit la mère. Philinnium est morte depuis quatre jours et c'est sans doute une sorcière ou une stryge qui aura pris sa figure pour te tromper ; tu es le fiancé de la mort, demain tes cheveux blanchiront, après-demain on pourra t'ensevelir aussi, et c'est de cette manière que les dieux vengent l'honneur d'une famille outragée. »

Machatès pâlit et trembla en entendant ce langage, il craignit d'avoir été le jouet des puissances infernales ; il dit à Charito d'amener son mari le soir même, il les ferait cacher près de sa chambre, et à l'heure où le fantôme entrerait, il donnerait un signal pour les prévenir.

Ils vinrent en effet, et à l'heure accoutumée Philinnium entra chez Machatès, qui s'était couché tout habillé et faisait semblant de dormir.

La jeune fille se déshabille et vient se placer près de lui, Machatès donne le signal, Démostrates et Charito entrent avec des flambeaux à la main, et poussent un grand cri en reconnaissant leur fille.

Philinnium alors lève sa tête, pâle puis elle se dresse tout entière sur le lit, et dit d'une voix creuse et terrible : « O mon père et ma mère, pourquoi avez-vous été jaloux de mon bonheur, et pourquoi me poursuivez-vous au delà même de la tombe? Mon amour avait fait violence aux dieux infernaux, la puissance de la mort était suspendue, trois jours encore et j'étais rendue à la vie! mais votre curiosité cruelle anéantit le miracle de la nature : vous me tuez une seconde fois !... »

En achevant ces paroles elle tomba sur le lit comme une masse inerte. Ses traits se flétrirent tout à coup, une odeur cadavéreuse remplit la chambre, et on ne vit plus que les restes défigurés d'une fille morte depuis cinq jours.

Le lendemain toute la ville fut bouleversée par la nouvelle de ce prodige. On courut au cirque où toute l'histoire fut publiquement racontée, puis la foule se porta au caveau mortuaire de Philinnium. La jeune fille n'y était plus, mais on trouva à sa place un anneau de fer et une coupe dorée qu'elle avait reçus en présents de Machatès. On retrouva le cadavre dans la chambre de l'hôtellerie ; Machatès avait disparu.

Les devins furent consultés et ordonnèrent d'enterrer les restes de Philinnium hors de l'enceinte de la ville. On fit des sacrifices aux furies et au Mercure terrestre, on conjura les dieux mânes et l'on fit des offrandes à Jupiter hospitalier.

Phlégon, affranchi d'Adrien, qui fut témoin oculaire de ces faits et qui les raconte dans une lettre particulière, ajoute qu'il dut employer son autorité pour calmer la ville agitée par un événement si extraordinaire, et finit son récit par ces mots : « Si vous jugez à propos d'en informer l'empereur, faites-le-moi savoir afin que je vous envoie quelques-uns de ceux qui ont été témoins de toutes ces choses. »

C'est donc une histoire bien avérée que celle de Philinnium. Un grand poëte allemand en a fait le sujet d'une ballade que tout le monde sait par cœur, et qui est intitulée la *Fiancée de Corinthe*. Il suppose que les parents de la jeune fille étaient chrétiens, ce qui lui donne l'occasion de faire une opposition fort poétique des passions humaines et des devoirs de la religion. Les démonographes du moyen âge n'eussent pas manqué d'expliquer la résurrection ou peut-être la mort apparente de la jeune Grecque par une obsession diabolique. Nous y voyons, pour notre part, une léthargie hystérique accompagnée de somnambulisme lucide; le père et la mère de Philinnium la tuèrent en la réveillant et l'imagination publique exagéra toutes les circonstances de cette histoire.

Le Mercure terrestre auquel les devins ordonnèrent des sacrifices n'est autre chose que la lumière astrale personnifiée. C'est le génie fluidique de la terre, génie fatal pour les hommes qui l'excitent sans savoir le diriger; c'est le foyer de la vie physique et le réceptacle aimanté de la mort.

Cette force aveugle que la puissance du christianisme allait enchaîner et repousser dans le puits de l'abîme, c'est-à-dire au centre de la terre, manifesta ses dernières convulsions et ses derniers efforts chez les Barbares par des enfantements monstrueux. Il n'est guère de régions où les prédicateurs de l'Évangile n'aient eu à combattre des animaux aux formes hideuses, incarnations de l'idolâtrie agonisante. Les vouivres, les graouillis, les gargouilles, les tarasques, ne sont pas uniquement des allégories. Il est certain que les désordres moraux produisent des laideurs physiques et réalisent en quelque sorte les épouvantables figures que la tradition prête aux démons. Les ossements fossiles, à l'aide desquels la science de Cuvier a reconstruit des monstres gigantesques, appartiennent-ils réellement tous à des époques antérieures à notre création? Est-ce une allégorie que cet immense dragon que Régulus dut attaquer avec des machines de guerre, et qu'on trouva, au dire de Tite-Live et de Pline, sur les bords du fleuve Bagrada? Sa peau qui avait cent vingt pieds de long fut envoyée à Rome, et y fut conservée jusqu'à l'époque de la guerre contre Numance. C'était une tradition chez les anciens, que les dieux irrités par des crimes extraordinaires, envoyaient des monstres sur la terre, et cette tradition est trop universelle pour n'être point appuyée sur des faits réels, les récits qui s'y rapportent appartiennent moins souvent à la mythologie qu'à l'histoire.

Dans tous les souvenirs qui nous restent des peuples barbares à l'époque où le christianisme les conquit à la civilisation, nous trouvons avec les dernières traces de la haute initiation magique répandue autrefois par tout le monde, les preuves de l'obscurcissement qu'avait subi cette révélation primitive et de l'avilissement idolâtrique dans lequel le symbolisme de l'ancien monde était tombé ; partout régnaient, au lieu des disciples des mages, les devins, les sorciers et les enchanteurs. On avait oublié le Dieu suprême pour diviniser les hommes. Rome avait donné cet exemple à ses provinces, et l'apothéose des Césars avait appris au monde la religion des dieux de sang. Les Germains, sous le nom d'Irminsul, adoraient cet Arminius, ou Hermann, qui fit pleurer à Auguste les légions de Varus, et lui offraient des victimes humaines. Les Gaulois donnaient à Brennus les attributs de Taranis et de Teutatès, et brûlaient en son honneur des colosses d'osier remplis de Romains. Partout régnait le matérialisme, car l'idolâtrie n'est pas autre chose, et la superstition toujours cruelle parce qu'elle est lâche.

La Providence qui prédestinait la Gaule à devenir la France très chrétienne y avait pourtant fait briller la lumière des éternelles vérités. Les premiers druides avaient été les vrais enfants des mages, et leur initiation venait de l'Égypte et de la Chaldée, c'est-à-dire des sources pures de la kabbale primitive : ils adoraient la trinité sous les noms d'*Isis* ou *Ilésus*, l'harmonie suprême; de *Belen* ou *Bel*, qui signifie en assyrien le Seigneur, nom correspondant à celui d'Adonaï ; et de *Camul* ou *Camaël*, nom qui dans la kabbale personnifie la justice divine. Au-dessous de ce triangle de lumière ils supposaient un reflet divin, composé aussi de trois rayons personnifiés : d'abord Teutatès ou Teuth, le même que le Thoth des Égyptiens, le verbe ou l'intelligence formulée, puis la force et la beauté dont les noms variaient comme les emblêmes. Ils complétaient enfin le septénaire sacré par une image mystérieuse qui représentait le progrès du dogme et ses réalisations futures : c'était une jeune fille voilée tenant un enfant dans ses bras, et ils dédiaient cette image *à la vierge qui deviendra mère* (1).

Les anciens druides vivaient dans une rigoureuse abstinence, gardaient le plus profond secret sur leurs mystères, étudiaient les sciences naturelles et n'admettaient parmi eux de nouveaux adeptes qu'après de lon-

---

(1) On a trouvé à Chartres une statue druidique ayant cette forme et cette inscription :

VIRGINI PARITURÆ.

gues initiations. Ils avaient à Autun un collége célèbre dont les armoiries, au dire de Saint-Foix, subsistent encore dans cette ville : elles sont d'azur à la couchée de serpents d'argent surmontée d'un gui de chêne garni de ses glands de sinople ; c'est pour le distinguer des autres guis que le blason donne des glands au gui de chêne, mais la branche de chêne seule porte des glands. Le gui est un feuillage parasite qui ne fructifie pas comme l'arbre qui l'a porté.

Les druides ne construisaient pas de temples, ils accomplissaient les rites de leur religion sur les dolmens et dans les forêts. On se demande encore à l'aide de quelles machines ils ont pu soulever les pierres colossales qui formaient leurs autels, et qui se dressent encore sombres et mystérieuses sous le ciel nuageux de l'Armorique. Les anciens sanctuaires avaient leurs secrets qui ne sont pas venus jusqu'à nous.

Les druides enseignaient que l'âme des ancêtres s'attache aux enfants ; qu'elle est heureuse de leur gloire ou tourmentée de leur honte ; que les génies protecteurs s'attachent aux arbres et aux pierres de la patrie ; que le guerrier mort pour son pays a expié toutes ses fautes et rempli dignement sa tâche, il devient alors un génie, et désormais il exerce le pouvoir des dieux. Aussi chez les Gaulois le patriotisme était-il une religion : les femmes et les enfants même s'armaient, s'il le fallait, pour repousser l'invasion, et les Jeanne d'Arc, les Jeanne Hachette de Beauvais, n'ont fait que continuer les traditions de ces nobles filles des Gaules.

Ce qui attache au sol de la patrie, c'est la magie des souvenirs.

Les druides étaient prêtres et médecins; ils guérissaient par le magnétisme, et ils attachaient leur influence fluidique à des amulettes. Le gui de chêne et l'œuf de serpent étaient leurs panacées universelles, parce que ces substances attirent d'une manière toute particulière la lumière astrale. La solemnité avec laquelle on récoltait le gui, attirait sur ce feuillage la confiance populaire et le magnétisait à grands courants. Aussi opérait-il des cures merveilleuses, surtout lorsqu'il était appliqué par les eubages avec des conjurations et des charmes. N'accusons pas nos pères de trop de crédulité, ils savaient peut-être ce que nous ne savons plus.

Les progrès du magnétisme feront découvrir un jour les propriétés absorbantes du gui de chêne. On saura alors le secret de ces excroissances spongieuses qui attirent le luxe inutile des plantes et se surchargent de coloris et de saveur : les champignons, les truffes, les galles d'arbres, les différentes espèces de gui, seront employés avec discernement par une médecine nouvelle à force d'être ancienne. On ne rira plus alors de Paracelse qui recueillait l'*usnée* sur les crânes des pendus; mais il ne faut pas marcher plus vite que la science, elle ne recule que pour mieux avancer.

CHAPITRE II.

INFLUENCE DES FEMMES.

SOMMAIRE. — Influence des femmes chez les Gaulois. — Les vierges de l'île de Sayne. — La magicienne Velléda. — Bertha la fileuse. — Mélusine. — Les elfes et les fées. — Sainte Clotilde et sainte Geneviève. — La sorcière Frédégonde.

La Providence en imposant à la femme les devoirs si sévères et si doux de la maternité, lui a donné droit à la protection et au respect de l'homme. Assujettie par la nature même aux conséquences des affections qui sont sa vie, elle conduit ses maîtres avec les chaînes que l'amour lui donne ; plus elle est soumise aux lois qui constituent et qui protègent son honneur, plus elle est puissante et respectée dans le sanctuaire de la famille. Pour elle, se révolter, c'est abdiquer, et lui prêcher une prétendue émancipation, c'est lui conseiller le divorce en la vouant d'avance à la stérilité et au mépris.

Le christianisme seul a pu légitimement émanciper la femme en l'appelant et à la virginité à la gloire du sacrifice. Numa avait pressenti ce mystère lorsqu'il instituait les vestales ; mais les druides dévançaient le christianisme en écoutant les inspirations des vierges, et en rendant des honneurs presque divins aux prêtresses de l'île de Sayne.

En Gaule, les femmes ne régnaient pas par leur coquetterie et par leurs vices, mais elles gouvernaient par leurs conseils. On ne faisait ni la paix ni la guerre sans les avoir consultées ; les intérêts du foyer et de la famille étaient ainsi plaidés par les mères, et l'orgueil national devenait juste lorsqu'il était ainsi tempéré par l'amour maternel de la patrie.

Chateaubriand a calomnié *Velléda* en la faisant succomber à l'amour d'Eudore. Velléda vécut et mourut vierge. Elle était déjà vieille quand les Romains envahirent les Gaules : c'etait une espèce de pythie qui prophétisait dans les grandes solennités, et dont on recueillait les oracles avec vénération ; elle était vêtue d'une longue robe noire sans manches, la tête couverte d'un voile blanc qui lui descendait jusqu'aux pieds ; elle portait une couronne de verveine et avait à sa ceinture une faucille d'or ; son sceptre avait la forme d'un fuseau, son pied droit était chaussé d'une sandale et son pied gauche portait une sorte de chaussure à poulaine. On a pris plus tard les statues de Velléda pour celles de *Berthe* au long pied. La grande prêtresse, en effet, portait les insignes de la divinité protectrice des druidesses ; c'était *Hertha* ou *Wertha*, la jeune Isis gauloise, la reine du ciel, la vierge qui devait enfanter. On la représentait avec un pied sur la terre et l'autre sur l'eau, parce qu'elle était reine de l'initiation et qu'elle présidait à la science universelle des choses. Le pied qu'elle posait sur l'eau était ordinairement porté par une barque analogue à la barque ou à la conque de l'ancienne Isis. Elle tenait le fuseau des Parques chargé d'un laine moitié blanche et moitié noire, parce qu'elle préside à toutes les formes et à tous les symboles, et qu'elle tisse le vêtement des idées. On lui donnait aussi la forme allégorique des sirènes moitié femme et moitié poisson, ou le torse d'une belle jeune fille et deux jambes faites en serpents, pour signifier la mutation et la mobilité continuelle des choses, et l'alliance analogique des contraires dans la manifestation de toutes les forces occultes de la nature. Sous cette dernière forme, Hertha prenait le nom de *Mélusine* ou *Mélosina* (la *musicienne*, la *chanteuse*), c'est-à-dire la *sirène* révélatrice des harmonies. Telle est l'origine des images et des légendes de la reine Berthe et de la fée Mélusine. Cette dernière se montra, dit-on, dans le xie siècle à un seigneur de Lusignan; elle en fut aimée et consentit à le rendre heureux, à condition qu'il ne chercherait pas à épier les mystères de son existence; le seigneur le promit, mais la jalousie le rendit curieux et parjure; il épia Mélusine, et la surprit dans ses méthamorphose, car une fois par semaine la fée reprenait ses jambes de serpents. Il poussa un cri auquel répondit un autre cri plus désespéré et plus terrible. Mélusine avait disparu, mais elle revient encore en poussant des clameurs lamentables toutes les fois qu'une personne de la maison de Lusignan est sur le point de mourir.

Cette légende est imitée de la fable de Psyché, et se rapporte, comme cette fable, au danger des initiations sacriléges ou à la profanation des mystères de la religion et de l'amour; le récit en est emprunté aux traditions des anciens bardes, et elle sort évidemment de la savante école des druides. Le xie siècle s'en est emparé et l'a mise à la mode, mais elle existait déjà depuis longtemps.

L'inspiration en France semble appartenir surtout aux femmes; les *elfes* et les *fées* y ont précédé les saintes, et les saintes françaises ont presque toutes quelque chose de féerique dans leur légende. *Sainte Clotilde* nous a fait chrétiens, *sainte Geneviève* nous a conservés Français en repoussant par l'énergie de sa vertu et de sa foi l'invasion menaçante d'Attila. *Jeanne d'Arc..*, mais celle-ci était plutôt de la famille des fées que de la hiérarchie des saintes ; elle mourut comme Hypathie, victime des dons merveilleux de la nature et martyre de son caractère généreux. Nous en reparlerons plus tard. Sainte Clotilde fait encore des miracles dans nos provinces. Nous avons vu aux Andelys la foule des pèlerins se presser autour d'une piscine où l'on plonge tous les ans la statue de la sainte ; le premier malade qui descend ensuite dans l'eau est immédiatement guéri, c'est du moins ce que proclame tout haut la confiance populaire. C'était une énergique femme et une grande reine que cette Clotilde, aussi fut-elle éprouvée par les plus poignantes douleurs : son premier fils mourut après avoir reçu le baptême, et sa mort fut regardée comme le résultat d'un maléfice ; le second tomba malade et allait mourir... Le caractère de la sainte ne fléchit pas et le Sicambre ayant un jour besoin d'un courage plus qu'humain se souvint du dieu de Clotilde. Veuve après avoir converti et fondé en quelque sorte un grand royaume, elle vit égorger pour ainsi dire sous ses yeux les deux enfants de Clodomir. C'est par de semblables douleurs que les reines de la terre ressemblent à la reine du ciel.

Après la grande et resplendissante figure de Clotilde, nous voyons apparaître dans l'histoire, comme un repoussoir hideux, le funeste personnage de *Frédégonde*, cette femme dont le regard est un maléfice, cette sorcière qui tue les princes. Frédégonde accusait volontiers ses rivales de magie et les faisait mourir au milieu des supplices qu'elle seule méritait. Il restait à Chilpéric un fils de sa première femme : ce jeune prince, qui se nommait Clovis, s'était épris d'une jeune fille du peuple dont la mère passait pour sorcière. On accusa la mère et la fille d'avoir troublé par des philtres la raison de Clovis, et d'avoir fait mourir par des envoûtements magiques les deux enfants de Frédégonde. Les deux malheureuses femmes furent arrêtées; **Klodswinthe**, la jeune fille, fut battue de verges, on lui coupa ses beaux cheveux, et Frédégonde les attacha elle-même à la porte de l'appartement du jeune prince, puis on fit mettre Klodswinthe en jugement. Ses réponses simples et fermes étonnèrent les juges : quelqu'un conseilla, dit un chroniqueur, de la soumettre à l'épreuve de l'eau bouillante; un anneau béni fut jeté dans une cuve placée sur un grand feu, et l'accusée, vêtue de blanc, après s'être confessée et avoir communié, dut plonger son bras dans la cuve et chercher l'anneau. A l'immobilité des traits de Klodswinthe, tout le monde crut qu'un miracle s'était accompli, mais un cri de réprobation et d'horreur s'éleva quand la malheureuse enfant retira son bras affreusement brûlé. Alors elle demanda la permission de parler, et dit à ses juges et au peuple : « Vous demandiez un miracle à Dieu pour preuve de mon innocence. Dieu ne veut pas qu'on le tente et il ne suspend pas les lois de la nature suivant le caprice des hommes; mais il donne la force à ceux qui croient en lui, et il a fait pour moi une merveille bien plus grande que celle qu'il vous a refusée. Cette eau m'a brûlée, et j'y ai plongé mon bras tout entier et j'ai cherché et ramené l'anneau. Je n'ai ni crié, ni pâli, ni défailli dans cette horrible torture. Si j'étais magicienne, comme vous le dites, j'aurais employé des maléfices pour ne pas brûler, mais je suis chrétienne et Dieu m'a fait la grâce de le prouver par la constance des martyrs. » Cette logique n'était pas de nature à être comprise à une époque si barbare. Klodswinthe fut reconduite en prison en attendant le dernier supplice, mais Dieu la prit en pitié et l'appela à lui, dit la chronique où nous avons puisé ces détails. Si ce n'est qu'une légende, il faut convenir qu'elle est belle et mérite d'être conservée.

Frédégonde perdait une de ses victimes, mais les deux autres ne lui échappèrent pas. La mère de Klodswinthe fut mise à la torture, et, vaincue par les tourments, elle avoua tout ce qu'on voulut, même la culpabilité de sa fille, même la complicité de Clovis. Frédégonde, armée de ses aveux, obtint du féroce et imbécile Chilpéric l'abandon de son fils. Le jeune prince fut arrêté et poignardé dans sa prison. Frédégonde déclara qu'il avait voulu échapper à ses remords par le suicide. Le cadavre du malheureux Clovis fut mis sous les yeux de son père, le poignard était encore dans la plaie. Chilpéric regarda froidement ce spectacle; il était entièrement dominé par Frédégonde qui le trompait effrontément avec les officiers de son palais. On se cachait si peu que le roi eut malgré lui des preuves de son déshonneur. Au lieu de tuer sur-le-champ la reine et son complice, il partit sans rien dire pour la chasse. Il eût peut-être souffert cet outrage sans se plaindre de peur de déplaire à Frédégonde, mais cette femme eut honte pour lui, elle lui fit l'honneur de croire à sa colère afin d'avoir un prétexte pour l'assassiner; il l'avait rassasiée de crimes et de bassesses, elle le fit tuer par dégoût.

Frédégonde, qui faisait brûler comme sorcières les femmes coupables seulement de lui avoir déplu, s'exerçait elle-même à la magie noire, et protégeait ceux qu'elle croyait vraiment sorciers. Agéric, évêque de Verdun, avait fait arrêter une pythonisse qui gagnait beaucoup d'argent en faisant retrouver les objets perdus et en dénonçant les voleurs ; c'était vraisemblablement une somnambule. On exorcisa cette femme, le diable déclara qu'il ne sortirait point tant qu'on le tiendrait enchaîné, mais que si on laissait la pythonisse seule dans une église, sans surveillant et sans gardes, il sortirait certainement. On donna dans le piége, et ce fut la femme qui sortit ; elle se réfugia auprès de Frédégonde qui la cacha dans son palais et finit par la soustraire aux exorcismes et probablement au bûcher : elle fit donc cette fois une bonne action par erreur et pour le plaisir de mal faire.

CHAPITRE III.

LOIS SALIQUES CONTRE LES SORCIERS.

SOMMAIRE. — Dispositions de la loi salique contre les sorciers. — Un passage analogue du Talmud. — Décisions des conciles. — Charles Martel accusé de magie. — Le cabaliste Zédéchias. — Visions épidémiques du temps de Pépin le Bref. — Palais et vaisseaux aériens. — Les sylphes mis en jugement et condamnés à ne plus reparaître.

Sous les rois de France de la première race, le crime de magie n'entraînait la mort que pour les grands, et il s'en trouvait qui faisaient gloire de mourir pour un crime qui les élevait au-dessus du vulgaire, et les rendait redoutables même aux souverains. C'est ainsi que le général Mummol, torturé par ordre de Frédégonde, déclara n'avoir rien souffert et provoqua lui-même les épouvantables supplices à la suite desquels il mourut, en bravant ses bourreaux que tant de constance avait forcés en quelque sorte de lui faire grâce.

Dans les lois saliques, que Sigebert attribue à Pharamond, et qu'il suppose avoir été promulguées en 424, on trouve les dispositions suivantes :

« Si quelqu'un a traité hautement un autre d'*héréburge* ou *strioporte*, c'est le nom de celui qui porte le vase de cuivre au lieu où les stryges font leurs enchantements, et s'il ne peut l'en convaincre, qu'il soit condamné à une amende de sept mille cinq cents deniers qui font cent quatre-vingts sous et demi. »

« Si quelqu'un traite une femme libre de *stryge* ou de *prostituée* sans pouvoir prouver son dire, qu'il soit condamné à une amende de deux mille cinq cents deniers qui font soixante-deux sous et demi. »

« Si une stryge a dévoré un homme et qu'elle en soit convaincue, elle sera condamnée à payer huit mille deniers, qui font deux cents sous. »

On voit qu'en ce temps-là, l'antrhopophagie était possible à prix d'argent et que la chair humaine ne coûtait pas cher.

On payait cent quatre-vingt-sept sous et demi pour calomnier un homme : pour douze sous et demi de plus, on pouvait l'égorger et le manger, c'était plus loyal et plus complet.

Cette étrange législation nous rappelle un passage non moins singulier du Talmud que le célèbre rabbin Jéchiel expliqua d'une manière fort remarquable en présence d'une reine que le livre hébreu ne nomme pas : c'est sans doute la reine Blanche, car le rabbin Jéchiel vivait du temps de saint Louis.

Il s'agissait de répondre aux objections d'un juif converti, nommé Douin, et qui avait reçu au baptême le prénom de Nicolas. Après plusieurs discussions sur les textes du Talmud, on en vint à ce passage :

« Si quelqu'un a offert du sang de ses enfants à Moloch, qu'il soit puni de mort. » C'est la loi de Moïse.

Le Talmud ajoute en forme de commentaire : « Celui donc qui aura offert non-seulement du sang, mais tout le sang et toute la chair de ses enfants, en sacrifice à Moloch, ne tombe pas sous les prescriptions de la loi, et aucune peine n'est portée contre lui. »

A la lecture de cet incompréhensible raisonnement tous les assistants se récrièrent ; les uns riaient de pitié, les autres frémissaient d'indignation.

Rabbi Jéchiel obtint avec peine le silence, on l'écouta enfin, mais avec une défaveur marquée, et comme en condamnant d'avance tout ce qu'il allait dire.

« La peine de mort chez nous, dit alors Jéchiel, n'est pas une vengeance ; c'est une expiation et par conséquent une réconciliation.

» Tous ceux qui meurent par la loi d'Israël, meurent dans la paix d'Israël ; ils reçoivent la réconciliation avec la mort et dorment avec nos pères. Nulle malédiction ne descend avec eux dans la tombe, ils vivent dans l'immortalité de la maison de Jacob.

» La mort est donc une grâce suprême, c'est une guérison par le fer d'une plaie envenimée ; mais nous n'appliquons pas le fer aux incurables ; nous n'avons plus de droit sur ceux que la grandeur de leur forfait retranche à jamais d'Israël.

» Ceux-là sont morts, et il ne nous appartient plus d'abréger le supplice de leur réprobation sur la terre, ils appartiennent à la colère de Dieu.

» L'homme n'a le droit de frapper que pour guérir, c'est pour cela que nous ne frappons pas les incurables.

» Le père de famille ne châtie que ses enfants et il se contente de fermer sa porte aux étrangers.

» Les grands coupables contre lesquels notre loi ne prononce aucune peine, sont par ce fait même excommuniés à jamais, et cette réprobation est une peine plus grande que la mort. »

Cette réponse de Jéchiel est admirable, et l'on y sent respirer tout le génie patriarchal de l'antique Israël. Les juifs sont véritablement nos pères dans la science, et si au lieu de les persécuter nous avions cherché à les comprendre, ils seraient maintenant sans doute moins éloignés de notre foi.

Cette tradition talmudique prouve combien est ancienne chez les juifs la croyance à l'immortalité de l'âme. Qu'est-ce, en effet, que cette réintégration du coupable dans la famille d'Israël par une mort expiatoire, si ce n'est une protestation contre la mort même et un sublime acte de foi en la perpétuité de la vie ? Le comte Joseph de Maistre comprenait bien cette doctrine lorsqu'il élevait jusqu'à une espèce de sacerdoce exceptionnel la mission sanglante du bourreau. Le supplice supplie, dit ce grand écrivain, et l'effusion du sang n'a pas cessé d'être un sacrifice. Si la peine capitale n'était pas une suprême absolution, elle ne serait qu'une représaille de meurtre ; l'homme qui subit sa peine accomplit toute sa pénitence et rentre par la mort dans la société immortelle des enfants de Dieu.

Les lois saliques étaient celles d'un peuple encore barbare où tout se rachetait, comme à la guerre, avec une rançon. L'esclavage existait encore, et la vie humaine n'avait qu'une valeur discutable et relative. On peut toujours acheter ce qu'on a le droit de vendre, et l'on ne doit que de l'argent pour la destruction d'un objet qui coûte de l'argent.

La seule législation forte de cette époque était celle de l'Église, aussi les conciles portèrent-ils contre les stryges et les empoisonneurs qui prenaient le nom de sorciers, les peines les plus sévères. Le concile d'Agde dans le bas Languedoc, tenu en 506, les excommunie ; le premier concile d'Orléans, tenu en 511, défend expressément les opérations divinatoires ; le concile de Narbonne, en 589, frappe les sorciers d'une excommunication sans espérance, et ordonne qu'ils soient faits esclaves et vendus au profit des pauvres. Ce même concile ordonne de fustiger publiquement les *amateurs du diable*, c'est-à-dire sans doute ceux qui s'en occupaient, qui le craignaient, qui l'évoquaient, qui lui attribuaient une partie de la puissance de Dieu. Nous félicitons sincèrement les disciples de M. le comte de Mirville de n'avoir pas vécu de ce temps-là.

Pendant que ces choses se passaient en France, un extatique venait de fonder en Orient une religion et un empire. *Mahomet* était-il un fourbe ou un halluciné ? Pour les musulmans, c'est encore un prophète, et pour les savants qui connaissent à fond la langue arabe, le *Coran* sera toujours un chef-d'œuvre.

Mahomet était un homme sans lettres, un simple conducteur de chameaux, et il créa le monument le plus parfait de la langue de son pays. Ses succès ont pu passer pour des miracles, et l'enthousiasme guerrier de ses successeurs menaça un instant la liberté du monde entier ; mais toutes les forces de l'Asie vinrent un jour se briser contre la main de fer de Charles-Martel. Ce rude guerrier ne priait guère lorsqu'il fallait combattre ; manquait-il d'argent, il en prenait dans les monastères et dans les églises, il donna même des bénéfices ecclésiastiques à des soldats. Dieu, dans l'opinion du clergé, ne devait pas bénir ses armes, aussi ses victoires furent-elles attribuées à la magie. Ce prince avait tellement soulevé contre lui l'opinion religieuse, qu'un vénérable personnage, saint Eucher, évêque d'Orléans, le vit plongé dans les enfers. Le saint évêque, alors en extase, apprit d'un ange qui le conduisait en esprit à travers les régions d'outre-tombe, que les saints dont Charles-Martel avait spolié ou profané les églises lui avaient interdit l'entrée du ciel, avaient chassé son corps même de la sépulture, et l'avaient précipité au fond de l'abîme. Eucher donna avis de cette révélation à Boniface, évêque de Mayence, et à Fulrad, archichapelain de Pépin le Bref. On ouvrit le tombeau de Charles-Martel, le corps n'y était plus, la pierre intérieure était noircie et comme brûlée, une fumée infecte s'en exhala et un énorme serpent en sortit. Boniface adressa à Pépin le Bref et à Carloman le procès-verbal de l'exhumation, ou plutôt de l'ouverture du tombeau de leur père, en les invitant à profiter de ce terrible exemple et à respecter les choses saintes. Mais était-ce bien les respecter que de violer ainsi la sépulture d'un héros sur la foi d'un rêve pour attribuer à l'enfer ce travail de destruction si complétement et si vite achevé par la mort?

Sous le règne de Pépin le Bref, des phénomènes fort singuliers se montrèrent publiquement en France. L'air était plein de figures humaines, le ciel reflétait des mirages de palais, de jardins, de flots agités, de vaisseaux les voiles au vent et d'armées rangées en bataille. L'atmosphère ressemblait à un grand rêve. Tout le monde pouvait voir et distinguer les détails de ces fantastiques tableaux. Était-ce une épidémie attaquant les organes de la vision ou une perturbation atmosphérique qui projetait des mirages dans l'air condensé? N'était-ce pas plutôt une hallucination universelle produite par quelque principe enivrant et pestilentiel répandu dans l'atmosphère? Ce qui donnerait plus de probabilité à cette dernière supposition, c'est que ces visions exaspéraient le peuple; on croyait distinguer en l'air des sorciers qui répandaient à pleines mains les poudres malfaisantes et les poisons. Les campagnes étaient frappées de stérilité, les bestiaux mouraient, et la mortalité s'étendait même sur les hommes.

On répandit alors une fable qui devait avoir d'autant plus de succès et de crédit, qu'elle était plus complétement extravagante. Il y avait alors un fameux kabbaliste, nommé *Zédéchias*, qui tenait école de sciences occultes, et enseignait non pas la kabbale, mais les hypothèses amusantes auxquelles la kabbale peut donner lieu et qui forment la partie exotérique de cette science toujours cachée au vulgaire. Zédéchias amusait donc les esprits avec la mythologie de cette kabbale fabuleuse. Il racontait comment Adam, le premier homme, créé d'abord dans un état presque spirituel, habitait au-dessus de notre atmosphère où la lumière faisait naître pour lui et à son gré les végétations les plus merveilleuses ; là il était servi par une foule d'êtres de la plus grande beauté, créés à l'image de l'homme et de la femme, dont ils étaient les reflets animés, et formés de la plus pure substance des éléments : c'étaient les sylphes, les salamandres, les ondins et les gnomes ; mais dans l'état d'innocence, Adam ne régnait sur les gnômes et sur les ondins que par l'entremise des sylphes et des salamandres qui, seuls, avaient le pouvoir de s'élever jusqu'à son paradis aérien.

Rien n'égalait le bonheur du couple primitif servi par les sylphes ; ces esprits mortels étant d'une incroyable habileté pour bâtir, tisser, faire fleurir la lumière en mille formes plus variées que l'imagination la plus brillante et la plus féconde n'a le temps de les concevoir. Le paradis terrestre, ainsi nommé parce qu'il reposait sur l'atmosphère de la terre, était donc le séjour des enchantements ; Adam et Ève dormaient dans des palais de perles et de saphirs, les roses naissaient autour d'eux et s'étendaient en tapis sous leurs pieds ; ils glissaient sur l'eau dans des conques de nacre tirées par des cygnes, les oiseaux leur parlaient avec une musique délicieuse, les fleurs se penchaient pour les caresser ; la chute leur fit tout perdre en les précipitant sur la terre ; les corps matériels dont ils furent couverts, sont les peaux de bêtes dont il est parlé dans la Bible. Ils se trouvèrent seuls et nus sur une terre qui n'obéissait plus aux caprices de leurs pensées ; ils oublièrent même la vie édenique, et ne l'entrevirent plus dans leurs souvenirs que comme un rêve. Cependant, au-dessus de l'atmosphère, les régions paradisiaques s'étendaient toujours, habitées seulement par les sylphes et les salamandres qui se trouvaient ainsi gardiens des domaines de l'homme, comme des valets affligés qui restent dans le château d'un maître dont ils n'espèrent plus le retour.

Les imaginations étaient pleines de ces merveilleuses fictions lorsqu'apparurent les *mirages* du ciel et les *figures humaines* dans les nuées. Plus de doute alors, c'étaient les sylphes et les salamandres de Zédéchias qui venaient chercher leurs anciens maîtres ; on confondit les rêves avec la veille, et plusieurs personnes se crurent enlevées par les êtres aériens ; il ne fut bruit que de voyages au pays des sylphes, comme parmi nous on parle de meubles animés et de manifestations fluidiques. La folie gagna les meilleures têtes, et il fallut enfin que l'Église s'en mêlât. L'Église aime peu les communications surnaturelles faites à la multitude ; de semblables révélations détruisant le respect dû à l'autorité et la chaîne hiérarchique de l'enseignement ne sauraient être attribuées à l'esprit d'ordre et de lumière. Les fantômes des nuages furent donc atteints et convaincus d'être des illusions de l'enfer ; le peuple alors, désireux de s'en prendre à quelqu'un, se croisa en quelque sorte contre les sorciers. La folie publique se termina par une crise de fureur : les gens inconnus qu'on rencontrait dans les campagnes étaient accusés de descendre du ciel et tués sans miséricorde ; plusieurs maniaques avouèrent qu'ils avaient été enlevés par des sylphes ou par des démons ; d'autres, qui s'en étaient déjà vantés, ne voulurent plus ou ne purent plus s'en dédire : on les brûlait, on les jetait à l'eau et on croirait à peine, dit Garinet (1), quel grand nombre ils en firent périr ainsi dans tout le royaume. Ainsi se dénouent ordinairement les drames où les premiers rôles sont joués par l'ignorance et par la peur.

Ces épidémies visionnaires se reproduisirent sous les règnes suivants, et la toute-puissance de Charlemagne dut intervenir pour calmer l'agitation publique. Un édit, renouvelé depuis par Louis le Débonnaire, défendit aux sylphes de se montrer sous les peines les plus graves. On comprit qu'à défaut des sylphes ces peines atteindraient ceux qui se vanteraient de les avoir vus et on finit par ne les plus voir ; les vaisseaux aériens rentrèrent dans le port de l'oubli et personne ne prétendit plus avoir voyagé dans le ciel. D'autres frénésies populaires remplacèrent celle-là, et les splendeurs romanesques du grand règne de Charlemagne vinrent fournir aux légendaires assez d'autres prodiges à croire et d'autres merveilles à raconter.

(1) Garinet, *Histoire de la magie en France*, 1818, 1 vol. in-8.

CHAPITRE IV.

LÉGENDES DU RÈGNE DE CHARLEMAGNE.

Sommaire. — L'épée enchantée et le cor magique de Roland. — L'Enchiridion de Léon III. — Le sabbat. — Les tribunaux secrets ou les francs-juges. — Dispositions des Capitulaires contre les sorciers. — La chevalerie errante.

Charlemagne est le véritable prince des enchantements et de la féerie, son règne est comme une halte solennelle et brillante entre la barbarie et le moyen âge; c'est une apparition de majesté et de grandeur qui rappelle les pompes magiques du règne de Salomon, c'est une résurrection et une prophétie. En lui l'empire romain, enjambant les origines gauloises et franques, reparaît dans toute sa splendeur; en lui aussi, comme dans un type évoqué et réalisé par divination, se montre d'avance l'empire parfait des âges de la civilisation mûrie, l'empire couronné par le sacerdoce et appuyant son trône contre l'autel.

A Charlemagne commence l'ère de la chevalerie et l'épopée merveilleuse des romans; les chroniques du règne de ce prince ressemblent toutes à l'histoire des quatre fils Aymon ou d'Oberon l'enchanteur. Les oiseaux parlent pour remettre dans le bon chemin l'armée française égarée dans les forêts; des colosses d'airain se dressent au milieu de la mer et montrent à l'empereur les voies ouvertes de l'Orient. Roland, le premier des paladins, possède une épée magique, baptisée comme une chrétienne et nommée *Durandal*; le preux parle à son épée, et elle semble le comprendre, rien ne résiste à l'effort de ce glaive surnaturel. Roland possède aussi un cor d'ivoire si artistement fait, que le moindre souffle y produit un bruit qui s'entend de vingt lieues à la ronde et qui fait trembler les montagnes ; lorsque Roland succombe à Roncevaux, plutôt écrasé que vaincu, il se soulève encore comme un géant sous un déluge d'arbres et de roches roulantes, il sonne du cor, et les Sarrazins prennent la fuite. Charlemagne, qui est à plus de dix lieues de là, entend le cor de Roland et veut aller à son secours ; mais il en est empêché par le traître Ganelon qui a vendu l'armée française aux barbares. Roland, se voyant abandonné, embrasse une dernière fois sa Durandal, puis, réunissant toutes ses forces, il en frappe à deux mains un quartier de montagne contre lequel il espère la briser pour ne pas la laisser tomber au pouvoir des infidèles, le quartier de montagne est pourfendu sans que Durandal soit ébréchée. Roland la serre sur sa poitrine et meurt avec une mine si haute et si fière que les Sarrazins n'osent descendre pour l'approcher et lancent encore en tremblant une grêle de flèches contre leur vainqueur qui n'est plus.

Charlemagne donnant un trône à la papauté et recevant d'elle l'empire du monde, est le plus grandiose de tous les personnages de notre histoire.

Nous avons parlé de l'*Enchiridion*, ce petit livre renfermant avec les plus belles prières chrétiennes les caractères les plus cachés de la Kabbale. La tradition occulte attribue ce petit livre à Léon III, et affirme qu'il fut donné par le pontife à Charlemagne comme le plus rare de tous les présents. Le souverain propriétaire de ce livre, et sachant dignement s'en servir, devait être le maître du monde. Cette tradition n'est peut-être pas à dédaigner.

Elle suppose :

1° L'existence d'une révélation primitive et universelle, expliquant tous les secrets de la nature et les accordant avec les mystères de la grâce, conciliant la raison avec la foi parce que toutes deux sont filles de Dieu et concourent à éclairer l'intelligence par leur double lumière ;

2° La nécessité où l'on a toujours été réduit de cacher cette révélation à la multitude, de peur qu'elle n'en abuse en l'interprétant mal, et qu'elle ne se serve contre la foi des forces de la raison ou des puissances de la foi même pour égarer la raison que le vulgaire n'entend jamais bien ;

3° L'existence d'une tradition secrète réservant aux souverains pontifes et aux maîtres temporels du monde la connaissance de ces mystères ;

4° La perpétuité de certains signes ou pantacles exprimant ces mystères d'une manière hiéroglyphique, et connus des seuls adeptes.

L'Enchiridion serait un recueil de prières allégoriques, ayant pour clefs les pantacles les plus mystérieux de la kabbale.

Nous décrivons ici la figure des principaux pantacles de l'Enchiridion.

Le *premier*, qui est gravé sur la couverture même du livre, représente un triangle équilatéral renversé, inscrit dans un double cercle. Sur le triangle sont écrits de manière à former le tau prophétique, les deux mots

אלהים, Éloïm, et צבאות, Sabaoth, qui signifie le Dieu des armées, l'équilibre des forces naturelles et l'harmonie des nombres. Aux trois côtés du triangle sont les trois grands noms יהוה, Jéhovah, אדני, Adonaï, אגלא, Agla ; au-dessus du nom de Jéhovah est écrit en latin *formatio*, au-dessus d'Adonaï, *reformatio*, et au-dessus d'Agla, *transformatio*. Ainsi la création est attribuée au Père, la rédemption ou la réforme au Fils, et la sanctification ou transformation au Saint-Esprit, suivant les lois mathématiques de l'action de la réaction et de l'équilibre. Jéhovah est en effet aussi la genèse ou la formation du dogme par la signification élémentaire des quatre lettres du tétragramme sacré ; Adonaï est la réalisation de ce dogme en forme humaine, dans le Seigneur visible, qui est le fils de Dieu ou l'homme parfait ; et Agla, comme nous l'avons assez longuement expliqué ailleurs, exprime la synthèse de tout le dogme et de toute la science kabbalistique, en indiquant clairement par les hiéroglyphes dont ce nom admirable est formé le triple secret du grand œuvre.

Le *deuxième pantacle* est une tête à triple visage, couronnée d'une tiare et sortant d'un vase plein d'eau. Ceux qui sont initiés aux mystères du Sohar comprendront l'allégorie de cette tête.

Le *troisième* est le double triangle formant l'étoile de Salomon.

Le *quatrième* est l'épée magique, avec cette légende : *Deo duce, comite ferro*, emblème du grand arcane et de la toute-puissance de l'initié.

Le *cinquième* est le problème de la taille humaine du Sauveur, résolu par le nombre quarante : c'est le nombre théologique des Séphiroths, multiplié par celui des réalisations naturelles.

Le *sixième* est le pantacle de l'esprit, signifié par des ossements qui forment deux E et deux taus : T.

Le *septième*, et le plus important, est le grand monogramme magique, expliquant les clavicules de Salomon, le tétragramme, le signe du labarum et le mot suprême des adeptes (voyez *Dogme et rituel de la haute magie*, explication des figures du tome I). Ce caractère se lit en faisant tourner la page comme une roue, et se prononce *rota tarot* ou *tora* (voyez Guilhaume Postel, *Clavis absconditorum a constitutione mundi*).

La lettre *A* est souvent remplacée dans ce caractère par le nombre de la lettre, qui est 1.

On trouve aussi dans ce signe la figure et la valeur des quatre emblèmes hiéroglyphiques du tarot, le bâton, la coupe, l'épée et le denier. Ces quatre hiéroglyphes élémentaires se retrouvent partout dans les monuments sacrés des Égyptiens, et Homère les a figurés dans sa description du bouclier d'Achille, en les plaçant dans le même ordre que les auteurs de l'Enchiridion.

Mais ces explications, s'il fallait les appuyer de toutes leurs preuves, nous entraîneraient ici hors de notre sujet, et demanderaient un travail spécial que nous espérons bien mettre en ordre et publier un jour.

L'épée ou le poignard magique figuré dans l'Enchiridion paraît avoir été le symbole secret du tribunal des francs-juges. Ce glaive, en effet, est fait en forme de croix, il est caché et comme enveloppé dans la légende ; Dieu seul le dirige, et celui qui frappe ne doit compte de ses coups à personne. Terrible menace et non moins terrible privilége ! le poignard vehmique, en effet, atteignait dans l'ombre des coupables dont le crime même restait souvent inconnu. A quels faits se rattache cette effrayante justice ? Il faut ici pénétrer dans des ombres que l'histoire n'a pu éclaircir, et demander aux traditions et aux légendes une lumière que la science ne nous donne pas.

Les francs-juges furent une société secrète opposée, dans l'intérêt de l'ordre et du gouvernement, à des sociétés secrètes anarchiques et révolutionnaires.

Les superstitions sont tenaces, et le druidisme dégénéré avait jeté de profondes racines dans les terres sauvages du Nord. Les insurrections fréquentes des Saxons attestaient un fanatisme toujours remuant et que la force morale était impuissante à réprimer ; tous les cultes vaincus, le paganisme romain, l'idolâtrie germaine, la rancune juive, se liguaient contre le christianisme victorieux. Des assemblées nocturnes avaient lieu, et les conjurés y cimentaient leur alliance par le sang des victimes humaines : une idole panthéistique aux cornes de bouc et aux formes monstrueuses présidait à des festins qu'on pourrait appeler les *agapes de la haine*. Le *sabbat*, en un mot, se célébrait encore dans toutes les forêts et dans tous les déserts des provinces encore sauvages ; les adeptes s'y rendaient masqués et méconnaissables ; l'assemblée éteignait ses lumières et se dispersait avant le point du jour ; les coupables étaient partout, et nulle part on ne pouvait les saisir. Charlemagne résolut de les combattre avec leurs propres armes.

En ce même temps, d'ailleurs, les tyrannies féodales conspiraient avec les sectaires contre l'autorité légitime :

les sorcières étaient les prostituées des châteaux ; les bandits initiés au sabbat partageaient avec les seigneurs le fruit sanglant de leurs rapines; les justices féodales étaient vendues au plus offrant, et les charges publiques ne pesaient de tout leur poids que sur les faibles et sur les pauvres.

Charlemagne envoya en Westphalie, où le mal était le plus grand, des agents dévoués chargés d'une mission secrète. Ces agents attirèrent à eux et se lièrent par le serment et la surveillance mutuelle tout ce qui était énergique parmi les opprimés, tout ce qui aimait encore la justice, soit parmi le peuple, soit parmi la noblesse; ils découvrirent à leurs adeptes les pleins pouvoirs qu'ils tenaient de l'empereur, et instituèrent le tribunal des francs-juges.

C'était une police secrète ayant droit de vie et de mort. Le mystère qui entourait les jugements, la rapidité des exécutions, tout frappa l'imagination de ces peuples encore barbares. La sainte vehme prit de gigantesques proportions ; on frissonnait en se racontant des apparitions d'hommes masqués, des citations clouées aux portes des seigneurs les plus puissants au milieu même de leurs gardes et de leurs orgies, des chefs de brigands trouvés morts avec le terrible poignard cruciforme dans la poitrine, et sur la bandelette attachée au poignard l'extrait du jugement de la sainte vehme.

Ce tribunal affectait dans ses réunions les formes les plus fantastiques : le coupable cité dans quelque carrefour décrié y était pris par un homme noir qui lui bandait les yeux et le conduisait en silence ; c'était toujours le soir, à une heure avancée, car les arrêts ne se prononçaient qu'à minuit. Le criminel était introduit dans de vastes souterrains, une seule voix l'interrogeait ; puis on lui ôtait son bandeau : le souterrain s'illuminait dans toutes ses profondeurs immenses, et l'on voyait les francs-juges tous vêtus de noir et masqués. Les sentences n'étaient pas toujours mortelles, puisqu'on a su comment les choses se passaient, sans que jamais un franc-juge ait révélé quoi que ce soit, car la mort eût frappé à l'instant même le révélateur. Ces assemblées formidables étaient quelquefois si nombreuses, qu'elles ressemblaient à une armée d'exterminateurs : une nuit l'empereur Sigismond lui-même présidait la sainte vehme, et plus de mille francs-juges siégeaient en cercle autour de lui.

En 1400, il y avait en Allemagne cent mille francs-juges. Les gens à mauvaise conscience redoutaient leurs parents et leurs amis : « Si le duc Adolphe de Sleiswyek vient me faire visite, disait un jour Guillaume de Brunswick, il faudra bien que je le fasse pendre, si je ne veux pas être pendu. »

Un prince de la même famille, le duc Frédéric de Brunswick, qui fut empereur un instant, avait refusé de se rendre à une citation des francs-juges ; il ne sortait plus qu'armé de toutes pièces et entouré de gardes ; mais un jour il s'écarta un peu de sa suite et eut besoin de se débarrasser d'une partie de son armure : on ne le vit pas revenir. Ses gardes entrèrent dans le petit bois où le duc avait voulu être seul un instant ; le malheureux expirait, ayant dans les reins le poignard de la sainte vehme, et la sentence pendue au poignard. On regarda de tous côtés, et l'on vit un homme masqué qui se retirait en marchant d'un pas solennel... Personne n'osa le poursuivre !

On a imprimé dans le *Reichsthetaer* de Müller le code de la cour vehmique, retrouvé dans les anciennes archives de Westphalie ; voici le titre de ce vieux document :

« Code et statuts du saint tribunal secret des francs-comtes et francs-juges de Westphalie qui ont été établis en l'année 772 par l'empereur Charlemagne, tels que les dits statuts ont été corrigés en 1404 par le roi Robert, qui y a fait en plusieurs points les changements et les augmentations qu'exigeait l'administration de la justice dans les tribunaux des illuminés, après les avoir de nouveau revêtus de son autorité. »

Un avis placé à la première page défend sous peine de mort, à tout profane, de jeter les yeux sur ce livre.

Le nom d'*illuminés* qu'on donne ici aux affiliés du tribunal secret révèle toute leur mission : ils avaient à suivre dans l'ombre les adorateurs des ténèbres, ils circonvenaient mystérieusement ceux qui conspiraient contre la société à la faveur du mystère ; mais ils étaient les soldats occultes de la lumière, ils devaient faire éclater le jour sur toutes les trames criminelles, et c'est ce que signifiait cette splendeur subite qui illuminait le tribunal lorsqu'il prononçait une sentence.

Les dispositions publiques de la loi sous Charlemagne autorisaient cette guerre sainte contre les tyrans de la nuit. On peut voir dans les Capitulaires de quelles peines devaient être punis les sorciers, les devins, les enchanteurs, les noueurs d'aiguillette, ceux qui évoquent le diable, et les empoisonneurs au moyen de prétendus philtres amoureux.

Ces mêmes lois défendent expressément de troubler l'air, d'exciter des tempêtes, de fabriquer des caractères et des talismans, de jeter des sorts, de faire des maléfices, de pratiquer les envoutements, soit sur les hommes, soit sur les troupeaux. Les sorciers, astrologues, devins, nécromanciens, mathématiciens occultes, sont déclarés exécrables et voués aux mêmes peines que les empoisonneurs, les voleurs et les assassins. On comprendra cette sévérité, si l'on se rappelle ce que nous avons dit des rites horribles de la magie noire et de ses sacrifices infanticides ; il fallait que le danger fût grand, puisque la répression se manifestait sous des formes si multipliées et si sévères.

Une autre institution qui remonte aux mêmes sources que la sainte vehme, fut la *chevalerie errante*. Les chevaliers errants étaient des espèces de francs-juges qui en appelaient à Dieu et à leur lance de toutes les injustices des châtelains et de toute la malice des nécromans. C'étaient des missionnaires armés qui pourfendaient les mécréants après s'être munis du signe de la croix ; ils méritaient ainsi le souvenir de quelque noble dame, et sanctifiaient l'amour par le martyre d'une vie toute de dévouement. Que nous sommes loin déjà de ces courtisanes païennes auxquelles on immolait des esclaves, et pour lesquelles les conquérants de l'ancien monde brûlaient des villes ! Aux dames chrétiennes il faut d'autres sacrifices ; il faut avoir exposé sa vie pour le faible et l'opprimé, il faut avoir délivré des captifs, il faut avoir puni les profanateurs des affections saintes, et alors ces belles et blanches dames aux jupes armoriées, aux mains délicates et pâles, ces madones vivantes et fières comme des lis, qui reviennent de l'Église, leurs livres d'heures sous le bras et leurs patenôtres à leur ceinture, détacheront leur voile brodé d'or ou d'argent, et le donneront pour écharpe au chevalier agenouillé devant elles qui les prie en songeant à Dieu !

Ne nous souvenons plus des erreurs d'Ève, elles sont mille fois pardonnées et compensées par cette grâce ineffable des nobles filles de Marie !

CHAPITRE V.

MAGICIENS.

SOMMAIRE. — Excommunication du roi Robert. — Saint Louis et le rabbin Jéchiel. — La lampe magique et le clou enchanté. — Albert le Grand et ses prodiges. — L'androïde. — Le bâton de saint Thomas d'Aquin.

Le dogme fondamental de la haute science, celui qui consacre la loi éternelle de l'équilibre, avait obtenu son entière réalisation dans la constitution du monde chrétien. Deux colonnes vivantes soutenaient l'édifice de la civilisation : le *pape* et l'*empereur*.

Mais l'empire s'était divisé en échappant aux faibles mains de Louis le Débonnaire et de Charles le Chauve. La puissance temporelle, abandonnée aux chances de la conquête ou de l'intrigue, perdit cette unité providentielle qui la mettait en harmonie avec Rome. Le pape dut souvent intervenir comme grand justicier, et à ses risques et périls il réprima les convoitises et l'audace de tant de souverains divisés.

L'excommunication était alors une peine terrible, car elle était sanctionnée par les croyances universelles, et produisait, par un effet mystérieux de cette chaîne magnétique de réprobations, des phénomènes qui effrayaient la foule. C'est ainsi que Robert le Pieux, ayant encouru cette terrible peine par un mariage illégitime, devint père d'un enfant monstrueux semblable à ces figures de démons que le moyen âge savait rendre si complétement et si ridiculement difformes. Ce triste fruit d'une union réprouvée attestait du moins les tortures de conscience et les rêves de terreur qui avaient agité la mère. Robert y vit une preuve de la colère de Dieu, et se soumit à la sentence pontificale : il renonça à un mariage que l'Église déclarait incestueux ; il répudia Berthe pour épouser Constance de Provence, et il ne tint qu'à lui de voir dans les mœurs suspectes et dans le caractère altier de cette nouvelle épouse un second châtiment du ciel.

Les chroniqueurs de ce temps-là semblent aimer beaucoup les légendes diaboliques, mais ils montrent, en les racontant, bien plus de crédulité que de goût. Tous les cauchemars des moines, tous les rêves maladifs des religieuses, sont considérés comme des apparitions réelles. Ce sont des fantasmagories dégoûtantes, des allocutions stupides, des transfigurations impossibles, auxquelles il ne manque, pour être amusantes, que la verve artistique de Callot et de Cyrano Bergerac. Rien de tout cela, depuis le règne de Robert jusqu'à celui de saint Louis, ne nous paraît digne d'être raconté.

Sous le règne de saint Louis vécut le fameux rabbin *Jéchiel*, grand kabbaliste et physicien très remarquable.

Tout ce qu'on dit de sa lampe et de son clou magique prouve qu'il avait découvert l'électricité, ou du moins qu'il en connaissait les principaux usages ; car cette connaissance, aussi ancienne que la magie, se transmettait comme une des clefs de la haute initiation.

Lorsque venait la nuit, une étoile rayonnante apparaissait dans le logis de Jéchiel ; la lumière en était si vive, qu'on ne pouvait la fixer sans être ébloui, elle projetait un rayonnement nuancé des couleurs de l'arc-en-ciel. On ne la voyait jamais défaillir, ni s'éteindre, et l'on savait qu'elle n'était alimentée ni avec de l'huile, ni avec aucune des substances combustibles alors connues.

Lorsqu'un importun ou un curieux malintentionné essayait de s'introduire chez Jéchiel, et persistait à tourmenter le marteau de sa porte, le rabbin frappait sur un clou qui était planté dans son cabinet, il s'échappait alors en même temps de la tête du clou et du marteau de la porte une étincelle bleuâtre, et le malavisé était secoué de telle sorte, qu'il criait miséricorde, et croyait sentir la terre s'entr'ouvrir sous ses pieds. Un jour, une foule hostile se pressa à cette porte avec des murmures et des menaces : ils se tenaient les uns les autres par le bras pour résister à la commotion et au prétendu tremblement de terre. Le plus hardi secoua le marteau de la porte avec fureur. Jéchiel toucha son clou. A l'instant les assaillants se renversèrent les uns sur les autres et s'enfuirent en criant comme des gens brûlés ; ils étaient sûrs d'avoir senti la terre s'ouvrir et les avaler jusqu'aux genoux, ils ne savaient comment ils en étaient sortis ; mais pour rien au monde ils ne seraient retournés faire le tapage à la porte du sorcier. Jéchiel conquit ainsi sa tranquillité par la terreur qu'il répandait.

Saint Louis, qui, pour être un grand catholique, n'en était pas moins un grand roi, voulut connaître Jéchiel ; il le fit venir à sa cour, eut avec lui plusieurs entretiens, demeura pleinement satisfait de ses explications, le protégea contre ses ennemis, et ne cessa pas, tant qu'il vécut, de lui témoigner de l'estime et de lui faire du bien.

A cette même époque vivait Albert le Grand, qui passe encore parmi le peuple pour le grand maître de tous les magiciens. Les chroniqueurs assurent qu'il posséda la pierre philosophale, et qu'il parvint, après trente ans de travail, à la solution du problème de l'androïde; c'est-à-dire qu'il fabriqua un homme artificiel, vivant, parlant et répondant à toutes les questions avec une telle précision et une telle subtilité, que saint Thomas d'Aquin, ennuyé de ne pouvoir le réduire au silence, le brisa d'un coup de bâton. Telle est la fable populaire ; voyons ce qu'elle signifie.

Le mystère de la formation de l'homme et de son apparition primitive sur la terre a toujours gravement préoccupé les curieux qui cherchent les secrets de la nature. L'homme, en effet, apparaît le dernier dans le monde fossile, et les jours de la création de Moïse ont déposé leurs débris successifs, attestant que ces jours furent de longues époques : comment donc l'humanité se forma-t-elle ? La Genèse nous dit que Dieu fit le premier homme du limon de la terre, et qu'il lui insuffla la vie ; nous ne doutons pas un instant de la vérité de cette assertion. Loin de nous cependant l'idée hérétique et anthropomorphe d'un Dieu façonnant de la terre glaise avec ses mains. Dieu n'a pas de mains, c'est un pur esprit, et il fait sortir ses créations les unes des autres par les forces mêmes qu'il donne à la nature. Si donc le Seigneur a tiré Adam du limon de la terre, nous devons comprendre que l'homme est sorti de terre sous l'influence de Dieu, mais d'une manière naturelle. Le nom d'Adam en hébreu désigne une terre rouge; or, quelle peut être cette terre rouge? Voilà ce que cherchaient les alchimistes : en sorte que le grand œuvre n'était pas le secret de la transmutation des métaux, résultat indifférent et accessoire, c'était l'arcane universel de la vie, c'était la recherche du point central de transformation où la lumière se fait matière et se condense en une terre qui contient en elle le principe du mouvement et de la vie; c'était la généralisation du phénomène qui colore le sang en rouge par la création de ces innombrables globules aimantés comme les mondes et vivants comme des animaux. Les métaux, pour les disciples d'Hermès, étaient le sang coagulé de la terre passant, comme celui de l'homme, du blanc au noir et du noir au vermeil, suivant le travail de la lumière. Remettre ce fluide en mouvement par la chaleur, et lui rendre la fécondation colorante de la lumière au moyen de l'électricité, telle était la première partie de l'œuvre des sages ; mais la fin était plus difficile et plus sublime, il s'agissait de retrouver la terre adamique qui est le sang coagulé de la terre vivante ; et le rêve suprême des philosophes était d'achever l'œuvre de Prométhée en imitant le travail de Dieu, c'est-à-dire en faisant naître un homme enfant de la science, comme Adam fut l'enfant de la toute-puissance divine : ce rêve était insensé peut-être, mais il était beau.

La magie noire, qui singe toujours la magie de lumière, mais en la prenant à rebours, se préoccupa aussi beaucoup de l'androïde, car elle voulait en faire l'instrument de ses passions et l'oracle de l'enfer. Pour cela il fallait faire violence à la nature et obtenir une sorte de champignon vénéneux plein de malice humaine concentrée, une réalisation vivante de tous les crimes. Aussi cherchait-on la mandragore sous le gibet des pendus ; on la faisait arracher par un chien qu'on attachait à la racine, et qu'on frappait d'un coup mortel : le chien devait arracher la mandragore dans les convulsions de l'agonie. L'âme du chien passait alors dans la plante et y attirait celle du pendu... Mais c'est assez d'horreurs et d'absurdités. Les curieux d'une pareille science peuvent consulter ce grimoire vulgaire connu dans les campagnes sous le nom du *Petit Albert;* ils y verront comment on peut faire aussi la mandragore sous la forme d'un coq à figure humaine. La stupidité dans toutes ces recettes le dispute à l'immonde, et en effet on ne peut outrager volontairement la nature sans renverser en même temps toutes les lois de la raison.

Albert le Grand n'était ni infanticide ni déicide, il n'avait commis ni le crime de Tantale, ni celui de Prométhée, mais il avait achevé de créer et d'armer de toutes pièces cette théologie purement scolastique, issue des catégories d'Aristote et des sentences de Pierre Lombard, cette logique du syllogisme qui argumente au lieu de raisonner, et qui trouve réponse à tout en subtilisant sur les termes. C'était moins une philosophie qu'un automate philosophique, répondant par ressort, et déroulant ses thèses comme un mouvement à rouages ; ce n'était point le Verbe humain, c'était le cri monotone d'une machine, la parole inanimée d'un androïde ; c'était la précision fatale de la mécanique, au lieu de la libre application des nécessités rationnelles. Saint Thomas d'Aquin brisa d'un seul coup tout cet échafaudage de paroles montées d'avance, en proclamant l'empire éternel de la raison par cette magnifique sentence que nous avons souvent citée : « Une chose n'est pas juste parce que Dieu la veut, mais Dieu la veut parce qu'elle est juste. » La conséquence prochaine de cette proposition était celle-ci, en argumentant du plus au moins : « Une chose n'est pas vraie parce qu'Aristote l'a dite, mais Aristote n'a pu raisonnablement la dire que si elle est vraie. Cherchez donc d'abord la vérité et la justice, et la science d'Aristote vous sera donnée par surcroît. »

Aristote galvanisé par la scolastique était le véritable androïde d'Albert le Grand ; et le bâton magistral de saint Thomas d'Aquin, ce fut la doctrine de la *Somme théologique*, chef-d'œuvre de force et de raison qu'on étudiera encore dans nos écoles de théologie quand on voudra revenir sérieusement aux saines et fortes études.

Quant à la pierre philosophale transmise par saint Dominique à Albert le Grand, et par ce dernier à saint Thomas d'Aquin, il faut entendre seulement la base philosophique et religieuse des idées de cette époque. Si saint Dominique avait su faire le grand œuvre, il eût acheté pour Rome l'empire du monde, dont il était si jaloux pour l'Église, et eût employé à chauffer ses creusets ce feu qui brûla tant d'hérétiques. Saint Thomas d'Aquin changeait en or tout ce qu'il touchait, mais c'est au figuré seulement et en prenant l'or pour l'emblème de la vérité.

C'est ici l'occasion de dire quelques mots encore de la *science hermétique* cultivée depuis les premiers siècles chrétiens par Ostanes, Romarius, la reine Cléopâtre, les arabes Géber, Alfarabius et Saïmana, Morien, Artéphius, Aristée. Cette science, prise d'une manière absolue, peut s'appeler la *kabbale* réalisatrice ou la *magie* des œuvres ; elle a donc trois degrés analogues: réalisation *religieuse*, réalisation *philosophique*, réalisation *physique*. La réalisation religieuse est la fondation durable de l'empire et du sacerdoce ; la réalisation philosophique est l'établissement d'une doctrine absolue et d'un enseignement hiérarchique ; la réalisation physique est la découverte et l'application dans le microcosme, ou petit monde, de la loi créatrice qui peuple incessamment le grand univers. Cette loi est celle du mouvement combiné avec la substance, du fixe avec le volatil, de l'humide avec le solide ; ce mouvement a pour principe l'impulsion divine, et pour instrument la lumière universelle, éthérée dans l'infini, astrale dans les étoiles et les planètes, métallique, spécifique ou mercurielle dans les métaux, végétale dans les plantes, vitale dans les animaux, magnétique ou personnelle dans les hommes.

Cette lumière est la quintessence de Paracelse, qui se trouve à l'état latent et à l'état rayonnant dans toutes les substances créées ; cette quintessence est le véritable élixir de vie qui s'extrait de la terre par la culture, des métaux par l'incorporation, la rectification, l'exaltation et la synthèse, des plantes par la distillation et la coction, des animaux par l'absorption, des hommes par la génération, de l'air par la respiration. Ce qui a fait dire à Aristée qu'il faut prendre l'air de l'air ; à Khunrath, qu'il faut le mercure vivant de l'homme parfait formé par l'androgyne ; à presque tous, qu'il faut extraire des métaux, la médecine des métaux, et que cette médecine, au fond la même pour tous les règnes, est cependant graduée et spécifiée suivant les formes et les espèces. L'usage de cette médecine devait être triple : par sympathie, par répulsion ou par équilibre. La quintessence graduée n'était que l'auxiliaire des forces ; la médecine de chaque règne devait se tirer de ce règne même avec addition du mercure principiant, terrestre ou minéral, et du mercure vivant synthétisé ou magnétisme humain.

Tels sont les aperçus les plus abrégés et les plus rapides de cette science, vaste et profonde comme la kabbale, mystérieuse comme la magie, réelle comme les sciences exactes, mais décriée par la cupidité souvent déçue des faux adeptes, et les obscurités dont les vrais sages ont enveloppé en effet leurs théories et leurs travaux.

CHAPITRE VI.

PROCÈS CÉLÈBRES.

Sommaire. — Trois procès célèbres. — Les templiers, Jeanne d'Arc et Gilles de Laval. — Seigneurs de Raitz.

Les sociétés de l'ancien monde avaient péri par l'égoïsme matérialiste des castes qui, en s'immobilisant et en parquant les multitudes dans une réprobation sans espérance, avaient privé le pouvoir captif entre les mains

Pl. XIII.   P. 272.

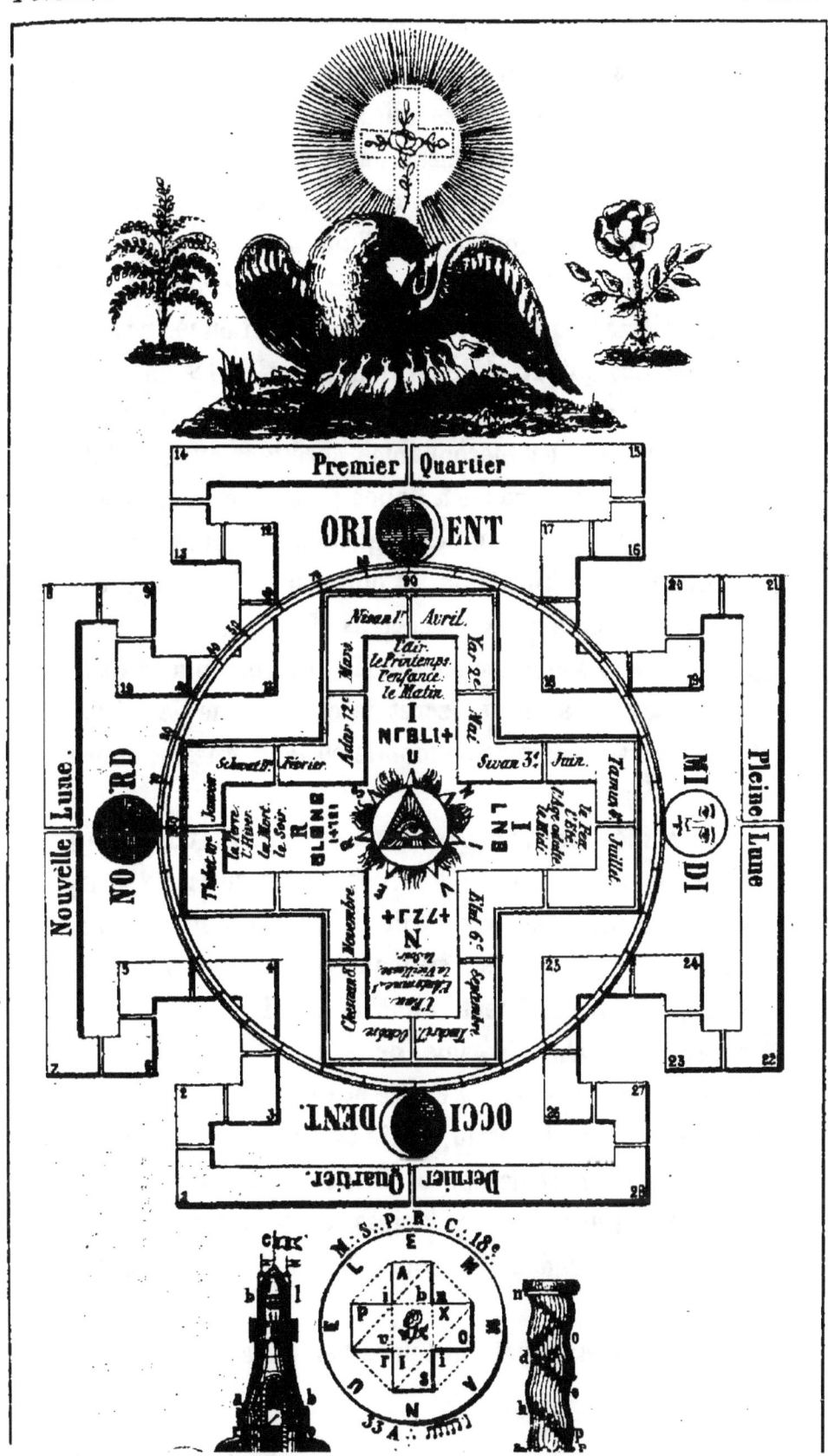

d'un petit nombre d'élus de ce mouvement circulatoire qui est le principe du progrès, du mouvement et de la vie. Un pouvoir sans antagonisme, sans concurrence, et par conséquent sans contrôle, avait été funeste aux royautés sacerdotales; les républiques, d'une autre part, avaient péri par le conflit des libertés qui, en l'absence de tout devoir hiérarchiquement et fortement sanctionné, ne sont plus bientôt qu'autant de tyrannies rivales les unes des autres. Pour trouver un milieu stable entre ces deux abîmes, l'idée des hiérophantes chrétiens avait été de créer une société vouée à l'abnégation par des vœux solennels, protégée par des règlements sévères, qui se recruterait par l'initiation, et qui, seule dépositaire des grands secrets religieux et sociaux, ferait des rois et des pontifes sans s'exposer elle-même aux corruptions de la puissance. C'était là le secret de ce royaume de Jésus-Christ qui sans être de ce monde en gouvernerait toutes les grandeurs.

Cette idée présida à la fondation des grands ordres religieux, si souvent en guerre avec les autorités séculières, soit ecclésiastiques, soit civiles; sa réalisation fut aussi le rêve des sectes dissidentes de gnostiques ou d'illuminés qui prétendaient rattacher leur foi à la tradition primitive du christianisme de saint Jean. Elle devint enfin une menace pour l'Église et pour la société quand un ordre riche et dissolu, initié aux mystérieuses doctrines de la kabbale, parut disposé à tourner contre l'autorité légitime les principes conservateurs de la hiérarchie, et menaça le monde entier d'une immense révolution.

Les templiers, dont l'histoire est si mal connue, furent

ces conspirateurs terribles, et il est temps de révéler enfin le secret de leur chute, pour absoudre la mémoire de Clément V et de Philippe le Bel.

En 1118, *neuf chevaliers* croisés en Orient, du nombre desquels étaient Geoffroi de Saint-Omer et Hugues de Payens, se consacrèrent à la religion et prêtèrent serment entre les mains du patriarche de Constantinople, siége toujours secrètement ou publiquement hostile à celui de Rome depuis Photius. Le but avoué des templiers était de protéger les chrétiens qui venaient visiter les saints lieux; leur but secret était la reconstruction du temple de Salomon sur le modèle prophétisé par Ézéchiel.

Cette reconstruction, formellement prédite par les mystiques judaïsants des premiers siècles, était devenue le rêve secret des patriarches d'Orient. Le temple de Salomon rebâti et consacré au culte catholique devenait, en effet, la métropole de l'univers. L'Orient l'emportait sur l'Occident, et les patriarches de Constantinople s'emparaient de la papauté.

Les historiens, pour expliquer le nom de *templiers* donné à cet ordre militaire, prétendent que Baudoin II, roi de Jérusalem, leur avait donné une maison située près du temple de Salomon. Mais ils commettent là un énorme anachronisme, puisqu'à cette époque non-seulement le temple de Salomon n'existait plus, mais il ne restait pas pierre sur pierre du second temple bâti par Zorobabel sur les ruines du premier, et il eût été difficile d'en indiquer précisément la place.

Il faut en conclure que la maison donnée aux templiers par Baudoin était située non près du temple de Salomon, mais près du terrain sur lequel ces missionnaires secrets et armés du patriarche d'Orient avaient intention de le rebâtir.

Les templiers avaient pris pour leurs modèles, dans la Bible, les maçons guerriers de Zorobabel, qui travaillaient en tenant l'épée d'une main et la truelle de l'autre. C'est pour cela que l'épée et la truelle furent les insignes des templiers, qui plus tard, comme on le verra, se cachèrent sous le nom de *frères maçons*. La truelle des templiers est quadruple et les lames triangulaires en sont disposées en forme de croix, ce qui compose un pantacle kabbalistique connu sous le nom de *croix d'Orient*.

La pensée secrète d'Hugues de Payens, en fondant son ordre, n'avait pas été précisément de servir l'ambition des patriarches de Constantinople. Il existait à cette époque en Orient une secte de chrétiens johannites, qui se prétendaient seuls initiés aux vrais mystères de la religion du Sauveur. Ils prétendaient connaître l'histoire réelle de Jésus-Christ, et, adoptant en partie les traditions juives et les récits du Talmud, ils prétendaient que les faits racontés dans les Évangiles ne sont que des allégories dont saint Jean donne la clef en disant, « qu'on pourrait remplir le monde des livres qu'on écrirait sur les paroles et les actes de Jésus-Christ ; » paroles qui, suivant eux, ne seraient qu'une ridicule exagération, s'il ne s'agissait, en effet, d'une allégorie et d'une légende qu'on peut varier et prolonger à l'infini.

Pour ce qui est des faits historiques et réels, voici ce que les johannites racontaient :

Une jeune fille de Nazareth, nommée *Mirjam*, fiancée à un jeune homme de sa tribu, nommé *Jochanan*, fut surprise par un certain Pandira, ou Panther, qui abusa d'elle par la force après s'être introduit dans sa chambre sous les habits et sous le nom de son fiancé. Jochanan, connaissant son malheur, la quitta sans la compromettre, puisqu'en effet, elle était innocente, et la jeune fille accoucha d'un fils qui fut nommé Josuah ou Jésus.

Cet enfant fut adopté par un rabbin du nom de Joseph qui l'emmena avec lui en Égypte; là, il fut initié aux sciences secrètes, et les prêtres d'Osiris, reconnaissant en lui la véritable incarnation d'Horus promise depuis longtemps aux adeptes, le consacrèrent souverain pontife de la religion universelle.

Josuah et Joseph revinrent en Judée où la science et la vertu du jeune homme ne tardèrent pas à exciter l'envie et la haine des prêtres; qui lui reprochèrent un jour publiquement l'illégitimité de sa naissance. Josuah, qui aimait et vénérait sa mère, interrogea son maître et apprit toute l'histoire du crime de Pandira et des malheurs de Mirjam. Son premier mouvement fut de la renier publiquement en lui disant au milieu d'un festin de noces : « Femme qu'y a-t-il de commun entre vous et moi? » Mais ensuite pensant qu'une pauvre femme ne doit pas être punie d'avoir souffert ce qu'elle ne pouvait empêcher, il s'écria : « Ma mère n'a point péché, elle n'a point perdu son innocence; elle est vierge, et cependant elle est mère; qu'un double honneur lui soit rendu ! Quant à moi, je n'ai point de père sur la terre. Je suis le fils de Dieu et de l'humanité! »

Nous ne pousserons pas plus loin cette fiction affligeante pour des cœurs chrétiens; qu'il nous suffise de dire que les johannites allaient jusqu'à faire saint Jean l'Évangéliste responsable de cette prétendue tradition, et qu'ils attribuaient à cet apôtre la fondation de leur Église secrète.

Les grands pontifes de cette secte prenaient le titre de *Christ* et prétendaient se succéder depuis saint Jean par une transmission de pouvoirs non interrompue. Celui qui se parait, à l'époque de la fondation de l'ordre du temple, de ces priviléges imaginaires se nommait Théoclet ; il connut Hugues de Payens, il l'initia aux mystères et aux espérances de sa prétendue Église ; il le séduisit par des idées de souverain sacerdoce et de suprême royauté, il le désigna enfin pour son successeur.

Ainsi l'ordre des chevaliers du temple fut entaché dès son origine de schisme et de conspiration contre les rois.

Ces tendances furent enveloppées d'un profond mystère et l'ordre faisait profession extérieure de la plus parfaite orthodoxie. Les chefs seulement savaient où ils voulaient aller; le reste les suivait sans défiance.

Acquérir de l'influence et des richesses, puis intriguer, et au besoin combattre pour établir le dogme johannite, tels étaient le but et les moyens proposés aux frères initiés. « Voyez, leur disait-on, la papauté et les monarchies rivales se marchander aujourd'hui, s'acheter, se corrompre, et demain peut-être s'entre-détruire. Tout cela sera l'héritage du temple ; le monde nous demandera bientôt des souverains et des pontifes. Nous ferons l'équilibre de l'univers, et nous serons les arbitres des maîtres du monde. »

Les templiers avaient deux doctrines, une cachée et réservée aux maîtres, c'était celle du *johannisme*; l'autre publique, c'était la doctrine *catholique-romaine*. Ils trom-

paient ainsi les adversaires qu'ils aspiraient à supplanter.
Le johannisme des adeptes était la kabbale des gnostiques, dégénérée bientôt en un panthéisme mystique poussé jusqu'à l'idolâtrie de la nature et la haine de tout dogme révélé. Pour mieux réussir et se faire des partisans, ils caressaient les regrets des cultes déchus et les espérances des cultes nouveaux, en promettant à tous la liberté de conscience et une nouvelle orthodoxie qui serait la synthèse de toutes les croyances persécutées. Ils en vinrent ainsi jusqu'à reconnaître le symbolisme panthéistique des grands maîtres en magie noire, et, pour mieux se détacher de l'obéissance à la religion qui d'avance les condamnait, ils rendirent les honneurs divins à l'idole monstrueuse du Baphomet, comme jadis les tribus dissidentes avaient adoré les veaux d'or de Dan et de Béthel.

Des monuments récemment découverts, et des documents précieux qui remontent au XIIIe siècle, prouvent d'une manière plus que suffisante tout ce que nous venons d'avancer. D'autres preuves encore sont cachées dans les annales et sous les symboles de la maçonnerie occulte.

Frappé de mort dans son principe même, et anarchique parce qu'il était dissident, l'ordre des chevaliers du Temple avait conçu une grande œuvre qu'il était incapable d'exécuter, parce qu'il ne connaissait ni l'humilité ni l'abnégation personnelle. D'ailleurs les templiers étant pour la plupart sans instruction, et capables seulement de bien manier l'épée, n'avaient rien de ce qu'il fallait pour gouverner et enchaîner au besoin cette reine du monde qui s'appelle l'opinion. Hugues de Payens n'avait pas eu la profondeur de vues qui distingua plus tard un militaire fondateur aussi d'une milice formidable aux rois. Les templiers étaient des jésuites mal réussis.

Leur mot d'ordre était de devenir riches pour acheter le monde. Ils le devinrent en effet, et en 1312 ils possédaient en Europe seulement plus de neuf mille seigneuries. La richesse fut leur écueil ; ils devinrent insolents et laissèrent percer leur dédain pour les institutions religieuses et sociales qu'ils aspiraient à renverser. On connaît le mot de Richard Cœur de Lion à qui un ecclésiastique, auquel il permettait une grande familiarité, ayant dit : « Sire, vous avez trois filles qui vous coûtent cher et dont il vous serait bien avantageux de vous défaire : ce sont l'ambition, l'avarice et la luxure. —Vraiment! dit le roi : eh bien ! marions-les. Je donne l'ambition aux templiers, l'avarice aux moines et la luxure aux évêques. Je suis sûr d'avance du consentement des parties. »

L'ambition des templiers leur fut fatale ; on devinait trop leurs projets et on les prévint. Le pape Clément V et le roi Philippe le Bel donnèrent un signal à l'Europe et les templiers, enveloppés pour ainsi dire dans un immense coup de filet, furent pris, désarmés et jetés en prison. Jamais coup d'État ne s'était accompli avec un ensemble plus formidable. Le monde entier fut frappé de stupeur, et l'on attendit les révélations étranges d'un procès qui devait avoir tant de retentissement à travers les âges.

Il était impossible de dérouler devant le peuple le plan de la conspiration des templiers ; c'eût été initier la multitude aux secrets des maîtres. On eut recours à l'accusation de magie, et il se trouva des dénonciateurs et des témoins. Les templiers, à leur réception, crachaient sur le Christ, reniaient Dieu, donnaient au grand maître des baisers obscènes, adoraient une tête de cuivre aux yeux d'escarboucle, conversaient avec un grand chat noir et s'accouplaient avec des diablesses. Voilà ce qu'on ne craignit pas de porter sérieusement sur leur acte d'accusation. On sait la fin de ce drame et comment Jacques de Molai et ses compagnons périrent dans les flammes ; mais avant de mourir, le chef du Temple organisa et institua la *maçonnerie occulte*. Du fond de sa prison, le grand maître créa quatre loges métropolitaines, à Naples pour l'Orient, à Édimbourg pour l'Occident, à Stockholm pour le Nord et à Paris pour le Midi. Le pape et le roi périrent bientôt d'une manière étrange et soudaine. Squin de Florian, le principal dénonciateur de l'ordre, mourut assassiné. En brisant l'épée des templiers, on en avait fait un poignard, et leurs truelles proscrites ne maçonnaient plus que des tombeaux.

Laissons-les maintenant disparaître dans les ténèbres où ils se cachent en y tramant leur vengeance. Quand viendra la grande révolution, nous les verrons reparaître et nous les reconnaîtrons à leurs signes et à leurs œuvres.

Le plus grand procès de magie que nous trouvions dans l'histoire, après celui des templiers, est celui d'une vierge et presque d'une sainte. On a accusé l'Église d'avoir en cette circonstance servi les lâches ressentiments d'un parti vaincu, et l'on se demande avec anxiété à quels anathèmes ont été voués par le saint-siége les assassins de *Jeanne d'Arc*. Disons donc tout d'abord à ceux qui ne le savent pas, que Pierre Cauchon, l'indigne évêque de Beauvais, frappé de mort subite par la main de Dieu, fut excommunié après sa mort par le pape Calixte IV, et que ses ossements arrachés à la terre sainte furent jetés à la voirie. Ce n'est donc pas l'Église qui a jugé et condamné la pucelle d'Orléans, c'est un mauvais prêtre et un apostat.

Charles VII qui abandonna cette noble fille à ses bourreaux fut depuis sous la main d'une providence vengeresse ; il se laissa mourir de faim dans la crainte d'être empoisonné par son propre fils. La peur est le supplice des lâches.

Ce roi avait vécu pour une courtisane et avait obéré pour elle ce royaume qui lui fut conservé par une vierge. La courtisane et la vierge ont été chantées par nos poëtes nationaux. Jeanne d'Arc par Voltaire, et Agnès Sorel par Béranger.

Jeanne était morte innocente, mais les lois contre la magie atteignirent bientôt après et châtièrent un grand coupable. C'était un des plus vaillants capitaines de Charles VII, et les services qu'il avait rendus à l'État ne purent balancer le nombre et l'énormité de ses crimes.

Les contes de l'ogre et de Croquemitaine furent réalisés et surpassés par les actions de ce fantastique scélérat, et son histoire est restée dans la mémoire des enfants sous le nom de la *Barbe Bleue*.

Gilles de Laval, seigneur de Raiz, avait en effet la barbe si noire, qu'elle semblait être bleue comme on peut le voir par son portrait qui est au musée de Versailles, dans la salle des Maréchaux ; c'était un maréchal de Bretagne, brave parce qu'il était Français, fastueux, parce qu'il était riche, et sorcier parce qu'il était fou.

Le dérangement des facultés du seigneur de Raiz se manifesta d'abord par une dévotion luxueuse et d'une magnificence outrée. Il ne marchait jamais que précédé de la croix et de la bannière ; ses chapelains étaient couverts d'or et parés comme des prélats ; il avait chez lui tout un collége de petits pages ou d'enfants de chœur toujours richement habillés. Tous les jours un de ces enfants était mandé chez le maréchal, et ses camarades ne le voyaient pas revenir : un nouveau venu remplaçait celui qui était parti et il était sévèrement défendu aux enfants de s'informer du sort de tous ceux qui disparaissaient ainsi et même d'en parler entre eux.

Le maréchal faisait prendre ces enfants à des parents pauvres, qu'on éblouissait par des promesses, et qui s'engageaient à ne jamais plus s'occuper de leurs enfants, auxquels le seigneur de Raiz assurait, disait-il, un brillant avenir.

Or, voici ce qui se passait :

La dévotion n'était qu'un masque et servait de passeport à des pratiques infâmes.

Le maréchal, ruiné par ses folles dépenses, voulait à tout prix se créer des richesses ; l'alchimie avait épuisé ses dernières ressources, les emprunts usuraires allaient bientôt lui manquer ; il résolut alors de tenter les dernières expériences de la magie noire, et d'obtenir de l'or par le moyen de l'enfer.

Un prêtre apostat, du diocèse de Saint-Malo, un Florentin, nommé Prélati, et l'intendant du maréchal, nommé Sillé, étaient ses confidents et ses complices.

Il avait épousé une jeune fille de grande naissance et la tenait pour ainsi dire renfermée dans son château de Machecoul ; il y avait dans ce château une tourelle dont la porte était murée. Elle menaçait ruine disait le maréchal et personne n'essayait jamais d'y pénétrer.

Cependant madame de Raiz, que son mari laissait souvent seule pendant la nuit, avait aperçu des lumières rougeâtres aller et venir dans cette tour.

Elle n'osait pas interroger son mari, dont le caractère bizarre et sombre lui inspirait la plus grande terreur.

Le jour de Pâques de l'année 1440, le maréchal, après avoir solennellement communié dans sa chapelle, prit congé de la châtelaine de Machecoul, en lui annonçant qu'il partait pour la terre sainte ; la pauvre femme ne l'interrogea pas davantage, tant elle tremblait devant lui ; elle était enceinte de plusieurs mois. Le maréchal lui permit de faire venir sa sœur près d'elle, afin de s'en faire une compagnie pendant son absence. Madame de Raiz usa de cette permission, et envoya quérir sa sœur ; Gilles de Laval monta ensuite à cheval et partit.

Madame de Raiz confia alors à sa sœur ses inquiétudes et ses craintes. Que se passait-il au château ? Pourquoi le seigneur de Raiz était-il si sombre ? Pourquoi ces absences multipliées ? Que devenaient ces enfants qui disparaissaient tous les jours ? Pourquoi ces lumières nocturnes dans la tour murée ? Ces questions surexcitèrent au plus haut degré la curiosité des deux femmes.

Comment faire, pourtant. Le maréchal avait expressément défendu qu'on s'approchât de la tour dangereuse, et, avant de partir, il avait formellement réitéré cette défense.

Il devait exister une entrée secrète : madame de Raiz et sa sœur Anne la cherchèrent ; toutes les salles basses du château furent explorées, coin par coin et pierre par pierre ; enfin dans la chapelle, et derrière l'autel, un bouton de cuivre, caché dans un fouillis de sculpture, céda sous la pression de la main, une pierre se renversa, et les deux curieuses, palpitantes purent apercevoir les premières marches d'un escalier.

Cet escalier conduisit les deux femmes dans la tour condamnée.

Au premier étage, elles trouvèrent une sorte de chapelle dont la croix était renversée et les cierges noirs ; sur l'autel était placée une figure hideuse représentant sans doute le démon.

Au second, il y avait des fourneaux, des cornues, des alambics, du charbon, enfin tout l'appareil des souffleurs.

Au troisième, la chambre était obscure ; on y respirait un air fade et fétide qui obligea les deux jeunes visiteuses à ressortir. Madame de Raiz se heurta contre un vase qui se renversa, et elle sentit sa robe et ses pieds inondés d'un liquide épais et inconnu ; lorsqu'elle revint à la lumière du palier, elle se vit toute baignée de sang.

La sœur Anne voulait s'enfuir, mais chez madame de Raiz la curiosité fut plus forte que l'horreur et que la crainte ; elle redescendit, prit la lampe de la chapelle infernale et remonta dans la chambre du troisième étage : là un horrible spectacle s'offrit à sa vue.

Des bassines de cuivre pleines de sang étaient rangées par ordre le long des murailles, avec des étiquettes portant des dates, et au milieu de la pièce, sur une table de marbre noir, était couché le cadavre d'un enfant récemment égorgé.

Une des bassines avait été renversée par madame de Raiz, et un sang noir s'était largement répandu sur le parquet en bois vermoulu et mal balayé.

Les deux femmes étaient demi-mortes d'épouvante. Madame de Raiz voulut à toute force effacer les indices de son indiscrétion ; elle alla chercher de l'eau et une éponge pour laver les planches, mais elle ne fit qu'étendre la tache qui, de noirâtre qu'elle était, devenait sanguinolente et vermeille... Tout à coup une grande rumeur retentit dans le château ; on entend crier les gens qui appellent madame de Raiz, et elle distingue parfaitement ces formidables paroles : « Voici monseigneur qui revient! » Les deux femmes se précipitent vers l'escalier, mais au même instant elles entendent dans la chapelle du diable un grand bruit de pas et de voix ; la sœur Anne s'enfuit en montant jusqu'aux créneaux de la tour ; madame de Raiz descend en chancelant et se trouve face à face avec son mari, qui montait suivi du prêtre apostat et de Prélati.

Gilles de Laval saisit sa femme par le bras sans lui rien dire et l'entraîne dans la chapelle du diable ; alors Prélati dit au maréchal : « Vous voyez qu'il le faut, et que la victime est venue d'elle-même. — Eh bien ! soit, dit le maréchal ; commencez la messe noire. »

Le prêtre apostat se dirigea vers l'autel, M. de Raiz ouvrit une petite armoire pratiquée dans l'autel même et y prit un large couteau, puis il revint s'asseoir près de sa femme à demi évanouie et renversée sur un banc contre le mur de la chapelle ; les cérémonies sacriléges commencèrent.

Il faut savoir que M. de Raiz, au lieu de prendre, en partant, la route de Jérusalem, avait pris celle de Nantes où demeurait Prélati ; il était entré comme un furieux chez ce misérable, en le menaçant de le tuer s'il ne lui donnait pas le moyen d'obtenir du diable ce qu'il lui demandait depuis si longtemps. Prélati pour gagner un délai lui avait dit que les conditions absolues du maître étaient terribles et qu'il fallait avant tout que le maréchal se décidât à sacrifier au diable son dernier enfant arraché de force du sein de sa mère. Gilles de Laval n'avait rien répondu, mais il était revenu sur-le-champ à Machecoul, entraînant après lui le sorcier florentin avec le prêtre son complice. Il avait trouvé sa femme dans la tour murée et l'on sait le reste.

Cependant la sœur Anne oubliée sur la plate-forme de la tour et n'osant redescendre, avait détaché son voile et faisait au hasard des signaux de détresse, auxquels répondirent deux cavaliers suivis de quelques hommes d'armes qui galopaient vers le château ; c'étaient ses deux frères qui, ayant appris le prétendu départ du sire de Laval pour la Palestine, venaient visiter et consoler madame de Raiz. Ils entrèrent bientôt avec fracas dans la cour du château ; Gilles de Laval interrompant alors l'horrible cérémonie, dit à sa femme : « Madame, je vous fais grâce, et il ne sera plus question de ceci si vous faites ce que je vais vous dire :

» Retournez à votre chambre, changez d'habits et venez me rejoindre dans la salle d'honneur où je vais recevoir vos frères ; si devant eux vous dites un mot ou que vous leur fassiez soupçonner quelque chose, je vous ramène ici après leur départ, et nous reprendrons la messe noire où nous l'avons laissée, c'est à la consécration que vous devez mourir. Regardez bien où je dépose le couteau. »

Il se lève alors, conduit sa femme jusqu'à la porte de sa chambre et descend à la salle d'honneur, où il reçoit les deux gentilshommes avec leur suite, leur disant que sa femme s'apprête et va venir embrasser ses frères.

Quelques instants après, en effet, paraît madame de Raiz, pâle comme une trépassée. Gilles de Laval ne cessait de la regarder fixement et la dominait du regard : « Vous êtes malade ma sœur ? — Non, ce sont les fatigues de la grossesse.... » Et tout bas la pauvre femme ajoutait : « Il veut me tuer, sauvez-moi.... » Tout à coup la sœur Anne, qui était parvenue à sortir de la tour, entre dans la salle en criant : « Emmenez-nous, sauvez-nous, mes frères, cet homme est un assassin ; » et elle montrait Gilles de Laval.

Le maréchal appelle ses gens à son aide, l'escorte des deux frères entoure les deux femmes et l'on met l'épée à la main ; mais les gens du seigneur de Raiz, le voyant furieux, le désarment au lieu de lui obéir. Pendant ce temps madame de Raiz, sa sœur et ses frères gagnent le pont-levis et sortent du château.

Le lendemain, le duc Jean V fit investir Machecoul, et Gilles de Laval qui ne comptait plus sur ses hommes d'armes se rendit sans résistance. Le parlement de Bretagne l'avait décrété de prise de corps comme homicide ; les juges ecclésiastiques s'apprêtèrent à le juger d'abord comme hérétique, sodomite et sorcier. Des voix, que la terreur avait tenues longtemps muettes, s'élevèrent de tous côtés pour lui redemander les enfants disparus. Ce fut un deuil et une clameur universelle dans toute la province ; on fouilla les châteaux de Machecoul et de Chantocé, et l'on trouva des débris de plus de deux cents squelettes d'enfants ; les autres avaient été brûlés et consumés en entier.

Gilles de Laval parut devant ses juges avec une suprême arrogance. — « Qui êtes-vous ? lui demanda-t-on, suivant la coutume. — Je suis Gilles de Laval, maréchal de Bretagne, seigneur de Raiz, de Machecoul, de Chantocé et autres lieux. Et vous qui m'interrogez, qui êtes-vous ? — Nous sommes vos juges, les magistrats en cour d'Église. — Vous, mes juges ! allons donc ; je vous connais mes maîtres ; vous êtes des simoniaques et des ribauds ; vous vendez votre dieu pour acheter les joies du diable. Ne parlez donc pas de me juger, car si je suis coupable vous êtes certainement mes instigateurs et mes complices, vous qui me deviez le bon exemple. — Cessez vos injures, et répondez-nous ! — J'aimerais mieux être pendu par le cou que de vous répondre ; je m'étonne que le président de Bretagne vous laisse connaître ces sortes d'affaires ; vous interrogez sans doute pour vous instruire et faire ensuite pis que vous n'avez encore fait. »

Cette hauteur insolente tomba cependant devant la menace de la torture. Il avoua alors, devant l'évêque de Saint-Brieux et le président Pierre de l'Hôpital, ses meurtres et ses sacriléges ; il prétendit que le massacre des enfants avait pour motif une volupté exécrable qu'il cherchait pendant l'agonie de ces pauvres petits êtres. Le président parut douter de la vérité et questionna de nouveau le maréchal. — Hélas ! dit brusquement celui-ci, vous vous tourmentez inutilement et moi avec. — Je ne vous tourmente point, répliqua le président; ains je suis moult émerveillé de ce que vous me dites et ne m'en puis bonnement contenter, ainçois je désire, et voudrois en savoir par vous la pure vérité. » Le maréchal lui répondit : « Vraiment il n'y avait ni autre cause, ni intention que ce que je vous ai déjà dit; que voulez-vous davantage, ne vous en ai-je pas assez avoué pour faire mourir dix mille hommes? »

Ce que Gilles de Raiz ne voulait pas dire, c'est qu'il cherchait la pierre philosophale dans le sang des enfants égorgés. C'était la cupidité qui le poussait à cette monstrueuse débauche; il croyait, sur la foi de ses nécromants, que l'agent universel de la vie devait être subitement coagulé par l'action et la réaction combinées de l'outrage à la nature et du meurtre; il recueillait ensuite la pellicule irisée qui se formait sur le sang lorsqu'il commençait à se refroidir, lui faisait subir diverses fermentations et mettait digérer le produit dans l'œuf philosophique de l'athanor, en y joignant du sel, du soufre et du mercure. Il avait tiré sans doute cette recette de quelques-uns de ces vieux grimoires hébreux, qui eussent suffi s'ils avaient été connus pour vouer les Juifs à l'exécration de toute la terre.

Dans la persuasion où ils étaient que l'acte de la fécondation humaine attire et coagule la lumière astrale en réagissant par sympathie sur les êtres soumis au magnétisme de l'homme, les sorciers israélites en étaient venus à ces écarts que leur reproche Philon, dans un passage que rapporte l'astrologue Gaffarel. Ils faisaient greffer leurs arbres par des femmes qui inséraient la greffe pendant qu'un homme se livrait sur elles à des actes outrageants pour la nature. Toujours, lorsqu'il s'agit de magie noire, on retrouve les mêmes horreurs et l'esprit de ténèbres n'est guère inventif.

Gilles de Laval fut brûlé vif dans le pré de la Magdeleine, près de Nantes ; il obtint la permission d'aller à la mort avec tout le faste qui l'avait accompagné pendant sa vie, comme s'il voulait vouer à toute l'ignominie de son supplice le faste et la cupidité qui l'avaient si complétement dégradé et si fatalement perdu.

CHAPITRE VII.

SUPERSTITIONS RELATIVES AU DIABLE.

Sommaire. — Les apparitions. — Les possessions. — Procès faits à des hallucinés. — Sottises et cruautés populaires. — Quelques mots sur les phénomènes en apparence inexplicables.

Nous avons dit combien l'Église s'est montrée sobre de décisions relativement au génie du mal ; elle enseigne à ne pas le craindre, elle recommande à ses enfants de ne pas s'en occuper et de ne prononcer jamais son nom. Cependant le penchant des imaginations malades et des têtes faibles pour le monstrueux et l'horrible donna, pendant les mauvais jours du moyen âge, une importance formidable et les formes les plus menaçantes à cet être ténébreux qui ne mérite que l'oubli, puisqu'il méconnaît éternellement la vérité et la lumière.

Cette réalisation apparente du fantôme de la perversité fut comme une incarnation de la folie humaine ; le diable devint le cauchemar des cloîtres, l'esprit humain se fit peur à lui-même, et l'on vit l'être prétendu raisonnable trembler devant ses propres chimères. Un monstre noir et difforme semblait avoir étendu ses ailes de chauve-souris entre le ciel et la terre pour empêcher la jeunesse et la vie de se confier aux promesses du soleil et à la paisible sérénité des étoiles. Cette harpie de la superstition empoisonnait tout de son souffle, infectait tout de son contact : on ne pouvait boire et manger sans craindre d'avaler les œufs du reptile ; on n'osait regarder la beauté, car peut-être était-ce une illusion du monstre ; si l'on riait, on croyait entendre comme un écho funèbre le ricanement du tourmenteur éternel ; si l'on pleurait, on croyait le voir insulter aux larmes. Le diable semblait tenir Dieu prisonnier dans le ciel, et imposer aux hommes sur la terre le blasphème et le désespoir.

Les superstitions conduisent vite à l'ineptie et à la démence ; rien de plus déplorable et de plus fastidieux que la série des histoires d'apparitions diaboliques, dont les écrivains vulgaires de l'histoire de la magie ont surchargé leurs compilations. Pierre le Vénérable voit le diable piquer une tête dans les latrines ; un autre chroniqueur le reconnaît sous la forme d'un chat qui ressemblait à un chien, et qui gambadait comme un singe ; un seigneur de Corasse avait à ses ordres un lutin nommé Orthon, qui lui apparut sous la forme d'une truie prodigieusement maigre et décharnée. Maître Guillaume Édeline, prieur de Saint-Germain des Prés, déclara l'avoir vu « sous la forme et semblance d'un mouton qu'il lui semblait lors baiser brutalement sous la queue en signe de révérence et d'honneur. »

De malheureuses vieilles femmes s'accusaient de l'avoir eu pour amant ; le maréchal Trivulce mourait de frayeur en s'escrimant d'estoc et de taille, contre des diables dont il voyait sa chambre remplie ; on brûlait par centaines les malheureux idiots et les folles qui avouaient avoir eu commerce avec le malin ; on n'entendait parler que d'incubes et de succubes ; des juges accueillaient gravement des révélations qu'il eût fallu renvoyer aux médecins ; l'opinion publique exerçait d'ailleurs sur eux une pression irrésistible, et l'indulgence pour les sorciers eût exposé les magistrats eux-mêmes à toutes les fureurs populaires. La persécution exercée sur les fous rendait la folie contagieuse, et les maniaques s'entre-déchiraient ; on battait jusqu'à la mort, on faisait brûler à petit feu, on plongeait dans l'eau glacée les malheureux que la rumeur publique accusait de magie pour les forcer à lever les sorts qu'ils avaient jetés, et la justice n'intervenait que pour achever sur un bûcher ce qu'avait commencé la rage aveugle des multitudes.

En racontant l'histoire de Gilles de Laval, nous avons suffisamment prouvé que la magie noire peut être un crime réel et le plus grand de tous les crimes ; mais le malheur des temps fut de confondre les malades avec les criminels, et de punir ceux qu'il aurait fallu soigner avec patience et charité.

Où commence la responsabilité chez l'homme ? où finit-elle ? C'est un problème qui doit inquiéter souvent les dépositaires vertueux de la justice humaine. Caligula, fils de Germanicus, semblait avoir hérité de toutes les vertus de son père ; un poison qu'on lui fait prendre trouble sa raison, et il devient l'effroi du monde. A-t-il été vraiment coupable, et ne doit-on pas s'en prendre uniquement de ses forfaits à ces lâches Romains qui lui obéirent au lieu de le faire enfermer ?

Le père Hilarion Tissot, que nous avons déjà cité, va plus loin que nous et veut que tout consentement au crime soit une folie ; malheureusement il explique toujours la folie par l'obsession du mauvais esprit. Nous pourrions demander à ce bon religieux ce qu'il penserait d'un père de famille qui, après avoir fermé sa porte à un vaurien reconnu capable de toute espèce de mal, lui laisserait le droit de fréquenter, de conseiller, de prendre, d'obséder ses petits-enfants ? Admettons donc, pour être vraiment chrétiens, que le diable quel qu'il soit, n'obsède que ceux qui se donnent volontairement à lui, et ceux-là sont responsables de tout ce qu'il pourra leur suggérer, comme l'ivrogne doit être responsable de tous les désordres auxquels il pourra s'abandonner sous l'influence de l'ivresse.

L'ivresse est une folie passagère et la folie est une ivresse permanente ; l'une et l'autre sont causées par un engorgement phosphorique des nerfs du cerveau, qui détruit notre équilibre lumineux et prive l'âme de son instrument de précision. L'âme spirituelle et personnelle ressemble alors à Moïse lié et emmaillotté dans son berceau de bitume et abandonné au balancement des eaux du Nil ; elle est emportée par l'âme fluidique et matérielle du monde, cette eau mystérieuse sur laquelle planait le souffle des Éloïmes, lorsque le verbe divin se formula en ces lumineuses paroles : *Que la lumière soit !*

L'âme du monde est une force qui tend toujours à l'équilibre; il faut que la volonté triomphe d'elle ou qu'elle triomphe de la volonté. Toute vie incomplète la tourmente comme une monstruosité, et toujours elle s'efforce de réabsorber les avortons intellectuels; c'est pour cela que les maniaques et les hallucinés sentent un irrésistible attrait pour la destruction et la mort; l'anéantissement leur semble un bien, et non-seulement ils voudraient mourir, mais ils seraient heureux de voir mourir les autres. Ils sentent que la vie leur échappe, la conscience les brûle et les désespère; leur existence n'est que le sentiment de la mort, c'est le supplice de l'enfer.

L'un entend une voix impérieuse qui lui ordonne de tuer son fils au berceau. Il lutte, il pleure, il s'enfuit et finit par prendre une hache et par tuer l'enfant; l'autre, et cette épouvantable histoire est toute récente, persécuté par des voix qui lui demandent des cœurs, assomme ses parents, leur ouvre la poitrine et ronge à demi leurs cœurs arrachés. Quiconque commet de propos libéré une mauvaise action, donne des arrhes à la destruction éternelle et ne peut prévoir d'avance où ce marché funeste le conduira.

L'être est substance et vie. La vie se manifeste par le mouvement, et le mouvement se perpétue par l'équilibre; l'équilibre est donc la loi d'immortalité. La conscience est le sentiment de l'équilibre et l'équilibre c'est la justesse et la justice. Tout excès, lorsqu'il n'est pas mortel, se corrige par un excès contraire; c'est la loi éternelle des réactions, mais si l'excès se précipite en dehors de tout équilibre, il se perd dans les ténèbres extérieures et devient la mort éternelle.

L'âme de la terre entraîne dans le vertige du mouvement astral tout ce qui ne lui résiste pas par les forces équilibrées de la raison. Partout où se manifeste une vie imparfaite et mal formée, elle fait affluer ses forces pour la détruire comme les esprits vitaux abondent pour fermer les plaies. De là ces désordres atmosphériques qui se manifestent autour de certains malades, de là ces commotions fluidiques, ces tournoiements de meubles, ces suspensions, ces jets de pierres, ces distensions aériennes qui font apparaître à distance le mirage sensible et tangible des mains ou des pieds de l'obsédé. C'est la nature qui se tourmente autour d'un cancer qu'elle veut extirper, autour d'une plaie qu'elle veut fermer, autour d'une sorte de vampire dont elle veut achever la mort pour le replonger dans la vie.

Les mouvements spontanés des objets inertes ne peuvent venir que d'un travail des forces qui aimantent la terre ; un esprit, c'est-a-dire, une pensée, ne soulève rien sans levier. S'il en était autrement, le travail presque infini de la nature pour la création et le perfectionnement des organes serait sans objet. Si l'esprit dégagé des sens pouvait faire obéir la matière à son gré, les morts illustres se révéleraient à nous les premiers par des mouvements harmonieux et réguliers ; au lieu de cela nous voyons toujours des mouvements incohérents et fébriles se produisant autour d'êtres malades, inintelligents et capricieux. Ces êtres sont des aimants déréglés qui font extravaguer l'âme de la terre ; mais quand la terre a le délire par suite de l'éruption de ces êtres avortés, c'est qu'elle souffre elle-même en traversant une crise qui finira par de violentes commotions.

Il y a vraiment bien de la puérilité dans certains hommes qui passent pour sérieux. Voici, par exemple, M. le marquis de Mirville qui attribue au diable tous les phénomènes inexplicables. Mais, mon cher monsieur, si le diable avait le pouvoir d'intervertir l'ordre naturel, ne le ferait-il pas immédiatement de manière à tout bouleverser? Avec le caractère qu'on lui suppose, il ne serait sans doute pas retenu par des scrupules. — Oh! mais, allez-vous répondre, la puissance de Dieu s'y oppose! —Doucement : la puissance de Dieu s'y oppose, ou elle ne s'y oppose pas. Si elle s'y oppose, le diable ne peut rien faire ; si elle ne s'y oppose pas, c'est le diable qui est le maître... M. de Mirville nous dira que Dieu le permet pour un peu. Tout juste assez pour tromper les pauvres hommes, tout juste assez pour troubler leur cervelle déjà si solide, comme on sait. Alors, en effet, ce n'est plus le diable qui est le maître ; c'est Dieu, qui serait... Mais nous n'achevons pas : aller plus loin, ce serait blasphémer.

On ne veut pas assez comprendre les harmonies de l'être, qui se distribuent par la série, comme le disait fort bien cet illustre maniaque de Fourier. L'esprit agit sur les esprits par le verbe. La matière reçoit les empreintes de l'esprit et communie avec lui au moyen d'un organisme parfait ; l'harmonie dans les formes se rapproche de l'harmonie dans les idées, le médiateur commun c'est la lumière : la lumière, qui est esprit et vie ; la lumière, qui est la synthèse des couleurs, l'accord des ombres, l'harmonie des formes ; la lumière, dont les vibrations sont les mathématiques vivantes. Mais les ténèbres et leurs fantastiques mirages, mais les erreurs phosphorescentes du sommeil, mais les paroles perdues dans le délire, tout cela ne crée rien, ne réalise rien ; tout cela, en un mot, n'existe pas : ce sont les limbes de la vie, ce sont les vapeurs de l'ivresse astrale, ce sont les éblouissements nerveux des yeux fatigués. Suivre de pareilles lueurs, c'est marcher dans une impasse ; croire à de pareilles révélations, c'est adorer la mort : la nature vous le dit elle-même.

Les *tables tournantes* n'écrivent qu'incohérences et injures ; ce sont les échos les plus infimes de la pensée, les rêves les plus absurdes et les plus anarchiques ; les mots enfin dont la plus basse populace se sert pour exprimer le mépris. Nous venons de lire un livre du baron de Guldenstubbé, qui prétend communiquer par lettres avec l'autre monde. Il a obtenu des réponses, et quelles réponses ! des dessins obscènes, des hiéroglyphes désespérantes, et cette signature grecque πνεῦμα θάνατος, le souffle mort, ou pour mieux traduire *l'esprit de mort*. Voilà le dernier mot des révélations phénoménales de la doctrine américaine, *si on la sépare de l'autorité sacerdotale et si on veut la rendre indépendante* du contrôle de la hiérarchie. Nous ne nions ici ni la réalité ni l'importance des phénomènes, ni la bonne foi des croyants ; mais nous devons les avertir des dangers auxquels ils s'exposent s'ils ne préfèrent pas l'esprit de sagesse donné hiérarchiquement et divinement à l'Église, à toutes ces communications désordonnées et obscures dans lesquelles l'âme fluidique de la terre reflète machinalement les mirages de l'intelligence et les rêves de la raison.

LIVRE V.

LES ADEPTES ET LE SACERDOCE.

ח, Hé.

CHAPITRE PREMIER.

PRÊTRES ET PAPES ACCUSÉS DE MAGIE.

Sommaire. — Le pape Sylvestre II et la prétendue papesse Jeanne. — Impertinentes assertions de Martin Polonus et de Platine. — L'auteur présumable du grimoire d'Honorius. — Analyse de ce grimoire.

Nous avons dit que depuis les profanations et les impiétés des gnostiques, l'Église avait proscrit la magie. Le procès des templiers acheva la rupture, et depuis cette époque, réduite à se cacher dans l'ombre pour y méditer sa vengeance, la magie proscrivit à son tour l'Église.

Plus prudents que les hérésiarques qui élevaient publiquement autel contre autel, et se dévouaient ainsi à la proscription et au bûcher, les adeptes dissimulèrent leurs ressentiments et leurs doctrines ; ils se lièrent entre eux par des serments terribles et, sachant combien il importe de gagner d'abord son procès au tribunal de l'opinion, ils retournèrent contre les accusateurs et leurs juges les bruits sinistres qui les poursuivaient eux-mêmes, et dénoncèrent au peuple le sacerdoce comme une école de magie noire.

DEUX SCEAUX OCCULTES,
l'un du grand œuvre, l'autre de la magie noire;
d'après le grimoire d'Honorius.

Tant qu'il n'a pas assis ses convictions et ses croyances sur la base inébranlable de la raison, l'homme se passionne malheureusement pour la vérité comme pour le mensonge, et de part, et d'autre, les réactions sont cruelles. Qui peut faire cesser cette guerre? L'esprit de celui-là seul qui a dit : « Ne rendez pas le mal pour le mal, mais triomphez du mal en faisant le bien. »

On a accusé le sacerdoce catholique d'être persécuteur, et cependant sa mission est celle du bon Samaritain, c'est pour cela qu'il a succédé aux lévites impitoyables, qui passent leur chemin sans avoir compassion du pauvre blessé de Jéricho. C'est en exerçant l'humanité qu'ils prouvent leur consécration divine. C'est donc une suprême injustice que de rejeter sur le sacerdoce les crimes de quelques hommes qui en étaient malheureusement revêtus. Un homme, quel qu'il soit, peut toujours être méchant : un vrai prêtre est toujours charitable.

Les faux adeptes ne l'entendaient pas de cette manière. Le sacerdoce chrétien, suivant eux, était entaché de nullité et d'usurpation depuis la proscription des gnostiques. « Qu'est-ce, en effet, disaient-ils, qu'une hiérarchie dont la science ne constitue plus les degrés? » La même ignorance des mystères et la même foi aveugle poussent au même fanatisme ou à la même hypocrisie les premiers chefs et les derniers ministres du sanctuaire. Les aveugles sont conducteurs d'aveugles. La suprématie entre égaux n'est plus qu'un résultat de l'intrigue et du hasard. Les pasteurs consacrent les saintes espèces avec une foi capharnaïte et grossière; ce sont des escamoteurs de pain et des mangeurs de chair humaine. Ce ne sont plus des thaumaturges, ce sont des sorciers ; voilà ce que disaient les sectaires.

Pour appuyer cette calomnie, ils inventèrent des fables ; les papes, disaient-ils, étaient voués à l'esprit des ténèbres depuis le x*e* siècle. Le savant Gerbert qui fut couronné sous le nom de *Sylvestre II*, en aurait fait l'aveu en mourant. Honorius III, celui qui confirma l'ordre de saint Dominique et qui prêcha les croisades, était lui-même un abominable nécromant, auteur d'un grimoire qui porte encore son nom, et qui est exclusivement réservé aux prêtres. On montrait et on commentait ce grimoire, on tachait ainsi de tourner contre le saint-siége le plus terrible de tous les préjugés populaires à cette époque : la haine mortelle de tous ceux qui, à tort ou à raison, passaient publiquement pour sorciers.

Il se trouva des historiens malveillants ou crédules pour accréditer ces mensonges. Ainsi Platine, ce chroniqueur scandaleux de la papauté, répète d'après Martin Polonus les calomnies contre Sylvestre II. Si l'on s'en rapportait à cette fable, Gerbert, qui était versé dans les sciences mathématiques et dans la kabbale, aurait évoqué le démon et lui aurait demandé son aide pour parvenir au pontificat. Le diable le lui aurait promis en lui annonçant de plus qu'il ne mourrait qu'à Jérusalem, et l'on pense bien que le magicien fit vœu intérieurement de n'y jamais aller ; il devint donc pape, mais un jour qu'il disait la messe dans une église de Rome, il se sentit gravement malade, et se souvenant alors que la chapelle où il officiait se nommait la *sainte Croix de Jérusalem*, il comprit que c'en était fait ; il se fit donc tendre un lit dans cette chapelle et appelant autour de lui ses cardinaux, il se confessa tout haut d'avoir eu commerce avec les démons, puis il commanda qu'après sa mort on le mît sur un chariot de bois neuf auquel on attellerait deux chevaux vierges, l'un noir et l'autre blanc ; qu'on lancerait ces chevaux sans les conduire et qu'on enterrerait son corps où les chevaux s'arrêteraient. Le chariot courut ainsi à travers Rome et s'arrêta devant l'église de Latran. On entendit alors de grands cris et de grands gémissements, puis tout redevint silencieux et l'on put procéder à l'inhumation ; ainsi finit cette légende digne de la bibliothèque bleue.

Ce Martin Polonus, sur la foi duquel Platine répète de semblables rêveries, les avait empruntées lui-même d'un certain Galfride et d'un chroniqueur nommé Gervaise, que Naudé appelle « le plus grand forgeur de fables, et le plus insigne menteur qui ait jamais mis la main à la plume. » C'est d'après des historiens aussi sérieux que les protestants ont publié la légende scandaleuse et passablement apocryphe, d'une prétendue papesse Jeanne, qui fut sorcière aussi, comme chacun sait, et à laquelle on attribue encore des livres de magie noire. Nous avons feuilleté une histoire de la papesse par un auteur protestant, et nous y avons remarqué deux gravures fort curieuses. Ce sont d'anciens portraits de l'héroïne à ce que prétend l'historien, mais en réalité ce sont deux anciens tarots représentant *Isis* couronnée d'une tiare. On sait que la figure hiéroglyphique du nombre deux dans le tarot s'appelle encore la *papesse* ; c'est une femme portant une tiare sur laquelle on remarque les pointes du croissant de la lune ou des cornes d'Isis. Celle du livre protestant est plus remarquable encore ; elle a les cheveux longs et épars ; une croix solaire sur la poitrine, elle est assise entre les deux colonnes d'Hercule, et derrière elle s'étend l'Océan avec des fleurs de lotus qui s'épanouissent à la surface de l'eau. Le second portrait représente la même déesse avec les attributs du souverain sacerdoce, et son fils Horus dans ses bras. Ces deux images sont donc très précieuses comme documents kabbalistiques, mais cela ne fait pas le compte des amateurs de la papesse Jeanne.

Quant à Gerbert, pour faire tomber l'accusation de sorcellerie, si elle pouvait être sérieuse à son égard, il suffirait de dire que c'était le plus savant homme de son siècle, et qu'ayant été le précepteur de deux souverains, il dut son élévation à la reconnaissance d'un de ses augustes élèves. Il possédait à fond les mathématiques et savait peut-être un peu plus de physique qu'on n'en pouvait connaître à son époque ; c'était un homme d'une érudition universelle et d'une grande habileté, comme on peut le voir en lisant les épîtres qu'il a laissées ; ce n'était pas un frondeur de rois comme le terrible Hildebrand. Il aimait mieux instruire les princes que de les excommunier, et, possédant la faveur de deux rois de France et de trois empereurs, il n'avait pas besoin comme le remarque judicieusement Naudé, de se donner au diable pour parvenir successivement aux archevêchés de Reims et de Ravenne, puis enfin à la papauté. Il est vrai qu'il y parvint en quelque sorte malgré son mérite, dans un siècle où l'on prenait les grands politiques pour des possédés et les savants pour des enchanteurs. Gerbert était nonseulement un grand mathématicien et un astronome distingué, mais il excellait aussi dans la mécanique, et

composa dans la ville de Reims, au dire de Guillaume
Malmesbery, des machines hydrauliques si merveilleuses
que l'eau y exécutait d'elle-même des symphonies, et y
jouait les airs les plus agréables; il fit aussi, au rapport
de Ditmare, dans la ville de Magdebourg, une horloge,
qui marquait tous les mouvements du ciel et l'heure du
lever et du coucher des étoiles ; il fit encore, dit Naudé,
que nous nous plaisons à citer ici, « cette teste d'airain,
laquelle estoit si ingénieusement labourée, que le susdit
Guillaume Malmesbery s'y est luy-même trompé, la
rapportant à la magie : aussi Onuphrius, dit qu'il a veu
dans la bibliothèque des Farnèses un docte livre de géométrie composé par ce Gerbert : et pour moy j'estime
que, sans rien décider de l'opinion d'Erfordiensis et de
quelques autres, qui le font auteur des horloges et de
l'arithmétique que nous avons maintenant, toutes ces
preuves sont assez valables pour nous faire juger que ceux
qui n'auoient jamais ouy parler du cube, paraléllogran,
dodécaèdre, almicantharath, valsagora, almagrippa,
cathalzem, et autres noms vulgaires et usités à ceux qui
entendent les mathématiques, eurent opinion que c'es-
toient quelques esprits qu'il inuoquoit, et que tant de
choses rares ne pouuoient partir d'un homme sans une
faueur extrahordinaire, et que pour cet effet il estoit
magicien. »

Ce qui montre jusqu'à quel point va l'impertinence
et la mauvaise foi des chroniqueurs, c'est que Platine,
cet écho malicieusement naïf de toutes les pasquinades
romaines, assure que le tombeau de Sylvestre II est
encore sorcier, qu'il pleure prophétiquement la chute
prochaine de tous les papes, et qu'au déclin de la vie

de chaque pontife on entend frémir et s'entre-choquer les ossements réprouvés de Gerbert. Une épitaphe gravée sur ce tombeau fait foi de cette merveille, ajoute imperturbablement le bibliothécaire de Sixte IV. Voilà de ces preuves qui paraissent suffisantes aux historiens pour constater l'existence d'un curieux document historique. Platine était le bibliothécaire du Vatican ; il écrivait son histoire des papes par ordre de Sixte IV ; il écrivait à Rome où rien n'était plus facile que de vérifier la fausseté ou l'exactitude de cette assertion, et cependant cette prétendue épitaphe n'a jamais existé que dans l'imagination des auteurs auxquels Platine l'emprunte avec une incroyable légèreté (1), circonstance qui excite justement l'indignation de l'honnête Naudé. Voici ce qu'il en dit dans son *Apologie pour les grands hommes accusés de magie* :

« C'est une pure imposture et fausseté manifeste tant pour l'expérience (des prétendus prodiges du tombeau de Sylvestre II), qui n'a esté jusques aujourd'huy observée de personne, qu'en l'inscription de ce sépulcre, qui fut composée par Sergius IV, et laquelle tant s'en faut qu'elle fasse aucune mention de toutes ces fables et resueries, qu'au contraire c'est un des plus excellens témoignages que nous puissions auoir de la bonne vie et de l'intégrité des actions de Sylvestre. C'est à la vérité une chose honteuse que beaucoup de catholiques soient fauteurs de cette médisance, de laquelle Marianus Scotus, Glaber, Ditmare, Helgandus, Lambert et Herman Contract, qui ont esté ses contemporains, ne font aucune mention, etc. »

(1) Que les papes s'en assurent, dit-il, c'est pour eux que la chose est intéressante.

Venons au *grimoire d'Honorius*.

C'est à Honorius III, c'est-à-dire à un des plus zélés pontifes du xiiie siècle, qu'on attribue ce livre impie. Honorius III, en effet, doit être haï des sectaires et des nécromants qui veulent le déshonorer en le prenant pour complice. Censius Savelli, couronné pape en 1216, confirma l'ordre de saint Dominique si formidable aux albigeois et aux vaudois, ces enfants des manichéens et des sorciers. Il établit aussi les Franciscains et les Carmes, prêcha une croisade, gouverna sagement l'Église et laissa plusieurs décrétales. Accuser de magie noire ce pape si éminemment catholique, c'est faire planer le même soupçon sur les grands ordres religieux institués par lui, le diable ne pouvait qu'y gagner.

Quelques exemplaires anciens du grimoire d'Honorius portent le nom d'Honorius II au lieu d'Honorius III; mais il est impossible de faire un sorcier de ce sage et élégant cardinal Lambert, qui, après sa promotion au souverain pontificat, s'entoura de poëtes auxquels il donnait des évêchés pour des élégies, comme il fit à Hildebert, évêque du Mans, et de savants théologiens, comme Hugues de Saint-Victor. Pourtant ce nom d'Honorius II est pour nous un trait de lumière, et va nous conduire à la découverte du véritable auteur de cet affreux grimoire d'Honorius.

En 1061, lorsque l'Empire commençait à prendre ombrage de la papauté et cherchait à usurper l'influence sacerdotale en fomentant des troubles et des divisions dans le sacré collége, les évêques de Lombardie, excités par Gilbert de Parme, protestèrent contre l'élection d'Anselme, évêque de Lucques, qui venait d'être appelé au souverain pontificat sous le nom d'*Alexandre II*. L'empereur Henri IV prit le parti des dissidents et les autorisa à se donner un autre pape en leur promettant de les appuyer. Ils choisirent un intrigant nommé *Cadulus* ou *Cadalous*, évêque de Parme, homme capable de tous les crimes, et publiquement scandaleux comme simoniaque et concubinaire. Ce Cadalous prit le nom d'*Honorius II* et marcha contre Rome à la tête d'une armée. Il fut battu et condamné par tous les évêques d'Allemagne et d'Italie ; il revint à la charge, s'empara d'une partie de la ville sainte, entra dans l'église Saint-Pierre, d'où il fut chassé, se réfugia dans le château Saint-Ange, d'où il obtint de pouvoir se retirer en payant une forte rançon. Ce fut alors qu'Othon archevêque de Cologne, envoyé par l'Empereur, osa reprocher publiquement à Alexandre II d'avoir usurpé le saint-siége. Mais un moine, nommé *Hildebrand*, prit la parole pour le pape légitime, et le fit avec une telle puissance que l'envoyé de l'Empereur s'en retourna confus, et que l'Empereur lui-même demanda pardon de ses attentats. C'est que Hildebrand, dans les vues de la Providence, était déjà le foudroyant Grégoire VII, et commençait l'œuvre de sa vie. L'antipape fut déposé au concile de Mantoue, et Henri IV obtint son pardon. Cadalous rentra donc dans l'obscurité, et il est probable qu'il voulut être alors le grand prêtre des sorciers et des apostats ; il peut donc avoir rédigé, sous le nom d'*Honorius II*, le grimoire qui porte ce nom.

Ce qu'on sait du caractère de cet antipape ne justifierait que trop une accusation de ce genre ; il était audacieux devant les faibles et rampant devant les forts, intrigant et débauché, sans foi comme sans mœurs ; il ne voyait dans la religion qu'un instrument d'impunité et de rapines. Pour un pareil homme, les vertus chrétiennes étaient des obstacles et la foi du clergé une difficulté à surmonter ; il aurait donc voulu se faire des prêtres à sa guise et se composer un clergé d'hommes capables de tous les attentats comme de tous les sacriléges ; tel paraît être, en effet, le but que s'est proposé l'auteur du grimoire d'Honorius.

Ce grimoire n'est pas sans importance pour les curieux de la science. Au premier abord, il semble n'être qu'un tissu de révoltantes absurdités ; mais pour les initiés aux signes et aux secrets de la kabbale, il devient un véritable monument de la perversité humaine ; le diable y est montré comme un instrument de puissance. Se servir de la crédulité humaine et s'emparer de l'épouvantail qui la domine pour la faire obéir aux caprices de l'adepte, tel est le secret de ce grimoire ; il s'agit d'épaissir les ténèbres sur les yeux de la multitude, en s'emparant du flambeau de la science, qui pourra au besoin, entre les mains de l'audace, devenir la torche des bourreaux ou des incendiaires. Imposer la foi avec la servitude, en se réservant le pouvoir et la liberté, n'est-ce pas rêver, en effet, le règne de Satan sur la terre, et s'étonnera-t-on si les auteurs d'une conspiration pareille contre le bon sens public et contre la religion, se flattaient de faire apparaître et d'incarner en quelque sorte sur la terre le souverain fantastique de l'empire du mal ?

La doctrine de ce grimoire est la même que celle de Simon et de la plupart des gnostiques : c'est le principe passif substitué au principe actif. La passion, par conséquent, préférée à la raison, le sensualisme déifié, la femme mise avant l'homme, tendance qui se retrouve dans tous les systèmes mystiques antichrétiens; cette doctrine est exprimée par un pantacle placé en tête du livre. La lune isiaque occupe le centre; autour du croissant sélénique, on voit trois triangles qui n'en font qu'un; le triangle est surmonté d'une croix ansée à double croisillon; autour du triangle qui est inscrit dans un cercle, et dans l'intervalle formé par les trois segments de cercle, on voit, d'un côté, le signe de l'esprit et le sceau kabbalistique de Salomon, de l'autre, le couteau magique et la lettre initiale du binaire, au-dessous une croix renversée formant la figure du lingam, et le nom de Dieu אל également renversé; autour du cercle, on lit ces mots tracés en forme de légende : *Obéissez à vos supérieurs, et leur soyez soumis, parce qu'ils y prennent garde.*

Ce pantacle, traduit en symbole ou profession de foi, est donc textuellement ce qui suit :

« La fatalité règne par les mathématiques et il n'y a pas d'autre Dieu que la nature.

» Les dogmes sont l'accessoire du pouvoir sacerdotal et s'imposent à la multitude pour justifier les sacrifices.

» L'initié est au-dessus de la religion dont il se sert, et il en dit absolument le contraire de ce qu'il en croit.

» L'obéissance ne se motive pas, elle s'impose; les initiés sont faits pour commander et les profanes pour obéir. »

Ceux qui ont étudié les sciences occultes, savent que les anciens magiciens n'écrivaient jamais leur dogme et le formulaient uniquement par les caractères symboliques des pantacles.

A la seconde page, on voit deux sceaux magiques circulaires. Dans le premier, se trouve le carré du tétragramme avec une inversion et une substitution de noms.

Ainsi au lieu de :

אהיה
Eieie,
יהוה
Jéhovah,
ארני
Adonaï,
אגלא
Agla,

disposition qui signifie : *L'Être absolu est Jéhovah, le Seigneur en trois personnes, Dieu de la hiérarchie et de l'Église.*

L'auteur du grimoire a disposé ainsi ses noms :

יהוה
Jéhovah,
אדני
Adonaï,
רדאר
D'rar,
אהיה
Eieie,

ce qui signifie : *Jéhovah, le Seigneur, n'est autre chose que le principe fatal de la renaissance éternelle personnifié par cette renaissance même dans l'Être absolu.*

Autour du carré dans le cercle, on trouve le nom de Jéhovah droit et renversé, le nom d'Adonaï à gauche, et à droite, ces trois lettres : אוה AEV : suivies de deux points, ce qui signifie : *Le ciel et l'enfer sont un mirage l'un de l'autre, ce qui est en haut est comme ce qui est en bas. Dieu c'est l'humanité.* (L'humanité est exprimée par les trois lettres AEV : initiales d'Adam et d'Ève.)

Sur le second sceau, on lit le nom d'ARARITA אתריתא et au-dessous ראש Rasch, autour vingt-six caractères kabbalistiques, et au-dessous du sceau dix lettres hébraïques, ainsi disposées יכ סכהכרדרו. Le tout est une formule de matérialisme et de fatalité, qu'il serait trop long et peut-être dangereux d'expliquer ici.

Vient ensuite le prologue du grimoire ; nous le transcrivons tout entier :

« Le saint-siége apostolique, à qui les clefs du royaume des cieux ont été données, par ces paroles de Jésus-Christ à saint Pierre : *Je te donne les clefs du royaume des cieux*, a seul puissance de commander au prince des ténèbres et à ses anges,

» Qui, comme des servieurs à leur maître, lui doivent honneur, gloire et obéissance, en vertu de ces autres paroles adressées par Jésus-Christ à Satan lui-même : *Tu ne serviras qu'un seul maître.*

» Par la puissance des clefs, le chef de l'Église a été fait le seigneur des enfers.

» Jusqu'à ce jour, les souverains pontifes ont eu *seuls* le pouvoir d'évoquer les esprits et de leur commander ; mais Sa Sainteté Honorius II, dans sa sollicitude pastorale, a bien voulu communiquer la science et le pouvoir des évocations et de l'empire sur les esprits à ses vénérables frères en Jésus-Christ avec les conjurations d'usage, le tout contenu dans la bulle suivante. »

Voilà bien ce pontificat des enfers, ce sacerdoce sacrilége des antipapes que Dante semble stigmatiser par ce cri rauque échappé à l'un des princes de son enfer :

Pape Satan ! pape Satan ! aleppe ! Que le pape légitime soit le prince du ciel, c'est assez pour l'antipape Cadalous d'être le souverain des enfers.

> Qu'il soit le dieu du bien, je suis le dieu du mal ;
> Nous sommes divisés, mon pouvoir est égal.

Suit la bulle de l'infernal pontife.

Le mystère des évocations ténébreuses y est exposé avec une science effrayante cachée sous des formes superstitieuses et sacriléges.

Le jeûne, les veilles, les mystères profanés, les cérémonies allégoriques, les sacrifices sanglants y sont combinés avec un art plein de malice ; les évocations ne sont pas sans poésie et sans enthousiasme mêlés d'horreur. Ainsi, par exemple, l'auteur veut que le jeudi de la première semaine des évocations, on se lève à minuit, qu'on jette de l'eau bénite dans sa chambre, qu'on allume un cierge de cire jaune préparé le mercredi, et qui doit être percé en forme de croix. A la lueur tremblante de ce cierge, il faut se rendre seul dans une église et y lire à voix basse l'office des morts, en substituant à la neuvième leçon des matines cette invocation rhythmique que nous traduisons du latin, en lui laissant sa forme étrange et ses refrains, qui rappellent les *incantations* monotones des sorcières de l'ancien monde :

> Seigneur, délivre-moi des terreurs infernales,
> Affranchis mon esprit des larves sépulcrales.
> J'irai dans leurs enfers les chercher sans effroi ;
> Je leur imposerai ma volonté pour loi.
>
> Je vais dire à la nuit d'enfanter la lumière ;
> Soleil, relève-toi; lune, sois blanche et claire.

Aux ombres de l'enfer je parle sans effroi,
Je leur imposerai ma volonté pour loi !

Leur visage est horrible et leurs formes étranges ;
Je veux que les démons redeviennent des anges.
A ces laideurs sans nom je parle sans effroi,
Je leur imposerai ma volonté pour loi !

Ces ombres sont l'erreur de ma vue effrayée ;
Mais, seul je puis guérir leur beauté foudroyée,
Car au fond des enfers je plonge sans effroi,
Je leur imposerai ma volonté pour loi !

Après plusieurs autres cérémonies, vient la nuit de l'évocation ; alors dans un lieu sinistre, à la lueur d'un feu alimenté par des croix brisées, il faut avec le charbon d'une croix, tracer un cercle, et réciter en même temps une hymne magique composée de versets de plusieurs psaumes ; voici la traduction de cette hymne :

Le roi se réjouit, Seigneur, dans ta puissance,
Laisse-moi compléter l'œuvre de ma naissance.
Que les ombres du mal, les spectres de la nuit,
Soient comme la poussière au vent qui la poursuit.
. . . .
Seigneur, l'enfer s'éclaire et brille en ta présence,
Par toi tout se termine et par toi tout commence :
Jéhovah, Sabaoth, Éloïm, Éloï,
Hélion, Hélios, Jodhévah, Saddaï !
Le lion de Juda se lève dans sa gloire ;
Il vient du roi David consommer la victoire !
J'ouvre les sept cachets du livre redouté ;
Satan tombe du ciel comme un éclair d'été !
Tu m'as dit : Loin de toi l'enfer et ses tortures ;
Ils n'approcheront pas de tes demeures pures.
Tes yeux affronteront les yeux du basilic,
Et tes pieds sans frayeur marcheront sur l'aspic.
Tu prendras les serpents domptés par ton sourire,
Tu boiras les poisons sans qu'ils puissent te nuire.

> Éloïm, Élohah, Sébaoth, Hélios,
> Éleïe, Éleazereie, ô Théos Tsehyros !
> La terre est au Seigneur, et tout ce qui la couvre.
> Lui-même il l'affermit sur l'abîme qui s'ouvre.
> Qui donc pourra monter sur le mont du Seigneur ?
> L'homme à la main sans tache et le simple de cœur.
> Celui qui ne tient pas la vérité captive
> Et ne la reçoit pas pour la laisser oisive ;
> Celui qui de son âme a compris la hauteur
> Et qui ne jure pas par un verbe menteur :
> Celui-là recevra la force pour domaine,
> Et tel est l'infini de la naissance humaine,
> La génération par la terre et le feu,
> L'enfantement divin de ceux qui cherchent Dieu !
> Princes de la nature agrandissez vos portes ;
> Joug du ciel je te lève ! à moi, saintes cohortes :
> Voici le roi de gloire ! il a conquis son nom ;
> Il porte dans sa main le sceau de Salomon.
> Le maître a de Satan brisé le noir servage,
> Et captif à sa suite il traîne l'esclavage.
> Le Seigneur seul est Dieu, le Seigneur seul est roi !
> Seigneur, gloire à toi seul, gloire à toi ! gloire à toi !

Ne croirait-on pas entendre les sombres puritains de Walter Scott ou de Victor Hugo, accompagner de leur psalmodie fanatique l'œuvre sans nom des sorcières de Faust ou de Macbeth !

Dans une conjuration adressée à l'ombre du géant Nemrod, ce chasseur sauvage qui fit commencer la tour de Babel, l'adepte d'Honorius menace cet antique réprouvé de resserrer ses chaînes et de le tourmenter de plus en plus chaque jour s'il n'obéit pas immédiatement à sa volonté.

N'est-ce pas le sublime de l'orgueil en délire, et cet antipape, qui ne comprenait un grand prêtre que comme un souverain des enfers, ne semble-t-il pas aspirer, comme à une vengeance du mépris et de la réprobation des vivants, au droit usurpé et funeste de tourmenter éternellement les morts !

CHAPITRE II.

APPARITION DES BOHÉMIENS NOMADES.

SOMMAIRE. — Mœurs et habitudes des Bohémiens nomades. — Ils viennent à la Chapelle, près Paris, où ils sont prêchés et excommuniés par l'évêque. — Leur science divinatoire et leur tarot.

Au commencement du xv⁰ siècle, on vit se répandre en Europe des bandes de voyageurs basanés et inconnus. Appelés par les uns *Bohémiens*, parce qu'ils disaient venir de la Bohême, connus par d'autres sous le nom d'*Égyptiens*, parce que leur chef prenait le titre de duc d'Égypte, ils exerçaient la divination, le larcin et le maraudage. C'étaient des hordes nomades, bivouaquant sous des huttes qu'ils se construisaient eux-mêmes ; leur religion était inconnue ; ils se disaient pourtant chrétiens, mais leur orthodoxie était plus que douteuse. Ils pratiquaient entre eux le communisme et la promiscuité, et se servaient pour leurs divinations d'une série de signes étranges représentant la forme allégorique et la vertu des nombres.

D'où venaient-ils ? De quel monde maudit et disparu étaient-ils les épaves vivantes ? Étaient-ce, comme le croyait le peuple superstitieux, les enfants des sorcières et des démons ? Quel sauveur expirant et trahi les avait con-

Pl. XV. P. 314.

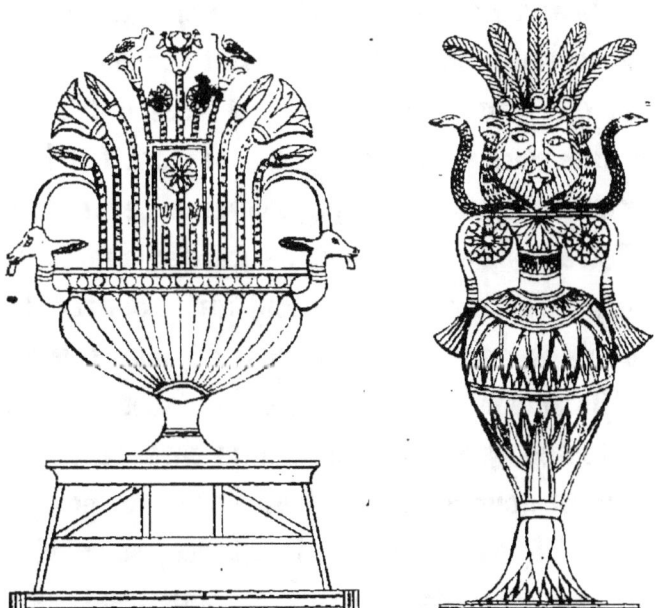

damnés à marcher toujours? Était-ce la famille du juif errant? n'était-ce pas le reste des dix tribus d'Israël perdues dans la captivité et enchaînées pendant longtemps par Gog et par Magog, dans des climats inconnus? Voilà ce qu'on se demandait avec inquiétude en voyant passer ces étrangers mystérieux, qui d'une civilisation disparue semblaient n'avoir gardé que les superstitions et les vices. Ennemis du travail, ils ne respectaient ni la propriété ni la famille ; ils traînaient après eux des femelles et des petits, et troublaient volontiers par leur prétendue divination la paix des honnêtes ménages. Écoutons parler le chroniqueur qui raconte leur premier campement dans le voisinage de Paris :

« L'année suivante, 1427, le dimanche d'après la mi-août, qui fut le 17 du mois, arrivent aux environs de Paris douze d'entre eux se disant pénitenciers, savoir un duc, un comte et dix hommes, tous à cheval, lesquels se disent très bons chrétiens et originaires de la *basse Égypte*; ils affirment avoir été chrétiens autrefois, que d'autres chrétiens les ont subjugués et ramenés au christianisme ; que ceux qui s'y sont refusés ont été mis à mort, et que ceux au contraire qui se sont fait baptiser sont demeurés seigneurs du pays comme devant sur leur parole d'être bons et loyaux et de garder la foi de Jésus-Christ jusqu'à la mort ; ils ajoutent qu'ils ont roi et reine dans leur pays, lesquels demeurent en leur seigneurie, parce qu'ils se sont faits chrétiens. Et aussi, disent-ils, quelques temps après nous être faits chrétiens, les Sarrazins vinrent nous assaillir. Grand nombre, peu fermes dans notre foi, sans endurer la guerre, sans défendre leur pays comme ils le devaient, se soumirent, se firent

Sarrazins et abjurèrent notre Seigneur ; et aussi, disent-ils, l'empereur d'Allemagne, le roi de Pologne et autres seigneurs ayant appris qu'ils avaient si facilement renoncé à la foi et s'étaient faits si tôt Sarrazins et idolâtres, leur coururent sus, les vainquirent facilement, comme s'ils avaient à cœur de les laisser dans leur pays pour les ramener au christianisme ; mais l'empereur et les autres seigneurs, par délibération du conseil statuèrent qu'ils n'auraient jamais terre en leur pays, sans le consentement du pape ; que pour cela ils devaient aller à Rome, qu'ils y étaient tous allés, grands et petits et à grand'peine pour les enfants ; qu'ils avaient confessé leur péché ; que le pape, les ayant ouïs, leur avait donné pour pénitence, par délibération du conseil, d'aller sept ans par le monde sans coucher dans aucun lit ; qu'il avait ordonné que tout évêque et abbé portant crosse leur donnât, une fois pour toutes, dix livres tournois comme subvention à leurs dépenses ; qu'il leur avait remis des lettres où tout ceci était relaté, leur avait donné sa bénédiction et que depuis cinq ans déjà ils couraient le monde.

» Quelques jours après, le jour de saint Jehan Décolace, c'est-à-dire le 29 août, arriva le commun, lequel on ne laissa point entrer dedans Paris, mais par justice fut logé à la Chapelle-Saint-Denis. Leur nombre se montait à environ cent vingt personnes, tant hommes que femmes et enfants. Ils assurent qu'en quittant leur pays ils étaient de mille à douze cents ; que le reste était mort en route avec le roi et la reine ; que ceux qui avaient survécu espéraient posséder encore des biens en ce monde, car le Saint-Père leur avait promis pays bon et fertile, quand ils auraient achevé leur pénitence.

» Lorsqu'ils furent à la Chapelle, on ne vit jamais plus de gens à la bénédiction du *Landit*, tant de Saint-Denis, de Paris que de ses environs la foule accourait pour les voir. Leurs enfants, garçons et filles, étaient on ne peut plus habiles faiseurs de tours. Ils avaient presque tous les oreilles percées, et à chaque oreille un ou deux anneaux d'argent ; et ils disaient que c'était gentillesse en leur pays ; ils étaient très noirs, avaient les cheveux crépus. Les femmes étaient les plus laides et les plus noires qu'on pût voir ; toutes avaient le visage couvert de *plaie*, les cheveux noirs comme la queue d'un cheval, pour toute robe une vieille flaussoie ou schiavina, liée sur l'épaule par une corde ou un morceau de drap, et dessous un pauvre roquet ou une chemise pour tout habillement. Bref, c'étaient les plus pauvres créatures que de mémoire d'âge on eût jamais vues en France. Et néanmoins leur pauvreté, ils avaient parmi eux des sorcières qui regardaient les mains des gens et disaient à chacun ce qui lui était arrivé et ce qui devait lui advenir ; et elles jetaient le désordre dans les ménages, car elles disaient au mari : « Ta femme... ta femme... ta femme t'a » fait *coux*, » à la femme : « Ton mari... t'a faite... » *coulpe* ; » et, qui pis est, en parlant aux gens par art magique, par l'ennemi d'enfer ou par habileté, elles vidaient leurs bourses et emplissaient les leurs ; » et le bourgeois de Paris qui rend compte de ces faits ajoute : « Et vraiment je fus trois ou quatre fois pour parler à eux, mais oncques ne m'aperçus d'un denier de perte ; mais ainsi le disait le peuple partout, tant que la nouvelle en vint à l'évêque de Paris, lequel y alla, et même avec lui un frère mineur, nommé le petit Jacobin, lequel, par le commandement de l'évêque, fit là une belle prédication en excommuniant tous ceux et celles qui se faisaient et avaient cru et montré leur mains. Et convint qu'ils s'en allassent, et si partirent le jour de Notre-Dame de septembre, le 8, et s'en allèrent vers Pontoise. »

On ignore s'ils continuèrent leur voyage en se dirigeant toujours ainsi vers le nord de la capitale, mais il est certain que leur souvenir est resté dans un des coins du département du Nord.

« Il existe en effet dans un bois près du village de *Hamel*, et à cinq cents pas d'un monument de six pierres druidiques, une fontaine appelée *Cuisine des sorciers;* et, dit la tradition, c'est là que se reposaient et se désaltéraient les *Cara maras*, lesquels sont assurément les *Caras'mar*, c'est-à-dire les bohémiens, sorciers et devins ambulants auxquels les anciennes chartes du pays de Flandre accordaient le droit d'être nourris par les habitants.

» Ils ont quitté Paris, mais à leur place il en vint d'autres, et la France n'est pas moins exploitée par eux que les autres pays. On ne les voit débarquer ni en Angleterre, ni en Écosse, et pourtant ils sont bientôt dans ce dernier royaume plus de cent mille (1). On les y appelle *ceard* et *caird*, ou comme qui dirait artisans, monouvriers, parce que, ce mot écossais est dérivé du *k+r*, samscrit d'où viennent le verbe faire, *Ker*-aben des Bohémiens et le latin *cerdo* (savetier), ce qu'ils ne

---

(1) Borrow.

sont pas. Si on ne les voit pas non plus à cette époque au nord de l'Espagne, où les chrétiens s'abritent contre la domination musulmane, c'est sans doute qu'ils se plaisent mieux au sud avec les Arabes, mais, sous Jean II, on les distingue bien de ces derniers, sans savoir pourtant d'où ils viennent. Quoi qu'il en soit, à partir de cette époque, ils sont généralement connus sur tout le continent européen. Une des bandes du roi Sindel s'est présentée à Ratisbonne en 1433, et Sindel lui-même campe en Bavière avec sa réserve en 1439. Il semble venir alors de Bohême, car les Bavarois, oublieux de ceux de 1433 qui se sont donnés pour Égyptiens, les appellent *Bohémiens*. C'est sous ce nom qu'ils reparaissent en France et y sont connus désormais. Bon gré, mal gré, on les supporte. Les uns courent les montagnes et cherchent l'or dans les rivières, les autres forgent des fers de cheval et des chaînes de chiens ; ceux-ci, plus maraudeurs que pèlerins, se glissent et furètent partout et partout volent et escamotent. Il en est qui prennent le parti de se fixer et qui, fatigués de toujours dresser et lever leurs tentes, se creusent des *bordeils*, huttes carrées de quatre à six pieds, sous terre, et recouvertes d'une toiture de branchages dont l'arête, à cheval sur deux poteaux en Y, ne s'élève guère à plus de deux pieds au-dessus du sol. C'est dans cette tanière, dont il n'est guère resté en France d'autre souvenir que le nom, que s'entasse pêle-mêle toute une famille ; c'est dans ce bouge, qui n'a d'autre ouverture que la porte et un trou pour la fumée, que le père forge, que les enfants, accroupis autour du feu, font aller le soufflet, et que la mère fait aller le pot où ne bout jamais que le fruit de quelques larcins ; c'est dans ce repaire, où pendent, à de longs clous de bois, quelques vieilles nippes, une bride et un havresac, dont tous les meubles consistent en une enclume, des pinces et un marteau, c'est là, dis-je, que se donnent rendez-vous la crédulité et l'amour, la demoiselle et le chevalier, la châtelaine et le page ; c'est là qu'ils viennent ouvrir leur mains blanches et nues aux regards pénétrants de la sibylle ; c'est là que l'amour s'achète, que le bonheur se vend, que le mensonge se paie ; c'est de là que sortent les saltimbanques et les tireurs de cartes, la robe étoilée et le bonnet pointu du magicien, les truands et l'argot, les danseuses de la rue et les filles de joie. C'est le royaume de fainéantise et de trupherie, de la villonie et des franches lipées ; ce sont gens à tout faire pour ne rien faire, comme dit un naïf conteur du moyen âge ; et un savant aussi distingué que modeste, M. Vaillant, auteur d'une *Histoire spéciale des Rom-Muni ou Bohémiens*, dont nous citons ici quelques pages, bien qu'il leur donne une grande importance dans l'histoire sacerdotale de l'ancien monde, n'en fait pas un portrait flatté. Aussi nous raconte-t-il comment ces protestants étranges des civilisations primitives, traversant les âges avec une malédiction sur le front et la rapine dans les mains, ont excité d'abord la curiosité puis la défiance, puis enfin la proscription et la haine des chrétiens du moyen âge. On comprit combien pouvait être dangereux ce peuple sans patrie, parasite du monde entier et citoyen de nulle part ; ces bédouins qui traversaient les empires comme des déserts, ces voleurs errants, et qui s'insinuaient partout sans se fixer jamais. Aussi bientôt devinrent-ils pour le peuple, des sorciers, des démons même, des jeteurs de sorts, des enleveurs d'enfants, et il y avait du vrai dans tout cela ; on les accusa partout de célébrer en secret d'affreux mystères. Bientôt la rumeur devient générale, on les fait responsables de tous les meurtres ignorés, de tous les enlèvements mystérieux ; comme les Grecs de Damas accusèrent les Juifs d'avoir tué un des leurs pour en boire le sang ; et l'on assure qu'ils préfèrent les jeunes garçons et les jeunes filles de douze à quinze ans. C'est sans doute un sûr moyen de les faire prendre en horreur et d'éloigner d'eux la jeunesse ; mais ce moyen est odieux ; car le peuple et l'enfant ne sont que trop crédules, et la peur engendrant la haine, il en naît la persécution. Ainsi, c'en est fait ! non-seulement on les évite, on les fuit, mais on leur refuse le feu et l'eau ; l'Europe est devenue pour eux les Indes, et tout chrétien s'est fait contre eux un Brahmane. En certains pays, si quelque jeune fille, en ayant pitié, s'approche de l'un d'eux pour lui mettre dans la main une pièce de monnaie : « Prenez garde, ma mie, lui crie la gouvernante éperdue, c'est un *Katkaon*, un ogre qui viendra vous sucer le sang cette nuit pendant votre sommeil ; » et la jeune fille recule en frissonnant ; si quelque jeune garçon passe assez près d'eux pour que son ombre se dessine sur la muraille auprès de laquelle ils sont assis, où toute une famille mange ou se repose au soleil : « Au large ! enfant, lui crie son pédagogue, ces *Strigoï* (vampires) vont prendre votre ombre ; et votre âme ira danser avec eux le sabbat toute l'éternité. » C'est ainsi que la haine du chrétien ressuscite contre eux les lémures et les farfadets, les vampires et les ogres ; et chacun de gloser sur leur compte. — Ne seraient-ce pas, dit l'un, les descendants de ce Mambrès qui osa rivaliser de miracle avec Moïse? Ne sont-ils pas envoyés par le roi d'Égypte pour inspecter par le monde les enfants d'Israël et leur rendre leur sort pénible? — Je croirais, dit un autre, que ce sont les bourreaux dont s'est servi Hérode pour exterminer les nouveau-nés de Bethléem. — Vous vous trompez, dit un troisième, ces païens n'entendent pas un mot d'égyptien, leur langue en renferme, au contraire, beaucoup d'hébreux. Ce ne sont donc que les impurs rejetons de cette race abjecte qui dormait en Judée dans les sépulcres après avoir dévoré les cadavres qu'ils renfermaient. — Erreur! erreur! s'écrie un quatrième : ce sont tout bonnement ces mécréants de Juifs eux-mêmes que l'on a torturés, chassés et brûlés en 1348, pour avoir empoisonné nos puits et nos citernes, et qui reviennent pour recommencer. — Eh! qu'importe? ajoute le dernier, Égyptiens ou Juifs, Esséniens ou Chusiens, Pharaoniens ou Caphtoriens, Balistari d'Assyrie ou Philistins de Kanaan, ce sont des renégats, ils l'ont dit en Saxe, en France, partout, il faut les pendre et les brûler. »

Bientôt on enveloppe dans leur proscription ce livre étrange qui leur sert à consulter le sort et à rendre des oracles. Ces cartons bariolés de figures incompréhensibles et qui sont (on ne s'en doute pas) le résumé monumental de toutes les révélations de l'ancien monde, la clef des hiéroglyphes égyptiens, les clavicules de Salomon, les écritures primitives d'Hénoch et d'Hermès. Ici l'auteur que nous venons de citer, fait preuve d'une sagacité singulière, il parle du tarot en homme qui ne le comprend pas encore parfaitement, mais qui l'a profondément étudié ; aussi voyons ce qu'il en dit :

« La forme, la disposition, l'arrangement de ces tablettes et les figures qu'elles représentent, bien que diversement modifiées par le temps, sont si manifestement allégoriques, et les allégories en sont si conformes à la doctrine civile, philosophique et religieuse de l'antiquité, qu'on ne peut s'empêcher de les reconnaître pour la synthèse de tout ce qui faisait la foi des anciens peuples. Par tout ce qui précède, nous avons suffisamment donné à entendre qu'il est une déduction du livre sidéral d'*Hénoch* qui est *Hénochia* ; qu'il est modelé sur la roue astrale d'*Athor*, qui est *As-taroth* ; que, semblable à l'*ot-tara* indien, ours polaire ou *arc-tura* du Septentrion, il est la force majeure (*tarie*) sur laquelle s'appuient la solidité du monde et le firmament *sidéral* de la *terre* ; que, conséquemment, comme l'ours polaire dont on a fait le char du soleil, le chariot de David et d'Arthur, il est, l'heur grec, le destin chinois, le hasard égyptien, le sort des Rômes ; et qu'en tournant sans cesse autour de l'ours du pôle, les astres déroulent à la terre le faste et le néfaste, la lumière et l'ombre, le chaud et le froid, d'où découlent le bien et le mal, l'amour et la haine qui font le bonheur et le malheur des hommes.

» Si l'origine de ce livre se perd dans la nuit des temps, au point que l'on ne sache ni où ni quand il fut inventé, tout porte à croire qu'il est d'origine indo-tartare et que, diversement modifié par les anciens peuples, selon les nuances de leurs doctrines et le caractère de leurs sages, il était un des livres de leurs sciences occultes, et peut-être même l'un de leurs livres sybillins. Nous avons suffisamment fait entrevoir la route qu'il a pu tenir pour arriver jusqu'à nous ; nous avons vu qu'il avait dû être connu des Romains, et qu'il avait pu leur être apporté non-seulement aux premiers jours de l'empire, mais déjà même dès les premiers temps de la république, par ces nombreux étrangers qui, venus d'Orient et initiés aux mystères de Bacchus et d'Isis, apportèrent leur science aux héritiers de Numa. »

M. Vaillant ne dit pas que les quatre signes hiéroglyphiques du tarot, les bâtons, les coupes, les épées et les deniers ou cycles d'or, se trouvent dans Homère, sculptés sur le bouclier d'Achille, mais suivant lui :

« Les coupes égalent les arcs ou arches du temps, les vases ou vaisseaux du ciel.

» Les deniers égalent les astres, les sidères, les étoiles ; les épées égalent les feux, les flammes, les rayons ; les bâtons égalent les ombres, les pierres, les arbres, les plantes.

» L'as de coupe est le vase de l'univers, arche de la vérité du ciel, principe de la terre.

» L'as de denier est le soleil, œil unique du monde, aliment et élément de la vie.

» L'as d'épée est la lance de Mars, source de guerres, de malheurs, de victoires.

» L'as de bâton est l'œil du serpent, la houlette du pâtre, l'aiguillon du bouvier, la massue d'Hercule, l'emblème de l'agriculture.

» Le 2 de coupe est la vache, *io* ou *isis*, et le bœuf *apis* ou *mnevis*.

» Le 3 de coupe est *isis*, la lune, dame et reine de la nuit.

» Le 3 de denier est *osiris*, le soleil, seigneur et roi du jour.

APPARITION DES BOHÉMIENS NOMADES.   325

» Le 9 de denier est le *messager* Mercure ou l'ange Gabriel.

» Le 9 de coupe est la *gestation du bon destin*, d'où naît le bonheur. »

« Enfin, nous dit M. Vaillant, il existe un tableau chinois composé de caractères qui forment de grands compartiments en carré long, tous égaux, et précisément de la même grandeur que les cartes du tarot. Ces compartiments sont distribués en six colonnes perpendiculaires, dont les cinq premières renferment quatorze compartiments chacune, en tout soixante et dix ; tandis que la sixième qui n'est remplie qu'à moitié, n'en contient que sept. D'ailleurs, ce tableau est formé d'après la même combinaison du nombre 7 ; chaque colonne pleine est de 2 fois 7 = 14, et celle qui ne l'est qu'à demi en contient sept. Il ressemble si bien au tarot, que les quatre couleurs du tarot emplissent ses quatre premières colonnes ; que de ses 21 atouts 14 emplissent la cinquième colonne, et les 7 autres atouts la sixième. Cette sixième colonne des 7 atouts est donc celle des six jours de la semaine de création. Or, selon les Chinois, ce tableau remonte aux premiers âges de leur empire, au dessèchement des eaux du déluge par IAO ; on peut donc conclure qu'il est ou l'original ou la copie du tarot, et, dans tous les cas, que le tarot est antérieur à Moïse, qu'il remonte à l'origine des siècles, à l'époque de la confection du Zodiaque, et conséquemment qu'il compte 6,600 ans d'existence (1).

» Tel est ce *tarot* des Rômes, dont par antilogie les

---

(1) Pour tout ce qui est du tarot, voir *Court de Gebelin*, 1 vol. in-8, et le *Dogme et rituel de la haute magie*, par Éliphas Lévi. 1856, 2 vol. in-8, avec 23 figures.

Hébreux ont fait la *torah* ou loi de Jéhova. Loin d'être alors un jeu, comme aujourd'hui, il était un livre, un livre sérieux, le livre des symboles et des emblèmes, des analogies ou des rapports des astres et des hommes, le livre du destin, à l'aide duquel le sorcier dévoilait les mystères du sort. Ses figures, leurs noms, leur nombre, les sorts qu'on en tirait, en firent naturellement, pour les chrétiens, l'instrument d'un art diabolique, d'une œuvre de magie ; aussi conçoit-on avec quelle rigueur ils durent le proscrire dès qu'il leur fut connu par les abus de confiance que l'indiscrétion des *Sagi* commettait sur la crédulité publique. C'est alors que, la foi en sa parole se perdant, le *tarot* devint jeu, et que ses tablettes se modifièrent selon le goût des peuples et l'esprit du siècle. C'est de ce jeu des *tarots* que sont issues nos cartes à jouer, dont les combinaisons sont aussi inférieures à celles du *tarot* que le jeu de dames l'est au jeu d'échecs. C'est donc à tort que l'on fixe l'origine des cartes modernes au règne de Charles VI ; car dès 1332, les initiés à l'*ordre de la bande*, établi par Alphonse XI, roi de Castille, faisaient déjà serment de ne pas jouer aux cartes. Sous Charles V, dit le Sage, saint Bernard de Sienne condamnait au feu les cartes, dites alors *triomphales*, du jeu de *triomphe* que l'on jouait déjà en l'honneur du triomphateur *Osiris* ou *Ormuzd*, l'une des cartes du tarot; d'ailleurs, ce roi lui-même les proscrivait, en 1369, et le petit Jean de Saintré ne fut honoré de ses faveurs que parce qu'il n'y jouait pas.

» Alors on les appelait, en Espagne, *naïpes*, et mieux, en Italie, *naïbi*, parce que les *naïbi* sont les *diablesses*, les sybilles, les pythonisses. »

M. Vaillant, que nous venons de laisser parler, suppose donc que le tarot a été modifié et changé, ce qui est vrai pour les tarots allemands à figures chinoises; mais ce qui n'est vrai ni pour les tarots italiens qui sont seulement altérés dans quelques détails, ni pour les tarots de Besançon, dans lesquels on retrouve encore des traces des hiéroglyphes égyptiens primitifs. Nous avons dit, dans notre *Dogme et Rituel de la haute magie*, combien furent malencontreux les travaux d'Etteilla ou d'Alliette sur le tarot. Ce coiffeur illuminé n'ayant réussi, après trente ans de combinaisons, qu'à créer un tarot bâtard dont les clefs sont interverties, dont les nombres ne s'accordent plus avec les signes, un tarot, en un mot, à la convenance d'Etteilla et à la mesure de son intelligence qui était loin d'être merveilleuse.

Nous ne croyons pas, avec M. Vaillant, que les bohémiens fussent les propriétaires légitimes de cette clef des initiations. Ils la devaient sans doute à l'infidélité ou à l'imprudence de quelque kabbaliste juif. Les bohémiens sont originaires de l'Inde, leur historien l'a prouvé avec assez de vraisemblance. Or, le tarot que nous avons encore et qui est celui des bohémiens, est venu de l'Égypte en passant par la Judée. Les clefs de ce tarot, en effet, se rapportent aux lettres de l'alphabet hébraïque, et quelques-unes des figures reproduisent même la forme des caractères de cet alphabet sacré.

Qu'était-ce donc que ces bohémiens? C'était, comme l'a dit le poëte,

> Le reste immonde
> D'un ancien monde;

c'était une secte de gnostiques indiens que leur communisme exilait de toute la terre. C'étaient, comme ils le disaient presque eux-mêmes, des profanateurs du grand arcane, livrés à une malédiction fatale. Troupeau égaré par quelque faquir enthousiaste, ils s'étaient faits voyageurs sur la terre, protestant contre toutes les civilisations au nom d'un prétendu droit naturel qui les dispensait presque de tout devoir. Or, le droit qui veut s'imposer en s'affranchissant du devoir, c'est l'agression, c'est le pillage, c'est la rapine, c'est le bras de Caïn levé contre son frère, et la société qui se défend semble venger la mort d'Abel.

En 1840, des ouvriers du faubourg Saint-Antoine, las, disaient-ils, d'être trompés par les journalistes et de servir d'instruments aux ambitions des beaux parleurs, résolurent de fonder eux-mêmes et de rédiger un journal d'un radicalisme pur et d'une logique sans faux-fuyants et sans ambages.

Ils se réunirent donc et tinrent conseil pour établir carrément leurs doctrines; ils prenaient pour base la devise républicaine: *liberté, égalité* et le reste. La liberté leur semblait impossible avec le devoir de travailler, l'égalité avec le droit d'acquérir, et ils conclurent au communisme. Mais l'un d'eux fit observer que dans le communisme les plus intelligents présideraient au partage et se feraient la part du lion. Il fut donc arrêté que personne n'aurait droit à la supériorité intellectuelle. Quelqu'un remarqua que la beauté physique même constitue une aristocratie, et l'on décréta l'égalité de la laideur. Puis, comme on s'attache à la terre en la cultivant, il fut décidé que les vrais communistes ne pouvant être agriculteurs, n'ayant que le monde pour patrie et l'humanité pour famille, ils devaient s'organiser en caravanes et faire éternellement le tour du monde. Ce que nous racontons ici n'est pas une parabole, nous avons connu les personnages présents à cette délibération, nous avons lu le premier numéro de leur journal intitulé *l'Humanitaire*, qui fut poursuivi et supprimé en 1841 (voir les procès de presse de cette époque). Si ce journal eût pu continuer, si la secte naissante eût recruté des adeptes, comme faisait alors même l'ancien procureur Cabet pour l'émigration icarienne, une nouvelle bande de bohémiens se fût organisée et la truanderie errante compterait un peuple de plus.

CHAPITRE III.

LÉGENDE ET HISTOIRE DE RAYMOND LULLE.

Sommaire. — Ses travaux, son grand art, pourquoi on l'appelle le Docteur illuminé. — Ses théories en philosophie hermétique. — La magie chez les Arabes. — Idées de Raymond Lulle sur l'Antechrist et sur la science universelle.

L'Église, comme nous l'avons dit, avait proscrit l'initiation en haine des profanations de la gnose. Quand Mahomet arma dans l'Orient le fanatisme contre la foi, à la piété qui ignore et qui prie, il vint opposer la crédulité sauvage qui combat. Ses successeurs prirent pied dans l'Europe et menacèrent bientôt de l'envahir. « La Providence nous châtie, disaient les chrétiens; » et les musulmans répondaient : « La fatalité est pour nous. »

Les juifs kabbalistes, qui craignaient d'être brûlés comme sorciers dans les pays catholiques, se réfugièrent près des Arabes qui étaient à leurs yeux des hérétiques, mais non pas des idolâtres. Ils en admirent quelques-uns à la connaissance des mystères, et l'islamisme, déjà triomphant par la force, put aspirer bientôt à triompher aussi par la science de ceux que l'Arabie lettrée appelait avec dédain les *Barbares de l'Occident.*

Le génie de la France avait opposé aux envahissements de la force les coups de son marteau terrible. Un doigt ganté de fer avait tracé une ligne devant la marée montante des armées mahométanes, et la grande voix de la victoire avait crié au flot : *Tu n'iras pas plus loin.*

Le génie de la science suscita Raymond Lulle qui revendiqua pour le Sauveur, fils de David, l'héritage de Salomon, et qui appela pour la première fois les enfants de la croyance aveugle aux splendeurs de la connaissance universelle.

Il faut voir avec quel mépris parlent encore de ce grand homme les faux savants et les faux sages! Mais aussi l'instinct populaire l'a vengé. Le roman et la légende se sont emparés de son histoire. On nous le représente amoureux comme Abailard, initié comme Faust, alchimiste comme Hermès, pénitent et savant comme saint Jérôme, voyageur comme le Juif errant, pieux et illuminé comme saint François d'Assises, martyr enfin comme saint Étienne, et glorieux dans la mort comme le Sauveur du monde.

Commençons par le roman ; c'est un des plus touchants et des plus beaux que nous connaissions : Un jour de dimanche de l'année 1250, à Palma, dans l'île de Majorque, une dame sage et belle, nommée *Ambrosia di Castello*, native de Gênes, se rendait à l'église.

Un cavalier de haute mine et richement vêtu passait dans la rue ; il voit la dame, il s'arrête comme foudroyé ; elle entre dans l'église et va disparaître dans l'ombre du porche. Le cavalier, sans savoir ce qu'il fait, lance son cheval et entre après elle au milieu des fidèles effrayés : grande rumeur et grand scandale. Le cavalier est connu ; c'est le seigneur Raymond Lulle, sénéchal des îles et maire du palais : il a une femme et trois enfants ; deux fils, l'un, nommé Raymond comme lui ; l'autre, Guillaume, et une fille nommée Madeleine. Madame Ambrosia di Castello est également mariée et jouit, de plus, d'une réputation sans tache. Raymond Lulle passait alors pour un grand séducteur. Son entrée équestre dans l'église de Palma fit grand bruit dans la ville. Ambrosia, toute confuse, consulta son mari qui était sans doute un homme sage et qui ne trouva pas que sa femme fût offensée parce que sa beauté avait tourné la tête d'un jeune et brillant seigneur ; mais il conseilla à Ambrosia de guérir son fol adorateur par la folie même dont elle était cause. Déjà Raymond Lulle avait écrit à la dame pour s'excuser ou pour s'accuser davantage. « Ce qu'elle lui avait inspiré, disait-il, était étrange, surhumain, fatal : il respectait son honneur, ses affections qu'il savait appartenir à un autre. Mais il était touché de la foudre, il lui fallait des dévouements, des sacrifices à faire, des miracles à accomplir, des pénitences de stylite, des prouesses de chevalier errant. »

Ambrosia lui répondit :

« Pour répondre à un amour que vous dites surhumain, il me faudrait une existence immortelle.

» Il faudrait que cet amour héroïquement et pleinement sacrifié à notre devoir pendant toute la vie des êtres qui nous sont chers (et je désire qu'elle soit longue), pût créer une éternité pour nous au moment où Dieu et le monde nous permettraient de nous aimer.

» On dit qu'il existe un élixir de vie ; tâchez de le trouver, et quand vous serez sûr de votre découverte, venez me voir.

» Jusque-là, vivez pour votre femme et vos enfants, comme je vivrai pour mon mari que j'aime, et si vous me rencontrez dans la rue, ne me reconnaissez même pas. »

C'était un congé gracieux qui remettait, comme on le voit, notre amoureux aux calendes grecques ; mais il ne l'entendit pas ainsi, et, à partir de ce jour, le brillant seigneur disparut pour faire place à un sombre et grave alchimiste. Don Juan était devenu *Faust*. Des années se passèrent. La femme de Raymond Lulle mourut, Ambrosia di Castello, à son tour, fut veuve ; mais l'alchimiste semblait l'avoir oubliée pour ne s'occuper plus que du grand œuvre.

Un jour, enfin, la veuve étant seule, on lui annonce Raymond Lulle : elle voit entrer un vieillard pâle et chauve qui tenait à la main une fiole pleine d'un élixir rouge comme le feu ; il s'avance en chancelant et la cherche des yeux : elle est devant lui et il ne la reconnaît pas, car dans sa pensée elle est toujours jeune et belle comme dans l'église de Palma. « C'est moi, dit-elle enfin, que me voulez-vous ? » A l'accent de cette voix, l'alchimiste tressaille, il la reconnaît, il croit la voir jeune encore, il se jette à ses pieds, et, lui tendant la fiole avec délire : « Tenez, dit-il, prenez, buvez, c'est la vie. J'ai mis là-dedans trente ans de la mienne, mais je l'ai essayé, j'en suis sûr, c'est l'élixir d'immortalité !

—Comment l'avez-vous essayé? dit Ambrosia avec un triste sourire.

—Depuis deux mois, dit Raymond, après avoir bu une quantité d'élixir pareille à celle-là, je me suis abstenu de toute nourriture. La faim m'a tordu les entrailles, mais non-seulement je ne suis pas mort, je puis dire que je sens en moi plus de vie et plus de force que jamais.

— Je vous crois, dit Ambrosia, mais cet élixir qui conserve la vie ne fait pas revenir la jeunesse, mon pauvre ami, regardez-vous, » et elle lui présentait un miroir.

Raymond Lulle recula. Jamais, depuis trente ans, il n'avait songé à se regarder.

« Maintenant, Raymond, regardez-moi, dit Ambrosia en découvrant ses cheveux blancs ; puis, détachant l'agrafe de sa robe, elle lui montra son sein qui avait été presque entièrement rongé par un cancer : Est-ce cela, ajouta-t-elle, que vous voulez immortaliser ? »

Puis, voyant l'alchimiste consterné :

« Écoutez-moi, dit-elle, depuis trente ans je vous aime et je ne veux pas vous condamner à la prison perpétuelle dans le corps d'un vieillard ; ne me condamnez pas, à votre tour. Faites-moi grâce de cette mort qu'on nomme la *vie*. Laissez-moi me transformer pour revivre, retrempons-nous dans la jeunesse éternelle. Je ne veux pas de votre élixir qui prolonge la nuit de la tombe, j'aspire à l'immortalité. »

Raymond Lulle jeta alors à terre la fiole qui se brisa.

« Je vous délivre, dit-il, et je reste en prison pour vous. Vivez dans l'immortalité du ciel, moi, je suis condamné pour jamais à la mort vivante de la terre. »

Puis, cachant son visage dans ses mains, il s'enfuit en fondant en larmes.

Quelques mois après, un moine de l'ordre de saint François assistait Ambrosia di Castello à ses derniers moments : ce moine, c'était Raymond Lulle. Ici, le roman se termine et la légende va commencer.

Cette légende ne faisant qu'un seul homme des trois ou quatre Raymond Lulle qui ont existé à différentes époques, donne à l'alchimiste repentant plusieurs siècles d'existence et d'expiation. Le jour où naturellement le pauvre adepte devait mourir, il ressentait toutes les angoisses de l'agonie, puis, dans une crise suprême, il sentait la vie le reprendre, comme le vautour de Prométhée reprenait son festin renaissant. Le Sauveur du monde, qui déjà lui tendait la main, rentrait tristement dans le ciel qui se refermait, et Raymond Lulle se retrouvait sur la terre sans espoir de jamais mourir.

Il se mit à prier et dévoua son existence aux bonnes œuvres ; Dieu lui accordait toutes ses grâces excepté la mort, et que faire des autres sans celle-là qui doit les compléter et les couronner toutes ? Un jour l'arbre de la science lui apparut chargé de ses fruits lumineux ; il comprit l'être et ses harmonies, il devina la kabbale, il jeta les bases et traça le plan d'une science universelle, et depuis ce temps on ne l'appela plus que le *docteur illuminé*.

Il avait trouvé la gloire. Cette fatale récompense du

travail que Dieu dans sa miséricorde n'envoie guère aux grands hommes qu'après leur mort parce qu'elle enivre et empoisonne les vivants. Mais Raymond Lulle qui n'avait pu mourir pour lui faire place devait craindre encore de la voir mourir avant lui, et cette gloire ne lui semblait être qu'une dérision de son immortelle infortune.

Il savait faire de l'or et il pouvait acheter le monde et tous ses monuments sans pouvoir s'assurer la jouissance d'un seul tombeau.

C'était le pauvre de l'immortalité. Partout il allait mendiant la mort et personne ne pouvait la lui donner.

Il avait pris corps à corps la philosophie des Arabes, il luttait victorieusement contre l'islamisme et avait tout à redouter du fanatisme des sectaires ; tout à redouter, c'est-à-dire peut-être quelque chose à espérer, et ce qu'il espérait, c'était la mort.

Il prit pour domestique un jeune Arabe des plus fanatiques et se posa devant lui en fléau de la doctrine de Mahomet. L'arabe assassina son maître, c'était ce que Raymond Lulle attendait, mais il n'en mourut pas comme il l'avait espéré, ne put obtenir la grâce de son assassin et eut un remords sur la conscience au lieu de la délivrance et de la paix.

A peine guéri de ses blessures, il s'embarque et part pour Tunis ; il y prêche publiquement le christianisme, mais le bey admirant sa science et son courage le défend contre la fureur du peuple et le fait embarquer avec tous ses livres. Raymond Lulle revient, prêche à Bône, à Bougie et dans d'autres villes d'Afrique ; les musulmans stupéfaits n'osent mettre la main sur lui. Il retourne enfin à Tunis, et amassant le peuple dans les rues, il s'écrie qu'il a été déjà chassé du pays, mais qu'il y revient afin de confondre les dogmes impies de Mahomet et de mourir pour Jésus-Christ. Cette fois toute protection est impossible, le peuple furieux le poursuit, c'est une véritable sédition ; il fuit pour les exciter davantage, il est déjà brisé de coups, inondé de sang, couvert de blessures, et il vit toujours. Il tombe enfin littéralement enseveli sous une montagne de pierres.

La nuit suivante, deux marchands génois, nommés Étienne Colon et Louis de Pastorga, passant en pleine mer, virent une grande lumière s'élever du port de Tunis. Ils s'approchèrent et virent un monceau de pierres qui projetait au loin cette miraculeuse splendeur ; ils cherchèrent sous ces pierres et y trouvèrent Raymond Lulle brisé et vivant, ils l'embarquèrent sur leur vaisseau et le ramenèrent à Majorque, sa patrie. Mais en vue de cette île le martyr expira enfin, Dieu l'avait délivré par un miracle et sa pénitence était accomplie.

Telle est l'odyssée du Raymond Lulle fabuleux : venons maintenant aux réalités historiques.

Raymond Lulle le philosophe et l'adepte, celui qui mérita le surnom de *docteur illuminé,* était le fils de ce sénéchal de Majorque, célèbre par sa passion malheureuse pour Ambrosia di Castello. Il ne composa pas l'élixir d'immortalité, mais il fit de l'or en Angleterre pour le roi Édouard III ; cet or fut appelé l'*or de Raymond,* et il en existe encore des pièces fort rares à la vérité, que les curieux nomment des *raymondines.*

M. Louis Figuier suppose que ces raymondines sont les nobles à la rose, frappés sous le règne d'Édouard III, et avance assez légèrement peut-être que l'alchimie de Raymond Lulle n'était qu'une sophistication de l'or, difficile à reconnaître dans un temps où les procédés chimiques étaient beaucoup moins perfectionnés que de nos jours. Ce savant n'en reconnaît pas moins la valeur scientifique de Raymond Lulle, et voici comment il le juge (*Doctrine et travaux des alchimistes*, p. 82) :

« Raymond Lulle, dont le génie s'exerça dans toutes les branches des connaissances humaines, et qui exposa dans son livre, *Ars magna*, tout un vaste système de philosophie résumant les principes encyclopédiques de la science de son temps, ne pouvait manquer de laisser aux chimistes un utile héritage. Il perfectionna et décrivit avec soin divers composés qui sont très en usage en chimie. C'est à lui que nous devons la préparation du carbonate de potasse au moyen du tartre et au moyen des cendres du bois, la rectification de l'esprit de vin, la préparation des huiles essentielles, la coupellation de l'argent et la préparation du mercure doux. »

D'autres savants, convaincus de la pureté de l'or des nobles à la rose, ont pensé que la chimie pratique ayant, au moyen âge, des procédés fort imparfaits, les transmutations de Raymond Lulle et des autres adeptes n'étaient autre chose que la séparation de l'or caché dans les mines d'argent, et purifié au moyen de l'antimoine, qui est désigné en effet par un grand nombre de symboles hermétiques, comme l'élément efficient et principal de la poudre de projection.

Nous conviendrons avec eux que la chimie n'existait pas au moyen âge, et nous ajouterons qu'elle fut créée par les adeptes ou plutôt que les adeptes, gardant pour eux les secrets de la synthèse, ce trésor des sanctuaires magiques, enseignèrent à leurs contemporains quelques-uns des procédés de l'analyse, procédés qui ont été perfectionnés depuis, mais qui n'ont pas encore conduit nos savants à retrouver cette antique synthèse qui est à proprement parler la philosophie hermétique.

Raymond Lulle a renfermé dans son testament philosophique tous les principes de cette science, mais d'une manière voilée, comme c'était l'usage et le devoir de tous les adeptes : aussi composa-t-il une clef de ce testament, puis une clef de la clef, c'est-à-dire un codicille qui est, selon nous, le plus important de ses écrits sur l'alchimie. Les principes qu'on y trouve et les procédés qui y sont exposés n'ont rien de commun avec la sophistication des métaux purs, ni avec la séparation des alliages. C'est une théorie conforme aux principes de Geber et d'Arnauld de Villeneuve pour la pratique, et aux plus hautes conceptions de la kabbale pour la doctrine. Les esprits sérieux qui ne se laissent pas décourager par le discrédit où l'ignorance fait parfois tomber les grandes choses, doivent, pour continuer après les plus puissants génies de l'ancien monde la recherche de l'absolu, étudier d'abord et méditer kabbalistiquement le codicille de Raymond Lulle.

Toute la vie de ce merveilleux adepte, le premier initié après saint Jean qui ait été voué à l'apostolat hiérarchique de la sainte orthodoxie, toute sa vie, disons-nous, se passa en fondations pieuses, en prédications, en travaux scientifiques immenses. Ainsi, l'an 1276 il fonda a Palma un collége de franciscains voués à l'étude des langues orientales et surtout de la langue arabe, avec la mission spéciale de réfuter les livres des docteurs mahométans, et de prêcher aux Maures la foi chrétienne. Jean XXI confirma cette institution par un bref daté de Viterbe, le 16 des calendes de décembre, la première année de son pontificat.

Depuis l'an 1293 jusqu'à l'an 1311, il sollicite et obtient du pape Nicolas IV et des rois de France, de Sicile, de Chypre, de Majorque, l'établissement de plusieurs colléges pour l'étude des langues. Partout il enseigne son grand art qui est une synthèse universelle des connaissances humaines, et qui a pour but d'amener les hommes à n'avoir plus qu'une seule langue comme ils n'auront qu'une pensée. Il vient à Paris, et en émerveille les plus savants docteurs ; puis il va en Espagne, s'arrête à Complute, et y fonde une académie centrale pour l'étude des langues et des sciences ; il réforme plusieurs couvents, voyage en Italie et recrute des soldats pour un nouvel ordre militaire dont il sollicite l'institution à ce même concile de Vienne qui condamne les templiers. C'est la science catholique, c'est la vraie initiation de saint Jean qui veut reprendre à des mains infidèles le glaive défenseur du temple. Les grands de la terre se moquent du pauvre Raymond Lulle, et font malgré eux tout ce qu'il désire. Cet illuminé qu'on appelle par dérision Raymond le fantastique, semble être le pape des papes et le roi des rois : il est pauvre comme Job, et il fait l'aumône aux souverains ; on le dit fou, et il confond les sages. Le plus grand politique du temps, le cardinal Ximenès, esprit aussi vaste que sérieux, ne parle de lui qu'en l'appelant le divin Raymond Lulle et le docteur très illuminé. Il mourut, suivant Génébrard, en 1314, ou en 1315, suivant l'auteur de la préface des *Méditations de l'ermite Blaquerne*. Il était âgé de quatre-vingts ans, et la fin de sa laborieuse et sainte existence arriva le jour de la fête et du martyre des apôtres saint Pierre et saint Paul.

Disciple des grands kabbalistes, Raymond Lulle voulait établir une philosophie universelle et absolue, en substituant aux abstractions conventionnelles des systèmes la notion fixe des réalités de la nature, et aux termes ambigus de la scholastique, un verbe simple et naturel. Il reprochait aux définitions des savants de son temps d'éterniser les disputes par leurs inexactitudes et leurs amphibologies. L'*homme est un animal raisonnable*, dit Aristote; l'homme n'est pas un animal, peut-on répondre, et il est rarement raisonnable. De plus, *animal* et *raisonnable* sont deux termes qui ne sauraient s'accorder. Un fou, selon vous, ne serait pas un homme, etc. Raymond Lulle définit les choses par leur nom même et non par des synonymes ou des à peu près; puis il explique les noms par l'étymologie. Ainsi à cette question : qu'est-ce que l'homme? il répondra : ce mot, pris dans une acception générale, signifie la condition humaine ; pris dans une acception particulière, il désigne la personne humaine. Mais qu'est-ce que la personne humaine? —Originairement, c'est la personne que Dieu a faite en donnant un souffle de vie à un corps tiré de la *terre* (*humus*); actuellement, c'est vous, c'est moi, c'est Pierre, c'est Paul, etc. Les gens habitués au jargon scientifique vont alors se récrier et diront au docteur illuminé que tout le monde en pourrait dire autant, qu'il raisonne comme un enfant; qu'avec cette méthode tout le monde serait savant, et qu'on préférerait le bon sens des gens du peuple à toute la doctrine des académies : c'est bien ce que je veux, répondrait simplement Raymond Lulle. De là le reproche de puérilité adressé à toute la théorie savante de Raymond Lulle, et elle était puérile en effet, puérile comme la morale de celui qui a dit : si vous ne devenez semblables à des petits enfants, vous n'entrerez jamais dans le royaume du ciel. Le royaume du ciel, n'est-ce pas aussi le royaume de la science, puisque toute la vie céleste des hommes et de Dieu n'est qu'intelligence et amour !

Raymond Lulle voulait opposer la kabbale devenue chrétienne à la magie fataliste des Arabes, les traditions de l'Égypte à celles de l'Inde, la magie de lumière à la magie noire ; il disait que dans les derniers temps, les doctrines de l'Antechrist seraient un réalisme matérialisé, et qu'alors ressusciteraient toutes les monstruosités de la mauvaise magie ; il préparait donc les esprits au retour d'Hénoch, c'est-à-dire à la révélation dernière de cette science dont la clef est dans les alphabets hiéroglyphiques d'Hénoch, et dont la lumière conciliatrice de la raison et de la foi précédera le règne messianique et universel du christianisme sur la terre. Pour les vrais kabbalistes et les voyants, cet homme était donc un grand prophète, et pour les sceptiques qui savent du moins respecter les grands caractères et les hautes aspirations, c'était un sublime rêveur.

CHAPITRE IV.

ALCHIMISTES.

SOMMAIRE. — Flamel, Trithème, Agrippa, Guillaume Postel et Paracelse.

Flamel appartient exclusivement à l'alchimie, aussi ne ferons-nous mention de lui que pour parler de ce livre hiéroglyphique d'Abraham le juif, dans lequel l'écrivain de la rue Saint-Jacques-la-Boucherie trouva les clefs absolues du grand œuvre.

Ce livre était combiné sur les clefs du Tarot et n'était qu'un commentaire hiéroglyphico-hermétique du Sepher Jézirah. Nous voyons, en effet, dans la description qu'en fait Flamel, que les feuillets étaient au nombre de vingt et un, soit vingt-deux avec le titre, et qu'ils se divisaient en *trois septénaires*, avec une feuille sans écriture à chaque septième page.

Remarquons que l'Apocalypse, ce sublime résumé kabbalistique et prophétique de toutes les figures occultes, partage aussi ses images en trois septénaires, après chacun desquels il se fait un silence dans le ciel, analogie frappante avec la feuille non écrite du livre mystique de Flamel.

Les septénaires de l'Apocalypse sont d'abord sept sceaux à ouvrir, c'est-à-dire sept mystères à connaître et sept difficultés à vaincre; sept trompettes à sonner, c'est-à-dire sept paroles à comprendre, et sept coupes à verser, c'est-à-dire sept substances à volatiliser et à fixer.

Dans le livre de Flamel, le premier septième feuillet

LES SEPT PLANÈTES ET LEURS GÉNIES
(Magie de Paracelse.)

porte pour hiéroglyphe la verge de Moïse triomphante des serpents projetés par les enchanteurs de Pharaon et qui s'entre-dévorent, figure analogue au triomphateur du Tarot attelant à son char cubique les sphinx blanc et noir de la magie égyptienne.

Cette figure correspond au septième dogme du symbole de Maïmonides : Nous n'avons qu'un prophète, et c'est Moïse.

Elle représente l'unité de la science et de l'œuvre; elle représente aussi le mercure des sages qui se forme par la dissolution des mixtes et par l'action réciproque du soufre et du sel des métaux.

La figure du *second septénaire* était la représentation du serpent d'airain fixé sur une croix. La croix représente le mariage du soufre et du sel purifiés, et la condensation de la lumière astrale ; le nombre 14 du Tarot représente un ange, c'est-à-dire l'esprit de la terre mêlant ensemble les liquides d'un vase d'or et d'un vase d'argent. C'est donc le même symbole figuré d'une autre manière.

Au *dernier septénaire* du livre de Flamel, on voyait le désert, des fontaines et des serpents qui couraient de tous côtés, image de l'espace et de la vie universelle. Dans le Tarot, l'espace est figuré par les quatre signes des points cardinaux du ciel, et la vie par une jeune fille nue qui court dans un cercle. Flamel ne dit pas le nombre des fontaines et des serpents. Il pouvait y avoir quatre fontaines jaillissant d'une même source, comme dans le pantacle édénique, avec quatre, sept, neuf ou dix serpents.

Au quatrième feuillet, on voyait le Temps prêt à

trancher les pieds à Mercure. Près de là était un rosier fleuri dont la racine était bleue, la tige blanche, les feuilles rouges et les fleurs d'or. Le nombre quatre est celui de la réalisation élémentaire : le Temps, c'est le nitre atmosphérique ; sa faux, c'est l'acide qu'on en peut faire et qui fixe le mercure en le transformant en sel ; le rosier, c'est l'œuvre avec ses trois couleurs successives : c'est le magistère au noir, au blanc et au rouge qui fait germer et fleurir l'or.

Au cinquième feuillet (le nombre cinq est celui du grand mystère), on voyait au pied du rosier fleuri des aveugles fouiller la terre pour y chercher le grand agent qui est partout ; quelques-uns, plus avisés, pesaient une eau blanche semblable à de l'air épaissi ; au revers de la page on voyait le massacre des Innocents et le soleil et la lune qui venaient se baigner dans leur sang. Cette allégorie, qui exprime en effet le grand secret de l'art hermétique, se rapporte à cet art de prendre *l'air dans l'air* comme dit Aristée, ou, pour parler une langue intelligible, d'employer l'air comme force en le dilatant au moyen de la lumière astrale, comme on dilate l'eau en vapeur par l'action du feu, ce qui peut se faire à l'aide de l'électricité, des aimants et d'une projection puissante de la volonté de l'opérateur dirigée par la science et le bon vouloir. Le sang des enfants représente cette lumière essentielle que le feu philosophique extrait des corps élémentaires et dans laquelle le soleil et la lune viennent se baigner, c'est-à-dire que l'argent s'y teint en or et que l'or y acquiert un degré de pureté qui en transforme le soufre en véritable poudre de projection.

Nous ne faisons pas ici un traité d'alchimie, bien que

cette science soit réellement la haute magie mise en œuvre, nous en réservons pour d'autres ouvrages plus spéciaux et plus étendus les révélations et les merveilles.

La tradition populaire assure que Flamel n'est pas mort et qu'il a enterré un trésor sous la tour Saint-Jacques-la-Boucherie. Ce trésor contenu dans un coffre de cèdre revêtu de lames des sept métaux, ne serait autre chose, disent les adeptes illuminés, que l'exemplaire original du fameux livre d'Abraham le juif, avec ses explications écrites de la main de Flamel, et des échantillons de la poudre de projection suffisants pour changer l'Océan en or si l'Océan était du mercure.

Après Flamel vinrent *Bernard le Trévisan*, *Basile Valentin* et d'autres alchimistes célèbres. Les douze clefs de Basile Valentin sont à la fois kabbalistiques, magiques et hermétiques. Puis en 1480 parut *Jean Trithème* qui fut le maître de Cornélius Agrippa et le plus grand magicien dogmatique du moyen âge. Trithème était un abbé de l'ordre de saint Benoît, d'une irréprochable orthodoxie et de la conduite la plus régulière. Il n'eut pas l'imprudence d'écrire ouvertement sur la philosophie occulte comme son disciple l'aventureux Agrippa; tous ses travaux magiques roulent sur l'art de cacher les mystères; quant à sa doctrine, il l'a exprimée par un pantacle, suivant l'usage des vrais adeptes. Ce pantacle, extrêmement rare, se trouve seulement dans quelques exemplaires manuscrits du *Traité des causes secondes*. Un gentilhomme polonais qui est un esprit élevé et un noble cœur, M. le comte Alexandre Branistki, en possède un curieux exemplaire qu'il a bien voulu nous communiquer.

Ce pantacle est composé de deux triangles unis par

la base, l'un blanc et l'autre noir; sous la pointe du triangle noir est couché un fou qui redresse péniblement la tête et regarde avec une grimace d'effroi dans l'obscurité du triangle où se reflète sa propre image ; sur la pointe du triangle blanc s'appuie un homme dans la force de l'âge, vêtu en chevalier, ayant le regard ferme et l'attitude d'un commandement fort et paisible. Dans le triangle blanc sont tracés les caractères du tétragramme divin.

On pourrait expliquer ce pantacle par cette légende : « Le sage s'appuie sur la crainte du vrai Dieu, l'insensé est écrasé par la peur d'un faux dieu fait à son image. C'est là le sens naturel et exotérique de l'emblême ; mais en le méditant dans son ensemble et dans chacune de ses parties, les adeptes y trouveront le dernier mot de la kabbale, la formule indicible du grand arcane : la distinction entre les miracles et les prodiges, le secret des apparitions, la théorie universelle du magnétisme et la science de tous les mystères.

Trithême a composé une histoire de la magie toute en pantacles, sous ce titre : *Veterum sophorum sigilla et imagines magicæ*; puis dans sa stéganographie et dans sa polygraphie il donne la clef de toutes les écritures occultes et explique en termes voilés la science réelle des incantations et des évocations. Trithême est en magie le maître des maîtres, et nous n'hésitons pas à le proclamer le plus sage et le plus savant des adeptes.

Il n'en est pas de même de *Cornélius Agrippa*, qui fut toute sa vie un chercheur et qui ne trouva ni la vraie science ni la paix. Les livres d'Agrippa sont pleins d'érudition et de hardiesse; il était lui-même d'un caractère fantasque et indépendant, aussi passa-t-il pour un abominable sorcier et fut-il persécuté par le clergé et par les princes ; il écrivit enfin contre les sciences qui n'avaient pu lui donner le bonheur, et il mourut dans la misère et dans l'abandon.

Nous arrivons enfin à la douce et bonne figure de ce savant et sublime *Postel* qu'on ne connaît que par son trop mystique amour pour une vieille fille illuminée. Il y a pourtant dans Postel toute autre chose que le disciple de la mère Jeanne ; mais les esprits vulgaires sont si heureux de dénigrer pour se dispenser d'apprendre, qu'ils ne voudront jamais y rien voir de mieux. Ce n'est donc pas à ceux-là que nous allons révéler le génie de Guillaume Postel.

Postel était le fils d'un pauvre paysan des environs de Barenton en Normandie : à force de persévérance et de sacrifices il parvint à s'instruire et devint bientôt le plus savant homme de son temps ; la pauvreté l'accompagna toujours et la misère même le força parfois de vendre ses livres. Postel, toujours plein de résignation et de mansuétude, travaillait comme un homme de peine pour gagner un morceau de pain et revenait ensuite étudier : il apprit toutes les langues connues et toutes les sciences de son temps ; il découvrit des manuscrits précieux et rares, entre autres les Évangiles apocryphes et le Sepher Jezirah ; il s'initia lui-même aux mystères de la haute kabbale et dans sa naïve admiration pour cette vérité absolue, pour cette raison suprême de toutes les philosophies et de tous les dogmes, il voulut la révéler au monde. Il parla donc ouvertement la langue des mystères, écrivit un livre ayant pour titre : *La clef des choses cachées depuis le commencement du monde*. Il adressa ce livre aux Pères du concile de Trente en les conjurant d'entrer dans la voie de la conciliation et de la synthèse universelle. Personne ne le comprit, quelques-uns l'accusèrent d'hérésie, les plus modérés se contentèrent de dire qu'il était fou.

La Trinité, disait-il, a fait l'homme a son image et à sa ressemblance. Le corps humain est double et son unité ternaire se compose de l'union des deux moitiés ; l'âme humaine aussi est double : elle est *animus* et *anima*, elle est esprit et tendresse ; elle a deux sexes, le sexe paternel siége dans la tête, le sexe maternel dans le cœur ; l'accomplissement de la rédemption doit donc être double dans l'humanité : il faut que l'esprit par sa pureté rachète les égarements du cœur, puis il faut que le cœur par sa générosité rachète les sécheresses égoïstes de la tête. Le christianisme, ajoutait-il, n'a encore été compris que par les têtes raisonneuses, il n'est pas descendu jusqu'aux cœurs. Le Verbe s'est fait homme, mais c'est quand il se sera fait *femme* que le monde sera sauvé. C'est le génie maternel de la religion qui apprendra aux hommes les sublimes grandeurs de l'esprit de charité, et alors la raison se conciliera avec la foi parce qu'elle comprendra, expliquera et gouvernera les saintes folies du dévouement.

Voyez maintenant, ajoutait-il, de quoi se compose la religion du plus grand nombre des chrétiens : une partialité ignorante et persécutrice, un entêtement superstitieux et stupide, et surtout la peur, la lâche peur ! Et pourquoi cela ? Parce qu'ils n'ont pas des cœurs de femme, parce qu'ils ne sentent pas les divins enthousiasmes de l'amour maternel qui leur expliqueraient la religion tout entière. La puissance qui s'est emparée de leur cerveau et qui lie leur esprit, ce n'est pas le Dieu bon, intelligent et longanime, *c'est le méchant et sot et couard Satanas*, ils ont bien plus de peur du diable que d'amour pour Dieu. Ce sont des cervelles glacées et rétrécies placées comme des tombeaux sur des cœurs morts. Oh! quand la grâce ressuscitera les cœurs, quel réveil pour les intelligences ! quelle renaissance pour la raison ! quel triomphe pour la vérité ! Pourquoi suis-je le premier et presque le seul à le comprendre? Que peut faire un ressuscité seul parmi des morts qui ne peuvent encore rien entendre ! Vienne donc, vienne cet esprit maternel qui m'est apparu à Venise dans l'âme d'une vierge inspirée de Dieu, et qu'il apprenne aux femmes du nouveau monde leur mission rédemptrice et leur apostolat de saint et spirituel amour !

Ces nobles inspirations, Postel les devait en effet à une pieuse fille nommée Jeanne, qu'il avait connue à Venise ; il fut le confident spirituel de cette âme d'élite et fut entraîné dans le courant de poésie mystique qui tourbillonnait autour d'elle. Lorsqu'il lui donnait la communion, il la voyait rayonnante et transfigurée, elle avait alors plus de cinquante ans, et le pauvre père avoue naïvement qu'il ne lui en eût pas donné quinze, tant la sympathie de leurs cœurs la transfigurait à ses yeux. Etranges égarements de l'amour dans deux âmes pures, mariage mystique de deux virginités, puérilités lyriques, célestes hallucinations ; pour comprendre tout cela il faut avoir vécu de la vie ascétique. C'est elle, disait l'enthousiaste, c'est l'esprit de Jésus-Christ vivant en elle qui doit régénérer le monde. Cette lumière du cœur qui doit chasser de tous les esprits le spectre hideux de Satan, ce n'est pas une chimère de mes rêves, je l'ai vue, elle a paru dans le monde, elle s'est incarnée dans une vierge, et j'ai salué en elle la mère du monde à venir ! Nous analysons ici Postel plutôt que nous ne le traduisons, mais l'abrégé rapide que nous donnons de ses sentiments et de son langage ne suffit-il pas pour faire comprendre que tout cela était dit au figuré et que suivant la judicieuse remarque du savant jésuite Desbillons, dans sa notice sur la vie et les ouvrages de Postel, rien n'était plus loin de sa pensée que de faire, comme on l'a prétendu, une seconde incarnation et une divinité de cette pauvre sœur hospitalière qui l'avait uniquement séduit par l'éclat de ses humbles vertus. Nous croyons bien sincèrement que les calomniateurs et les railleurs du bon Postel ne valaient pas la mère Jeanne.

Les relations mystiques de Postel et de cette religieuse durèrent environ cinq ans, après lesquels la mère Jeanne mourut. Elle avait promis à son confesseur de ne jamais se séparer de lui et de l'assister quand elle serait dégagée des chaînes de la vie présente. « Elle m'a tenu parole, dit Postel, elle est venue depuis me visiter à Paris, elle m'a illuminé de sa lumière, elle a concilié ma raison avec ma foy. *Sa substance et corps spirituel*, deux ans depuis son ascension au ciel, est descendu en moy, et s'est partout mon corps sensiblement estendu, tellement que c'est elle et non pas moy qui vit en moy. »

Depuis cette époque, Postel ne s'appela jamais plus autrement que le ressuscité, il signait *Postellus restitutus*, et de fait un singulier phénomène s'accomplit en lui, ses cheveux de blancs qu'ils étaient redevinrent noirs, ses rides s'effacèrent et la couleur vermeille de la jeunesse se répandit sur son visage, pâli et exténué par les austérités et les veilles ; ses biographes moqueurs prétendent qu'il se teignait les cheveux, et qu'il se fardait : comme si ce n'était pas assez d'en avoir fait un fou, ils veulent encore qu'un homme d'un si noble et si généreux caractère ait été un jongleur et un charlatan.

Il y a quelque chose de plus prodigieux que l'éloquente déraison des cœurs enthousiastes, c'est la bêtise ou la mauvaise foi des esprits sceptiques et froids qui les jugent.

« On s'est imaginé, écrit le père Desbillons, et je vois qu'on croit encore aujourd'hui, que la régénération, qu'il suppose avoir été faite par la mère Jeanne, est le fondement de son système ; le système dont il ne s'est jamais départi, si ce n'est peut-être quelques années avant sa mort, subsistait en entier avant qu'il eût entendu parler de cette mère Jeanne. Il s'était mis dans la tête que le règne évangélique de Jésus-Christ, établi par les apôtres, ne pouvait plus ni se soutenir parmi les chrétiens, ni se propager parmi les infidèles, que par les lumières de la raison.... A ce principe, qui le regardait personnellement, il en joignait un autre qui consistait dans la destination d'un roi de France à la monarchie universelle, il fallait lui préparer les voies par la conquête des cœurs et la conviction des esprits, afin qu'il n'y eût plus dans le monde qu'une seule croyance, et que Jésus-Christ y régnât par un seul roi, par une seule loi et une seule foi. »

Voilà ce qui prouve, suivant le père Desbillons, que Postel était fou.

Fou, pour avoir pensé que la religion doit régner sur

les esprits par la raison suprême de son dogme, et que la monarchie, pour être forte et durable, doit enchaîner les cœurs par les conquêtes de la prospérité publique de la paix.

Fou, pour avoir cru à l'avénement du règne de celui à qui nous demandons tous les jours que son règne arrive.

Fou, parce qu'il croyait à la raison et à la justice sur la terre !...

Eh bien, ils disent vrai : le pauvre Postel était fou.

La preuve de sa folie, c'est qu'il écrivit, comme nous l'avons dit, aux pères du concile de Trente, pour les supplier de bénir tout le monde et de ne lancer d'anathèmes contre personne.

Autre folie ; il essaya de convertir les jésuites à ses idées, et de leur faire prêcher la concorde universelle entre les hommes, la paix entre les souverains, la raison aux prêtres et la bonté aux princes de ce monde.

Enfin, dernière et suprême folie, il négligea les biens de la terre et la faveur des grands, vécut toujours humblement et pauvrement, ne posséda jamais rien que sa science et ses livres, et n'ambitionna jamais autre chose que la vérité et la justice.

Dieu fasse paix à l'âme du pauvre Guillaume Postel !

Il était si doux et si bon, que ses supérieurs ecclésiastiques eurent pitié de lui, et pensant probablement, comme on l'a dit plus tard de La Fontaine, qu'il était plus bête que méchant, ils se contentèrent de le renfermer dans un couvent pour le reste de ses jours. Postel les remercia du calme qu'ils procuraient ainsi à la fin de sa vie et mourut paisiblement en rétractant tout ce que ses supérieurs voulurent. L'homme de la concorde universelle ne pouvait être un anarchiste, et avant toute chose c'était le plus sincère des catholiques et le plus humble des chrétiens.

On retrouvera un jour les ouvrages de Postel, et on les lira avec étonnement.

Passons à un autre fou, celui-ci s'appelle *Théophraste Auréole Bombast,* et on le connaît dans le monde magique sous le nom célèbre de *Paracelse.*

Nous ne répéterons pas ce que nous avons dit de ce maître dans notre *dogme et rituel de la haute magie*, nous ajouterons seulement quelques remarques sur la médecine occulte dont Paracelse fut le rénovateur.

Cette médecine vraiment universelle repose sur une vaste théorie de la lumière, que les adeptes nomment l'or fluide ou potable. La lumière, cet agent créateur, dont les vibrations donnent à toutes choses le mouvement et la vie ; la lumière latente dans l'éther universel, rayonnante autour des centres absorbants, qui s'étant saturés de lumière projettent à leur tour le mouvement et la vie, et forment ainsi des courants créateurs ; la lumière astralisée dans les astres, animalisée dans les animaux, humanisée dans les hommes ; la lumière qui végète dans les plantes, qui brille dans les métaux, qui produit toutes les formes de la nature, et les équilibre toutes par les lois de la sympathie universelle, c'est cette lumière qui produit les phénomènes du magnétisme devinés par Paracelse, c'est elle qui colore le sang en se dégageant de l'air, aspiré et renvoyé par le soufflet hermétique des poumons ; le sang alors devient un véritable élixir de vie où des globules vermeils et aimantés de lumière vivante nagent dans un fluide légèrement doré. Ces globules sont de véritables semences prêtes à prendre toutes les formes du monde dont le corps humain est l'abrégé, ils peuvent se subtiliser et se coaguler, renouvelant ainsi les esprits qui circulent dans les nerfs, et la chair qui s'affermit autour des os ; ils rayonnent au dehors ou plutôt en se spiritualisant ils se laissent entraîner par les courants de la lumière, et circulent dans le corps astral, ce corps intérieur et lumineux que l'imagination dilate chez les extatiques, en sorte que leur sang va quelquefois colorer à distance des objets que leur corps astral pénètre pour se les identifier. Nous démontrerons dans un ouvrage spécial sur la médecine occulte, tout ce que nous avançons ici, quelque étrange et quelque paradoxal que cela puisse paraître d'abord aux hommes de science. Telles étaient les bases de la médecine de Paracelse, il guérissait *par sympathie de lumière*, il appliquait les médicaments non au corps extérieur et matériel qui est tout passif, et qu'on peut même tailler et déchirer sans qu'il sente rien quand le corps astral se retire, mais à ce médium intérieur, à ce corps, principe des sensations dont il ravivait la quintessence par des quintessences sympathiques. Ainsi, par exemple, il guérissait les blessures en appliquant de puissants réactifs au sang répandu dont il renvoyait vers le corps l'âme physique et la séve purifiée. Pour guérir un membre malade, il faisait un membre de cire auquel il attachait, par la puissance de sa volonté, le magnétisme du membre malade ; il appliquait à cette cire le vitriol, le fer et le feu, et réagissait ainsi par l'imagination et la correspondance magnétique sur le malade lui-même dont ce membre de cire était devenu l'appendice et le supplément. Paracelse connaissait LES MYSTÈRES DU SANG, il savait pourquoi les prêtres de Baal, pour faire descendre le feu du ciel, se faisaient des incisions avec des couteaux ; il savait pourquoi les Orientaux qui veulent inspirer à une femme de l'amour physique, répandent leur sang devant elle ; il savait comment le sang répandu crie vengeance ou miséricorde et remplit l'air d'anges ou de démons. C'est le sang, en effet, qui est l'instrument des rêves, c'est lui qui fait abonder les images dans notre cerveau pendant le sommeil, car le sang est plein de lumière astrale. Les globules en sont bisexuels, aimantés et ferrés, sympathiques et répulsifs. De l'âme physique du sang, on peut faire sortir toutes les formes et toutes les images du monde... Lisons le récit d'un voyageur estimé :

« A Baroche, dit le voyageur Tavernier, les Anglais ont un fort beau logis, et je me souviens qu'y arrivant un jour, en revenant d'Agra à Surate, avec le président des Anglais, il vint aussitôt des charlatans lui demander s'il voulait qu'ils lui montrassent quelques tours de leur métier : ce qu'il eut la curiosité de voir.

» La première chose qu'ils firent fut d'allumer un grand feu, et de faire rougir des chaînes de fer dont ils s'entortillèrent le corps, faisant semblant qu'ils en ressentaient quelque douleur, mais n'en recevant au fond aucun dommage. Ensuite, ils prirent un petit morceau de bois, et, l'ayant planté en terre, ils demandèrent à quelqu'un de la compagnie quel fruit il voulait avoir. On leur dit que l'on souhaitait des mangues, et alors un de ces charlatans, se couvrant d'un linceul, s'accroupit contre terre jusqu'à cinq ou six reprises. — J'eus la curiosité de monter à une chambre pour voir d'en haut par une ouverture du linceul, ce que cet homme faisait, et j'aperçus que, se coupant la chair sous les aisselles avec un rasoir, il frottait de son sang le morceau de bois. A chaque fois qu'il se relevait, le bois croissait à vue d'œil, et, à la troisième, il en sortit des branches avec des bourgeons. A la quatrième fois, l'arbre fut couvert de feuilles, et, à la cinquième, on lui vit des fleurs.

» Le président des Anglais avait alors son ministre avec lui, l'ayant mené à Amadabat pour baptiser un enfant du Commandeur hollandais, et dont il avait été prié d'être le parrain ; car il faut remarquer que les Hollandais ne tiennent point de ministres que dans les lieux où ils ont ensemble des marchands et des soldats. Le ministre anglais avait protesté d'abord qu'il ne pouvait consentir que des chrétiens assistassent à de semblables spectacles ; et dès qu'il eut vu que, d'un morceau de bois sec, ces gens-là faisaient venir, en moins d'une demi-heure, un arbre de quatre ou cinq pieds de haut, avec des feuilles et des fleurs comme au printemps, il se mit en devoir de l'aller rompre, et dit hautement qu'il ne donnerait jamais la communion à aucun de ceux qui demeureraient davantage à voir ces choses. Cela obligea le président de congédier ces charlatans. »

Le docteur Clever de Maldigny, à qui nous empruntons cette citation, regrette que les mangues se soient arrêtées en si beau chemin, mais il n'entreprend pas d'expliquer le phénomène. Nous croyons que c'était une fascination par le magnétisme de la lumière rayonnante du sang ; c'était ce que nous avons défini ailleurs : un phénomène d'*électricité magnétisée,* identique avec celui qu'on nomme *palingénésie*, et qui consiste à faire apparaître une plante vivante dans un vase qui contient la cendre de cette même plante morte depuis longtemps.

Tels étaient les secrets que connaissait Paracelse, et c'est en employant aux usages de la médecine ces forces cachées de la nature, qu'il se fit tant d'admirateurs et tant d'ennemis. Paracelse était loin d'ailleurs d'être un bonhomme comme Postel, il était naturellement agressif et batailleur ; son génie familier était caché, disait-il, dans le pommeau de sa grande épée, et il ne la quittait jamais. Sa vie fut une lutte incessante ; il voyageait, il disputait, il écrivait, il enseignait. Il était plus cu...ux de résultats physiques que de conquêtes morales, aussi fut-il le premier des magiciens opérateurs et le dernier des sages adeptes. Sa philosophie était toute de sagacité, aussi l'intitulait-il lui-même *philosophia sagax*. Il a plus deviné que personne sans avoir jamais rien su complétement. Rien n'égale ses intuitions, si ce n'est la témérité de ses commentaires. C'était l'homme des expériences hardies, il s'enivrait de ses opinions et de sa parole, il s'enivrait même autrement, si l'on en croit ses chroniqueurs. Les écrits qu'il a laissés sont précieux pour la science, mais il faut les lire avec précaution ; on peut l'appeler le divin Paracelse, en prenant cet adjectif dans le sens de divinateur, c'est un oracle, mais ce n'est pas un vrai maître ; c'est comme médecin surtout qu'il est grand, puisqu'il avait trouvé la médecine universelle : il ne put toutefois conserver sa propre vie, et il mourut encore jeune, épuisé par ses travaux et par ses excès, laissant après lui un nom d'une gloire fantastique et douteuse, fondée sur des découvertes dont ses contemporains ne profitèrent pas. Il mourut sans avoir dit son dernier mot, et il est un de ces personnages mystérieux dont on peut dire comme d'Hénoch et de saint Jean : Il n'est pas mort, et il reviendra visiter la terre avant le dernier jour !

CHAPITRE V.

SORCIERS ET MAGICIENS CÉLÈBRES.

SOMMAIRE. — La *Divine comédie* et le *Roman de la rose*. — La Renaissance. — Démêlés de Martin Luther et du diable. — Catherine de Médicis. — Henri III et Jacques Clément. — Les rose-croix. — Henri Kunrath. — Osvald Crollius. — Les alchimistes et les magiciens au commencement du XVII° siècle.

On a multiplié les commentaires et les études sur l'œuvre de *Dante*, et personne, que nous sachions, n'en a signalé le principal caractère. L'œuvre du grand Gibelin est une déclaration de guerre à la papauté par la révélation hardie des mystères. L'épopée de Dante est joannite et gnostique, c'est une application hardie des figures et des nombres de la kabbale aux dogmes chrétiens, et une négation secrète de tout ce qu'il y a d'absolu dans ces dogmes ; son voyage à travers les mondes surnaturels s'accomplit comme l'initiation aux mystères d'Éleusis et de Thèbes. C'est Virgile qui le conduit et le protége dans les cercles du nouveau Tartare, comme si Virgile, le tendre et mélancolique prophète des destinées du fils de Pollion, était aux yeux du poëte florentin le père illégitime, mais véritable de l'épopée chrétienne.

Grâce au génie païen de Virgile, Dante échappe à ce gouffre sur la porte duquel il avait lu une sentence de désespoir, il y échappe *en mettant sa tête à la place de ses pieds* et *ses pieds à la place de sa tête*, c'est-à-dire en prenant le contrepied du dogme, et alors il remonte à la lumière en se servant du démon lui-même comme d'une échelle monstrueuse ; il échappe à l'épouvante à force d'épouvante, à l'horrible à force d'horreur. L'enfer, semble-t-il dire, n'est une impasse que pour ceux qui ne savent pas se retourner; il prend le diable à rebrousse-poil, s'il m'est permis d'employer ici cette expression familière, et s'émancipe par son audace. C'est déjà le protestantisme dépassé, et le poëte des ennemis de Rome a déjà deviné Faust montant au ciel sur la tête de Méphistophélès vaincu. Remarquons aussi que l'enfer de Dante n'est qu'un purgatoire négatif. Expliquons-nous : son purgatoire semble s'être formé dans son enfer comme dans un moule, c'est le couvercle et comme le bouchon du gouffre, et l'on comprend que le titan florentin en escaladant le paradis voudrait jeter d'un coup de pied le purgatoire dans l'enfer.

Son ciel se compose d'une série de cercles kabbalistiques divisés par une croix comme le pantacle d'Ézéchiel ; au centre de cette croix fleurit une rose, et nous voyons apparaître pour la première fois exposé publiquement et presque catégoriquement expliqué le symbole des rose-croix.

Nous disons pour la première fois, parce que Guillaume de Lorris, mort en 1260, cinq ans avant la naissance d'Alighieri, n'avait pas achevé son *Roman de la rose*, qui fut continué par Clopinel, un demi-siècle plus tard. On ne découvrira pas sans étonnement que le Roman de la rose et la Divine comédie sont les deux formes opposées d'une même œuvre : l'initiation à l'indépendance de l'esprit, la satire de toutes les institutions contemporaines et la formule allégorique des grands secrets de la Société des rose-croix.

Ces importantes manifestations de l'occultisme coïncident avec l'époque de la chute des templiers, puisque Jean de Meung ou Clopinel, contemporain de la vieillesse de Dante, florissait pendant ses plus belles années à la cour de Philippe le Bel. Le *Roman de la rose* est l'épopée de la vieille France. C'est un livre profond sous une forme légère, c'est une révélation aussi savante que celle d'Apulée des mystères de l'occultisme. La rose de Flamel, celle de Jean de Meung et celle de Dante sont nées sur le même rosier.

Dante avait trop de génie pour être un hérésiarque. Les grands hommes impriment à l'intelligence un mouvement qui se prouve plus tard par des actes dont l'initiative appartient aux médiocrités remuantes. Dante n'a peut-être jamais été lu, et n'eût certainement jamais été compris par Luther. Cependant l'œuvre des Gibelins fécondée par la puissante pensée du poëte, souleva lentement l'empire contre la papauté, en se perpétuant sous divers noms de siècle en siècle, et rendit enfin l'Allemagne protestante. Ce n'est certainement pas Luther qui a fait la réforme, mais la réforme s'est emparée de Luther et l'a poussé en avant. Ce moine aux épaules carrées n'avait que de l'entêtement et de l'audace, mais c'était l'instrument qu'il fallait aux idées révolutionnaires. *Luther* était le Danton de la théologie anarchique ; superstitieux et téméraire, il se croyait obsédé par le diable ; le diable lui dictait des arguments contre l'Église, le diable le faisait raisonner, déraisonner et surtout écrire. Ce génie inspirateur de tous les Caïns ne demandait alors que de l'encre, bien sûr qu'avec cette encre distillée par la plume de Luther, il ferait bientôt des flots de sang. Luther le sentait et il haïssait le diable parce que c'était encore un maître ; un jour il lui lança son écritoire à la tête comme s'il voulait le rassasier par cette violente libation. Luther jetant son encrier à la tête du diable, nous rappelle ce facétieux régicide qui, en signant la mort de Charles I*er*, barbouilla d'encre ses complices.

« *Plutôt Turc que papiste!* » c'était la devise de Luther ; et en effet le protestantisme n'est au fond, comme l'islamisme, que le déisme pur organisé en culte conventionnel, et n'en diffère que par des restes de catholicisme mal effacé. Les protestants sont, au point de vue de la négation du dogme catholique, des musulmans avec quelques superstitions de plus et un prophète de moins.

Les hommes renoncent plus volontiers à Dieu qu'au diable, les apostats de tous les temps l'ont assez prouvé. Les disciples de Luther, divisés bientôt par l'anarchie, n'avaient plus entre eux qu'un lien de croyance commune, ils croyaient tous à Satan, et ce spectre grandissant à mesure que leur esprit de révolte les éloignait de Dieu, arrivait à des proportions terribles. Carlostad, archidiacre de Wurtemberg, étant un jour en chaire, vit entrer dans le temple un homme noir qui s'assit devant lui, et le regarda pendant tout le temps de son sermon avec une fixité terrible ; il se trouble, descend de chaire, interroge les assistants ; personne n'a vu le fantôme. Carlostad revient chez lui tout épouvanté, le plus jeune de ses fils vient au-devant de lui, et lui raconte qu'un inconnu vêtu de noir est venu le demander et a promis de revenir dans trois jours. Plus de doute pour l'halluciné ; le visiteur n'est autre que le spectre de la vision. La frayeur lui donne la fièvre, il se met au lit et meurt avant le troisième jour.

Ces malheureux sectaires avaient peur de leur ombre, leur conscience était restée catholique et les damnait impitoyablement. Luther se promenant un soir avec sa femme Catherine de Bora, regarda le ciel plein d'étoiles, et dit à demi-voix avec un profond soupir : « Beau ciel que je ne verrai jamais ! » — « Eh quoi, dit la femme, pensez-vous donc être réprouvé ? » — « Qui sait, dit Luther, si Dieu ne nous punira pas d'avoir été infidèles à nos vœux ? » Peut-être qu'alors si Catherine, en le voyant douter ainsi de lui-même, l'eût abandonné en le maudissant, le réformateur, brisé par cet avertissement divin, eût reconnu combien il avait été criminel en trahissant l'Église sa première épouse, et eût tourné des yeux en larmes vers le cloître qu'il avait lui-même abandonné ! Mais Dieu qui résiste aux superbes, ne le trouva pas digne sans doute de cette salutaire douleur. La comédie sacrilége du mariage de Luther avait été le châtiment providentiel de son orgueil, et comme il persévéra dans son péché, son châtiment ne le quitta pas et le ridiculisa jusqu'à la fin. Il mourut entre le diable et sa femme, effrayé de l'un et fort embarrassé de l'autre.

La corruption et la superstition s'accommodent bien ensemble. L'époque de la renaissance débauchée, persécutrice et crédule, ne fut certes pas la renaissance de la raison. *Catherine de Médicis* était sorcière, *Charles IX* consultait les nécromants, *Henri III* faisait des parties de dévotion et de débauche. C'était alors le bon temps des astrologues, bien qu'on en torturât quelques-uns de temps en temps pour les forcer à changer leurs prédictions. Les sorciers de cour à cette époque se mêlaient d'ailleurs toujours un peu d'empoisonnements et méritaient assez la corde. *Trois-Échelles*, le magicien de Charles IX, était prestidigitateur et fripon ; il se confessa un jour au roi, et ce n'étaient pas peccadilles que ses méfaits ; le roi lui fit grâce avec menace de pendaison en cas de rechute. Trois-Échelles retomba et fut pendu.

Lorsque la ligue eut juré la mort du faible et misérable *Henri III*, elle eut recours aux envoûtements de la magie noire. L'Étoile assure que l'image en cire du roi était placée sur les autels où les prêtres ligueurs disaient la messe, et qu'on perçait cette image avec un canif en prononçant une oraison de malédictions et d'anathème. Comme le roi ne mourait pas assez vite, on en conclut qu'il était sorcier. Des pamphlets coururent où Henri III était représenté tenant des conventicules où les crimes de Sodome et de Gomorrhe n'étaient que le prélude d'attentats plus inouïs et plus affreux. Le roi, disait-on, avait parmi ses mignons un personnage inconnnu qui était le diable en personne ; on enlevait des jeunes vierges que ce prince prostituait violemment à Béelzébut ; le peuple croyait à ces fables, et il se trouva enfin un fanatique pour exécuter les menaces de l'envoûtement. *Jacques Clément* eut des visions et entendit des voix impérieuses qui lui commandaient de tuer le roi. Cet halluciné courut au régicide comme un martyr, et mourut en riant comme les héros de la mythologie scandinave. Des chroniqueurs scandaleux ont prétendu qu'une grande dame de la cour avait uni aux inspirations de la solitude du moine, le magnétisme de ses caresses : cette anecdote manque de probabilité. La chasteté du moine entretenait son exaltation, et s'il eût commencé à vivre de la vie fatale des passions, une soif insatiable de plaisir se fût emparée de tout son être, et il n'eût plus voulu mourir.

Pendant que les guerres de religion ensanglantaient le monde, les sociétés secrètes de l'illuminisme, qui n'étaient que des écoles de théurgie et de haute magie, prenaient de la consistance en Allemagne. La plus ancienne de ces sociétés paraît avoir été celle des rose-croix dont les symboles remontent au temps des Guelfes et des Gibelins, comme nous le voyons par les allégories du poëme de Dante, et par les figures du Roman de la rose.

La rose, qui a été de tout temps l'emblême de la beauté, de la vie, de l'amour et du plaisir, exprimait mystiquement la pensée secrète de toutes les protestations manifestées à la renaissance. C'était la chair révoltée contre l'oppression de l'esprit ; c'était la nature se déclarant fille de Dieu, comme la grâce ; c'était l'amour qui ne voulait pas être étouffé par le célibat ; c'était la vie qui ne voulait plus être stérile, c'était l'humanité aspirant à une religion naturelle, toute de raison et d'amour, fondée sur la révélation des harmonies de l'Être, dont la rose était pour les initiés le symbole vivant et fleuri. La rose, en effet, est un pantacle, elle est de forme circulaire, les feuilles de la corolle sont taillées en cœur, et s'appuient harmonieusement les unes sur les autres ; sa couleur présente les nuances les plus douces des couleurs primitives, son calice est de pourpre et d'or. Nous avons vu que Flamel, ou plutôt le livre du juif Abraham, en faisait le signe hiéroglyphique de l'accomplissement du grand œuvre. Telle est la clef du roman de Clopinel et de Guillaume de Lorris. La conquête de la rose était le problème posé par l'initiation à la science pendant que la religion travaillait à préparer et à établir le triomphe universel, exclusif et définitif de la croix.

Réunir la rose à la croix, tel était le problème posé par la haute initiation, et en effet la philosophie occulte étant la synthèse universelle, doit tenir compte de tous les phénomènes de l'Être. La religion, considérée uniquement comme un fait physiologique, est la révélation et la satisfaction d'un besoin des âmes. Son existence est un fait scientifique : la nier, ce serait nier l'humanité elle-même. Personne ne l'a inventée, elle s'est formée comme les lois, comme les civilisations, par les nécessités de la vie morale ; et considérée seulement à ce point de vue philosophique et restreint, la religion doit être regardée comme fatale si l'on explique tout par la fatalité, et comme divine si l'on admet une intelligence suprême à la source des lois naturelles. Il suit de là que le caractère de toute religion proprement dite étant de relever directement de la divinité par une révélation surnaturelle, nul autre mode de transmission ne donnant au dogme une sanction suffisante, il faut en conclure que la vraie religion naturelle c'est la religion révélée, c'est-à-dire qu'il est naturel de n'adopter une religion qu'en la croyant révélée, toute vraie religion exigeant des sacrifices, et l'homme n'ayant jamais ni le pouvoir, ni le droit d'en imposer à ses semblables, en dehors et surtout au-dessus des conditions ordinaires de l'humanité.

C'est en partant de ce principe rigoureusement rationnel que les rose-croix arrivaient au respect de la religion dominante, hiérarchique et révélée. Ils ne pouvaient par conséquent pas plus être les ennemis de la papauté que de la monarchie légitime, et s'ils conspiraient contre des papes et contre des rois, c'est qu'ils les considéraient personnellement comme des apostats du devoir et des fauteurs suprêmes de l'anarchie.

Qu'est-ce, en effet, qu'un despote soit spirituel, soit temporel, sinon un anarchiste couronné?

C'est par cette considération qu'on peut expliquer le protestantisme et même le radicalisme de certains grands adeptes plus catholiques que certains papes, et plus monarchiques que certains rois, de quelques adeptes excentriques, tels que Henri Khunrath et les vrais illuminés de son école.

Henri Khunrath est un personnage peu connu de ceux qui n'ont pas fait des sciences occultes une étude particulière; c'est pourtant un maître et un maître du premier ordre; c'est un prince souverain de la rose-croix, digne sous tous les rapports de ce titre scientifique et mystique. Ses pantacles sont splendides comme la lumière du Sohar, savants comme Trithême, exacts comme Pythagore, révélateurs du grand œuvre comme le livre d'Abraham et de Nicolas Flamel.

Henri Khunrath était chimiste et médecin, il était né en 1502, et il avait quarante-deux ans, lorsqu'il parvint à la haute initiation théosophique. Le plus remarquable de ses ouvrages, son *Amphithéâtre de la sagesse éternelle*, était publié en 1598, car l'approbation de l'empereur Rodolphe qui s'y trouve annexée est datée du 1er juin de cette même année. L'auteur, bien qu'il fît profession d'un protestantisme radical, y revendique hautement le nom de catholique et d'orthodoxe ; il déclare avoir en sa possession, mais garder secrète comme il convient, une clef de l'apocalypse, clef triple et unique comme la science universelle. La division du livre est *septénaire*, et il y partage en sept degrés l'initiation à la haute philosophie ; le texte est un commentaire mystique des oracles de Salomon ; l'ouvrage se termine par des tableaux synoptiques, qui sont la synthèse de la haute magie et de la kabbale occulte, en tout ce qui peut être écrit et publié verbalement. Le reste, c'est-à-dire la partie ésotérique et indicible de la science, est exprimé par de magnifiques pantacles dessinés et gravés avec soin. Ces pantacles sont au nombre de neuf.

Le *premier*, contient le dogme d'Hermès.

Le *deuxième*, la réalisation magique.

Le *troisième* représente le chemin de la sagesse et les travaux préparatoires de l'œuvre.

Le *quatrième* représente la porte du sanctuaire éclairée par sept rayons mystiques.

Le *cinquième* est une rose de lumière, au centre de laquelle une forme humaine étend ses bras en forme de croix.

Le *sixième* représente le laboratoire magique de Khunrath, avec son oratoire kabbalistique, pour démontrer la nécessité d'unir la prière au travail.

Le *septième* est la synthèse absolue de la science.

Le *huitième* exprime l'équilibre universel.

Le *neuvième* résume la doctrine particulière de Khunrath avec une énergique protestation contre tous ses détracteurs. C'est un pantacle hermétique encadré dans une caricature allemande pleine de verve et de naïve colère. Les ennemis du philosophe sont travestis en insectes, en oisons bridés, en bœufs et en ânes, le tout orné de légendes latines et de grosses épigrammes en allemand ; Khunrath y est représenté à droite et à gauche, en costume de ville et en costume de cabinet, faisant face à ses adversaires, soit au dedans, soit au dehors : en habit de ville, il est armé d'une épée et marche sur la queue d'un scorpion ; en costume de cabinet, il est muni de pincettes et marche sur la tête d'un serpent ; au dehors il démontre, et chez lui il enseigne, comme ses gestes le font assez comprendre, toujours la même vérité sans craindre le souffle impur de ses adversaires, souffle si pestilentiel pourtant que les oiseaux du ciel tombent morts à leurs pieds. Cette planche très curieuse manque dans un grand nombre d'exemplaires de l'*Amphithéâtre* de Khunrath.

Ce livre extraordinaire contient tous les mystères de la plus haute initiation ; il est, comme l'auteur l'annonce dans son titre même : *Christiano-kabbalistique, divino-magique, physico-chimique, triple unique et universel.*

C'est un véritable manuel de haute magie et de philosophie hermétique, et l'on ne saurait trouver ailleurs, si ce n'est dans le Sepher Jésirah et le Sohar, une plus complète et plus parfaite initiation.

Dans les quatre importants corollaires qui suivent l'explication de la troisième figure, Khunrath établit : 1° Que la dépense à faire pour le grand œuvre (à part l'entretien et les dépenses personnelles de l'opérateur) ne doit pas excéder la *somme de trente thalers*; j'en parle sciemment, ajoute l'auteur, l'ayant appris de quelqu'un qui le savait. Ceux qui dépensent davantage se trompent et perdent leur argent. Ces mots : l'ayant appris de quelqu'un qui le savait, prouvent que Khunrath ou n'a pas fait lui-même la pierre philosophale, ou ne veut pas dire qu'il l'a faite, et cela par crainte des persécutions.

Khunrath établit ensuite l'obligation pour l'adepte, de ne consacrer à ses usages personnels que la dixième partie de sa richesse et consacrer tout le reste à la gloire de Dieu et aux œuvres de charité.

Troisièmement, il affirme que les mystères du christianisme et ceux de la nature s'expliquant et s'illustrant réciproquement, le règne futur du Messie (le messianisme) s'établit sur la double base de la science et de la foi, en sorte que le livre de la nature confirmant les oracles de l'Évangile, on pourra convaincre par la science et par la raison les juifs et les mahométans de la vérité du christianisme, si bien qu'avec le concours de la grâce divine, ils seront infailliblement convertis à la religion de l'unité ; il termine enfin par cette sentence :

SIGILLUM NATURÆ ET ARTIS SIMPLICITAS.
Le cachet de la nature et de l'art, c'est la simplicité.

Du temps de Khunrath, vivait un autre médecin initié, philosophe hermétique et continuateur de la médecine de Paracelse ; c'était *Oswald Crollius*, auteur du *Livre des signatures, ou de la vraie et vivante anatomie du grand et du petit monde*. Dans cet ouvrage dont la préface est un abrégé fort bien fait de la philosophie hermétique,

Crollius cherche à établir que Dieu et la nature ont en quelque sorte signé tous leurs ouvrages, et que tous les produits d'une force quelconque de la nature portent, pour ainsi dire, l'estampille de cette force imprimée en caractères indélébiles, en sorte que l'initié aux écritures occultes puisse lire à livre ouvert les sympathies et les antipathies des choses, les propriétés des substances et tous les autres secrets de la création. Les caractères des différentes écritures seraient primitivement empruntés à ces signatures naturelles qui existent dans les étoiles et dans les fleurs, sur les montagnes et sur le plus humble caillou. Les figures des cristaux, les cassures des minéraux, seraient des empreintes de la pensée que le Créateur avait en les formant. Cette idée est pleine de poésie et de grandeur, mais il manque une grammaire à cette langue mystérieuse des mondes, il manque un vocabulaire raisonné à ce verbe primitif et absolu. Le roi Salomon seul passe pour avoir accompli ce double travail ; or les livres occultes de Salomon sont perdus : Crollius entreprenait donc non pas de les refaire, mais de retrouver les principes fondamentaux de cette langue universelle du Verbe créateur.

Par ces principes on reconnaîtrait que les hiéroglyphes primitifs formés des éléments mêmes de la géométrie correspondraient aux lois constitutives et essentielles des formes déterminées par les mouvements alternés ou combinés que décident les attractions équilibrantes ; on reconnaîtrait à leur seule figure extérieure les simples et les composés, et par les analogies des figures avec les nombres, on pourrait faire une classification mathématique de toutes les substances révélées par les lignes de leurs surfaces. Il y a au fond de ces aspirations, qui sont des réminiscences de la science édénique, tout un monde de découvertes à venir pour les sciences. Paracelse les avait pressenties, Crollius les indique, un autre viendra pour les réaliser et les démontrer. La folie d'hier sera le génie de demain, et le progrès saluera ces sublimes chercheurs qui avaient deviné ce monde perdu et retrouvé cette Athlantide du savoir humain !

Le commencement du XVIIe siècle fut la grande époque de l'alchimie, alors parurent : *Philippe Muller, Jean Thorneburg, Michel Mayer, Ortelius, Poterius, Samuel Northon,* le *baron de Beausoleil, David Planiscampe, Jean Duchesne, Robert Flud, Benjamin Mustapha,* le *président d'Espagnet,* le cosmopolite qu'il fallait nommer le premier, *de Nuisement,* qui a traduit et publié les remarquables écrits du cosmopolite, *Jean-Baptiste Van Helmont, Irénée Philalèthe, Rodolphe Glauber,* le sublime cordonnier *Jacob Bœhm.* Les principaux de ces initiés s'adonnaient aux recherches de la haute magie, et en cachaient avec soin le nom décrié sous les apparences des recherches hermétiques. Le Mercure des sages qu'ils voulaient trouver et donner à leurs disciples, c'était la synthèse scientifique et religieuse, c'était la paix qui réside dans la souveraine unité. Les mystiques n'étaient alors que les croyants aveugles des véritables illuminés, et l'illuminisme proprement dit n'était que la science universelle de la lumière. En 1623, au printemps, on trouva affichée dans les rues de Paris cette étrange proclamation :

« Nous, députés des frères rose-croix, faisons séjour visible et invisible dans cette ville, par la grâce du Très-

Haut, vers lequel se tourne le cœur des sages ; nous enseignons, sans aucune sorte de moyens extérieurs, à parler les langues des pays que nous habitons, et nous tirons les hommes, nos semblables, de la terreur et de la mort.

» S'il prend envie à quelqu'un de nous voir par curiosité seulement, il ne communique jamais avec nous ; mais si sa volonté le porte réellement et de fait à s'inscrire sur les registres de notre confraternité, nous, qui jugeons des pensées, lui ferons voir la vérité de nos promesses, tellement que nous ne mettons point le lieu de notre demeure, puisque la pensée, jointe à la volonté réelle du lecteur, sera capable de nous faire connaître à lui et lui à nous. »

L'opinion se préoccupa alors de cette manifestation mystérieuse, et si quelqu'un alors demandait hautement ce que c'était que les frères rose-croix, souvent un personnage inconnu prenait à part le questionneur, et lui disait gravement :

« Prédestinés à la réforme qui doit s'accomplir bientôt dans tout l'univers, les rose-croix sont les dépositaires de la suprême sagesse, et paisibles possesseurs de tous les dons de la nature, ils peuvent les dispenser à leur gré.

» En quelque lieu qu'ils soient, ils connaissent mieux toutes les choses qui se passent dans le reste du monde, que si elles leur étaient présentes ; ils ne sont sujets ni à la faim ni à la soif, et n'ont à craindre ni la vieillesse ni les maladies.

» Ils peuvent commander aux esprits et aux génies les plus puissants.

» Dieu les a couverts d'une nuée pour les défendre de leurs ennemis, et on ne peut les voir que quand ils le veulent, eût-on des yeux plus perçants que ceux de l'aigle.

» Ils tiennent leurs assemblées générales dans les pyramides d'Égypte.

» Mais ces pyramides sont pour eux comme le rocher d'où jaillissait la source de Moïse, elles marchent avec eux dans le désert, et les suivront jusqu'à leur entrée dans la terre promise. »

CHAPITRE VI.

PROCÈS DE MAGIE.

SOMMAIRE. — Gaufridi, Urbain Grandier, Boulé et Picart, le père Girard et mademoiselle Cadière. — Phénomènes des convulsions. — Anecdotes diverses.

L'auteur grec qui a écrit la description du tableau allégorique de Cebès finit son œuvre par cette conclusion admirable :

« Il n'y a qu'un bien véritable à désirer, c'est la sagesse ; et il n'y a qu'un mal à craindre, c'est la folie. »

Le mal moral en effet, la méchanceté, le crime, ne sont autre chose qu'une folie véritable : et le père Hilarion Tissot a toutes les sympathies de notre cœur, lorsqu'il répète sans cesse dans ses brochures follement courageuses qu'au lieu de punir les criminels, il faudrait les soigner et les guérir.

Nous disons les sympathies de notre cœur, parce que notre raison proteste contre cette trop charitable interprétation du crime dont les conséquences seraient de détruire la sanction de la morale en désarmant la loi. Nous comparons la folie à l'ivresse, et considérant que l'ivresse est presque toujours volontaire, nous applaudissons à la sagesse des juges qui, ne regardant pas la perte spontanée de la raison comme une excuse, punissent sans pitié les délits et les crimes commis dans l'ivresse. Un jour viendra même peut-être où l'ivresse sera comptée parmi les circonstances aggravantes, et où tout être intelligent qui se mettra volontairement hors de la raison, se trouvera hors de la loi. La loi n'est-elle pas la raison de l'humanité ?

Malheur à l'homme qui s'enivre soit de vin, soit d'orgueil, soit de haine, soit même d'amour ! Il est aveugle, il est injuste, il est le jouet de la fatalité ; c'est un fléau qui marche, c'est une calamité vivante ; il peut tuer, il peut violer ; c'est un fou sans chaîne ; haro sur lui ! La société a droit de se défendre ; c'est plus que son droit, c'est son devoir, car elle a des enfants.

Ces réflexions nous viennent au sujet des procès de magie dont nous avons à rendre compte. On a trop accusé l'Église et la société de meurtre judiciaire sur des fous ; nous admettons que les sorciers étaient des fous sans doute, mais c'étaient des fous de perversité ; si parmi eux quelques innocents malades ont péri, ce sont des malheurs dont l'Église et la société ne sauraient être responsables. Tout homme condamné suivant les lois de son pays et les formes judiciaires de son temps, est justement condamné, son innocence possible n'appartient plus qu'à Dieu ; devant les hommes il est et doit rester coupable.

Ludwig Tieck, dans un remarquable roman intitulé le *Sabbat des sorcières*, met en scène une sainte femme, une pauvre vieille épuisée de macérations, la tête affaiblie par les jeûnes et les prières, qui, pleine d'horreur pour les sorciers, et disposée par excès d'humilité à s'accuser de tous les crimes, finit par se croire en effet sorcière, s'en accuse, en est convaincue par erreur et par prévention, puis est brûlée vive. Cette histoire fût-elle vraie, que prouverait-elle? Qu'une erreur judiciaire est possible, rien de plus, rien de moins.

Mais si l'erreur judiciaire est possible en fait, elle ne saurait l'être en droit : autrement que deviendrait la justice humaine?

Socrate condamné à mort aurait pu fuir, et ses juges eux-mêmes lui en eussent fourni les moyens, mais il respecta les lois et voulut mourir.

C'est aux lois et non aux tribunaux du moyen âge qu'il faut s'en prendre de la rigueur de certaines sentences. Mais Gilles de Laval, dont nous avons raconté les crimes et le supplice, fut-il injustement condamné, et devait-on l'absoudre parce qu'il était fou? Étaient-elles innocentes ces horribles folles qui composaient des philtres avec la moelle des petits enfants? La magie noire d'ailleurs était la folie générale de cette malheureuse époque : les juges, à force d'étudier les questions de sorcellerie finissaient quelquefois par se croire sorciers eux-mêmes. La sorcellerie, dans plusieurs localités, devenait épidémique, et les supplices semblaient multiplier les coupables.

On peut voir dans les démonographes, tels que Delancre, Delrio, Sprenger, Bodin, Torre-Blanca et les autres, les récits d'un grand nombre de procès dont les détails sont aussi fastidieux que révoltants. Les condamnés sont pour la plupart des hallucinés et des idiots, mais des idiots méchants et des hallucinés dangereux ; les passions érotiques, la cupidité et la haine sont les causes principales de l'égarement de leur raison : ils étaient capables de tout. Sprenger dit que les sorcières s'entendaient avec les sages-femmes pour leur acheter des cadavres d'enfants nouveau-nés. Les sages-femmes tuaient ces innocents au moment même de leur naissance, en leur enfonçant de longues aiguilles dans le cerveau, on déclarait un enfant mort et on l'enterrait. La nuit venue, les stryges grattaient la terre et en arrachaient le cadavre, elles le faisaient bouillir dans une chaudière avec des herbes narcotiques et vénéneuses, puis distillaient, alambiquaient, mélangeaient cette gélatine humaine. Le liquide servait d'élixir de longue vie, le solide était broyé et incorporé aux graisses de chat noir mélangées de suie qui servaient aux frictions magiques. Le cœur se soulève de dégoût à la lecture de ces révélations abominables, et l'indignation fait taire la pitié ; mais lorsqu'on en vient aux procédures, lorsqu'on voit la crédulité et la cruauté des juges, les fausses promesses de grâce qu'ils emploient pour obtenir des aveux, les tortures atroces, les visites obscènes, les précautions honteuses et ridicules, puis après tout cela, le bûcher en place publique, l'assistance dérisoire du clergé qui livre au bras séculier en demandant grâce pour ceux qu'il voue à la mort, on est forcé de conclure qu'au milieu de tout ce chaos, la religion seule reste sainte, mais que les hommes sont tous également des idiots ou des scélérats.

Ainsi en 1598, un prêtre limousin, nommé *Pierre Aupetit*, est brûlé vif pour des aveux ridicules qui lui ont été arrachés par la torture.

A Dôle, en 1599, on brûle une femme nommée *Antide Collas*, parce que sa conformation sexuelle avait quelque chose de phénoménal, qu'on crut ne pouvoir expliquer que par un commerce infâme avec Satan. La malheureuse, mise et remise à la torture, dépouillée, sondée, visitée en présence des médecins et des juges, écrasée de honte et de douleurs, avoua tout pour en finir.

Henri Boguet, juge de Saint-Claude, raconte lui-même qu'il fit torturer une femme comme sorcière, *parce qu'il manquait quelque chose à la croix de son chapelet*, signe certain de sorcellerie, au dire de ce féroce imbécile.

Un enfant de douze ans, stylé par les inquisiteurs, vient accuser son père de l'avoir mené au sabbat. Le père meurt en prison par suite de ses tortures, et l'on propose de faire brûler l'enfant. Boguet s'y oppose et se fait un mérite de cette clémence.

Une femme de trente-cinq ans, *Rollande de Vernois*, est oubliée dans un cachot si glacial qu'elle promet de s'avouer coupable de magie, si on veut la laisser s'approcher du feu. Dès qu'elle sent la chaleur, elle tombe dans des convulsions affreuses, elle a la fièvre et le délire ; en cet état on la met à la torture, elle dit tout ce qu'on lui fait dire, elle est traînée mourante au bûcher. Un orage éclate, la pluie éteint le feu, Boguet se félicite alors de la sentence qu'il a rendue, puisque évidemment celte femme que le ciel semblait défendre, devait être protégée par le diable. Le même Boguet a fait encore brûler deux hommes, *Pierre Gaudillon* et le gros *Pierre*, pour avoir couru la nuit, l'un en forme de lièvre, l'autre en forme de loup.

Mais le procès qui fit le plus de bruit au commencement du XVII® siècle, fut celui de messire *Louis Gaufridi*, curé de la paroisse des Accoules à Marseille. Le scandale de cette affaire donna un funeste exemple qui ne fut que trop tôt suivi. Un prêtre accusé par des prêtres ! un curé traîné devant les tribunaux par ses confrères ! Constantin avait dit que s'il voyait un prêtre déshonorer son caractère par un péché honteux, il le couvrirait de sa pourpre, c'était une belle et royale parole. Le sacerdoce, en effet, doit être impeccable, comme la justice est infaillible devant la morale publique.

En décembre 1610, une jeune fille de Marseille nommée *Magdelaine de la Palud*, étant allée en pèlerinage à la Sainte-Baume, en Provence, y fut prise d'extase et de convulsions. Une autre dévote nommée *Louise Capeau* fut bientôt atteinte du même mal. Des dominicains et des capucins crurent à la présence du démon, et firent des exorcismes. Magdelaine de la Palud et sa compagne donnèrent alors le spectacle qui se renouvela si souvent un siècle plus tard lors de l'épidémie des convulsions. Elles criaient, se tordaient et demandaient à être battues et foulées aux pieds, un jour six hommes marchèrent en même temps sur la poitrine de Magdelaine qui n'en ressentit aucune douleur ; en cet état elle s'accusait des plus étranges dérèglements ; elle s'était livrée au diable corps et âme, disait-elle ; elle avait été fiancée au démon par un prêtre nommé Gaufridi. Au lieu d'enfermer cette folle, on l'écouta, et les pères exorcistes dépêchèrent à Marseille trois capucins pour informer secrètement les supérieurs ecclésiastiques de ce qui se passait à la Sainte-Baume, et amener, s'il était possible, sans violence et sans scandale le curé Gaufridi pour le confronter avec les prétendus démons.

Cependant on commençait à écrire les inspirations infernales des deux hystériques, c'étaient des discours d'une dévotion ignorante et fanatique, présentant la religion telle que la comprenaient les exorcistes eux-mêmes. Les possédées semblaient raconter les rêves de ceux qui les interrogeaient : c'était exactement le phénomène des *tables parlantes* et des *mediums* de notre temps. Les diables se donnaient des noms aussi incongrus que ceux des esprits américains ; ils déclamaient contre l'imprimerie et contre les livres, faisaient des sermons dignes des capucins les plus fervents et les plus ignares. En présence de ces démons faits à leur image et à leur ressemblance, les pères ne doutèrent plus de la vérité de la possession et de la véracité des esprits infernaux. Les fantômes de leur imagination malade prenaient un corps et leur apparaissaient vivants dans ces deux femmes dont les confessions obscènes surexcitaient leur curiosité et leur indignation pleines de secrètes convoitises, ils devinrent furieux et il leur fallut une victime : telles étaient leurs dispositions lorsqu'on leur amena enfin le malheureux Louis Gaufridi.

Gaufridi était un prêtre assez mondain, d'une figure agréable, d'un caractère faible et d'une moralité plus que suspecte, il avait été le confesseur de Magdelaine de la

Palud, et lui avait inspiré une implacable passion ; cette passion, changée en haine par la jalousie, était devenue une fatalité, elle entraîna le malheureux prêtre dans son tourbillon de folie qui le conduisit au bûcher.

Tout ce que pouvait dire l'accusé pour se défendre était retourné contre lui. Il attestait Dieu et Jésus-Christ, et sa sainte mère et son précurseur saint Jean-Baptiste, et on lui répondait : vous récitez à merveille les litanies du sabbat ; par Dieu, vous entendez *Lucifer*, par Jésus-Christ, *Béelzébub*, par la sainte Vierge, la *mère apostate* de l'Antechrist, par saint Jean-Baptiste, le *faux prophète* précurseur de Gog et Magog... Puis on le mettait à la torture, et on lui promettait sa grâce s'il voulait signer les déclarations de Magdelaine de la Palud. Le pauvre prêtre, éperdu, circonvenu, brisé, signa tout ce qu'on voulut : il en signa assez pour être brûlé, et c'était ce qu'on demandait. Les capucins de Provence donnèrent enfin au peuple cet affreux spectacle, ils lui apprirent à violer les priviléges du sanctuaire, ils lui montrèrent comment on tue les prêtres, et le peuple s'en souvint plus tard.

O saint temple, disait un rabbin témoin des prodiges qui précédèrent la destruction de Jérusalem par Titus, ô saint temple, qu'as-tu donc? Et pourquoi te fais-tu peur à toi-même?

Ni le saint-siége ni les évêques ne protestèrent contre le meurtre de Gaufridi, mais le xviiie siècle allait venir traînant la révolution à sa suite.

Une des possédées qui avaient tué le curé des Accoules déclara un jour que le démon la quittait pour aller préparer la perte d'un autre prêtre, qu'elle nomma d'avance prophétiquement et sans le connaître; elle le nomma *Urbain Grandier.*

Alors régnait le terrible *cardinal de Richelieu*, qui comprenait l'autorité absolue comme le salut des États; malheureusement les tendances du cardinal étaient plutôt politiques et habiles que véritablement chrétiennes. Ce grand esprit avait pour borne une certaine étroitesse de cœur qui le rendait sensible à l'offense personnelle, et implacable dans ses vengeances. Ce qu'il pardonnait le moins au talent, c'était l'indépendance; il voulait avoir les gens d'esprit pour auxiliaires, plutôt que pour flatteurs, et il avait une certaine joie de détruire tout ce qui voulait briller sans lui. Sa tête aspirait à tout dominer, le père *Joseph* était son bras droit et *Laubardemont* son bras gauche.

Il y avait alors en province, à Loudun, un ecclésiastique d'un génie remarquable et d'un grand caractère, il avait de la science et du talent, mais peu de circonspection; fait pour plaire aux multitudes et pour attirer les sympathies des grands, il pouvait dans l'occasion devenir un dangereux sectaire; le protestantisme alors remuait en France, et le curé de Saint-Pierre de Loudun, trop disposé aux idées nouvelles par son peu d'attrait pour le célibat ecclésiastique, pouvait devenir à la tête de ce parti un prédicant plus brillant que Calvin et aussi audacieux que Luther, il se nommait *Urbain Grandier.*

Déjà des démêlés sérieux avec son évêque avaient signalé son habileté et son caractère inflexible, habileté malheureuse et maladroite, d'ailleurs, puisqu'il en avait appelé de ses puissants ennemis au roi et non pas au cardinal; le roi lui avait donné raison, le cardinal devait lui donner tort. Grandier était retourné triomphant à Loudun, et s'était permis la fanfaronnade peu cléricale d'y rentrer une branche de laurier à la main. A dater de ce jour il fut perdu.

Les religieuses ursulines de Loudun avaient alors pour supérieure, sous le nom de la mère Jeanne des anges, une certaine *Jeanne de Belfiel*, petite-fille du baron de Cose. Cette religieuse n'était rien moins que fervente, et son couvent ne passait pas pour un des plus réguliers du pays, il s'y passait des scènes nocturnes qu'on attribuait à des esprits. Les parents retiraient les pensionnaires, et la maison allait être bientôt dénuée de toute ressource.

Grandier avait quelques intrigues et ne les cachait pas assez, c'était, d'ailleurs, un personnage trop en vue pour que l'oisiveté d'une petite ville ne fît pas grand bruit de ses faiblesses. Les pensionnaires des Ursulines en entendaient parler avec mystère chez leurs parents, les religieuses en parlaient entre elles pour déplorer le scandale, et restaient toutes préoccupées du personnage scandaleux, elles en rêvèrent ; elles le virent pendant la nuit apparaître dans les dortoirs avec des attitudes bien conformes à ce qu'on disait de ses mœurs, elles poussèrent des cris, se crurent obsédées, et voilà le diable dans la maison.

Les directeurs de ces filles, mortels ennemis de Grandier, virent tout le parti qu'ils pouvaient tirer de cette affaire dans l'intérêt de leur rancune et dans l'intérêt du couvent. On fit des exorcismes en secret d'abord, puis en public. Les amis de Grandier sentaient qu'il se tramait quelque chose et pressaient le curé de Saint-Pierre du marché de permuter ses bénéfices, et de quitter Loudun. Tout s'appaiserait dès qu'on le verrait parti ; mais Grandier était un vaillant homme, il ne savait pas ce que c'était que de céder à la calomnie, il resta, et fut arrêté un matin comme il entrait dans son église, revêtu de ses habits sacerdotaux.

A peine arrêté, Grandier fut traité en criminel d'État, ses papiers furent saisis, les scellés apposés à ses meubles, et lui-même fut conduit sous bonne garde à la forteresse d'Angers. Pendant ce temps on lui préparait à Loudun un cachot qui semblait plus fait pour une bête féroce que pour un homme. Richelieu, instruit de tout, avait dépêché Laubardemont pour en finir avec Grandier, et avait fait défendre au parlement de connaître de cette affaire.

Si la conduite du curé de Saint-Pierre avait été celle d'un mondain, la tenue de Grandier, prisonnier et accusé de magie, fut celle d'un héros et d'un martyr. L'adversité révèle ainsi les grandes âmes, et il est beaucoup plus facile de supporter la souffrance que la prospérité.

Il écrivait à sa mère :

« ... Je supporte mon affliction avec patience, et plains plus la vôtre que la mienne. Je suis fort incommodé, n'ayant point de lit ; tâchez de me faire apporter le mien, car si le corps ne repose, l'esprit succombe. Enfin envoyez-moi un bréviaire, une Bible et un saint Thomas, pour ma consolation ; au reste, ne vous affligez pas, j'espère que Dieu mettra mon innocence au jour... »

Dieu, en effet, prend tôt ou tard le parti de l'innocence opprimée, mais il ne la délivre pas toujours de ses ennemis sur la terre, ou ne la délivre que par la mort. Grandier devait bientôt l'éprouver.

Ne faisons cependant pas les hommes plus méchants qu'ils ne sont en effet : les ennemis de Grandier ne croyaient pas à son innocence, ils le poursuivaient avec rage, mais c'était un grand coupable qu'ils croyaient poursuivre. Les phénomènes hystériques étaient alors mal connus et le somnambulisme entièrement ignoré : les contorsions des religieuses, leurs mouvements en dehors des habitudes et des forces humaines, les preuves qu'elles donnaient d'une seconde vue effrayante, tout cela était de nature à convaincre les moins crédules. Un athée célèbre de ce temps-là, le sieur de Kériolet, conseiller au parlement de Bretagne, vint voir les exorcismes pour s'en moquer. Les religieuses qui ne l'avaient jamais vu l'apostrophèrent par son nom et révélèrent tout haut des péchés que le conseiller croyait bien n'avoir fait connaître à personne. Sa conscience fut bouleversée et il passa d'un extrême à l'autre, comme font tous les naturels emportés ; il pleura, il se confessa, et se voua pour le reste de ses jours à l'ascétisme le plus rigoureux.

Le sophisme des exorcistes de Loudun était cet absurde paralogisme que M. de Mirville ose soutenir encore de nos jours :

Le diable est l'auteur de tous les phénomènes qui ne s'expliquent pas par les lois connues de la nature.

A cet aphorisme antilogique, ils en joignaient un autre dont ils faisaient en quelque sorte un article de foi.

Le diable dûment exorcisé est forcé de dire la vérité, et on peut l'admettre à témoigner en justice.

Le malheureux Grandier n'était donc pas livré à des

scélérats ; c'était à des fous furieux qu'il avait affaire ; aussi, forts de leur conscience, donnèrent-ils à cet incroyable procès la plus grande publicité. Jamais pareil scandale n'avait affligé l'Église : des religieuses hurlant, se tordant, se livrant aux gestes les plus obscènes, blasphémant, cherchant à se jeter sur Grandier comme les bacchantes sur Orphée ; puis les choses les plus sacrées de la religion mêlées à ce hideux spectacle, traînées dans cette fange ; Grandier seul calme, haussant les épaules et se défendant avec dignité et douceur ; des juges pâles, éperdus, suant à grosses gouttes, Laubardemont en robe rouge planant sur ce conflit comme le vautour qui attend un cadavre. Tel fut le procès d'Urbain Grandier.

Disons-le hautement pour l'honneur de l'humanité : un complot pareil à celui que supposerait l'assassinat juridique de cet homme, si l'on n'admet pas la bonne foi des exorcistes et des juges, est heureusement impossible. Les monstres sont aussi rares que les héros ; la foule se compose de médiocrités aussi incapables de grands crimes que de grandes vertus. Les plus saints personnages de ce temps-là ont cru à la possession de Loudun ; saint Vincent de Paul ne fut pas étranger à cette histoire et fut appelé à en dire son avis. Richelieu lui-même, qui, en tout cas peut-être, eût trouvé moyen de se débarrasser de Grandier, finit par le croire coupable. Sa mort fut le crime de l'ignorance et des préjugés de son temps, et ce fut une catastrophe bien plutôt qu'un assassinat.

Nous n'affligerons pas nos lecteurs du détail de ses tortures : il demeura ferme, résigné, sans colère et n'avoua rien ; il n'affecta pas même de mépriser ses juges, il pria avec douceur les exorcistes de l'épargner : « Et vous, mes pères, leur disait-il, modérez la rigueur de mes tourments, et ne réduisez pas mon âme au désespoir. » On sent à travers ce sanglot de la nature qui se plaint, toute la mansuétude du chrétien qui pardonne. Les exorcistes, pour cacher leur attendrissement, lui répondaient par des invectives, et les exécuteurs pleuraient.

Trois des religieuses, dans un de leurs moments lucides, vinrent se prosterner devant le tribunal, en criant que Grandier était innocent ; on crut que le démon parlait par leur bouche, et cet aveu ne fit que hâter le supplice.

Urbain Grandier fut brûlé vif, le 18 août 1634. Il fut patient et résigné jusqu'à la fin. Lorsqu'on le descendit de la charrette, comme il avait les jambes brisées, il tomba rudement le visage contre terre sans pousser un seul cri ou un seul gémissement. Un cordelier, nommé le père Grillau, fendit alors la foule et vint relever le patient qu'il embrassa en pleurant : « Je vous apporte, dit-il, la bénédiction de votre mère, elle et moi nous prions Dieu pour vous. —Merci, mon père, répondit Grandier, vous seul ici avez pitié de moi, consolez ma pauvre mère et servez-lui de fils. » Le lieutenant du prévôt, tout attendri, lui dit alors : « Monsieur, pardonnez-moi la part que je suis forcé de prendre à votre supplice. — Vous ne m'avez pas offensé, répondit Grandier, vous êtes obligé de remplir les devoirs de votre charge. » On lui avait promis de l'étrangler avant de le brûler, mais quand le bourreau voulut tirer la corde elle se trouva nouée, et le malheureux curé de Saint-Pierre tomba tout vivant dans le feu.

Les principaux exorcistes, le père *Tranquille* et le père *Lactance*, moururent bientôt après, dans les transports d'une frénésie furieuse; le père *Surin*, qui les remplaça, devint fou. *Manoury*, le chirurgien qui avait aidé à torturer Grandier, mourut poursuivi par le fantôme de la victime. *Laubardemont* perdit son fils d'une manière tragique, et tomba lui-même dans la disgrâce de son maître; les religieuses restèrent idiotes; tant il est vrai qu'il s'agissait d'une maladie terrible et contagieuse : la maladie mentale du faux zèle et de la fausse dévotion. La Providence punit les hommes par leurs propres fautes, elle les instruit par les tristes conséquences de leurs erreurs.

Dix ans à peine après la mort de Grandier, les scandales de Loudun se renouvelèrent en Normandie. Des religieuses de Louviers accusèrent deux prêtres de les avoir ensorcelées; un de ces prêtres était mort, on viola la majesté de la tombe pour en arracher le cadavre, les phénomènes de la possession furent les mêmes qu'à Loudun et qu'à la Sainte-Baume. Ces filles hystériques traduisaient en langage ordurier les cauchemars de leurs directeurs; les deux prêtres, l'un mort et l'autre vivant, furent condamnés au bûcher. Chose horrible, on attacha au même poteau un homme et un cadavre! Le supplice de Mézence, cette fiction d'un poëte païen, trouva des chrétiens pour la réaliser, un peuple chrétien assista froidement à cette exécution sacrilége, et les pasteurs ne comprirent pas qu'en profanant ainsi le sacerdoce et la mort, ils donnaient à l'impiété un épouvantable signal.

On appelait le xviii° siècle, il vint éteindre les bûchers avec le sang des prêtres, et comme il arrive presque toujours, ce furent les bons qui payèrent pour les méchants.

Le xviiie siècle était commencé, et l'on brûlait encore des hommes ; la foi était déjà perdue, et l'on abandonnait par hypocrisie le jeune *Labarre* aux plus horribles supplices pour avoir refusé de saluer la procession. Voltaire était alors au monde et sentait grandir dans son cœur une vocation pareille à celle d'Attila. Les passions humaines profanaient la religion, et Dieu envoyait ce nouveau dévastateur pour reprendre la religion à un monde qui n'en était plus digne.

En 1731, une demoiselle *Catherine Cadière de Toulon* accusa son confesseur, le père *Girard*, jésuite, de séduction et de magie ; cette fille était une extatique stigmatisée qui avait passé longtemps pour une sainte ; ce fut toute une immonde histoire de pamoisons lascives, de flagellations secrètes, d'attouchements luxurieux... Quel lieu infâme a des mystères pareils à ceux d'une imagination célibataire et déréglée par un dangereux mysticisme ? La Cadière ne fut pas crue sur parole, et le père Girard échappa aux dangers d'une condamnation ; le scandale n'en fut pas moins immense, et le bruit qu'il fit eut un éclat de rire pour écho : nous avons dit que Voltaire était alors au monde.

Les gens superstitieux avaient jusqu'alors expliqué les phénomènes extraordinaires par l'intervention du diable et des esprits ; l'école de Voltaire, non moins absurde, nia contre toute évidence les phénomènes eux-mêmes.

Ce que nous ne pouvons pas expliquer vient du diable, disaient les uns ;

Ce que nous ne pouvons pas expliquer n'existe pas, répondaient les autres.

La nature, en reproduisant toujours dans des circonstances analogues les mêmes séries de faits excentriques et merveilleux, protestait contre l'ignorance présomptueuse des uns et la science bornée des autres.

En tous temps, des perturbations physiques ont accompagné certaines maladies nerveuses ; les fous, les épileptiques, les cataleptiques, les hystériques, ont des facultés exceptionnelles, sont sujets à des hallucinations contagieuses et produisent parfois, soit dans l'atmosphère, soit dans les objets qui les entourent, des commotions et des dérangements. L'halluciné projette ses rêves autour de lui, et il est tourmenté par son ombre ; le corps s'environne de ses reflets rendus difformes par les souffrances du cerveau ; on se mire alors en quelque sorte dans la lumière astrale dont les courants excessifs, agissant à la manière de l'aimant, déplacent et font tourner les meubles ; on entend alors des bruits et des voix comme dans les rêves. Ces phénomènes, répétés tant de fois de nos jours qu'ils sont devenus vulgaires, étaient attribués par nos pères aux fantômes et aux démons. La philosophie voltairienne trouva plus court de les nier, en traitant d'imbéciles et d'idiots les témoins oculaires des faits les plus incontestables.

Quoi de plus avéré, par exemple, que les merveilles des convulsions au tombeau du diacre Pâris, et dans les réunions des extatiques de saint Médard ? Comment expliquer ces étranges secours que demandaient les convulsionnaires ? des milliers de coups de bûche sur la tête, des pressions à écraser un hippopotame, des torsions de mamelles avec des pinces de fer, le crucifiement même avec des clous enfoncés dans les pieds et les mains ? puis des contorsions surhumaines, des ascensions aériennes ?

Les voltairiens n'ont voulu voir là que des grimaces et des gambades, les jansénistes criaient miracle et les vrais catholiques gémissaient ; mais la science qui seule devait intervenir pour expliquer cette fantasque maladie, la science se tenait à l'écart : c'est à elle seule pourtant qu'appartiennent maintenant les ursulines de Loudun, les religieuses de Louviers, les convulsionnaires et les *mediums* américains. Les phénomènes du magnétisme ne la mettent-ils pas sur la voie des découvertes nouvelles. La synthèse chimique qui se prépare, n'amènera-t-elle pas d'ailleurs nos physiciens à la connaissance de la lumière astrale ? Et cette force universelle une fois connue, qui empêchera de déterminer la force, le nombre et la direction de ses aimants ? Ce sera toute une révolution dans la science, on sera revenu à la haute magie des Chaldéens.

On a beaucoup parlé du *presbytère de Cideville*, MM. de Mirville, Gougenot Desmousseaux et autres croyants sans critique ont vu dans les choses étranges qui s'y passaient une révélation contemporaine du diable ; mais les mêmes choses sont arrivées à Saint-Maur, en 1706, tout Paris y courait. On entendait frapper de grands coups contre les murailles, les lits roulaient sans qu'on y touchât, les meubles se déplaçaient : tout cela finit par une crise violente accompagnée d'un profond évanouissement pendant lequel le maître de la maison, jeune homme de vingt-quatre à vingt-cinq ans, d'une constitution frêle et nerveuse, crut entendre des esprits lui parler longuement, sans pouvoir jamais répéter depuis un mot de ce qu'ils lui avaient dit.

Voici une histoire d'apparition du commencement du

xviiiᵉ siècle ; la naïveté du récit en prouve l'authenticité, il y a certains caractères de vérité que les inventeurs n'imitent pas.

Un bon prêtre de la ville de Valogne, nommé *Bézuel*, étant prié à dîner, le 7 janvier 1708, chez une dame, parente de l'abbé de Saint-Pierre, avec cet abbé, leur conta, d'après leur désir, l'apparition d'un de ses camarades, qu'il avait eue en plein jour il y a douze ans.

« En 1695, leur dit Bézuel, étant jeune écolier d'environ quinze ans, je fis connaissance avec les deux enfants d'Abaquène, procureur, écoliers comme moi. L'aîné était de mon âge, le cadet avait dix-huit mois de moins, il s'appelait Desfontaines ; nous faisions nos promenades et toutes nos parties de plaisir ensemble ; et soit que Desfontaines eût plus d'amitié pour moi, soit qu'il fût plus gai, plus complaisant, plus spirituel que son frère, je l'aimais aussi davantage.

En 1696, nous promenant tous deux dans le cloître des Capucins, il me conta qu'il avait lu depuis peu une histoire de deux amis qui s'étaient promis que celui qui mourrait le premier viendrait dire des nouvelles de son état au vivant ; que le mort revint, et lui dit des choses surprenantes. Sur cela, Desfontaines me dit qu'il avait une grâce à me demander, qu'il me la demandait instamment : c'était de lui faire une pareille promesse, et que, de son côté, il me la ferait ; je lui dis que je ne voulais point. Il fut plusieurs mois à m'en parler souvent et très sérieusement ; je résistais toujours. Enfin, vers le mois d'août 1696, comme il devait partir pour aller étudier à Caen, il me pressa tant, les larmes aux yeux, que j'y consentis. Il tira dans le moment deux petits papiers qu'il avait écrits tout prêts, l'un signé de son sang, où il me promettait, en cas de mort, de venir dire des nouvelles de son état, l'autre où je lui promettais pareille chose. Je me piquai au doigt, il en sortit une goutte de sang avec lequel je signai mon nom; il fut ravi d'avoir mon billet, et, en m'embrassant, il me fit mille remercîments.

Quelque temps après, il partit avec son frère. Notre séparation nous causa bien du chagrin; nous nous écrivions de temps en temps de nos nouvelles, et il n'y avait que six semaines que j'avais reçu de ses lettres, lorsqu'il m'arriva ce que je m'en vais conter.

Le 31 juillet 1697, un jeudi, il m'en souviendra toute ma vie, feu M. de Sortoville, auprès de qui je logeais, et qui avait eu de la bonté pour moi, me pria d'aller à un pré près des Cordeliers, et d'aider à presser ses gens qui faisaient du foin ; je n'y fus pas un quart d'heure que vers les deux heures et demie je me sentis tout d'un coup étourdi et pris d'une faiblesse ; je m'appuyais en vain sur ma fourche à foin, il fallut que je me misse sur un peu de foin, où je fus environ une demi-heure à reprendre mes esprits. Cela se passa ; mais comme jamais rien de semblable ne m'était arrivé, j'en fus surpris, et je craignis le commencement d'une maladie, il ne m'en resta cependant que peu d'impression le reste du jour ; il est vrai que la nuit je dormis moins qu'à l'ordinaire.

Le lendemain à pareille heure, comme je menais au pré M. de Saint-Simon, petit-fils de M. de Sortoville, qui avait alors dix ans, je me trouvai en chemin attaqué d'une pareille faiblesse, je m'assis sur une pierre à l'ombre. Cela se passa, et nous continuâmes notre chemin ; il ne m'arriva rien de plus ce jour-là, et la nuit je ne dormis guère.

Enfin, le lendemain, deuxième jour d'août, étant dans le grenier où on serrait le foin que l'on apportait du pré, précisément à la même heure, je fus pris d'un pareil étourdissement et d'une pareille faiblesse, mais plus grande que les autres. Je m'évanouis et perdis connaissance. Un des laquais s'en aperçut. On m'a dit qu'on me demanda alors qu'est-ce que j'avais ; et que je répondis : J'ai vu ce que je n'aurais jamais cru ; mais il ne me souvient ni de la demande ni de la réponse. Cela cependant s'accorde à ce qu'il me souvient avoir vu alors comme une personne nue à mi-corps, mais que je ne reconnus cependant point. On m'aida à descendre de l'échelle ; je me tenais bien aux échelons ; mais comme je vis Desfontaines, mon camarade, au bas de l'échelle, la faiblesse me reprit, ma tête s'en alla entre deux échelons et je perdis encore connaissance. On me descendit et on me mit sur une grosse poutre qui servait de siége sur la grande place des capucins ; je n'y vis plus alors M. de Sortoville, ni ses domestiques, quoique présents ; mais apercevant Desfontaines vers le pied de l'échelle, qui me faisait signe de venir à lui, je me reculai sur mon siége, comme pour lui faire place, et ceux qui me voyaient, et que je ne voyais pas, quoique j'eusse les yeux ouverts, remarquèrent ce mouvement.

Comme il ne venait point, je me levai pour aller à lui ; il s'avança vers moi, me prit le bras gauche de son bras droit, et me conduisit, à trente pas de là, dans une rue écartée, me tenant ainsi accroché. Les domestiques croyant que mon étourdissement était passé, et que j'allais à quelques nécessités, s'en allèrent chacun à leur besogne, exepté un petit laquais qui vint dire à M. de Sortoville que je parlais tout seul. M. de Sortoville crut que j'étais ivre ; il s'approcha, et m'entendit faire quelques questions et quelques réponses qu'il m'a dites depuis.

Je fus là près de trois quarts d'heure à causer avec Desfontaines. Je vous ai promis, me dit-il, que si je mourais avant vous, je viendrais vous le dire. Je me noyai avant-hier à la rivière de Caen ; à peu près à cette heure-ci, j'étais à la promenade avec tels et tels, il faisait grand chaud, il nous prit envie de nous baigner, il me vint une faiblesse dans la rivière, et je tombai au fond. L'abbé de Ménil-Jean, mon camarade, plongea pour me reprendre, je saisis son pied ; mais, soit qu'il eût peur que ce ne fût un saumon, parce que je le serrai bien fort, soit qu'il voulût promptement remonter sur l'eau, il secoua si rudement le jarret, qu'il me donna un grand coup sur la poitrine, et me jeta au fond de la rivière, qui est là fort profonde.

Desfontaines me conta ensuite tout ce qui leur était arrivé dans la promenade, et de quoi ils s'étaient entretenus. J'avais beau lui faire des questions s'il était sauvé, s'il était damné, s'il était en purgatoire, si j'étais en état de grâce, et si je le suivrais de près, il continua son discours comme s'il ne m'avait point entendu, et comme s'il n'eût point voulu m'entendre.

Je m'approchai plusieurs fois pour l'embrasser ; mais il me parut que je n'embrassais rien ; je sentais pourtant bien qu'il me tenait fortement par le bras, et que lorsque je tâchais de détourner ma tête pour ne le plus voir, parce que je ne le voyais qu'en m'affligeant, il me secouait le bras, comme pour m'obliger à le regarder et à l'écouter.

Il me parut toujours plus grand que je ne l'avais vu, et plus grand même qu'il n'était lors de sa mort, quoiqu'il eût grandi depuis dix-huit mois que nous ne nous étions vus ; je le vis toujours à mi-corps et nu, la tête nue avec ses beaux cheveux blonds, et un écriteau blanc, entortillé dans ses cheveux, sur son front, sur lequel il y avait de l'écriture, où je ne pus lire que ces mots : *In*, *etc.*

C'était son même son de voix : il ne me parut ni gai, ni triste, mais dans une situation calme et tranquille ; il me pria, quand son frère serait revenu, de lui dire certaines choses pour dire son père et à sa mère ; il me pria de dire les sept psaumes qu'il avait eus en pénitence le dimanche précédent, qu'il n'avait pas encore récités ; ensuite il me recommanda encore de parler à son frère, et puis me dit adieu, s'éloigna de moi en me disant : « Jusques, jusques, » qui était le terme ordinaire dont il se servait quand nous nous quittions à la promenade pour aller chacun chez nous.

Il me dit que, lorsqu'il se noyait, son frère, en écrivant une traduction, s'était repenti de l'avoir laissé aller sans l'accompagner, craignant quelque accident : il me peignit si bien où il s'était noyé, et l'arbre de l'avenue de Louvigni où il avait écrit quelques mots, que deux ans après, me trouvant avec le feu chevalier de Gotot, un de ceux qui étaient avec lui lorsqu'il se noya, je lui marquai l'endroit même, et qu'en comptant les arbres d'un certain côté, que Desfontaines m'avait spécifié, j'allai droit à l'arbre, et je trouvai son écriture : il me dit aussi que l'article des sept psaumes était vrai, qu'au sortir de confession, ils s'étaient dit leur pénitence; son frère me dit depuis qu'il était vrai qu'à cette heure-là il écrivait sa version, et qu'il se reprocha de n'avoir pas accompagné son frère.

Comme je passai près d'un mois sans pouvoir faire ce que m'avait dit Desfontaines à l'égard de son frère, il m'apparut encore deux fois, avant dîner, à une maison de campagne où j'étais allé dîner, à une lieue d'ici. Je me trouvai mal; je dis qu'on me laissât, que ce n'était rien, que j'allais revenir : j'allai dans le coin du jardin. Desfontaines m'ayant apparu, il me fit des reproches de ce que je n'avais pas encore parlé à son frère, et m'entretint encore un quart d'heure sans vouloir répondre à mes questions.

En allant le matin à Notre-Dame-de-la-Victoire, il m'apparut encore, mais pour moins de temps, et me pressa toujours de parler à son frère, et me quitta en me disant toujours « Jusques, jusques, » et sans vouloir répondre à mes questions.

C'est une chose remarquable que j'eus toujours une douleur à l'endroit du bras qu'il m'avait saisi la première fois, jusqu'à ce que j'eusse parlé à son frère. Je fus trois jours que je ne dormais pas de l'étonnement où j'étais. Au sortir de la première conversation, je dis à M. de Varonville, mon voisin et mon camarade d'école, que Desfontaines avait été noyé, qu'il venait lui-même de m'apparaître et de me le dire. Il s'en alla toujours courant chez les parents, pour savoir si cela était vrai; on en venait de recevoir la nouvelle; mais, par un malentendu, il comprit que c'était l'aîné. Il m'assura qu'il avait lu la lettre de Desfontaines, et il le croyait ainsi : je lui soutins toujours que cela ne pouvait pas être, et que Desfontaines lui-même m'était apparu : il retourna, revint, et me dit en pleurant : « Cela n'est que trop vrai. »

Il ne m'est rien arrivé depuis, et voilà mon aventure au naturel. On l'a contée diversement; mais je ne l'ai contée que comme je viens de vous le dire. Le feu chevalier de Gotot m'a dit que Desfontaines est aussi apparu à M. de Ménil-Jean. Mais je ne le connais pas; il demeure à vingt lieues d'ici, du côté d'Argentan, et je ne puis en rien dire de plus. »

Il faut remarquer le caractère de rêve qui se montre partout dans cette vision d'un homme éveillé, mais à demi asphyxié par les émanations du foin. On reconnaîtra l'ivresse astrale produite par la congestion du cerveau. L'état de somnambulisme qui en est la conséquence, et qui fait voir à M. Bézuel le dernier reflet vivant que son ami a laissé dans la lumière. Il est nu, et l'on ne peut le voir qu'à mi-corps, parce que le reste était déjà caché par l'eau de la rivière. La bandelette dans les cheveux était sans doute un mouchoir ou un cordon qui avait servi au baigneur à retenir sa chevelure. Bézuel eut alors l'intuition somnambulique de tout ce qui s'était passé, il lui sembla l'apprendre de la bouche même de son ami. Cet ami d'ailleurs ne lui parut ni triste, ni gai, manière d'exprimer l'impression que lui fit cette image sans vie toute de réminiscence et de reflet. Lorsque cette vision lui vient pour la première fois, M. Bézuel, enivré par l'odeur du foin, se laisse tomber d'une échelle et se blesse au bras : il lui semble alors, avec la logique des rêves, que son ami lui serre le bras, et à son réveil il sent encore de la douleur, ce qui s'explique tout naturellement par le coup qu'il s'était donné; du reste, les discours du défunt étaient tout rétrospectifs, rien de la mort ni de l'autre vie, ce qui prouve une fois de plus combien est infranchissable la barrière qui sépare l'autre monde de celui-ci.

La vie dans la prophétie d'Ézéchiel est figurée par des roues qui tournent les unes dans les autres; les formes élémentaires représentées par les quatre animaux, montent et descendent avec la roue, et se poursuivent sans s'atteindre jamais comme les signes du zodiaque. Jamais les roues du mouvement perpétuel ne retournent sur elles-mêmes; jamais les formes ne reculent vers les stations qu'elles ont quittées; pour revenir d'où l'on est parti, il faut avoir fait le tour du cercle dans un mouvement toujours le même et toujours nouveau. Concluons-en que tout ce qui se manifeste à nous en cette vie, est un phénomène de cette même vie, et qu'il n'est donné ici-bas, ni à notre pensée, ni à notre imagination, ni même à nos hallucinations et à nos rêves, de franchir, ne fût-ce que pour un instant, les barrières redoutables de la mort.

CHAPITRE VII.

ORIGINES MAGIQUES DE LA MAÇONNERIE.

Sommaire. — La légende d'Hiram ou d'Adoniram. — Autres légendes maçonniques. — Le secret des francs-maçons. — Esprit de leurs rites. — Sens de leurs grades, leurs tableaux allégoriques, leurs signes.

La grande association kabbalistique, connue en Europe sous le nom de *maçonnerie*, apparaît tout à coup dans le monde au moment où la protestation contre l'Église vient de démembrer l'unité chrétienne. Les historiens de cet ordre ne savent comment en expliquer l'origine : les uns lui donnent pour mère une libre association de maçons, formée lors de la construction de la cathédrale de Strasbourg ; d'autres lui donnent Cromwell pour fondateur, sans trop se demander si les rites de la maçonnerie anglaise du temps de Cromwell ne sont pas organisés contre ce chef de l'anarchie puritaine ; il en est d'assez ignorants pour attribuer aux jésuites, sinon la fondation du moins la continuation et la direction de cette société longtemps secrète et toujours mystérieuse. A part cette dernière opinion, qui se réfute d'elle-même, on peut concilier toutes les autres, en disant que les frères maçons ont emprunté aux constructeurs de la cathédrale de Strasbourg leur nom et les emblèmes de leur art, qu'ils se sont organisés publiquement pour la première fois en Angleterre, à la faveur des institutions radicales et en dépit du despotisme de Cromwell.

On peut ajouter qu'ils ont eu les templiers pour modèles, les roses-croix pour pères et les joannites pour ancêtres. Leur dogme est celui de Zoroastre et d'Hermès, leur règle est l'initiation progressive, leur principe l'égalité réglée par la hiérarchie et la fraternité universelle ; ce sont les continuateurs de l'école d'Alexandrie, héritière de toutes les initiations antiques ; ce sont les dépositaires des secrets de l'apocalypse et du sohar ; l'objet de leur culte c'est la vérité représentée par la lumière ; ils tolèrent toutes les croyances et ne professent qu'une seule et même philosophie ; ils ne cherchent que la vérité, n'enseignent que la réalité et veulent amener progressivement toutes les intelligences à la raison.

Le but allégorique de la maçonnerie c'est la reconstruction du temple de Salomon ; le but réel c'est la reconstitution de l'unité sociale par l'alliance de la raison et de la foi, et le rétablissement de la hiérarchie, suivant la science et la vertu, avec l'initiation et les épreuves pour degrés.

Rien n'est plus beau, on le voit, rien n'est plus grand que ces idées et ces tendances, malheureusement les doctrines de l'unité et la soumission à la hiérarchie ne se conservèrent pas dans la maçonnerie universelle ; il y eut bientôt une maçonnerie dissidente, opposée à la maçonnerie orthodoxe, et les plus grandes calamités de la révolution française furent le résultat de cette scission.

Les francs-maçons ont leur légende sacrée, c'est celle d'Hiram, complétée par celle de Cyrus et de Zorobabel.

Voici la légende d'Hiram :

Lorsque Salomon fit bâtir le temple, il confia ses plans à un architecte nommé *Hiram*.

Cet architecte, pour mettre de l'ordre dans les travaux,

divisa les travailleurs par rang d'habileté, et comme leur multitude était grande, afin de les reconnaître, soit pour les employer suivant leur mérite, soit pour les rénumérer suivant leur travail, il donna à chaque catégorie, aux apprentis, aux compagnons et aux maîtres, des mots de passe et des signes particuliers.

Trois compagnons voulurent usurper le rang des maîtres sans en avoir le mérite, ils se mirent en embuscade aux trois principales portes du temple, et lorsque Hiram se présenta pour sortir, l'un des compagnons lui demanda le mot d'ordre des maîtres, en le menaçant de sa règle.

Hiram lui répondit : Ce n'est pas ainsi que j'ai reçu le mot que vous me demandez.

Le compagnon furieux frappa Hiram de sa règle de fer, et lui fit une première blessure.

Hiram courut à une autre porte, il y trouva le second compagnon, même demande, même réponse, et cette fois Hiram fut frappé avec une équerre, d'autres disent avec un levier.

A la troisième porte était le troisième assassin, qui acheva le maître d'un coup de maillet.

Ces trois compagnons cachèrent ensuite le cadavre sous un tas de décombres, et plantèrent sur cette tombe improvisée une branche d'acacia, puis ils prirent la fuite comme Caïn après le meurtre d'Abel.

Cependant Salomon, ne voyant pas revenir son architecte, envoya neuf maîtres pour le chercher, la branche d'acacia leur révéla le cadavre, ils le tirèrent des décombres, et comme il y avait séjourné assez longtemps, ils s'écrièrent en le soulevant : *Mac bénach !* ce qui signifie : la chair se détache des os.

On rendit à Hiram les derniers devoirs, puis vingt-sept maîtres furent envoyés par Salomon à la recherche des meurtriers.

Le premier fut surpris dans une caverne, une lampe brûlait près de lui et un ruisseau coulait à ses pieds, un poignard était près de lui pour sa défense; le maître qui pénétra dans la caverne reconnut l'assassin, saisit le poignard et le frappa en criant : *Nekum !* mot qui veut dire vengeance ; sa tête fut portée à Salomon, qui frémit en la voyant, et dit à celui qui avait tué l'assassin : Malheureux, ne savais-tu pas que je m'étais réservé le droit de punir ? Alors tous les maîtres se prosternèrent et demandèrent grâce pour celui que son zèle avait emporté trop loin.

Le second meurtrier fut trahi par un homme qui lui avait donné asile; il était caché dans un rocher près d'un buisson ardent, sur lequel brillait un arc-en-ciel, un chien était couché près de lui, les maîtres trompèrent la vigilance du chien, saisirent le coupable, le lièrent et le menèrent à Jérusalem, où il périt du dernier supplice.

Le troisième assassin fut tué par un lion, qu'il fallut vaincre pour s'emparer de son cadavre, d'autres versions disent qu'il se défendit lui-même à coups de hache contre les maîtres, qui parvinrent enfin à le désarmer et le conduisirent à Salomon, qui lui fit expier son crime.

Telle est la première légende, en voici maintenant l'explication.

Salomon est la personnification de la science et de la sagesse suprêmes.

Le temple est la réalisation et la figure du règne hiérarchique de la vérité et de la raison sur la terre.

Hiram est l'homme parvenu à l'empire par la science et par la sagesse.

Il gouverne par la justice et par l'ordre, en rendant à chacun selon ses œuvres.

Chaque degré de l'ordre possède un mot qui en exprime l'intelligence.

Il n'y a qu'une parole pour Hiram, mais cette parole se prononce de trois manières différentes.

D'une manière pour les apprentis, et prononcé par eux il signifie nature et s'explique par le travail.

D'une autre manière pour les compagnons, et chez eux il signifie pensée en s'expliquant par l'étude.

D'une autre manière pour les maîtres, et dans leur bouche il signifie vérité, mot qui s'explique par la sagesse.

Cette parole est celle dont on se sert pour désigner Dieu, dont le vrai nom est indicible et incommunicable.

Ainsi il y a trois degrés dans la hiérarchie, comme il a trois portes au temple;

Il y a trois rayons dans la lumière;

Il y a trois forces dans la nature;

Ces forces sont figurées par la règle qui unit, le levier qui soulève et le maillet qui affermit.

La rébellion des instincts brutaux, contre l'aristocratie hiérarchique de la sagesse, s'arme successivement de ces trois forces qu'elle détourne de l'harmonie.

Il y a trois rebelles typiques :

Le rebelle à la nature;

Le rebelle à la science;

Le rebelle à la vérité.

Ils étaient figurés dans l'enfer des anciens par les trois têtes de Cerbère.

Ils sont figurés dans la Bible par Coré, Dathan et Abiron.

Dans la légende maçonnique, ils sont désignés par des noms qui varient suivant les rites.

Le premier qu'on appelle ordinairement *Abiram* ou meurtrier d'Hiram, frappe le grand maître avec la règle.

C'est l'histoire du juste mis à mort, au nom de la loi, par les passions humaines.

Le second nommé *Miphiboseth*, du nom d'un prétendant ridicule et infirme à la royauté de David, frappe Hiram avec le levier ou avec l'équerre.

C'est ainsi que le levier populaire ou l'équerre d'une folle égalité devient l'instrument de la tyrannie entre les mains de la multitude et attente, plus malheureusement encore que la règle, à la royauté de la sagesse et de la vertu.

Le *troisième* enfin achève Hiram avec le maillet.

Comme font les instincts brutaux, lorsqu'ils veulent faire l'ordre au nom de la violence et de la peur en écrasant l'intelligence.

La branche d'acacia sur la tombe d'Hiram est comme la croix sur nos autels.

C'est le signe de la science qui survit à la science; c'est la branche verte qui annonce un autre printemps.

Quand les hommes ont ainsi troublé l'ordre de la nature, la Providence intervient pour le rétablir, comme Salomon pour venger la mort d'Hiram.

Celui qui a assassiné avec la règle, meurt par le poignard.

Celui qui a frappé avec le levier ou l'équerre, mourra sous la hache de la loi. C'est l'arrêt éternel des régicides.

Celui qui a triomphé avec le maillet, tombera victime de la force dont il a abusé, et sera étranglé par le lion.

L'assassin par la règle, est dénoncé par la lampe même qui l'éclaire et par la source où il s'abreuve.

C'est-à-dire, qu'on lui appliquera la peine du talion.

L'assassin par le levier sera surpris quand sa vigilance sera en défaut comme un chien endormi, et il sera livré par ses complices ; car l'anarchie est mère de la trahison.

Le lion qui dévore l'assassin par le maillet, est une des formes du sphinx d'Œdipe.

Et celui-là méritera de succéder à Hiram dans sa dignité qui aura vaincu le lion.

Le cadavre putréfié d'Hiram montre que les formes changent, mais que l'esprit reste.

La source d'eau qui coule près du premier meurtrier, rappelle le déluge qui a puni les crimes contre la nature.

Le buisson ardent et l'arc-en-ciel qui font découvrir le second assassin, représentent la lumière et la vie, dénonçant les attentats contre la pensée.

Enfin le lion vaincu représente le triomphe de l'esprit sur la matière et la soumission définitive de la force à l'intelligence.

Depuis le commencement du travail de l'esprit pour bâtir le temple de l'unité, Hiram a été tué bien des fois, et il ressuscite toujours.

C'est Adonis tué par le sanglier, c'est Osiris assassiné par Typhon.

C'est Pythagore proscrit, c'est Orphée déchiré par les Bacchantes, c'est Moïse abandonné dans les cavernes du Mont-Nébo, c'est Jésus mis à mort par Caïphe, Judas et Pilate.

Les vrais maçons sont donc ceux qui persistent à vouloir construire le temple, suivant le plan d'Hiram.

Telle est la grande et principale légende de la maçonnerie; les autres ne sont pas moins belles et moins profondes, mais nous ne croyons pas devoir en divulguer les mystères, bien que nous n'ayons reçu l'initiation que de Dieu et de nos travaux, nous regardons le secret de la haute maçonnerie comme le nôtre. Parvenus par nos efforts à un grade scientifique qui nous impose le silence, nous nous croyons mieux engagé par nos convictions que par un serment. La science est une noblesse qui oblige, et nous ne démériterons point la couronne princière des roses-croix. Nous aussi nous croyons à la résurrection d'Hiram !

Les rites de la maçonnerie sont destinés à transmettre le souvenir des légendes de l'initiation, à le conserver parmi les frères.

On nous demandera peut-être comment, si la maçonnerie est si sublime et si sainte, elle a pu être proscrite et si souvent condamnée par l'Église.

Nous avons déjà répondu à cette question, en parlant des scissions et des profanations de la maçonnerie.

La maçonnerie, c'est la gnose, et les faux gnostiques ont fait condamner les véritables.

Ce qui les oblige à se cacher, ce n'est pas la crainte

de la lumière, la lumière est ce qu'ils veulent, ce qu'ils cherchent, ce qu'ils adorent.

Mais ils craignent les profanateurs, c'est-à-dire, les faux interprètes, les calomniateurs, les sceptiques au rire stupide, et les ennemis de toute croyance et de toute moralité.

De notre temps d'ailleurs un grand nombre d'hommes qui se croyent francs-maçons, ignorent le sens de leurs rites, et ont perdu la clé de leurs mystères.

Ils ne comprennent même plus leurs tableaux symboliques, et n'entendent plus rien aux signes hiéroglyphiques, dont sont historiés les tapis de leurs loges.

Ces tableaux et ces signes sont les pages du livre de la science absolue et universelle.

On peut les lire à l'aide des clés kabbalistiques, et elles n'ont rien de caché pour l'initié qui possède les clavicules de Salomon.

La maçonnerie a non-seulement été profanée, mais elle a servi même de voile et de prétexte aux complots de l'anarchie, par l'influence occulte des vengeurs de Jacques de Molay, et des continuateurs de l'œuvre schismatique du temple.

Au lieu de venger la mort d'Hiram, on a vengé ses assassins.

Les anarchistes ont repris la règle, l'équerre et le maillet, et ont écrit dessus liberté, égalité, fraternité.

C'est-à-dire liberté pour les convoitises, égalité dans la bassesse, et fraternité pour détruire.

Voilà les hommes que l'Église a condamnés justement et qu'elle condamnera toujours !

LIVRE VI.

LA MAGIE ET LA RÉVOLUTION.

1, Waou.

CHAPITRE PREMIER.

AUTEURS REMARQUABLES DU XVIII⁰ SIÈCLE.

SOMMAIRE. — Importantes découvertes en Chine. — Les livres kabbalistiques de fo-hi — L'y-Kun et les trigrammes. — Kong-Fu-Tzée et fo. — Les jésuites et les théologiens. — Mouvement des esprits en Europe. — Swedenborg et Mesmer.

Jusqu'à la fin du XVII⁰ siècle, la Chine était à peu près inconnue au reste du monde. C'est seulement à cette époque que ce vaste empire, exploré par nos missionnaires, nous est révélé par eux, et nous apparaît comme une nécropole de toutes les sciences du passé. Les Chinois semblent être un peuple de momies. Rien ne progresse chez eux, et ils vivent dans l'immobilité de leurs traditions dont l'esprit et la vie se sont retirés depuis longtemps. Ils ne savent plus rien, mais ils se souviennent vaguement de tout. Le génie de la Chine est le dragon des Hespérides qui défend les pommes d'or du jardin de la science. Leur type humain de la divinité, au lieu de vaincre le dragon comme Cadmus, s'est accroupi, fasciné et magnétisé par le monstre qui fait miroiter devant lui le reflet changeant de ses écailles. Le mystère seul

LE GRAND ARCANE HERMÉTIQUE
suivant Basile Valentin.

est vivant en Chine, la science est en léthargie, ou du moins elle dort profondément et ne parle jamais qu'en rêve.

Nous avons dit que la Chine possède un tarot calculé sur les mêmes données kabbalistiques et absolues que le Sepher Jézirah des Hébreux, elle possède aussi un livre hiéroglyphique composé uniquement des combinaisons de deux figures, ce livre est l'*y-Kim* attribué à l'empereur *Fo-hi*, et M. de Maison, dans ses *Lettres sur la Chine*, le déclare parfaitement indéchiffrable.

Il ne l'est pourtant pas plus que le Sohar dont il paraît être un complément fort curieux, et un précieux appendice. Le Sohar est l'explication du travail de la balance ou de l'équilibre universel : l'y-Kim en est la démonstration hiéroglyphique et chiffrée.

La clé de ce livre est un pantacle connu sous le nom des *Trigrammes* de *Fo-hi*. Suivant la légende rapportée dans le *Vay-Ky*, recueil d'une grande autorité en Chine, et qui fut composé par Léon-Tao-Yuen, sous la dynastie des Soms, il y a sept ou huit cents ans, l'empereur Fo-hi méditant un jour au bord d'une rivière sur les grands secrets de la nature, vit sortir de l'eau un sphinx, c'est-à-dire, un animal allégorique ayant la forme mixte d'un cheval et d'un dragon. Sa tête était allongée comme celle du cheval, il avait quatre pieds et finissait par une queue de serpent ; son dos était couvert d'écailles et sur chacune de ses écailles brillait la figure des mystérieux Trigrammes, plus petits vers les extrémités, plus larges sur sa poitrine et sur le dos, mais en parfaite harmonie les uns avec les autres. Ce dragon se mirait dans l'eau, et son reflet avait les mêmes formes, et portait les mêmes images que lui, mais en sens inverse des formes et des images réelles. Ce cheval serpent, inspirateur ou plutôt porteur d'inspirations comme le Pégase de la mythologie grecque, symbole de la vie universelle, comme le serpent de kronos, initia Fo-hi à la science universelle. Les Trigrammes lui servirent d'introduction, il compta les écailles du cheval-serpent, et combina les Trigrammes en autant de manières qu'il conçut une synthèse des sciences comparées et unies entre elles par les harmonies préexistantes et nécessaires de la nature ; la rédaction des tables de l'y-Kim fut le résultat de cette merveilleuse combinaison. Les nombres de Fo-hi sont les mêmes que ceux de la haute kabbale, son pantacle est analogue à celui de Salomon, comme nous l'avons expliqué dans notre *dogme et rituel de la haute magie ;* ses tables correspondent aux trente-deux voies et aux cinquante portes de la lumière, et l'y-Kim ne saurait avoir d'obscurité pour les sages kabbalistes qui ont la clé du sepher Jézirah et du Sohar.

La science de la philosophie absolue a donc existé en Chine. Les Kims ne sont que les commentaires de cet absolu caché aux profanes, et ils sont à l'y-Kim ce que le *Pentateuque* de Moïse est aux révélations du Siphra de Zéniuta, qui est le livre des mystères, et la clé du Sohar chez les Hébreux. *Koug-fu-tzée,* ou *Confucius,* n'eût été que le révélateur ou *révoilateur* de cette kabbale qu'il eût niée peut-être pour en détourner les recherches des profanes, comme le savant *Talmudiste Maïmonides* nia les réalités de la clavicule de Salomon, puis vint le matérialiste *Fo,* qui substitua les traditions de la sorcellerie indienne aux souvenirs de la haute magie des Égyptiens. Le culte de Fo paralysa en Chine le progrès des sciences, et la civilisation avortée de ce grand peuple tomba dans la routine et dans l'abrutissement.

Un philosophe d'une admirable sagacité et d'une grande profondeur, le sage *Leibnitz*, qui eût été si digne d'être initié aux vérités suprêmes de la science absolue, croyait voir dans l'y-Kim sa propre invention de l'arithmétique binaire, et dans la ligne droite et la ligne brisée de Fo-hi, il retrouvait les caractères 1 0, employés par lui-même dans ses calculs; il était bien près de la vérité, mais il ne l'entrevoyait que dans un de ses détails, il ne pouvait en embrasser l'ensemble.

Des disputes théologiques ont été l'occasion des recherches les plus importantes sur les antiquités religieuses de la Chine. Il s'agissait de savoir si les jésuites avaient raison de tolérer chez les Chinois convertis au christianisme le culte du ciel et celui des ancêtres; en d'autres termes, si l'on devait croire que par le ciel les lettrés de la Chine entendaient Dieu ou simplement l'espace et la nature. Il était tout naturel de s'en rapporter aux lettrés eux-mêmes et au bon sens public, mais ce ne sont pas là des autorités théologiques; on argumenta donc, on écrivit beaucoup, on intrigua davantage, les jésuites qui avaient raison pour le fond, furent convaincus d'avoir tort pour la forme, et on leur créa de nouvelles difficultés qui ne sont pas surmontées encore et qui font de nos jours même couler en Chine le sang de nos infatigables martyrs.

Pendant qu'on disputait ainsi à la religion ses conquêtes en Asie, une immense inquiétude agitait l'Europe. La foi chrétienne semblait prête à s'y éteindre et il n'était bruit de tous côtés que de révélations nouvelles et de miracles. Un homme sérieusement posé dans la science et dans le monde, *Emmanuel Swedenborg*, étonnait la Suède par ses visions et l'Allemagne était pleine de nouveaux illuminés; le mysticisme dissident conspirait pour remplacer les mystères de la religion hiérarchique par les mystères de l'anarchie; une imminente catastrophe se préparait.

Swedenborg, le plus honnête et le plus doux des prophètes du faux illuminisme, n'était pas pour cela moins dangereux que les autres. Prétendre, en effet, que tous les hommes sont appelés à communiquer directement avec le ciel, c'est remplacer l'enseignement religieux régulier et l'initiation progressive par toutes les divagations de l'enthousiasme et toutes les folies de l'imagination et des rêves. Les illuminés intelligents sentaient bien que la religion étant un des grands besoins de l'humanité, on ne la détruira jamais; aussi voulaient-ils se faire de la religion même et du fanatisme qu'elle entraîne par une conséquence fatale de l'enthousiasme inspiré à l'ignorance, des armes pour détruire l'autorité hiérarchique de l'Église, comptant bien voir sortir des conflits du fanatisme une hiérarchie nouvelle dont ils espéraient être les fondateurs et les chefs.

« Vous serez comme des dieux, connaissant tout sans avoir eu la peine de rien apprendre; vous serez comme des rois, possédant tout sans avoir eu la peine de rien acquérir. »

Telles sont en résumé les promesses de l'esprit révolutionnaire aux multitudes envieuses. L'esprit révolutionnaire, c'est l'esprit de mort, c'est l'ancien serpent de la

Genèse, et cependant c'est le père du mouvement et du progrès, puisque les générations ne se renouvellent que par la mort ; c'est pour cela que les Indiens adoraient Schiva, l'impitoyable destructeur, dont la forme symbolique était celle de l'amour physique et de la génération matérielle.

Le système de Swedenborg n'est autre chose que la kabbale, moins le principe de la hiérarchie ; c'est le temple sans clef de voûte et sans fondement ; c'est un immense édifice, heureusement tout fantastique et aérien, car si l'on avait jamais tenté de le réaliser sur la terre, il tomberait sur la tête du premier enfant qui essayerait, nous ne dirons pas de l'ébranler, mais de s'appuyer seulement contre une de ses principales colonnes.

Organiser l'anarchie, tel est le problème que les révolutionnaires ont et auront éternellement à résoudre ; c'est le rocher de Sisyphe qui retombera toujours sur eux ; pour exister un seul instant ils sont et seront toujours fatalement réduits à improviser un despotisme sans autre raison d'être que la nécessité, et qui, par conséquent, est violent et aveugle comme elle. On n'échappe à la monarchie harmonieuse de la raison, que pour tomber sous la dictature désordonnée de la folie.

Le moyen proposé indirectement par Swedenborg, pour communiquer avec le monde surnaturel, était un état intermédiaire qui tient du rêve, de l'extase et de la catalepsie. L'illuminé suédois affirmait la possibilité de cet état, mais il ne donnait pas la théorie des pratiques nécessaires pour y arriver ; peut-être ses disciples, pour combler cette lacune, eussent-ils recouru au rituel magique de l'Inde, lorsqu'un homme de génie vint compléter par une thaumaturgie naturelle les intuitions prophétiques et kabbalistiques de Swedenborg. Cet homme était un médecin allemand, nommé *Mesmer*.

Mesmer eut la gloire de retrouver, sans initiateur et sans connaissances occultes, l'agent universel de la vie et de ses prodiges; ses *Aphorismes* (1), que les savants de son temps devaient regarder comme autant de paradoxes, deviendront un jour les bases de la synthèse physique.

Mesmer reconnaît dans l'être naturel deux formes, qui sont la substance et la vie, d'où résultent la fixité et le mouvement qui constituent l'équilibre des choses.

Il reconnaît l'existence d'une matière première fluidique, universelle, capable de fixité et de mouvement, qui, en se fixant, détermine la constitution des substances, et qui, se mouvant toujours, modifie et renouvelle les formes.

Cette matière fluidique est active et passive : comme passive elle s'attire elle-même, comme active elle se projette.

Par elle les mondes et les êtres vivants qui peuplent les mondes, s'attirent et se repoussent; elle passe des uns aux autres par une circulation comparable à celle du sang.

Elle entretient et renouvelle la vie de tous les êtres, elle est l'agent de leur force et peut devenir l'instrument de leur volonté.

Les prodiges sont les résultats des forces ou des volontés exceptionnelles.

(1) Mesmer, *Mémoires et aphorismes, suivis des procédés d'Eslon*, nouvelle édition, 1846, 1 vol. gr. in-18.

Les phénomènes de cohésion, d'élasticité, de densité ou de subtilité des corps, sont produits par les diverses combinaisons des deux propriétés du fluide universel ou de la matière première.

La maladie, comme tous les désordres physiques, vient d'un dérangement de l'équilibre normal de la matière première dans un corps organisé.

Les corps organisés sont ou sympathiques ou antipathiques les uns aux autres, par suite de leur équilibre spécial.

Les corps sympathiques peuvent se guérir les uns les autres, en rétablissant mutuellement leur équilibre.

Cette propriété des corps de s'équilibrer les uns les autres par l'attraction ou la projection de la matière première, Mesmer la nomme magnétisme, et comme elle se spécifie suivant les spécialités des êtres, lorsqu'il en étudie les phénomènes dans les êtres animés, il la nomme magnétisme animal.

Mesmer prouva sa théorie par des œuvres, et ses expériences furent couronnées d'un plein succès.

Ayant observé l'analogie qui existe entre les phénomènes du magnétisme animal et ceux de l'électricité, il fit usage de conducteurs métalliques, aboutissant à un réservoir commun qui contenait de la terre et de l'eau, pour absorber et pour projeter les deux forces ; on a depuis abandonné l'appareil compliqué des baquets, qu'on peut remplacer par une chaîne vivante de mains superposées à un corps circulaire et mauvais conducteur comme le bois d'une table, l'étoffe de soie ou de laine d'un chapeau, etc.

Il appliqua ensuite aux êtres vivants et organisés les

procédés de l'aimantation métallique, et il acquit la certitude de la réalité et de la similitude des phénomènes qui s'ensuivirent.

Un seul pas lui restait à faire, c'était de déclarer que les effets attribués en physique aux quatre fluides impondérables sont les manifestations diverses d'une seule et même force diversifiée par ses usages, et que cette force inséparable de la matière première et universelle qu'elle fait mouvoir, tantôt splendide, tantôt ignée, tantôt électrique et tantôt magnétique, n'a qu'un seul nom indiqué par Moïse dans la *Genèse*, lorsqu'il la fait apparaître à l'appel du Tout-Puissant, avant toutes les substances et avant toutes les formes : LA LUMIÈRE ; אור יהי !

Et maintenant ne craignons pas de le dire d'avance, car on le reconnaîtra plus tard.

La grande chose du xviii° siècle, ce n'est pas l'encyclopédie, ce n'est pas la philosophie ricaneuse et dérisoire de Voltaire, ce n'est pas la métaphysique négative de Diderot et de d'Alembert, ce n'est pas la philanthropie haineuse de Rousseau ; c'est la physique sympathique et miraculeuse de Mesmer ! Mesmer est grand comme Prométhée, il a donné aux hommes le feu du ciel que Franklin n'avait su que détourner.

Il ne manqua au génie de Mesmer, ni la sanction de la haine, ni la consécration des persécutions et des injures ; il avait été chassé de l'Allemagne, on se moqua de lui en France, tout en lui faisant une fortune, car ses guérisons étaient évidentes et les malades allaient à lui et le payaient, puis se disaient guéris par hasard, pour ne pas attirer sur eux l'animadversion des savants. Les corps constitués ne firent pas même au thaumaturge l'honneur d'examiner sa découverte et le grand homme dut se résigner à passer pour un adroit charlatan.

Les savants seuls n'étaient pas hostiles au mesmérisme, les hommes sincèrement religieux s'alarmaient des dangers de la découverte nouvelle, et les superstitieux criaient au scandale et à la magie. Les sages prévoyaient les abus, les insensés n'admettaient pas même l'usage de cette merveilleuse puissance. N'allait-on pas au nom du magnétisme nier les miracles du Sauveur et de ses saints, disaient les uns ; que va devenir la puissance du diable, disaient les autres ? Et pourtant la religion qui est vraie, ne doit craindre la découverte d'aucune vérité ; d'ailleurs, en donnant la mesure de la puissance humaine, le magnétisme ne donne-t-il pas aux miracles divins une sanction nouvelle, au lieu de les détruire ? Il est vrai que les sots attribueront au diable moins de prodiges, ce qui leur laissera moins d'occasions d'exercer leur haine et leurs fureurs ; mais ce ne sont certainement pas les personnes d'une véritable piété qui songeront jamais à s'en plaindre : le diable doit perdre du terrain quand la lumière se fait et quand l'ignorance se retire ; mais les conquêtes de la science et de la lumière étendent, affermissent et font aimer de plus en plus au monde l'empire et la gloire de Dieu !

CHAPITRE II.

PERSONNAGES MERVEILLEUX DU XVIII° SIÈCLE.

SOMMAIRE. — Le comte de Saint-Germain. — L'adepte Lascaris et le grand Cophte dit le médecin Joseph Balsamo. — Le baron du Phénix et le comte de Cagliostro.

Le xvIII° siècle n'a eu de crédulité que pour la magie, car les croyances vagues sont la religion des âmes sans foi : on niait les miracles de Jésus-Christ et l'on attribuait des résurrections au *comte de Saint-Germain*. Ce singulier personnage était un théosophe mystérieux qu'on faisait passer pour avoir les secrets du grand œuvre et pour fabriquer des diamants et des pierres précieuses ; c'était d'ailleurs un homme du monde, d'une conversation agréable et d'une grande distinction dans ses manières. Madame de Genlis, qui, pendant son enfance, le voyait presque tous les jours, assure qu'il savait donner même à des pierreries qu'il représentait en peinture, tout leur éclat naturel et un feu dont aucun chimiste ni aucun peintre ne pouvait deviner le secret ; avait-il trouvé le moyen de fixer la lumière sur la toile, ou employait-il quelque préparation de nacre ou quelque incrustation métallique ? c'est ce qu'il nous est impossible de savoir, puisqu'il ne nous reste aucune de ces peintures merveilleuses.

Le comte de Saint-Germain faisait profession de la religion catholique, et en observait les pratiques avec une grande fidélité ; on parlait cependant d'évocations suspectes et d'apparitions étranges, il se flattait de posséder le secret de la jeunesse éternelle. Était-ce mysticisme, était-ce folie? Personne ne connaissait sa famille, et à l'entendre causer des choses du temps passé, il semblait qu'il eût vécu plusieurs siècles ; il parlait peu de tout ce qui se rapportait aux sciences occultes, et lorsqu'on lui demandait l'initiation, il prétendait ne rien savoir ; il choisissait lui même ses disciples, et leur demandait tout d'abord une obéissance passive, puis il leur parlait d'une royauté à laquelle ils étaient appelés, celle de Melchisédech et de Salomon, la royauté des initiés qui est aussi un sacerdoce. « Soyez le flambeau du monde, disait-il ; si votre lumière n'est que celle d'une planète, vous ne serez rien devant Dieu : je vous réserve une splendeur dont celle du soleil n'est que l'ombre, alors vous dirigerez la marche des étoiles, et vous gouvernerez ceux qui règnent sur les empires. »

Ces promesses, dont la signification bien comprise n'a rien qui puisse étonner les véritables adeptes, sont rapportées, sinon textuellement, du moins quant au sens des paroles, par l'auteur anonyme d'une *Histoire des sociétés secrètes en Allemagne*, et suffisent pour faire comprendre à quelle initiation appartenait le comte de Saint-Germain.

Voici maintenant quelques détails jusqu'à présent inconnus sur cet illuminé :

Il était né à Lentmeritz, en Bohême, à la fin du XVIIe siècle, il était fils naturel ou adoptif d'un rose-croix qui se faisait appeler *Comes cabalicus*, le compagnon cabaliste, et qui fut tourné en ridicule sous le nom de *comte de Gabalis*, par le malheureux abbé de Villars ; jamais Saint-Germain ne parlait de son père. A l'âge de sept ans, disait-il, j'étais proscrit et j'errais avec ma mère dans les forêts. Cette mère dont il voulait parler, c'était la science des adeptes; son âge de sept ans est celui des initiés promus au grade de maîtres; les forêts sont les empires dénués, suivant les adeptes, de la vraie civilisation et de la vraie lumière. Les principes de Saint-Germain étaient ceux des roses-croix, et il avait fondé dans sa patrie une société dont il se sépara dans la suite quand les doctrines anarchiques prévalurent dans les associations des nouveaux sectateurs de la gnose. Aussi fut-il désavoué par ses frères, accusé même de trahison, et quelques auteurs de mémoires sur l'illuminisme semblent insinuer qu'il fut précipité dans les oubliettes du château de Ruel. Madame de Genlis, au contraire, le fait mourir dans le duché de Holstein, tourmenté par sa conscience et agité par les terreurs de l'autre vie. Ce qui est certain, c'est qu'il disparut tout à coup de Paris, sans qu'on pût savoir bien au juste où il s'était retiré, et que les illuminés laissèrent tomber, autant que cela leur fut possible, sur sa mémoire le voile du silence et de l'oubli. La société qu'il avait fondée sous le titre de Saint-Jakin, dont on a fait Saint-Joachim, dura jusqu'à la révolution et disparut alors ou se transforma, comme tant d'autres. Voici, au sujet de cette société, une anecdote qu'on trouve dans les pamphlets hostiles à l'illuminisme; elle est extraite d'une correspondance de Vienne. Tout cela, comme on le voit, n'a rien de bien authentique ni de bien certain. Voici toutefois l'anecdote :

« J'ai été fort bien accueilli, à votre recommandation, par M. N. Z...... Il était déjà prévenu de mon arrivée. L'*harmonica* eut toute son approbation. Il me parla d'abord de certains essais particuliers auxquels je ne compris rien du tout ; ce n'est que depuis peu que mon intelligence peut y suffire. Hier, vers le soir, il me conduisit à sa campagne, dont les jardins sont fort beaux. Des temples, des grottes, des cascades, des labyrinthes, des souterrains procurent à l'œil une longue suite d'enchantements ; mais un mur très haut qui environne ces beautés me déplut infiniment, il dérobe à l'œil un site enchanteur. . . . .

« J'avais emporté l'*harmonica*, d'après l'invitation de M. N. Z., afin d'en toucher, seulement pendant quelques minutes, dans un lieu désigné et à un signe convenu. Il me conduisit, après notre visite dans le jardin, à une salle sur le devant de la maison, et me quitta bientôt sous quelque prétexte. Il était fort tard : je ne le voyais point revenir ; l'ennui et le sommeil commençaient à me gagner, lorsque je fus interrompu par l'arrivée de plusieurs carrosses. J'ouvris la fenêtre : il était nuit, je ne pus rien voir ; je compris encore moins le chuchotage bas et mystérieux de ceux qui paraissaient entrer dans la maison. Bientôt le sommeil s'empara tout à fait de moi ; et, après avoir dormi environ une heure, je fus réveillé en sursaut par un domestique envoyé pour me guider et porter l'instrument. Il marchait très vite et fort loin devant moi ; je le suivais assez machinalement, lorsque j'entendis des sons de trompettes qui me paraissaient sortir des profondeurs d'une cave ; à cet instant, je perdis de vue mon guide ; et m'avançant du côté où le bruit paraissait venir, je descendis à moitié l'escalier d'un caveau qui s'offrit devant moi. Jugez de ma surprise ! On y psalmodiait un chant funèbre. J'aperçus distinctement un cadavre dans un cercueil ouvert ; à côté, un homme vêtu de blanc paraissait rempli de sang ; il me parut qu'on lui avait ouvert une veine au bras droit. A l'exception de ceux qui lui prêtaient leur ministère, les autres étaient enveloppés dans de longs manteaux noirs, avec l'épée nue à la main. Autant que la terreur dont j'étais frappé me permit d'en juger, il y avait à l'entrée du caveau des monceaux d'ossements humains entassés l'un sur l'autre. La lumière qui éclairait ce spectacle lugubre me parut produite par une flamme semblable à celle de l'esprit de vin brûlant.

» Incertain si je pourrais rejoindre mon guide, je me hâtai de me retirer ; je le trouvai précisément à quelques pas de là qui me cherchait ; il avait l'œil hagard, il me prit la main avec une sorte d'inquiétude, et m'entraîna à sa suite dans un jardin particulier où je me crus transporté par l'effet de la magie. La clarté que répandait un nombre prodigieux de lampions, le murmure des cascades, le chant des rossignols artificiels, le parfum qu'on y respirait exaltèrent d'abord mon imagination. Je fus placé derrière un cabinet de verdure dont l'intérieur était richement décoré, et dans lequel on transporta immédiatement une personne évanouie (vraisemblablement celle qui paraissait dans un cercueil au caveau) ; aussitôt on me fit le signal de toucher mon instrument.

» Excessivement ému pendant cette scène, beaucoup de choses ont dû m'échapper (1) ; j'observai cependant que

(1) Le néophyte dont il est question dans cette lettre, et qui fut pris pour un cadavre, était dans l'état de somnambulisme produit par le magnétisme. A propos du cabinet de verdure dont il est question, et des effets de l'*harmonica*, on peut consulter un ouvrage curieux, *Histoire*

l'individu évanoui revint à lui aussitôt que j'eus touché l'instrument, et qu'il fit ces interrogations avec surprise : *Où suis-je ?... quelle voix entends-je ?...* Des jubilations d'allégresse accompagnées de trompettes et de timbales furent la seule réponse ; on courut aux armes et l'on s'enfonça dans l'intérieur du jardin où je vis tout le monde disparaître.

» Je vous écris ceci encore tout agité.... Si je n'avais pris la précaution de noter cette scène sur-le-champ, je la prendrais aujourd'hui pour un rêve. »

Ce qu'il y a de plus inexplicable dans cette scène, c'est la présence du profane qui la raconte. Comment l'association pouvait-elle s'exposer ainsi à la divulgation de ses mystères ? Il nous est impossible de répondre à cette question, mais pour ce qui est des mystères eux-mêmes, nous pouvons facilement les expliquer.

Les successeurs des anciens roses-croix, dérogeant peu à peu de la science austère et hiérarchique de leurs ancêtres en initiation, s'étaient érigés en secte mystique ; ils avaient accueilli avec empressement les dogmes magiques des templiers, et se croyaient seuls dépositaires des secrets de l'Évangile de saint Jean ; ils voyaient dans les récits de l'Évangile une série allégorique de rites propres à compléter l'initiation, et croyaient que l'histoire du Christ devait se réaliser dans la personne de chacun des adeptes ; ils racontaient une légende gno-

---

critique du magnétisme animal, par Deleuze, 2ᵉ édit., 1849, 2 vol. in-8 ; il contient des notices fort piquantes sur la chaîne et le baquet magnétiques, les arbres magnétisés, la musique, la voix du magnétiseur, et l'instrument qu'il emploie. L'auteur est d'ailleurs un partisan du mesmérisme, ce qui ne rend pas ses opinions suspectes.

stique suivant laquelle le Sauveur, environné de parfums et de bandelettes, n'aurait point été renfermé dans le sépulcre neuf de Joseph d'Arimathie, et serait revenu à la vie dans la maison même de saint Jean. C'était ce prétendu mystère qu'ils célébraient au son de l'harmonica et des trompettes. Le récipiendaire était invité à faire le sacrifice de sa vie, et subissait, en effet, une saignée qui lui procurait un évanouissement ; cet évanouissement, on lui disait que c'était la mort, et lorsqu'il revenait à lui, des fanfares d'allégresse et des cris de triomphe célébraient sa résurrection. Ces émotions diverses, ces scènes tour à tour lugubres et brillantes, devaient impressionner à jamais son imagination et le rendre fanatique ou voyant. Plusieurs croyaient à une résurrection réelle et se croyaient assurés de ne plus mourir. Les chefs de l'association mettaient ainsi au service de leurs projets cachés le plus redoutable de tous les instruments, la folie, et s'assuraient de la part de leurs adeptes un de ces dévouements fatals et infatigables que la déraison produit plus souvent et plus sûrement que l'amitié.

La secte du *Saint-Jakin* était donc une société de gnostiques adonnée aux illusions de la magie fascinatrice, elle tenait des roses-croix et des templiers, son nom du Saint-Jakin venait de l'un des deux noms gravés en initiales sur les deux principales colonnes du temple de Salomon, Jakin et Bohas. L'initiale de Jakin en hébreu est le Jod, lettre sacrée de l'alphabet hébreu, initiale du nom de Jéhova que celui de Jakin sert à voiler aux profanes, c'est pourquoi on la nommait le Saint-Jakin.

Les saint-jakinites étaient des théosophes qui s'occupaient beaucoup trop de théurgie.

Tout ce qu'on raconte du mystérieux comte de Saint-Germain donne lieu de croire que c'était un physicien habile et un chimiste distingué : on assure qu'il possédait le secret de souder ensemble les diamants sans qu'on pût apercevoir aucune trace du travail ; il avait l'art d'épurer les pierreries et de donner ainsi un grand prix aux plus imparfaites et aux plus communes ; l'auteur imbécile et anonyme que nous avons déjà cité, lui accorde bien ce talent, mais nie qu'il ait jamais fait d'or, comme si l'on ne faisait pas de l'or en faisant des pierres précieuses. Saint-Germain inventa aussi, suivant le même auteur, et légua aux sciences industrielles l'art de donner au cuivre plus d'éclat et de ductilité, autre invention qui suffisait pour faire la fortune de son auteur. De pareilles œuvres doivent faire pardonner au comte de Saint-Germain d'avoir beaucoup connu la reine Cléopâtre, et d'avoir même causé familièrement avec la reine de Saba. C'était d'ailleurs un bon et galant homme qui aimait les enfants, et se plaisait à leur fabriquer lui-même des bonbons délicieux et de merveilleux joujoux ; il était brun et de petite taille, toujours vêtu richement, mais avec beaucoup de goût, et se plaisant d'ailleurs à tous les raffinements du luxe. On assure que le roi Louis XV le recevait familièrement, et s'occupait avec lui de diamants et de pierreries. Il est probable que ce monarque entièrement dominé par des courtisanes et absorbé par ses plaisirs, céda, en invitant Saint-Germain à quelques audiences particulières, plutôt à quelque caprice de curiosité féminine qu'à un amour sérieux pour la science. Saint-Germain fut un moment à la mode, et comme c'était un aimable et jeune vieillard qui savait unir le babil d'un roué aux extases d'un théosophe, il fit fureur dans certains cercles, puis fut bientôt remplacé par d'autres fantaisies ; ainsi va le monde.

On a dit que Saint-Germain n'était autre que ce mystérieux Althotas qui fut le maître en magie d'un adepte, dont nous allons bientôt nous occuper, et qui prenait le nom kabbalistique d'*Acharat*; rien n'est moins fondé que cette supposition, comme nous le verrons en étudiant ce nouveau personnage.

Pendant que le comte de Saint-Germain était à la mode à Paris, un autre adepte mystérieux parcourait le monde en recrutant des apôtres pour la philosophie d'Hermès : c'était un alchimiste qui se faisait appeler *Lascaris*, et se disait archimandrite d'Orient, chargé de recueillir des aumônes pour un couvent grec; seulement, au lieu de demander l'aumône, Lascaris semblait suer de l'or, et en laissait partout une traînée après lui. Partout il ne faisait qu'apparaître, et ses apparitions changeaient de formes ; ici il se montrait vieux, ailleurs il était encore jeune ; il ne faisait pas lui-même de l'or publiquement, mais il en faisait faire par ses disciples auxquels il laissait en les quittant un peu de poudre de projection. Rien de plus avéré et de mieux établi que les transmutations opérées par les émissaires de Lascaris. M. Louis Figuier, dans son savant ouvrage sur les alchimistes, n'en révoque en doute ni la réalité ni l'importance. Or, comme il n'y a rien, surtout en physique, de plus inexorable que les faits, il faudrait donc conclure de ceux-là, que la pierre philosophale n'est pas une rêverie, si l'immense tradition de l'occultisme, si les mythologies anciennes, si les travaux sérieux des plus grands hommes de tous les âges n'en démontraient pas d'ailleurs suffisamment l'existence et la réalité.

Un chimiste moderne, qui s'est empressé de publier son secret, est parvenu à tirer de l'or de l'argent par un procédé ruineux, car l'argent détruit par lui ne rend en or que le dixième ou environ de sa valeur. *Agrippa*, qui n'est jamais arrivé à la découverte du dissolvant universel, avait été cependant plus heureux que notre chimiste, car il avait trouvé en or une valeur équivalente à celle de l'argent employé, il n'avait donc perdu absolument que son travail, si c'est le perdre que de l'employer à la recherche des grands secrets de la nature.

Engager par l'attrait de l'or les hommes à des recherches qui les conduiraient à la philosophie absolue, tel paraît avoir été le but de la propagande de Lascaris, l'étude des livres hermétiques devant ramener nécessairement les hommes d'étude à la connaissance de la kabbale. Les initiés, en effet, pensaient au XVIII° siècle que leur temps était venu, les uns pour fonder une hiérarchie nouvelle, les autres pour renverser toute autorité et promener sur toutes les sommités de l'ordre social le niveau égalitaire. Les sociétés secrètes envoyaient leurs éclaireurs à travers le monde pour sonder et réveiller au besoin l'opinion : après Saint-Germain et Lascaris, Mesmer; après Mesmer, *Cagliostro*. Mais tous n'étaient pas de la même école : Saint-Germain était l'homme des illuminés théosophes, Lascaris représentait les naturalistes attachés à la tradition d'Hermès.

Cagliostro était l'agent des templiers, aussi écrivait-il dans une circulaire adressée à tous les francs-maçons de Londres, que le temps était venu de mettre la main à l'œuvre pour reconstruire le temple de l'Éternel. Comme les templiers, Cagliostro s'adonnait aux pratiques de la magie noire, et pratiquait la science funeste des évocations ; il devinait le passé et le présent, prédisait l'avenir, faisait des cures merveilleuses et prétendait aussi faire de l'or. Il avait introduit dans la maçonnerie un nouveau rite qu'il nommait rite égyptien, et il essayait de ressusciter le culte mystérieux d'Isis. Lui-même, la tête entourée de bandelettes et coiffé comme un sphinx de Thèbes, il présidait des solennités nocturnes dans des appartements pleins d'hiéroglyphes et de flambeaux. Il avait pour prêtresses des jeunes filles qu'il appelait des colombes, et qu'il exaltait jusqu'à l'extase pour leur faire rendre des oracles au moyen de l'hydromancie, l'eau étant un excellent conducteur, un puissant réflecteur et un milieu très réfringent pour la lumière astrale, comme le prouvent les mirages de la mer et des nuages.

Cagliostro, comme on le voit, continuait Mesmer, et avait retrouvé la clef des phénomènes de médiomanie ; lui-même était un médium, c'est-à-dire un homme d'une organisation nerveuse exceptionnellement impressionnable : il joignait à cela beaucoup de finesse et d'aplomb, l'exagération publique et l'imagination des femmes surtout faisaient le reste. Cagliostro eut un succès fou ; on se l'arrachait, son buste était partout avec cette inscription : le *divin Cagliostro*. On put dès ce moment prévoir une réaction égale à cette vogue : après avoir été un dieu, Cagliostro devint un intrigant, un charlatan, un proxénète de sa femme, un scélérat enfin, auquel l'inquisition de Rome crut faire grâce en le condamnant seulement à une prison perpétuelle. Ce qui fit croire qu'il vendait sa femme, c'est que sa femme le vendit. Il fut amené et pris dans un piége, on lui fit son procès et l'on publia de ce procès ce qu'on voulut. La révolution arriva sur ces entrefaites, et tout le monde oublia Cagliostro.

Cet adepte n'est cependant pas sans importance dans l'histoire de la magie ; son sceau est aussi important que celui de Salomon, et atteste son initiation aux secrets les plus relevés de la science. Ce sceau, expliqué par les lettres kabbalistiques des noms d'Acharat et d'Althotas, exprime les principaux caractères du grand arcane et du grand œuvre. C'est un serpent percé d'une flèche, figurant la lettre aleph, א, image de l'union de l'actif et du passif, de l'esprit et de la vie, de la volonté et de la lumière. La flèche est celle de l'Apollon antique, le serpent est le Python de la fable, le dragon vert des philosophes hermétiques. La lettre aleph représente l'unité équilibrée. Ce pantacle se reproduit sous diverses formes dans les talismans de l'ancienne magie, mais tantôt le serpent est remplacé par le paon de Junon, le paon à la tête royale, à la queue multicolore, l'emblème de la lumière analysée, l'oiseau du grand œuvre dont le plumage est tout ruisselant d'or ; tantôt, au lieu du paon coloré, c'est l'agneau blanc, l'agneau ou le jeune bélier solaire traversé par la croix, comme on le voit encore dans les armoiries de la ville de Rouen. Le paon, le bélier et le serpent représentent le même signe hyéroglyphique : celui du principe passif et le sceptre de Junon, la croix et la flèche, c'est le principe actif, la volonté, l'action magique, la coagulation du dissolvant, la fixation par la projection du volatil, la pénétration de la terre par le feu. L'union des deux, c'est la balance universelle, c'est le grand arcane, c'est le grand œuvre, c'est l'équilibre de Jakin et de Bohas.

Le trigramme L∴ P∴ D∴ qui accompagne cette figure, veut dire *liberté, pouvoir, devoir*, il signifie aussi *lumière proportion, densité, loi, principe et droit*.

Les francs-maçons ont changé l'ordre des lettres, et en l'écrivant L∴ D∴ P∴ ils en font les initiales des mots *liberté de penser* qu'ils inscrivent sur un pont symbolique, en y lisant pour les profanes : *liberté de passer*. Dans les actes du procès de Cagliostro, il est marqué que lui-même donna à ces trois lettres dans ses interrogatoires une autre signification ; il les aurait traduites par cette légende : *Lilia destrue pedibus*, foule aux pieds les lys ; et l'on peut citer à l'appui de cette version, une médaille maçonnique du XVIᵉ ou du XVIIᵉ siècle, où l'on voit une épée coupant une branche de lys avec ces mots sur l'exergue : *Talem dabit ultio messem*.

Le nom d'*Acharat* que prenait Cagliostro, écrit kabbalistiquement en hébreu de cette manière :

אש
אר
את

exprime la triple unité, אש, unité de principe et d'équilibre ;

אר, unité de vie et perpétuité du mouvement régénérateur.

את, unité de fin dans une synthèse absolue.

Le nom d'Althotas, maître de Cagliostro, se compose du nom de Thot et des syllabes al et as, qui, lues kabbalistiquement, sont Sala qui signifie messager, envoyé ; le nom entier signifie donc Thot, le messie des Égyptiens, et tel était en effet celui que Cagliostro reconnaissait avant tout pour maître.

La doctrine du grand Cophte, tel était, on le sait, le titre que prenait Cagliostro ; sa doctrine, disons-nous, avait un double objet, la régénération morale et la régénération physique.

Voici pour la régénération morale les préceptes du grand Cophte :

« Monte sur le Sinaï avec Moïse, sur le Calvaire, puis sur le Thabor avec Phaleg, sur le Carmel avec Élie.

» Sur le plus haut de la montagne, tu bâtiras ton tabernacle.

» Il sera divisé en trois bâtiments unis ensemble et celui du milieu aura trois étages.

» Le rez-de-chaussée ou le premier étage sera le réfectoire.

» L'étage du milieu sera une chambre ronde avec douze lits autour et un au milieu, ce sera la chambre du sommeil et des songes.

» La chambre supérieure, celle du troisième étage, sera carrée et percée de seize fenêtres, quatre de chaque côté, ce sera la chambre de la lumière.

» Là, tu prieras seul pendant quarante jours, et tu dormiras pendant quarante nuits dans le dortoir des douze maîtres.

» Alors, tu recevras les signatures des sept génies et tu obtiendras d'eux le pentagramme tracé sur la feuille de parchemin vierge.

» C'est le signe que personne ne connaît, sinon celui qui le reçoit.

» C'est le caractère occulte du caillou blanc dont

il est parlé dans la prophétie du plus jeune des douze maîtres.

» Alors, ton esprit sera illuminé d'un feu divin et ton corps deviendra pur comme celui d'un enfant. Ta pénétration n'aura point de bornes, ton pouvoir sera immense ; tu entreras dans le repos parfait, qui est le commencement de l'immortalité, et tu pourras dire avec vérité et sans orgueil : Je suis celui qui est.

Cette énigme signifie que, pour se régénérer moralement, il faut étudier, comprendre et réaliser la haute kabbale.

Les trois chambres sont l'alliance de la vie physique, des aspirations religieuses et de la lumière philosophique ; les douze maîtres sont les grands révélateurs dont il faut comprendre les symboles ; la signature des sept esprits, c'est l'initiation au grand arcane, etc., etc. Tout ceci est donc allégorique, et il ne s'agit pas plus de faire bâtir en réalité une maison à trois étages, qu'il ne s'agit dans la maçonnerie de bâtir un temple à Jérusalem.

Venons maintenant au secret de la régénération physique.

Pour y arriver il faut, toujours suivant les prescriptions occultes du grand Cophte :

Faire tous les cinquante ans une retraite de quarante jours en manière de jubilé,

Durant la pleine lune de mai,

Seul, à la campagne avec une personne fidèle ;

Jeûner pendant quarante jours, buvant la rosée de mai, recueillie sur les blés en herbe avec un linge de lin pur et blanc, mangeant des herbes tendres et nouvelles.

Commençant le repas par un grand verre de rosée et le finissant par un biscuit ou une simple croûte de pain.

Le dix-septième jour, saignée légère.

Prendre six gouttes de baume d'azoth le matin et six le soir, augmenter de deux gouttes par jour jusqu'au trente-deuxième.

Renouveler alors la petite émission de sang au crépuscule du matin, dormir ensuite et rester au lit jusqu'à la fin de la quarantaine.

Prendre au premier réveil, après la saignée, un premier grain de médecine universelle.

On éprouvera un évanouissement qui doit durer trois heures, puis des convulsions, des transpirations et des évacuations considérables, on changera ensuite de linge et de lit.

Il faut ensuite prendre un consommé de bœuf sans graisse, assaisonné avec de la rue, de la sauge, de la valériane, de la verveine et de la mélisse.

Le jour suivant, second grain de médecine universelle, c'est-à-dire, de mercure astral combiné avec le soufre d'or.

Le jour d'après, prendre un bain tiède.

Le trente-sixième jour, boire un verre de vin d'Égypte.

Le trente-septième jour, troisième et dernier grain de médecine universelle.

Suivra un sommeil profond.

Les cheveux, les dents et les ongles se renouvelleront, la peau se renouvellera.

Le trente-huitième jour, bain aux herbes aromatiques ci-dessus nommées.

Le trente-neuvième jour, avaler dans deux cuillerées de vin rouge, dix gouttes de l'élixir d'Acharat.

Le quarantième jour, l'œuvre est achevée et le vieillard est rajeuni.

C'est au moyen de ce régime jubilaire, que Cagliostro prétendait avoir vécu lui-même plusieurs siècles. C'était, comme on le voit, une nouvelle préparation du fameux bain d'immortalité des gnostiques ménandriens. Cagliostro y croyait-il sérieusement?

Devant ses juges il montra beaucoup de fermeté et de présence d'esprit, il se déclara catholique, et dit qu'il honorait dans le pape le chef suprême de la hiérarchie religieuse. Sur les questions relatives aux sciences occultes, il répondit d'une manière énigmatique, et comme on lui disait que ses réponses étaient absurdes et inintelligibles : Comment pouvez-vous savoir qu'elles sont absurdes, répondit-il, si vous les trouvez inintelligibles? Les juges se fâchèrent et lui demandèrent brusquement les noms des péchés capitaux : Cagliostro nomma la luxure, l'avarice, l'envie, la gourmandise et la paresse. — Vous oubliez l'orgueil et la colère, lui dit-on. — Pardonnez-moi, reprit l'accusé, je ne les oublie pas, mais je ne voulais pas les nommer devant vous par respect et de peur de vous offenser. On le condamna à mort : puis la peine fut commuée en une détention perpétuelle. Dans sa prison, Cagliostro demanda à se confesser et désigna lui-même le prêtre, c'était un homme à peu près de sa tournure et de sa taille. Le confesseur entra et au bout de quelque temps on le vit ressortir; quelques heures après, le geôlier en entrant dans la prison du condamné y trouva le cadavre d'un homme étranglé, ce cadavre défiguré était couvert des habits de Cagliostro; on ne revit jamais le prêtre.

Des amateurs du merveilleux assurent que le grand Cophte est actuellement en Amérique, et qu'il y est le pontife suprême et invisible des croyants aux esprits frappeurs.

CHAPITRE III.

PROPHÉTIES DE CAZOTTE.

SOMMAIRE. — Les martinistes. — Le souper de Cazotte. — Le roman du *Diable amoureux*. — Nahéma, la reine des stryges. — La montagne sanglante. — Mademoiselle Cazotte et mademoiselle de Sombreuil. — Cazotte devant le tribunal révolutionnaire.

L'école des philosophes inconnus fondée par Pasqualis Martinez et continuée par Saint-Martin, semble avoir renfermé les derniers adeptes de la véritable initiation. Saint Martin connaissait la clef ancienne du tarot, c'est-à-dire le mystère des alphabets sacrés et des hiéroglyphes hiératiques; il a laissé plusieurs pantacles fort curieux qui n'ont jamais été gravés et dont nous possédons des copies. L'un de ces pantacles est la clef traditionnelle du grand œuvre, et Saint-Martin le nomme la clef de l'enfer, parce que c'est la clef des richesses; les martinistes parmi les illuminés furent les derniers chrétiens, et ils furent les initiateurs du fameux Cazotte.

Nous avons dit qu'au XVIII° siècle une scission s'était faite dans l'illuminisme : les uns, conservateurs des traditions de la nature et de la science, voulaient restaurer la hiérarchie; les autres, au contraire, voulaient tout niveler en révélant le grand arcane, qui rendrait impossibles dans le monde la royauté et le sacerdoce. Parmi ces derniers, les uns étaient des ambitieux et des scélérats, qui espéraient trôner sur les débris du monde; les autres étaient des dupes et des niais.

Les vrais initiés voyaient avec épouvante la société lancée ainsi vers le précipice, et prévoyaient toutes les horreurs de l'anarchie. Cette révolution qui plus tard devait apparaître au génie mourant de Vergniaud sous la sombre figure de Saturne dévorant ses enfants, se dressait déjà tout armée dans les rêves prophétiques de Cazotte. Un soir qu'il se trouvait au milieu des instruments aveugles du jacobinisme futur, il leur prédit, à tous, leur destinée : aux plus forts et aux plus faibles, l'échafaud; aux plus enthousiastes, le suicide; et sa prophétie qui ne parut alors qu'une lugubre facétie fut pleinement réalisée (1). Cette prophétie n'était, en effet, qu'un calcul des probabilités, et le calcul se trouva rigoureux, parce que les chances probables étaient déjà changées en conséquences nécessaires. La Harpe que cette prédiction frappa d'étonnement plus tard, y ajouta quelques détails pour la rendre plus merveilleuse, comme le nombre exact des coups de rasoir que devait se donner un des convives, etc.

Il faut pardonner un peu de cette licence poétique à tous les conteurs de choses extraordinaires ; de pareils ornements ne sont pas précisément des mensonges, c'est tout simplement de la poésie et du style.

---

(1) Deleuze, *Mémoire sur la faculté de prévision*, in-8, 1836.

Donner aux hommes naturellement inégaux une liberté absolue, c'est organiser la guerre sociale ; et lorsque ceux qui doivent contenir les instincts féroces des multitudes ont la folie de les déchaîner, il ne faut pas être un profond magicien pour voir qu'ils seront dévorés les premiers, puisque les convoitises animales s'entre-déchireront jusqu'à la venue d'un chasseur audacieux et habile qui en finira par des coups de fusil ou par un seul coup de filet. Cazotte avait prévu Marat, Marat prévoyait une réaction et un dictateur.

Cazotte avait débuté dans le monde par quelques opuscules de littérature frivole, et on raconte qu'il dut son initiation à la publication d'un de ses romans intitulé le *Diable amoureux*. Ce roman, en effet, est plein d'intuitions magiques, et la plus grande des épreuves de la vie, celle de l'amour, y est montrée sous le véritable jour de la doctrine des adeptes.

L'amour physique en effet, cette passion délirante, cette folie invincible pour ceux qui sont les jouets de l'imagination, n'est qu'une séduction de la mort qui veut renouveler sa moisson par la naissance. La Vénus physique, c'est la mort fardée et habillée en courtisane ; l'amour est destructeur, comme sa mère, il recrute des victimes pour elle. Quand la courtisane est rassasiée, la mort se démasque et demande sa proie à son tour. Voilà pourquoi l'Église qui sauve la naissance par la sainteté du mariage, dévoile et prévient les débauches de la mort en condamnant sans pitié tous les égarements de l'amour.

Si la femme aimée n'est pas un ange qui s'immortalise par les sacrifices du devoir dans les bras de celui qu'elle aime, c'est une stryge qui l'énerve, l'épuise et le fait mourir, en se montrant enfin à lui dans toute la hideur de son égoïsme brutal. Malheur aux victimes du diable amoureux ! Malheur à ceux qui se laissent prendre aux flatteries lascives de Biondetta ! bientôt le gracieux visage de la jeune fille se changera pour eux en cette affreuse tête de chameau qui apparaît si tragiquement au bout du roman de Cazotte.

Il y a dans les enfers, disent les kabbalistes, deux reines des stryges : l'une, c'est Lilith la mère des avortements, et l'autre, c'est Nahéma, la fatale et meurtrière beauté. Quand un homme est infidèle à l'épouse que lui destinait le ciel, lorsqu'il se voue aux égarements d'une passion stérile, Dieu lui reprend son épouse légitime et sainte pour le livrer aux embrassements de Nahéma. Cette reine des stryges sait se montrer avec tous les charmes de la virginité et de l'amour : elle détourne le cœur des pères et les engage à l'abandon de leurs devoirs et de leurs enfants ; elle pousse les hommes mariés au veuvage, et force à un mariage sacrilége les hommes consacrés à Dieu. Lorsqu'elle usurpe le titre d'épouse, il est facile de la reconnaître : le jour de son mariage elle est chauve, car la chevelure de la femme étant le voile de la pudeur, lui est interdite pour ce jour-là ; puis après le mariage, elle affecte le désespoir et le dégoût de l'existence, prêche le suicide, et quitte enfin avec violence celui qui lui résiste en le laissant marqué d'une étoile infernale entre les deux yeux.

Nahéma peut devenir mère, disent-ils encore, mais elle n'élève jamais ses enfants ; elle les donne à dévorer à Lilith, sa funeste sœur.

Ces allégories kabbalistiques qu'on peut lire dans le

livre hébreu de la *Révolution des âmes*, dans le *Dictionnaire kabbalistique du Sohar*, et dans les *Commentaires des Talmudistes sur le Sota*, semblent avoir été connues ou devinées par l'auteur du *Diable amoureux*; aussi assure-t-on qu'après la publication de cet ouvrage, il reçut la visite d'un personnage inconnu, enveloppé d'un manteau à la manière des francs-juges. Ce personnage lui fit des signes que Cazotte ne comprit pas, puis enfin il lui demanda si réellement il n'était pas initié. Sur la réponse négative de Cazotte, l'inconnu prit une physionomie moins sombre, et lui dit : Je vois que vous n'êtes pas un dépositaire infidèle de nos secrets, mais un vase d'élection pour la science. Voulez-vous commander réellement aux passions humaines et aux esprits impurs? Cazotte était curieux, une longue conversation s'ensuivit, elle fut le préliminaire de plusieurs autres, et l'auteur du *Diable amoureux* fut réellement initié. Son initiation devait en faire un partisan dévoué de l'ordre et un ennemi dangereux pour les anarchistes, et, en effet, nous avons vu qu'il est question d'une montagne sur laquelle on s'élève pour se régénérer suivant les symboles de Cagliostro, mais cette montagne est blanche de lumière comme le Thabor, ou rouge de feu et de sang comme le Sinaï et le Calvaire. Il y a deux synthèses chromatiques, dit le Sohar : la blanche, qui est celle de l'harmonie et de la vie morale; la rouge, qui est celle de la guerre et de la vie matérielle : la couleur du jour et celle du sang. Les Jacobins voulaient élever l'étendard du sang, et leur autel s'élevait déjà sur la montagne rouge. Cazotte s'était rangé sous l'étendard de la lumière, et son tabernacle mystique était posé sur la montagne blanche. La montagne sanglante triompha un moment, et Cazotte fut proscrit. Il avait une fille, une héroïque enfant, qui le sauva au massacre de l'Abbaye. Mademoiselle Cazotte n'avait pas de particule nobiliaire devant son nom, et ce fut ce qui la sauva de ce toast d'une horrible fraternité, par lequel s'immortalisa la piété filiale de mademoiselle de Sombreuil, cette noble fille qui, pour se disculper d'être une fille noble, dut boire la grâce de son père dans le verre sanglant des égorgeurs !

Cazotte avait prophétisé sa propre mort parce que sa conscience l'engageait à lutter jusqu'à la mort contre l'anarchie. Il continua donc d'obéir à sa conscience, fut arrêté de nouveau et parut devant le tribunal révolutionnaire ; il était condamné d'avance. Le président, après avoir prononcé son arrêt, lui fit une allocution étrange, pleine d'estime et de regret : il l'engageait à être jusqu'au bout digne de lui-même et à mourir en homme de cœur comme il avait vécu. La révolution, même au tribunal, était une guerre civile et les frères se saluaient avant de se donner la mort. C'est que des deux côtés il y avait des convictions sincères et par conséquent respectables. Celui qui meurt pour ce qu'il croit la vérité, est un héros, même lorsqu'il se trompe, et les anarchistes de la montagne sanglante ne furent pas seulement hardis pour envoyer les autres à l'échafaud, ils y montèrent eux-mêmes sans pâlir : que Dieu et la postérité soient leurs juges !

CHAPITRE IV.

RÉVOLUTION FRANÇAISE.

Sommaire. — Le tombeau de Jacques de Molai. — La vengeance des templiers. — Propagande contre le sacerdoce et la royauté. — Louis XVI au Temple. — Spoliation et profanation des églises. — Le pape prisonnier à Valence. — Accomplissement des prophéties de saint Méthodius.

Il y avait eu dans le monde un homme profondément indigné de se sentir lâche et vicieux, et qui s'en prenait de sa honte mal dévorée à la société tout entière. Cet homme était l'amant malheureux de la nature, et la nature, dans sa colère, l'avait armé d'éloquence comme d'un fléau. Il osa plaider contre la science la cause de l'ignorance, contre la civilisation celle de la barbarie, contre toutes les hauteurs sociales en un mot celle de toutes les bassesses. Le peuple par instinct lapida cet insensé, mais les grands l'accueillirent, les femmes le mirent à la mode, il obtint tant de succès que sa haine contre l'humanité s'en augmenta et qu'il finit par se tuer de colère et de dégoût. Après sa mort, le monde s'ébranla pour se retourner en réalisation des rêves de Jean-Jacques Rousseau, et les conspirateurs qui, depuis la mort de Jacques de Molai, avaient juré la ruine de l'édifice social, établirent rue Platrière, dans la maison même où Jean-Jacques avait demeuré, une loge inaugurée sous les auspices du fanatique de Genève. Cette loge devint le centre du mouvement révolutionnaire, et un prince du sang royal vint y jurer la perte des successeurs de Philippe le Bel, sur le tombeau de Jacques de Molai.

Ce fut la noblesse du xviiie siècle qui corrompit le

peuple ; les grands, à cette époque, étaient pris d'une furie d'égalité qui avait commencé avec les orgies de la régence ; on s'encanaillait alors par plaisir, et la cour s'amusait à parler le jargon des halles. Les registres de l'ordre des templiers attestent que le régent était grand maître de cette redoutable société secrète, et qu'il eut pour successeur le duc du Maine, les princes de Bourbon-Condé et de Bourbon-Conti, et le duc de Cossé-Brissac. Cagliostro avait rallié dans son rite égyptien les auxiliaires du second ordre : tout s'empressait d'obéir à cette impulsion secrète et irrésistible qui pousse vers leur destruction les civilisations en décadence. Les événements ne se firent pas attendre, ils vinrent tels que Cazotte les avait prévus, ils se précipitèrent poussés par une main invisible. Le malheureux Louis XVI était conseillé par ses plus mortels ennemis ; ils arrangèrent et firent échouer le malheureux projet d'évasion qui amena la catastrophe de Varennes, comme ils avaient fait l'orgie de Versailles, comme ils commandèrent le carnage du 10 août ; partout ils avaient compromis le roi, partout ils le sauvèrent de la fureur du peuple, pour exaspérer cette fureur et amener l'événement qu'ils préparaient depuis des siècles ; c'était un échafaud qu'il fallait à la vengeance des templiers !

Sous la pression de la guerre civile, l'assemblée nationale déclara le roi suspendu de ses pouvoirs, et lui assigna pour résidence le palais du Luxembourg, mais une autre assemblée plus secrète en avait décidé autrement. La résidence du roi déchu, ce devait être une prison, et cette prison ne pouvait être que l'ancien palais des templiers, resté debout avec son donjon et ses tourelles, pour attendre ce prisonnier royal promis à d'inexorables souvenirs.

Le roi était au Temple et l'élite du clergé français était en exil ou à l'Abbaye. Le canon tonnait sur le Pont-Neuf, et des écritaux menaçants proclamaient la patrie en danger. Alors des hommes inconnus organisèrent le massacre. Un personnage hideux, gigantesque, à longue barbe, était partout où il y avait des prêtres à égorger. Tiens, leur disait-il avec un ricannement sauvage, voilà pour les Albigeois et les Vaudois! tiens, voilà pour les templiers! voilà pour la Saint-Barthélemy! voilà pour les proscrits des Cévennes; et il frappait avec rage, et il frappait toujours avec le sabre, avec le couperet, avec la massue. Les armes se brisaient et se renouvellaient dans ses mains, il était rouge de sang, de la tête aux pieds, sa barbe en était toute collée, et il jurait avec des blasphèmes épouvantables qu'il ne la laverait qu'avec du sang.

Ce fut cet homme qui proposa un toast à la nation, à l'angélique mademoiselle de Sombreuil.

Un autre ange priait et pleurait dans la tour du Temple, en offrant à Dieu ses douleurs et celles de deux enfants, pour obtenir de lui le pardon de la royauté et de la France. Pour expier les folles joies des Pompadour et des Dubarry, il fallait toutes les souffrances et toutes les larmes de cette vierge-martyre, la sainte *madame Élisabeth*.

Le jacobinisme était déjà nommé avant qu'on n'eût choisi l'ancienne église des Jacobins pour y réunir les chefs de la conjuration ; ce nom vient de celui de Jacques, nom fatal et prédestiné aux révolutions. Les exterminateurs en France ont toujours été appelés les Jacques ; le philosophe dont la fatale célébrité prépara de nouvelles jacqueries et servit aux projets sanglants des conspirateurs joannites se nommait *Jean-Jacques*, et les moteurs occultes de la révolution française avaient juré le renversement du trône et de l'autel sur le tombeau de Jacques de Molai.

Après la mort de Louis XVI, au moment même où il venait d'expirer sous la hache de la révolution, l'homme à la longue barbe, ce juif errant du meurtre et de la vengeance, monta sur l'échafaud devant la foule épouvantée, il prit du sang royal plein ses deux mains et les secouant sur la tête du peuple, il cria d'une voix terrible : « Peuple français, je te baptise au nom de Jacques et de la liberté (1) ! »

La moitié de l'œuvre était faite, et c'était désormais contre le pape que l'armée du Temple devait diriger tous ses efforts.

La spoliation des églises, la profanation des choses sacrées, des processions dérisoires, l'inauguration du culte de la raison dans la métropole de Paris, furent le signal de cette guerre nouvelle. Le pape fut brûlé en effigie au Palais-Royal, et bientôt les armées de la république se disposèrent à marcher sur Rome.

Jacques de Molai et ses compagnons étaient peut-être des martyrs, mais leurs vengeurs ont déshonoré leur mémoire. La royauté se régénéra sur l'échafaud de Louis XVI, l'Église triompha dans la captivité de Pie VI,

---

(1) Prudhomme, dans son journal, rapporte autrement les paroles de cet homme. Nous tenons celles que nous donnons ici d'un vieillard qu les a entendues.

traîné prisonnier à Valence et mourant de fatigue et de douleurs, mais les indignes successeurs des anciens chevaliers du Temple périrent tous ensevelis dans leur funeste victoire.

Il y avait eu dans l'état ecclésiastique de grands abus et de grands scandales entraînés par le malheur des grandes richesses; les richesses disparurent et on vit revenir les grandes vertus. Ces désastres temporels et ce triomphe spirituel avaient été prédits dans l'*Apocalypse* de saint Méthodius, dont nous avons déjà parlé. Nous possédons de ce livre un exemplaire en lettres gothiques, imprimé en 1527, et orné des plus étonnantes figures : on y voit d'abord des prêtres indignes jetant les choses saintes aux pourceaux, puis le peuple révolté assassinant les prêtres et leur brisant les vases sacrés sur la tête ; on y voit d'abord le pape prisonnier des hommes de guerre, puis un chevalier couronné qui d'une main relève l'étendard de la France et étend de l'autre son épée sur l'Italie; on y voit deux aigles et un coq qui porte une couronne sur la tête et une double fleur de lys sur la poitrine ; on y voit le second aigle qui fait alliance avec les griffons et les licornes pour chasser le vautour de son aire, et bien d'autres choses étonnantes. Ce livre singulier n'est comparable qu'à une édition illustrée des prophéties de l'abbé Joachim (de Calabre), où l'on voit les portraits de tous les papes à venir avec les signes allégoriques de leur règne jusqu'à la venue de l'Antechrist. Chroniques étranges de l'avenir raconté comme le passé et qui feraient croire à une succession de mondes où les événements se renouvellent, en sorte que la prévision des choses futures ne serait que l'évocation des reflets perdus du passé !

CHAPITRE V.

PHÉNOMÈNES DE MÉDIOMANIE.

Sommaire. — Secte obscure de joannites mystiques. — Catherine Théot et Robespierre. — Prédiction réalisée. — Visions et prétendus miracles des sauveurs de Louis XVII.

En 1772, un habitant de Saint-Mandé nommé *Loiseaut*, étant à l'église, crut voir à genoux près de lui un fort singulier personnage : c'était un homme tout basané et qui portait pour tout vêtement un caleçon de laine grossière. Cet homme avait la barbe longue, les cheveux crépus et autour du cou une cicatrice vermeille et circulaire, il portait un livre sur lequel était tracée en lettres d'or cette inscription : *Ecce Agnus Dei*.

Loiseaut s'étonna fort en voyant que cette étrange figure n'était remarquée de personne, il acheva sa prière et revint chez lui ; là il trouva le même personnage qui l'attendait, il s'avança pour lui parler et lui demanda qui il était et ce qu'il voulait, mais le visiteur fantastique avait tout à coup disparu. Loiseaut se mit au lit avec la fièvre et ne put s'endormir ; la nuit il vit tout à coup sa chambre éclairée par une lueur rougeâtre, il crut à un incendie et se leva brusquement sur son séant, alors au milieu de la chambre, sur sa table, il vit un plat doré et dans ce plat toute baignée de sang la tête de son visiteur de la veille. Cette tête était entourée d'une auréole rouge, elle roulait les yeux d'une manière terrible, et ouvrant la bouche comme pour crier, elle dit d'une voix étranglée et sifflante : *J'attends les têtes des rois et celles des courtisannes des rois, j'attends Hérode et Hérodiade;* puis l'auréole s'éteignit et le malade ne vit plus rien.

Quelques jours après il fut guéri et put retourner à ses affaires. Comme il traversait la place Louis XV, il fut abordé par un pauvre qui lui demanda l'aumône. Loiseaut sans le regarder tira une pièce de monnaie et la jeta dans le chapeau de l'inconnu : *Merci,* lui dit cet homme, *c'est une tête de roi, mais ici,* ajoute-t-il en étendant la main et en montrant le milieu de la place, *ici il en tombera une autre, et c'est celle-là que j'attends.* Loiseaut alors regarda le pauvre avec surprise et jeta un cri en reconnaissant l'étrange figure de sa vision. — « Tais-toi, lui dit le mendiant, on te prendrait pour un fou, car personne ici ne peut me voir excepté toi. Tu m'as reconnu, je le vois, je suis en effet saint Jean-Baptiste le précurseur, et je viens t'annoncer le châtiment des successeurs d'Hérode et des héritiers de Caïphe, tu peux répéter tout ce que je te dirai. »

Depuis cette époque, Loiseaut croyait voir presque tous les jours saint Jean-Baptiste près de lui. La vision lui parlait longuement des malheurs qui allaient tomber sur la France et sur l'Église.

Loiseaut raconta sa vision à quelques personnes qui en furent frappées et qui devinrent visionnaires comme lui. Ils formèrent ensemble une société mystique qui se réunissait en grand secret; les membres de cette association se plaçaient en cercle en se tenant la main et attendaient les communications en silence; ils attendaient souvent plusieurs heures, puis la figure de saint Jean apparaissait au milieu d'eux; ils tombaient tous ensemble ou successivement dans le sommeil magnétique et voyaient se dérouler sous leurs yeux les scènes futures de la révolution et de la restauration future.

Le directeur spirituel de cette secte ou de ce cercle était un religieux nommé *dom Gerle*, il en devint le chef à la mort de Loiseaut arrivée en 1788, puis à l'époque de la révolution, ayant été gagné par l'enthousiasme républicain, il fut rejeté par les autres sectaires qui suivirent en cela les inspirations de leur principale somnambule qu'ils nommaient la sœur *Françoise André*.

Dom Gerle avait aussi sa somnambule et il vint exercer dans une mansarde de Paris le métier alors nouveau de magnétiseur; la voyante était une vieille femme presque aveugle nommée *Catherine Théot*, elle fit des prédictions qui se réalisèrent, elle guérit plusieurs malades, et comme les prophéties avaient toujours quelque chose de politique, la police du Comité de salut public ne tarda pas à s'en préoccuper.

Un soir, Catherine Théot entourée de ses adeptes était en extase : « Écoutez, disait-elle, j'entends le bruit de ses pas, c'est l'élu mystérieux de la Providence, c'est l'ange de la révolution ; c'est celui qui en sera le sauveur et la victime, c'est le roi des ruines et de la régénération, le voyez-vous ? Il approche : lui aussi, il a le front ceint de l'auréole sanglante du précurseur ; c'est lui qui portera tous les crimes de ceux qui vont le faire mourir. Oh! que tes destinées sont grandes, toi qui vas fermer l'abîme en y tombant! Le voyez-vous paré comme pour une fête, il tient à la main des fleurs.... ce sont les couronnes de son martyre... » Puis s'attendrissant et fondant en larmes : « Qu'elles ont été cruelles tes épreuves, ô mon fils, s'écria-t-elle, et combien d'ingrats maudiront ta mémoire à travers les âges ! Levez-vous ! levez-vous ! et inclinez-vous, le voici ! c'est le roi.... c'est le roi des sanglants sacrifices.

A ce moment la porte s'ouvrit sans bruit, et un homme, le chapeau rabattu sur les yeux et enveloppé d'un manteau, entra dans la chambre ; l'assemblée se leva, Catherine Théot étendit vers le nouveau venu ses mains tremblantes : « Je savais que tu devais venir, dit-elle, et je t'attendais ; celui que tu ne vois pas et que je vois à ma droite t'a montré à moi aujourd'hui, lorsqu'un rapport t'a été remis contre nous : on nous accusait de conspirer pour le roi, et en effet j'ai parlé d'un roi, d'un roi dont le précurseur me montre en ce moment la couronne teinte de sang, et sais-tu sur quelle tête elle est suspendue ? Sur la tienne, Maximilien ! »

A ce nom l'inconnu tressaillit comme si un fer rouge l'eût mordu à la poitrine, il jeta autour de lui un regard rapide et inquiet, puis reprenant une contenance impassible :

— Que voulez-vous dire ? murmura-t-il, d'une voix brève et saccadée, je ne vous comprends pas.

— Je veux dire, reprit Catherine Théot, qu'il fera un beau soleil ce jour-là et qu'un homme vêtu de bleu et tenant en main un sceptre de fleurs, sera un instant le roi et le sauveur du monde ; je veux dire que tu seras grand comme Moïse et comme Orphée, lorsque, mettant le pied sur la tête du monstre prêt à te dévorer, tu diras aux bourreaux et aux victimes qu'il existe un Dieu. Cesse de te cacher, *Robespierre*, et montre-nous sans pâlir cette tête courageuse que Dieu va jeter dans le plateau vide de sa balance. La tête de Louis XVI est lourde, et la tienne seule en peut équilibrer le poids.

— Est-ce une menace, dit froidement Robespierre en laissant tomber son manteau, et croit-on par cette jonglerie étonner mon patriotisme et influencer ma conscience ? Prétendez-vous, par des menaces fanatiques et des radotages de vieilles femmes, surprendre mes résolutions, comme vous avez épié mes démarches? Vous m'attendiez, à ce qu'il me paraît, et malheur à vous de m'avoir attendu ! car, puisque vous forcez le curieux, le visiteur inconnu, l'observateur à être Maximilien Robespierre, représentant du peuple, comme représentant du peuple, je vous dénonce au Comité de salut public et je ferai procéder à votre arrestation.

Ayant dit ces mots, Robespierre rejeta son manteau autour de sa tête poudrée, et marcha avec roideur vers la porte, personne n'osa ni le retenir, ni lui adresser la parole. Catherine Théot joignait les mains et disait : Respectez ses volontés, il est roi et pontife de l'ère nouvelle; s'il nous frappe, c'est que Dieu veut nous frapper : tendons la gorge au couteau de la Providence.

Les initiés de Catherine Théot attendirent toute la nuit qu'on vînt les arrêter, personne ne parut; ils se séparèrent pendant la journée suivante ; deux autres jours et deux autres nuits se passèrent pendant lesquels les membres de la secte ne cherchèrent pas à se cacher. Le cinquième jour, Catherine Théot et ceux qu'on appelait ses complices, furent dénoncés aux Jacobins par un ennemi secret de Robespierre, qui insinua adroitement aux auditeurs des doutes contre le tribun. On parlait de dictature, le nom de roi avait même était prononcé. Robespierre le savait et comment le tolérait-il ? Robespierre haussa les épaules, mais le lendemain, Catherine Théot, dom Gerle et quelques autres furent arrêtés et envoyés dans ces prisons qui ne s'ouvraient plus, une fois qu'on y était entré, que pour fournir la tâche quotidienne du bourreau.

L'histoire de l'entrevue de Robespierre avec Catherine Théot transpira au dehors on ne sait comment. Déjà la contre-police des futurs thermidoriens épiait le dictateur présumé et on l'accusait de mysticisme, parce qu'il croyait en Dieu. Robespierre n'était pourtant ni l'ami, ni l'ennemi de la secte des nouveaux joannites ; il était venu chez Catherine pour observer des phénomènes ; mécontent d'avoir été reconnu, il sortit en proférant des menaces qu'il ne réalisa pas, et ceux qui transformèrent en conspiration les conventicules du vieux moine et de la vieille béate avaient espéré faire sortir de ce procès un doute ou du moins un ridicule qui s'attacherait à la réputation de l'incorruptible Maximilien.

La prophétie de Catherine Théot eut son accomplissement par l'inauguration du culte de l'Être suprême et la réaction rapide de thermidor.

Pendant ce temps, la secte qui s'était ralliée à la sœur André, dont un sieur Ducy écrivait les révélations, continuait ses visions et ses miracles. Leur idée fixe était la conservation de la légitimité par le règne futur de Louis XVII : plusieurs fois ils sauvèrent en rêve le pauvre petit orphelin du Temple, et crurent réellement l'avoir sauvé ; d'anciennes prophéties promettaient le trône des lys à un jeune homme autrefois captif. Sainte Brigitte, sainte Hildegarde, Bernard Tollard, Lichtemberger, annonçaient tous une restauration miraculeuse après de grands désastres. Les néo-joannites furent les interprètes et les continuateurs de ces prédictions, jamais les Louis XVII ne leur manquèrent, et ils en eurent successivement sept ou huit, tous parfaitement authentiques et non moins parfaitement conservés ; c'est aux influences de cette secte que nous avons dû depuis les révélations du paysan Martin (de Gallardon) et les prodiges de Vintras.

Dans ce cercle magnétique comme dans les assemblées de quakers ou des trembleurs de la Grande-Bretagne, l'enthousiasme était contagieux et se transmettait de frère en frère. Après la mort de la sœur André, la seconde vue et la faculté de prophétiser furent le partage d'un nommé Legros, qui était à Charenton lorsque Martin y fut mis provisoirement. Il reconnut un frère dans le paysan bauceron, qu'il n'avait jamais vu. Tous ces sectaires, à force de vouloir Louis XVII, le créaient en quelque sorte, c'est-à-dire qu'ils évoquaient de telles hallucinations; que des médiums se faisaient à l'image et à la ressemblance du type magnétique, et se croyant réellement l'enfant royal échappé du Temple, ils attiraient à eux tous les reflets de cette douce et frêle victime, et se souvenaient de circonstances connues seulement de la famille de Louis XVI. Ce phénomène, quelque incroyable qu'il paraisse, n'est ni impossible, ni inouï. Paracelse assure que si, par un effort extraordinaire de volonté, on pouvait se figurer qu'on est une personne autre que soi-même, on saurait aussitôt la plus secrète pensée de cette autre personne et on attirerait à soi ses plus intimes souvenirs. Souvent après un entretien qui nous a mis en rapport d'imagination avec notre interlocuteur, nous rêvons en dormant des réminiscences inédites de sa vie. Parmi les faux Louis XVII, il faut donc en reconnaître quelques-uns qui n'étaient pas des imposteurs, mais des hallucinés, et parmi ces derniers, il faut distinguer un Génevois, nommé Naündorff, visionnaire comme Swedenborg, et d'une conviction si contagieuse que d'anciens serviteurs de la famille royale l'ont reconnu et se sont jetés à ses pieds en pleurant : il portait sur lui les signes particuliers et les cicatrices de Louis XVII; il racontait son enfance avec une vérité saisissante, entrait dans ces détails insignifiants, qui sont décisifs pour les souvenirs intimes. Ses traits mêmes étaient ceux qu'aurait eus l'orphelin de Louis XVI, s'il avait vécu. Une seule chose enfin lui manquait pour être vraiment Louis XVII, c'était de n'être pas Naündorff.

La puissance contagieuse du magnétisme de cet halluciné était telle, que sa mort ne détrompa aucun des croyants à son règne futur. Nous en avons vu un des plus convaincus, auquel nous objections timidement, lorsqu'il parlait de la Restauration prochaine de ce qu'il appelait la *vraie légitimité*, que son Louis XVII était mort. — Est-il donc plus difficile à Dieu de le ressusciter qu'il n'a été à nos pères de le sauver du Temple ! nous répondit-il avec un sourire si triomphant qu'il était presque dédaigneux. A cela nous n'avions rien à répliquer, et force nous fut de nous incliner devant une pareille conviction.

CHAPITRE VI.

LES ILLUMINÉS D'ALLEMAGNE.

SOMMAIRE. — Lavater et Gablidone. — Stabs et Napoléon. — Carl Sand et Kotzebue. — Les Mopses. — Le drame magique de Faust.

L'Allemagne est la terre natale du mysticisme métaphysique et des fantômes; fantôme elle-même de l'ancien empire romain, elle semble toujours évoquer la grande ombre d'Hermann, en lui consacrant le simulacre des aigles captives de Varus. Le patriotisme des jeunes Allemands est toujours celui des anciens Germains : ils ne rêvent pas l'invasion des contrées riantes de l'Italie, ils ne l'acceptent tout au plus que comme une revanche, mais ils mourraient mille fois pour la défense de leurs foyers : ils aiment leurs vieux châteaux et leurs vieilles légendes des bords du Rhin ; ils lisent patiemment les traités les plus obscurs de leur philosophie, et voient dans les brumes de leur ciel et dans la fumée de leur pipe mille choses indicibles qui les initient aux merveilles de l'autre monde.

Bien avant qu'on ne parlât en Amérique et en France de *mediums* et d'évocations, il y avait en Prusse des illuminés et des voyants qui tenaient des conférences réglées avec les morts. Un grand seigneur avait fait bâtir à Berlin une maison destinée aux évocations : le roi Frédéric-Guillaume était fort curieux de tous ces mystères et s'enfermait souvent dans cette maison avec un adepte nommé *Steinert ;* les impressions qu'il y recevait produisaient en lui des sensations si vives, qu'il tombait en défaillance et ne revenait à lui que lorsqu'on lui donnait quelques gouttes d'un élixir magique analogue, à celui de Cagliostro. On trouve dans une correspondance secrète sur les premiers temps du règne de ce prince, citée par le marquis de Luchet dans sa *Diatribe contre les illuminés*, une description de la chambre obscure où se faisaient les évocations : elle était carrée, séparée en deux par un voile transparent devant lequel était placé le fourneau magique ou l'autel des parfums ; derrière le voile était un piédestal sur lequel se montrait l'esprit. Eckartshausen, dans son livre allemand sur la magie, décrit tout l'appareil de cette fantasmagorie. C'est un système de machine et de procédés pour aider l'imagination à se créer les fantômes qu'elle désire, et pour jeter les consultants dans une sorte de somnambulisme éveillé, assez semblable à la surexcitation nerveuse produite par l'opium ou le hatchich. Ceux qui se contenteront des explications données par l'auteur que nous venons de citer ne verront dans les apparitions que des effets de lanterne magique ; il y a autre chose certainement, et la lanterne magique n'est dans cette affaire qu'un instrument utile, mais non absolument nécessaire à la production du phénomène. On ne fait pas sortir des reflets d'un verre de couleur des visages autrefois connus et qu'on évoque par la pensée ; on ne fait pas parler les images peintes d'une lanterne, et elles ne viennent pas répondre aux questions de la conscience. Le roi de Prusse, à qui appartenait la maison, savait à merveille comment elle était machinée, et n'était pas dupe d'une jonglerie, comme le prétend l'auteur de la correspondance secrète. Les moyens naturels préparaient et n'accomplissaient pas le prodige ; il se passait là réellement des choses à étonner le plus sceptique et à troubler le plus hardi. *Schroepffer*, d'ailleurs, n'employait ni la lanterne magique ni le voile, mais il faisait boire à ses visiteurs un punch préparé par lui: les figures qu'il faisait apparaître étaient comme celles du médium américain *Home*, à demi corporelles, et produisaient une sensation étrange à ceux qui essayaient de les toucher. C'était quelque chose d'analogue à une commotion électrique qui faisait frissonner l'épiderme, et l'on n'éprouvait rien si, avant de toucher à la vision, on avait eu soin de se mouiller les mains. Schroepffer était de bonne foi, comme l'est aussi l'américain Home; il croyait à la réalité des esprits qu'il évoquait et se tua lorsqu'il vint à en douter.

Lavater, qui mourut aussi de mort violente, était entièrement adonné à l'évocation des esprits, il en avait deux à ses ordres; il faisait partie d'un cercle où l'on se mettait en extase au moyen de l'harmonica, on faisait alors la chaîne, et une espèce d'idiot servait d'interprète à l'esprit en écrivant sous son impulsion. Cet esprit se donnait pour un kabbaliste juif mort avant la naissance de Jésus-Christ et fit écrire au médium des choses tout à fait dignes des somnambules de *Cahagnet* (1), comme, par exemple, cette révélation sur les peines de l'autre vie où l'esprit assure que l'âme de l'empereur François est condamnée dans l'autre monde à faire le

---

(1) M. Cahagnet est auteur des ouvrages suivants: *Arcanes de la vie future*, 1848-1854, 3 vol. gr. in-12; *Lumière des morts*, 1851, 1 vol. in-12; *Magie magnétique*, 2ᵉ édition, 1858, 1 vol. in-12; *Sanctuaire du spiritualisme*, 1850, 1 vol. in-12; *Révélations d'outre-tombe*, 1856, 1 vol. in-12, etc.

compte et l'état exact de toutes les coquilles d'escargots qui peuvent exister ou avoir existé dans tout l'univers. Il révéla aussi que les vrais noms des trois mages n'étaient point, comme le disait la tradition des légendaires, *Gaspar*, *Melchior* et *Balthasar*, mais bien *Vrasapharmion*, *Melchisedech* et *Baleathrasaron*; on croit lire des noms écrits par nos modernes *tables tournantes*. L'esprit déclara en outre qu'il était lui même en pénitence pour avoir levé le glaive magique contre son père, et qu'il était disposé à faire cadeau à ses amis de son portrait. Sur sa demande, on plaça derrière un écran, du papier, des couleurs toutes préparées et des pinceaux; on vit alors se dessiner sur l'écran la silhouette d'une petite main, et on entendit un petit frottement sur le papier; quand le bruit cessa, tout le monde accourut, et l'on trouva un portrait grossièrement peint, représentant un vieux rabbin vêtu de noir avec une fraise blanche tombant sur les épaules et une calotte noire sur le sommet de la tête, costume un peu hétéroclite pour un personnage antérieur à Jésus-Christ; la peinture, d'ailleurs, était tachée et incorrecte, et ressemblait beaucoup à l'œuvre de quelque enfant qui se serait amusé à faire un coloriage les yeux fermés.

Les instructions écrites par la main du médium sous l'impulsion de Gablidone sont d'une obscurité qui l'emporte sur celle de tous les métaphysiciens allemands.

— Il ne faut pas donner, dit-il, le nom de majesté à la légère; majesté vient de mage, parce que les mages, étant pontifes et rois, étaient les majestés premières. Pécher mortellement, c'est offenser Dieu dans sa majesté, c'est-à-dire le blesser comme père en jetant la mort dans les sources de la vie. La source du Père est lumière et vie, la source du Fils est sang et eau, la lumière du Saint-Esprit est feu et or. On pèche contre le Père par le mensonge, contre le Fils par la haine, et contre le Saint-Esprit par la débauche qui est œuvre de mort et de destruction. Le bon Lavater recevait ces communications comme des oracles, et lorsqu'il demandait à l'esprit quelques éclaircissements nouveaux : « Le grand initiateur viendra, répondait Gablidone, il naîtra avec le siècle prochain : alors la religion des patriarches sera connue sur notre globe. Il expliquera au monde le trigramme d'Agion, Hélion, Tetragrammaton et le Seigneur dont le corps est ceint d'un triangle apparaîtra sur la quatrième marche de l'autel ; l'angle suprême sera rouge et la devise mytérieuse du triangle sera : *Venite ad patres osphal*. — Que veut dire le mot osphal ? demanda un des assistants à l'esprit. Le médium écrivit ces trois mots : *Alphos, M : Aphon, Eliphismatis*, sans donner d'autres explications ; quelques interprètes en conclurent que le mage promis au xixᵉ siècle se nommerait *Maphon* fils d'Éliphisma : c'était une explication peut-être un peu risquée.

Rien n'est plus dangereux que le mysticisme, parce qu'il produit la folie qui déjoue toutes les combinaisons de la sagesse humaine. Ce sont toujours des fous qui bouleversent le monde, et ce que les grands politiques ne prévoient jamais, ce sont les coups de tête et les coups de main des insensés. L'architecte du temple de Diane à Éphèse, en se promettant une gloire éternelle, avait compté sans Érostrate.

Les girondins n'avaient pas prévu *Marat*. Que fallait-il pour changer l'équilibre du monde? dit Pascal à propos de Cromwell : un grain de sable formé par hasard dans les entrailles d'un homme. Que de grandes choses s'accomplissent par des causes qui ne sont rien ! Quand le temple de la civilisation s'écroule, c'est toujours un aveugle comme Samson, qui en a secoué les colonnes. Un misérable de la lie du peuple a des insomnies et se croit appelé à délivrer le monde de l'Antechrist. Cet homme poignarde Henri IV, et apprend à la France consternée le nom de *Ravaillac*. Les thaumaturges allemands voient dans *Napoléon* l'Apollyon de l'*Apocalypse*, et il se trouve un enfant, un jeune homme illuminé, nommé *Stabs*, pour tuer cet Atlas militaire qui, en ce moment, portait sur ses épaules le monde arraché au chaos de l'anarchie ; mais cette influence magnétique que l'empereur appelait son *étoile*, était plus puissante alors que le mouvement fanatique des cercles allemands : Stabs ne put ou n'osa frapper. Napoléon voulut l'interroger lui-même, et admira sa résolution et son audace ; toutefois, comme il se connaissait en grandeur, il ne voulut pas amoindrir le nouveau Scevola en lui faisant grâce, il l'estima assez pour le prendre au sérieux et pour le laisser fusiller.

Carl Sand qui tua *Kotzebue*, était aussi un malheureux enfant perdu de mysticisme, égaré par les sociétés secrètes où l'on jurait la vengeance sur des poignards. Kotzebue méritait peut-être des soufflets, le couteau de Sand le réhabilita et en fit un martyr : il est beau, en effet, de mourir l'ennemi et la victime de ceux qui se vengent par le guet-apens et par l'assassinat ! Les sociétés secrètes de l'Allemagne avaient des cérémonies et des rites qui se rapportaient plus ou moins à ceux de l'ancienne magie ; dans la société des mopses, par exemple, on renouvelait avec des formes adoucies et presque plaisantes la célébration des mystères du sabbat et de la réception secrète des templiers. Le bouc baphométique était remplacé par un chien, c'était Hermanubis au lieu de Pau ; la science à la place de la nature, substitution équivalente, puisqu'on ne connaît la nature que par la science. Les deux sexes étaient admis chez les mopses comme au sabbat ; la réception était accompagnée d'aboiements et de grimaces, et, comme chez les templiers, on proposait au récipiendaire de baiser à son choix le derrière du diable, celui du grand maître ou celui du mopse ; le mopse était, comme nous venons de le dire, une petite figure de carton recouverte de soie, représentant un chien, nommé *mops* en allemand. On devait en effet, avant d'être reçu, baiser le derrière du mopse, comme on baisait celui du bouc Mendès, dans les initiations du sabbat. Les mopses ne s'engageaient pas les uns aux autres par des serments, ils donnaient simplement leur parole d'honneur, ce qui est le serment le plus sacré des honnêtes gens; leurs réunions se passaient comme celles du sabbat, en danses et en festins, seulement, les dames restaient vêtues, ne pendaient pas de chats vivants à leurs ceintures et ne mangeaient pas de petits enfants : c'était un sabbat civilisé.

Le sabbat eut en Allemagne son grand poëte et la magie son épopée : cette épopée, c'est le drame gigantesque de Faust, cette Babel achevée du génie humain. *Goethe* était initié à tous les mystères de la magie philosophique, il avait même pratiqué dans sa jeunesse la magie cérémonielle, et le résultat de ces tentatives audacieuses avait été pour lui d'abord un profond dégoût de la vie et une violente envie de mourir. Il accomplit en effet son suicide, non pas dans un acte, mais dans un livre: il fit le roman de *Verther*, ce fatal ouvrage qui prêche la mort et qui a fait tant de prosélytes; puis, victorieux enfin du découragement et du dégoût, arrivé aux régions sereines de la vérité et de la paix, il écrivit *Faust*. Faust est le magnifique commentaire d'une des plus belles pages de l'Évangile, la parabole de l'enfant prodigue. C'est l'initiation au péché par la science insoumise, à la douleur par le péché; à l'expiation et à la science harmonieuse par la douleur. Le génie humain, représenté par Faust, prend pour valet l'esprit du mal, qui aspire à devenir son maître, il épuise vite tout ce que l'imagination met de joie dans les amours illégitimes, il traverse les orgies de la folie, puis, attiré par le charme de la souveraine beauté, il se relève du fond de ses désanchantements pour monter sur les hauteurs de l'abstraction et de l'idéal impérissable, là, Méphistophélès n'est plus à l'aise, le rieur implacable devient triste, Voltaire fait place à Chateaubriand; à mesure que la lumière se fait, l'ange des ténèbres se tord sur lui-même et se tourmente, les anges l'enchaînent, il les admire malgré lui, il aime, il pleure, il est vaincu.

Dans la première partie du drame, nous avions vu Faust séparé violemment de Marguerite, et des voix du ciel avaient crié : Elle est sauvée, pendant qu'on la menait au supplice ; mais Faust peut-il être perdu, puisqu'il est toujours aimé de Marguerite, son cœur n'est-il pas déjà fiancé au ciel ! Le grand œuvre de la rédemption par la solidarité s'accomplit. La victime serait-elle jamais consolée de ses tortures, si elle ne convertissait son bourreau ? Le pardon n'est-il pas la vengeance des enfants du ciel ? L'amour qui était arrivé au ciel le premier, attire à lui la science par sympathie ; le christianisme se révèle dans son admirable synthèse. La nouvelle Ève a lavé avec le sang d'Abel la tache du front de Caïn, et elle pleure de joie sur ses deux enfants qui se tiennent embrassés.

L'enfer, désormais inutile, est fermé pour cause d'agrandissement du ciel. Le problème du mal a reçu sa dernière solution et le bien seul nécessaire et triomphant va régner dans l'éternité.

Tel est le beau rêve du plus grand de tous les poëtes, mais malheureusement ici le philosophe oublie toutes les lois de l'équilibre, il veut absorber la lumière dans une splendeur sans ombre et le mouvement dans un repos absolu qui serait la cessation de la vie. Tant qu'il y aura une lumière visible, il y aura une ombre proportionnelle à cette lumière. Le repos ne sera jamais le bonheur, s'il n'est équilibré par un mouvement analogue et contraire ; tant qu'il y aura une bénédiction libre, le blasphème sera possible ; tant qu'il y aura un ciel, il y aura un enfer. C'est la loi immuable de la nature, c'est la volonté éternelle de la justice qui est Dieu !

CHAPITRE VII.

EMPIRE ET RESTAURATION.

Sommaire. — Le côté merveilleux du règne de Napoléon. — Prédictions qui l'avaient annoncé. — Prophéties du *Liber mirabilis*, de Nostradamus et d'Olivarius. — Rôle joué sous l'empire par mademoiselle Le Normand. — La sainte-alliance et l'empereur Alexandre. — Madame Bouche et madame de Krudener. — Les visions de Martin (de Gallardon).

Napoléon remplissait le monde de merveilles et il était lui-même la plus grande merveille du monde; sa femme, l'*impératrice Joséphine*, curieuse et crédule comme une créole, passait d'enchantements en enchantements. Cette gloire lui avait été prédite, assure-t-on, par une vieille bohémienne, et le peuple des campagnes croit encore que Joséphine était, elle-même, le bon génie de l'empereur; c'était en effet une douce et modeste conseillère, qui l'eût écarté de bien des écueils, s'il eût toujours écouté sa voix, mais la fatalité ou plutôt la Providence le poussait en avant, et ce qu'il avait à devenir était écrit.

Dans une prophétie attribuée à saint Césaire, mais qui est signée Jean de Vatiguerro, et qui se trouve dans le *Liber mirabilis*, recueil de prédictions imprimé en 1524, on lit ces paroles étonnantes :

« Les églises seront souillées et profanées, le culte public cessera...

« L'aigle volera par le monde et se soumettra plusieurs nations...

« Le prince le plus grand et le plus auguste souverain de tout l'Occident, sera mis en fuite après une défaite surnaturelle...

« Le très noble prince sera mis en captivité par ses ennemis et s'affligera en pensant à ceux qui étaient attachés à lui...

« Avant que la paix se rétablisse en France, les mêmes événements recommenceront et se produiront plusieurs fois...

« L'aigle sera couronné de trois diadèmes, et il rentrera victorieux dans son aire d'où il ne sortira plus que pour s'élever vers le ciel... »

Nostradamus, après avoir prédit la spoliation des églises et le meurtre des prêtres, annonce qu'un empereur naîtra près de l'Italie, que sa souveraineté coûtera bien du sang à la France, et que les siens le trahiront et l'accuseront du sang versé.

> Un empereur naîtra près d'Italie,
> Qui, à l'empire, sera vendu bien cher ;
> Mais il doit voir à quels gens il s'allie,
> Qui le diront moins prince que boucher.
>
> De soldat simple parviendra à l'empire,
> De robe courte parviendra à la longue ;
> Vaillant aux armes, en l'Église au plus pire,
> Traiter les prêtres comme l'eau fait l'éponge.

C'est-à-dire qu'au moment des plus grandes calamités de l'Église, il comblera les prêtres de biens.

Dans un *Recueil de prophéties*, publié en 1820, dont nous possédons un exemplaire, on trouve, après une prédiction qui concerne Napoléon I*er*, cette phrase :

« Et fera le neveu ce que l'oncle n'avait pu faire. »

La célèbre mademoiselle *Lenormand* avait dans sa bibliothèque un volume cartonné, à dos de parchemin, contenant le *Traité d'Olivarius sur les prophéties*, suivi de dix pages manuscrites où le règne de Napoléon et sa chute étaient formellement annoncés. La devineresse communiqua ce livre à l'impératrice Joséphine. Puisque nous venons de nommer mademoiselle Lenormand, il faut dire quelques mots de cette singulière femme : c'était une grosse demoiselle fort laide, emphatique dans ses discours, amphigourique dans son style, mais somnambule éveillée et d'une lucidité toute particulière ; elle fut sous le premier empire et sous la restauration la devineresse à la mode. Rien n'est plus fastidieux que la lecture de ses ouvrages, mais elle tirait les cartes avec le plus grand succès.

La cartomancie retrouvée en France par Éteilla n'est autre chose que la consultation du sort au moyen de signes convenus d'avance ; ces signes combinés avec les nombres, inspirent des oracles au médium qui se magnétise en les regardant. On tire ces signes au hasard après les avoir lentement mêlés, on les dispose par nombre kabbalistiques, et ils répondent toujours à la pensée de celui qui les interroge sérieusement et de bonne foi, car nous portons en nous tout un monde de pressentiments auxquels il ne faut qu'un prétexte pour nous apparaître. Les natures impressionnables et sensitives reçoivent de nous le choc magnétique qui leur communique l'empreinte de notre état nerveux. Le médium peut alors lire nos craintes et nos espérances dans les rides de l'eau, dans la configuration des nuages, dans les points jetés au hasard sur la terre, dans les dessins laissés sur une assiette par du marc de café, dans les chances d'un jeu de cartes ou d'un tarot. Le tarot surtout, ce livre kabbalistique et savant, dont toutes les combinaisons sont une révélation des harmonies préexistantes entre les signes, les lettres et les nombres, le tarot est alors d'un usage vraiment merveilleux. Mais nous ne pouvons impunément nous arracher ainsi à nous-mêmes les secrets de notre communication intime avec la lumière universelle. La consultation des cartes et des tarots est une véritable évocation qui ne peut se faire sans danger et sans crime. Dans les évocations, nous forçons notre corps astral à nous apparaître, dans la divination nous le contraignons à nous parler ; nous donnons ainsi un corps à nos chimères et nous faisons une réalité prochaine de cet avenir qui sera véritablement le nôtre, quand nous l'aurons évoqué par le Verbe et adopté par la foi. Contracter l'habitude de la divination et des consultations magnétiques, c'est faire un pacte avec le vertige : or, nous avons déjà établi que le vertige c'est l'enfer.

Mademoiselle Lenormand était folle d'infatuation de son art et d'elle-même ; le monde ne roulait pas sans elle, et elle se croyait nécessaire à l'équilibre européen. Lors du congrès d'Aix-la-Chapelle, la devineresse partit suivie de tout son mobilier, se fit des affaires à toutes les douanes, et tourmenta toutes les autorités pour qu'on fût en quelque sorte forcé de s'occuper d'elle : c'était la vraie mouche du coche, et quelle mouche ! A son retour, elle publia ses impressions et mit en tête de son livre une vignette où elle se représente entourée de toutes les puissances qui la consultent et qui tremblent devant elle.

Les grands événements qui venaient de s'accomplir dans le monde avaient tourné à cette époque les âmes vers le mysticisme, une réaction religieuse était commencée, et les souverains qui formèrent la sainte alliance sentaient le besoin de rattacher à la croix leurs sceptres unis en faisceaux. L'empereur *Alexandre*, surtout, croyait que l'heure était venue pour la sainte Russie de convertir le monde à l'orthodoxie universelle.

La secte des *sauveurs de Louis* XVII, secte intrigante et remuante, voulut profiter de cette disposition pour fonder un nouveau sacerdoce et parvint à introduire près de l'empereur de Russie une de ses illuminées. Cette nouvelle Catherine Théot, que les sectaires appelaient sœur Salomé, se nommait *madame Bouche;* elle passa dix-huit mois à la cour de l'empereur, ayant souvent avec lui des entretiens secrets; mais Alexandre avait plus d'imagination dévote que de véritable enthousiasme, il se plaisait au merveilleux, et prétendait qu'on l'amusât. Ses confidents mystiques lui présentèrent une prophétesse nouvelle qui lui fit oublier la sœur Salomé, c'était la fameuse madame de *Krudener*, cette aimable coquette de piété et de vertus, qui fit et ne fut pas Valérie. Son ambition était pourtant qu'on la crût l'héroïne de son livre, et comme une de ses intimes amies la pressait de lui en nommer le héros, elle désigna un homme éminent de ce temps-là. — Mais alors, dit l'amie, le dénoûment de votre livre n'est pas conforme à la vérité de l'anecdote, car ce monsieur n'est pas mort. — Oh! ma chère, s'écria madame de Krudener, je vous assure qu'il n'en vaut guère mieux. Cette réponse fit fortune. Madame de Krudener exerça sur l'esprit un peu faible d'Alexandre une influence assez grande pour alarmer ses conseillers, il s'enfermait souvent avec elle pour prier, mais elle se perdit par excès de zèle. Un jour, comme l'empereur allait la quitter, elle se jette au-devant de lui et le conjure de ne pas sortir. Dieu me révèle, dit-elle, que vous courez un grand danger : on en veut à votre vie; un assassin est caché dans le palais. L'empereur s'alarme, il sonne, il se fait entourer de gardes, on fait des perquisitions et 'on finit par trouver un pauvre diable muni d'un poignard. Cet homme, interrogé, se trouble et finit par avouer qu'il a été introduit par madame Krudener elle-même. Était-ce vrai, et cette dame avait-elle joué dans cette affaire le rôle de Latude près de madame Pompadour? Était-ce faux, et cet homme, aposté par les ennemis de l'empereur, avait-il pour mission secrète, si le meurtre ne réussissait pas, de perdre madame Krudener? De toutes façons, la pauvre prophétesse fut perdue. L'empereur, honteux d'avoir été pris pour dupe, la congédia sans l'entendre, et elle dut s'estimer heureuse encore d'en être quitte à si bon marché.

La petite église de Louis XVII ne se tint pas pour battue par la disgrâce de madame Bouche, et vit dans celle de madame de Krudener un véritable châtiment divin, ils continuèrent leurs prophéties, et firent au besoin des miracles. Sous le règne de Louis XVIII, ils mirent en avant un paysan de la Beauce, nommé *Martin*, qui soutenait avoir vu un ange. Cet ange, dont il décrivait le costume et la figure, avait toute l'apparence d'un laquais de bonne maison : il avait une redingote très longue et très serrée à la taille, d'une couleur jaunâtre ou blonde, il était pâle et mince et portait sur sa tête un chapeau probablement galonné et verni. Ce qu'il y a d'étrange, et ce qui prouve une fois de plus combien il y a de ressources dans la persistance et dans l'audace, c'est que cet homme se fit prendre au sérieux, et parvint à s'introduire auprès du roi. On assure qu'il l'étonna par des révélations de sa vie intime, révélations qui n'ont rien d'impossible ni même d'extraordinaire, maintenant que les phénomènes du magnétisme sont mieux constatés et mieux connus.

Louis XVIII, d'ailleurs, était assez sceptique pour être crédule. Le doute en présence de l'être et de ses harmonies, le scepticisme en face des mathématiques éternelles et des lois immuables de la vie qui rendent la divinité présente et visible partout, n'est-ce pas la plus sotte des superstitions et la plus inexcusable comme la plus dangereuse de toutes les crédulités ?

LIVRE VII.

LA MAGIE AU XIX° SIÈCLE.

7, Zaïn.

CHAPITRE PREMIER.

LES MAGNÉTISEURS MYSTIQUES ET LES MATÉRIALISTES.

SOMMAIRE. — Une évocation dans l'église de Notre-Dame. — Les faux prophètes et les faux dieux.

La négation du dogme fondamental de la religion catholique, si poétiquement formulée dans le poëme de Faust, avait porté ses fruits dans le monde. La morale privée de sa sanction éternelle devenait douteuse et chancelante. Un mystique matérialiste retourna le système de Swedenborg pour créer sur la terre le paradis des attractions proportionnelles aux destinées. Par les attractions, Fourier entendait les passions sensuelles, auxquelles il promettait une expansion intégrale et absolue. Dieu, qui est la suprême raison, marqua d'un sceau terrible ces doctrines réprouvées : les disciples de Fourier avaient commencé par l'absurdité, ils finirent par la folie.

Ils crurent sérieusement au changement prochain de l'Océan en un vaste bol de limonade, à la création future des antilions et des antiserpents, à la correspondance épistolaire des planètes les unes avec les autres. Nous ne

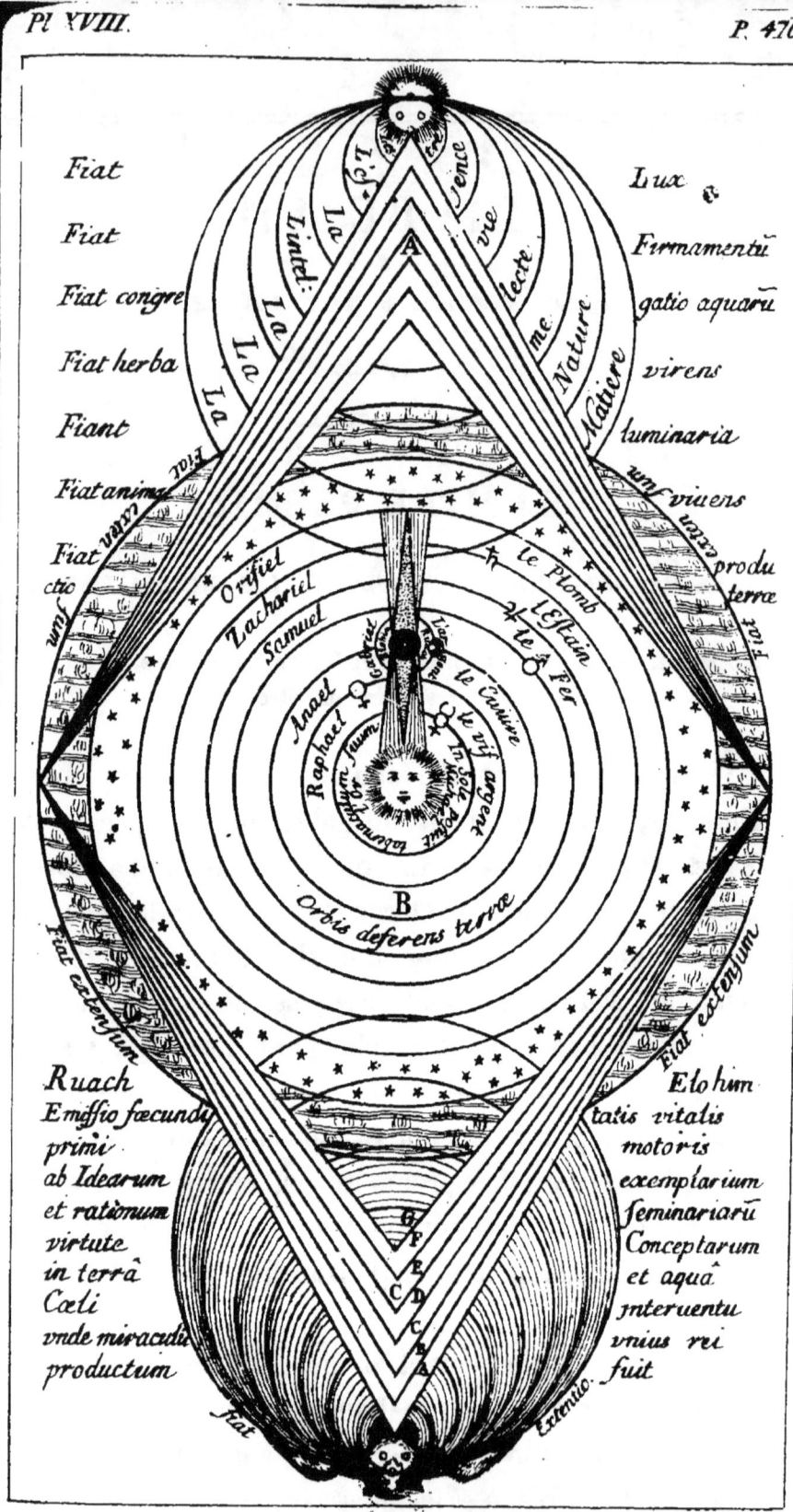

Plan général de la doctrine des Kabbalistes.

parlons pas de la fameuse queue de trente-deux pieds dont ils voulaient, dit-on, gratifier l'espèce humaine, parce qu'ils ont eu eux-mêmes la générosité de renoncer à cette queue et d'en considérer l'avénement, possible, suivant le maître, comme purement hypothétique.

C'est à de pareilles absurdités que devait conduire la négation de l'équilibre, et il y a au fond de toutes ces folies plus de logique qu'on ne pense. La même raison qui nécessite la douleur dans l'humanité, rend indispensable l'amertume des eaux de la mer; supposez bonne l'expansion intégrale des instincts, et vous ne pourrez plus admettre l'existence des animaux féroces; donnez à l'homme pour toute moralité l'aptitude à satisfaire ses appétits, il aura toujours quelque chose à envier aux orangs-outangs et aux singes. Nier l'enfer, c'est nier le ciel, puisque, suivant la plus haute interprétation du dogme unique d'Hermès, l'enfer est la raison équilibrante du ciel, parce que l'harmonie résulte de l'analogie des contraires. *Quod superius, sicut quod inferius*, la supériorité existe en raison de l'infériorité; c'est la profondeur qui détermine la hauteur, et si vous comblez les vallées vous ferez disparaître les montagnes; de même, si vous effacez les ombres, vous anéantirez la lumière qui n'est visible que par le contraste gradué de l'ombre et du jour, et vous produirez l'obscurité universelle par un immense éblouissement; les couleurs même n'existent dans la lumière que par la présence de l'ombre, c'est la triple alliance du jour et de la nuit, c'est l'image lumineuse du dogme, c'est la lumière faite ombre, comme le Sauveur est le Verbe fait homme, et tout cela repose sur la même loi, la loi première de la création, la loi unique et absolue de la nature, celle de la distinction et de la pondération harmonieuse des forces contraires dans l'équilibre universel.

Ce n'est pas le dogme de l'enfer, ce sont les interprétations téméraires de ce dogme qui ont révolté la conscience publique. Ces rêves barbares du moyen âge, ces supplices atroces et obscènes sculptés sur les portiques des églises, cette infâme chaudière où cuisent des chairs humaines à jamais vivantes pour souffrir et à la fumée de laquelle se réjouissent les élus, tout cela est absurde et impie, mais tout cela n'appartient pas au dogme sacré de l'Église. La cruauté attribuée à Dieu est le plus affreux des blasphèmes, et c'est pour cela même que le mal est à jamais sans remède, quand la volonté de l'homme se refuse à la bonté divine. Dieu n'inflige pas plus aux damnés les tortures de la réprobation, qu'il ne donne la mort à ceux qui se suicident.

« Travaille pour posséder, et tu seras heureux, dit à l'homme la justice suprême.

— Je veux posséder et jouir sans travailler !

— Alors tu voleras et tu souffriras.

— Je me révolterai !

— Alors tu te briseras et tu souffriras davantage.

— Je me révolterai toujours !

— Alors tu souffriras éternellement. »

Tel est l'arrêt de la raison absolue et de la souveraine justice; que peut répondre à cela l'orgueil de la folie humaine ?

La religion n'a pas de plus grands ennemis que le mysticisme téméraire qui prend les visions de sa fièvre pour des révélations divines. Ce ne sont pas les théologiens qui ont créé l'empire du diable, ce sont les faux dévôts et les sorciers.

Croire à une vision de notre cerveau plutôt qu'à l'autorité de la raison et de la piété publiques, tel est toujours le commencement de l'hérésie en religion, de la folie dans l'ordre de la philosophie humaine ; un fou ne serait jamais fou s'il croyait à la raison des autres.

Les visions ne manquent jamais à la piété révoltée, pas plus que les chimères à une raison qui s'excommunie et qui s'égare.

A ce point de vue, le magnétisme a certainement ses dangers : car l'état de crise amène aussi bien les hallucinations que les intuitions lucides.

Nous consacrerons dans ce livre un chapitre spécial aux magnétiseurs, les uns mystiques, les autres matérialistes, et nous les avertirons, au nom de la science, des dangers auxquels ils s'exposent.

Les consultations du sort, les expériences magnétiques et les évocations appartiennent à un seul et même ordre de phénomènes. Or, ce sont des phénomènes dont on ne saurait impunément abuser, il y va de la raison et de la vie.

Il y a trente ou quarante ans, un vicaire de chœur de l'église de Notre-Dame, homme fort pieux et fort estimable d'ailleurs, s'était épris du magnétisme, et se livrait à de fréquentes expériences, il consacrait plus de temps qu'il ne l'aurait peut-être dû, à la lecture des mystiques, et surtout du vertigineux Swedenborg; sa tête bientôt se fatigua, il fut travaillé d'insomnies, il se levait alors pour étudier, ou même lorsque l'étude n'arrivait pas à calmer les agitations de son cerveau, il prenait la clef de l'église et y entrait par la porte rouge, il pénétrait ensuite dans le chœur éclairé seulement par la faible lampe du maître-autel, gagnait sa stalle et y restait jusqu'au matin, abîmé dans des prières et des méditations profondes.

Une nuit, le sujet de sa méditation était la damnation éternelle, il songeait à la doctrine si menaçante du petit nombre des élus, et ne savait comment concilier cette rigoureuse exclusion du plus grand nombre avec la bonté infinie de ce Dieu qui veut que tous les hommes soient sauvés, dit l'Écriture sainte, et qu'ils arrivent à la connaissance de la vérité; il pensait à ce supplice du feu que le plus cruel tyran de la terre ne voudrait pas infliger, s'il le pouvait, pendant une journée seulement, à son plus cruel ennemi, et le doute entrait de tous côtés dans son cœur; puis il se mit à songer aux explications conciliantes de la théologie. L'Église ne définit pas le feu de l'enfer, il est éternel, suivant l'Évangile, mais il n'est écrit nulle part que le plus grand nombre des hommes doit le souffrir éternellement. Beaucoup de réprouvés pourront n'avoir à supporter que la peine du dam, c'est-à-dire, la privation de Dieu ; enfin l'Église défend absolument de supposer la damnation de personne. Les païens ont pu être sauvés par le baptême de désir, les pécheurs scandaleux par une contrition subite et parfaite, enfin il faut espérer pour tous et prier pour tous, excepté pour un seul, celui de qui le Sauveur a dit qu'il eût été plus avantageux pour cet homme-là de n'être point né.

Le vicaire s'arrêta à cette dernière pensée, et songea tout à coup qu'un seul homme portait ainsi officiellement le poids de la réprobation depuis des siècles; que

Judas Iscariote, car c'est de lui qu'il s'agit dans le passage de l'Écriture, après s'être repenti de son forfait jusqu'à en mourir, était devenu le bouc émissaire de l'humanité, l'Atlas de l'enfer, le Prométhée de la damnation, lui que le Sauveur prêt à mourir avait appelé son ami ! Ses yeux alors se remplirent de larmes, il lui sembla que la rédemption était sans effet, si elle n'avait pas sauvé Judas ; c'est pour celui-là et pour celui-là seul, répétait-il dans son exaltation, que j'aurais voulu mourir une seconde fois, si j'avais été le Sauveur ! mais Jésus-Christ n'est-il pas meilleur que moi mille fois ? Que doit-il donc faire maintenant dans le ciel, pendant que je pleure son malheureux apôtre sur la terre ?... Ce qu'il fait, ajouta le prêtre en s'exaltant de plus en plus, il me plaint et il me console ; je le sens, il dit à mon cœur que le paria de l'Évangile est sauvé, et qu'il sera, par la longue malédiction qui pèse encore sur sa mémoire, le rédempteur de tous les parias... — Mais s'il en est ainsi, c'est un nouvel Évangile qu'il faut annoncer au monde... celui de la miséricorde infinie, universelle, au nom de Judas régénéré... Mais je m'égare, je suis un hérétique, un impie !... Non cependant, puisque je suis de bonne foi !... Puis joignant les mains avec ferveur : « Mon Dieu, dit le vicaire, donnez-moi ce que vous ne refusiez pas jadis à la foi, ce que vous ne lui refusez pas encore... un miracle pour me convaincre et me rassurer, un miracle comme gage d'une mission nouvelle... »

L'enthousiaste alors se lève, et dans le silence de la nuit, si formidable, au pied des autels, dans l'immensité de cette église muette et sombre, il prononce à haute voix, d'une voix lente et solennelle, cette évocation :

« Toi qu'on maudit depuis dix-huit siècles, et que je pleure, car tu sembles avoir pris l'enfer pour toi seul, afin de nous laisser le ciel, malheureux Judas, s'il est vrai que le sang de ton Maître t'a purifié, si tu es sauvé, viens m'imposer les mains pour le sacerdoce de la miséricorde et de l'amour ! »

Le vicaire ayant dit ces paroles, et pendant que l'écho éveillé en sursaut les murmurait encore sous les voûtes épouvantées, le vicaire se lève, traverse le chœur, et va s'agenouiller sous la lampe au pied du maître-autel. « Alors, dit-il (car c'est à lui-même que nous devons le récit de cette histoire), alors je sentis positivement et réellement deux mains, deux mains chaudes et vivantes, se poser sur ma tête, comme font celles de l'évêque le jour de l'ordination, je ne dormais pas, je n'étais pas évanoui, et je les sentis ; c'était un contact réel et qui dura quelques minutes. Dieu m'avait exaucé, le miracle était fait, de nouveaux devoirs m'étaient imposés, et une vie nouvelle commençait pour moi ; à partir du lendemain, je devais être un nouvel homme... »

Le lendemain, en effet, le malheureux vicaire était fou.

Le rêve d'un ciel sans enfer, le rêve de Faust a fait bien d'autres victimes dans ce malheureux siècle de doute et d'égoïsme qui n'est parvenu à réaliser qu'un enfer sans ciel. Dieu même devenait inutile dans un système où tout était permis, où tout était bien. Les hommes arrivés à ne plus craindre un juge suprême trouvèrent bien facile de se passer du Dieu des bonnes gens, moins Dieu, en effet, que les bonnes gens eux-mêmes. Les fous qui s'érigeaient en vainqueurs du diable en arrivèrent à se faire dieux. Notre siècle est surtout celui de ces mascarades prétendues divines, nous en avons connu de toutes les sortes. Le dieu Ganneau, bonne et trop poétique nature, qui eût donné sa chemise aux pauvres, et qui réhabilitait les voleurs, Ganneau qui admirait Lacenaire, et qui n'eût pas tué une mouche ; le dieu Cheneau, marchand de boutons de la rue Croix-des-Petits-Champs, qui était visionnaire comme Swedemborg et qui écrivait ses inspirations en style de Jeannot, le dieu Tourreil, bon et excellent homme qui divinise la femme, et veut qu'Adam soit sorti d'Ève ; le dieu Auguste Comte, qui conservait de la religion catholique tout, excepté deux choses, deux misères : l'existence de Dieu et l'immortalité de l'âme ; le dieu Wronski, vrai savant celui-là, qui eut la gloire et le bonheur de retrouver les premiers théorèmes de la kabbale, et qui, en ayant vendu la communication cent cinquante mille francs à un riche imbécile nommé Arson, déclare dans un de ses livres les plus sérieux que ledit Arson, pour avoir refusé de le payer intégralement, est devenu réellement et en vérité la bête de l'*Apocalypse*. Voici ce curieux passage que nous tenons à citer, pour qu'on ne nous accuse pas d'injustice envers un homme dont les travaux nous ont été utiles, et dont nous avons fait sincèrement l'éloge dans nos précédentes publications.

Wronski, pour forcer Arson à le payer, avait publié une brochure intitulée Oui ou Non, c'est-à-dire, m'avez-vous acheté, oui ou non, pour cent-cinquante mille francs ma découverte de l'absolu ?

Or, voici en quels termes, dans son livre intitulé :

Réforme de la philosophie, Wronski (1) rappelle à l'univers entier qui ne s'en soucie guère, la publication de cette brochure; on trouvera par la même occasion dans ce passage un échantillon curieux du style de ce négociant en absolu.

« Ce fait de la découverte de l'absolu, qui paraît si fortement révolter les hommes, se trouve déjà constaté dans un grand scandale, celui du fameux OUI OU NON, aussi décisif par l'éclatant triomphe de la vérité qui en fut l'issue, qu'il est remarquable par l'apparition soudaine de l'être symbolique dont menace l'*Apocalypse*, de ce monstre de la création, qui porte au front le nom de MYSTÈRE, et qui, cette fois, craignant d'être frappé mortellement, ne put plus contenir dans l'ombre ses hideuses convulsions, et vint, par la voie des journaux et par toutes les autres voies où l'on entraîne le public, étaler au grand jour sa rage infernale et son extrême imposture, etc. »

Il est bon de savoir que ce pauvre Arson qui est accusé ici de rage infernale et d'extrême imposture avait déjà payé à l'hiérophante quarante ou cinquante mille francs.

L'absolu que Wronski vendait si cher, nous l'avons retrouvé après lui, et nous l'avons donné pour rien à nos lecteurs, car la vérité est due au monde, et nul n'a le droit de se l'approprier et d'en faire métier et marchandise. Puisse cet acte de justice expier la faute d'un homme qui est mort dans un état voisin de la misère, après avoir tant travaillé, non pas pour la science, mais

---

(1) Wronski, *Réforme de la philosophie*, p. 512.

pour s'enrichir au moyen de la science, qu'il n'était peut-être digne ni de comprendre ni de posséder.

CHAPITRE II.

DES HALLUCINATIONS.

Sommaire. — Encore la secte des sauveurs de Louis XVII. — Singulières hallucinations d'un ouvrier cartonnier nommé Eugène Vintras. — Ses prophéties et ses prétendus miracles. — Accusations portées contre lui par des sectaires dissidents. — Les mœurs des faux gnostiques. — Les hallucinations contagieuses.

On trouve toujours au fond du fanatisme de toutes les sectes un principe d'ambition ou de cupidité ; Jésus-Christ lui-même avait souvent réprimandé sévèrement ceux de ses disciples qui ne l'entouraient, pendant les jours de ses privations et de son exil au milieu même de sa patrie, que dans l'espérance d'un royaume où ils auraient les premières places. Plus les espérances sont folles, plus elles séduisent certaines imaginations ; on paye alors de sa bourse et de sa personne le bonheur d'espérer. C'est ainsi que le dieu Wronski ruinait des imbéciles en leur promettant l'absolu ; que le dieu Auguste Comte se faisait six mille livres de rentes aux dépens de ses adorateurs, auxquels il avait distribué d'avance des dignités fantastiques, réalisables lorsque sa doctrine aurait conquis le monde ; c'est ainsi que certains magnétiseurs tirèrent de l'argent à un grand nombre de dupes en leur promettant des trésors que les esprits dérangent toujours. Quelques sectaires croient réellement à ce qu'ils promettent, et ceux-là sont les plus infatigables et les plus hardis dans leurs intrigues : l'argent, les miracles, les prophéties, rien ne leur manque, parce qu'ils ont cet absolu de volonté et d'action qui fait réellement des prodiges, ce sont des magiciens sans le savoir.

La secte des sauveurs de Louis XVII appartient, sous ce rapport, à l'histoire de la magie. La folie de ces hommes est contagieuse au point de gagner à leurs croyances ceux-mêmes qui viennent les trouver pour les combattre ; ils se procurent les pièces les plus importantes et les plus introuvables, attirent à eux les plus singuliers témoins, évoquent des souvenirs perdus, commandent à l'armée des rêves, font apparaître des anges à Martin, du sang à Rose Tamisier, un ange en guenilles à Eugène Vintras. Cette dernière histoire est curieuse à cause de ses suites phénoménales, et nous allons la raconter.

En 1839, les sauveurs de Louis XVII qui avaient rempli les almanachs de prophéties pour l'an 1840, comptant bien que, si tout le monde attendait une révolution, cette révolution ne tarderait pas à s'accomplir, les sauveurs de Louis XVII qui n'avaient plus leur prophète Martin résolurent d'en avoir un autre ; quelques-uns de leurs agents les plus zélés étaient en Normandie, pays dont le faux Louis XVII avait la prétention d'être le duc ; ils jetèrent les yeux sur un ouvrier dévot, d'un caractère exalté et d'une tête faible, et voici le tour dont ils s'avisèrent : ils supposèrent une lettre adressée au prince, c'est-à-dire au prétendu Louis XVII, remplirent cette lettre des promesses emphatiques du règne futur, jointes à des expressions mystiques capables de faire impression sur une tête faible et firent tomber cette lettre dans les mains de l'ouvrier qui se nommait *Eugène Vintras*, avec les circonstances que lui-même va nous raconter :

« Le 6 août 1839.

» A neuf heures environ, j'étais occupé à écrire..., on frappe à la porte de la chambre où j'étais ; croyant que c'était un ouvrier qui avait affaire à moi, je réponds assez brusquement : Entrez. Je fus bien surpris, au lieu d'un ouvrier, de voir un vieillard déguenillé ; je lui demandai seulement ce qu'il voulait.

» Il me répondit bien tranquillement : *Ne vous fâchez pas, Pierre-Michel* (noms dont jamais personne ne se sert pour me nommer ; dans tout le pays on m'appelle Eugène, et même, lorsque je signe quelque chose, je ne mets jamais ces deux prénoms).

» Cette réponse de mon vieillard me fit une certaine sensation ; mais elle augmenta lorsqu'il me dit : « Je suis » bien fatigué ; partout où je me présente, on me re- » garde avec mépris ou comme un voleur. » Ces dernières paroles m'effrayèrent beaucoup, quoique dites d'un air triste et malheureux. Je me levai, et pris devant moi non pas de la monnaie, mais une pièce de dix sous que je lui mis dans la main en lui disant : Je ne vous prends pas pour cela, mon brave homme. Et en lui disant cela, je lui fis apercevoir que je voulais l'éconduire. Il ne demanda pas mieux et me tourna le dos d'un air peiné.

» A peine eut-il mis le pied sur la dernière marche que je retirai la porte sur moi, et la fermai à clef. Ne l'entendant pas descendre, j'appelai un ouvrier et lui dis de monter à ma chambre. Là, sous prétexte d'affaires, j'espérais lui faire parcourir avec moi tous les endroits que je jugeais possibles de cacher mon vieillard, que je n'avais pas vu sortir. Cet ouvrier monte à ma chambre, je sors avec lui en fermant ma porte à clef, et je parcourus tous les plus petits réduits. Je ne vis rien.

» J'allais entrer dans la fabrique, quand tout à coup j'entends sonner une messe. J'éprouvais du plaisir pensant que, malgré le dérangement de mon vieillard, je pourrais néanmoins assister à une messe. Alors je courus à ma chambre pour prendre un livre de prières. Je trouvai, à la place où j'écrivais, une lettre adressée à madame de Generès, à Londres. Cette lettre était signée et écrite par M. Paul de Montfleury, de Caen, et contenait une réfutation d'hérésie et une profession de foi orthodoxe.

» Cette lettre, quoique adressée à madame de Generès, était destinée à remettre sous les yeux du *duc de Normandie* les plus grandes vérités de notre sainte religion catholique, apostolique et romaine. Sur la lettre était posée la pièce de dix sous que j'avais donnée à mon vieillard. »

Dans une autre lettre, Pierre-Michel avoue que la figure de ce vieillard ne lui était pas inconnue, mais qu'en le voyant ainsi apparaître tout à coup, il eut extraordinairement peur, il verrouilla et barricada la porte quand il fut sorti, écouta longtemps à la porte s'il l'entendait descendre. Le vieux mendiant ôta sans doute ses souliers pour descendre sans faire du bruit, car Vintras n'entendit rien ; il court alors à la fenêtre et ne le voit pas sortir, attendu qu'il était sorti depuis longtemps. Voilà mon homme bouleversé, il appelle au secours, cherche partout, trouve enfin la lettre qu'on voulait lui faire lire, c'est évidemment une lettre tombée du ciel. Voilà Vintras dévoué à Louis XVII, le voilà visionnaire pour le reste de ses jours, car désormais l'image du vieux mendiant ne le quittera plus. Ce mendiant deviendra saint Michel, parce qu'il l'a appelé Pierre-Michel, association d'idées analogue à celles des rêves. Les hallucinés de la secte de Louis XVII avaient deviné, avec la seconde vue des maniaques, juste le moment où il fallait frapper la faible tête de Vintras pour en faire en un seul instant un illuminé et un prophète.

La secte de Louis XVII se compose surtout d'anciens serviteurs de la royauté légitimiste, aussi Vintras, devenu leur *medium*, est-il le fidèle reflet de toutes ces imaginations pleines de souvenirs chevaleresques et de mysticisme vieilli. Ce sont partout, dans les visions du nouveau prophète, des lys baignés de sang, des anges en costume de chevaliers, des saints déguisés en troubadours. Puis apparaissent des hosties collées sur de la soie bleue. Vintras a des sueurs de sang, et son sang apparaît sur les hosties, où il dessine des cœurs avec des légendes de l'écriture et de l'orthographe de Vintras; des calices vides paraissent tout à coup pleins de vin, puis où le vin tombe apparaissent des taches de sang. Les initiés croient entendre une musique délicieuse et respirer des parfums inconnus; des prêtres appelés à constater ces prodiges sont entraînés dans le courant de l'enthousiasme.

Un curé du diocèse de Tours, un vieux et vénérable

ecclésiastique, quitte sa cure, et se met à la suite du prophète. Nous avons vu ce prêtre, il nous a raconté les merveilles de Vintras avec l'accent de la plus parfaite conviction, il nous a montré des hosties injectées de sang d'une manière inexplicable, il nous a communiqué des procès-verbaux signés de plus de cinquante témoins, tous gens honorables et bien posés dans le monde, des artistes, des médecins, des hommes de loi, un chevalier de Razac, un duchesse d'Armaillé. Les médecins ont analysé le fluide vermeil qui coulait des hosties, et ont reconnu que c'était véritablement du sang humain ; les ennemis même de Vintras, et il en a de cruels, ne contestent pas les miracles et se contentent de les attribuer au démon. Mais concevez-vous, nous disait l'abbé Charvoz, ce curé de Touraine dont nous avons parlé, concevez-vous le démon falsifiant le sang de Jésus-Christ sur des hosties réellement consacrées ? Car l'abbé Charvoz est bien réellement prêtre, et ces signes se produisent aussi sur les hosties qu'il consacre. Cependant la secte de Vintras est anarchique et absurde, Dieu ne fait donc pas de miracles en sa faveur. Reste l'explication naturelle des phénomènes, et dans le cours de cet ouvrage, nous l'avons assez indiquée pour qu'il soit inutile de la développer ici.

Vintras, que ses sectaires posent en nouveau Christ, eut aussi ses Iscariotes : deux membres de la secte, un certain Gozzoli et un nommé Alexandre Geoffroi, publièrent contre lui les révélations les plus odieuses. A les croire, les sectaires de Tilly-sur-Seules (ainsi se nommait leur résidence) se livraient aux pratiques les plus obscènes ; ils célébraient dans leur chapelle particulière, qu'ils nommaient le cénacle, des messes sacriléges auxquelles les élus assistaient dans un état complet de nudité ; à un certain moment, tous gesticulaient, fondaient en larmes en criant : Amour ! amour ! et ils se jetaient dans les bras les uns des autres ; on nous permettra de supprimer le reste. C'étaient les orgies des anciens gnostiques, mais sans qu'on prît la peine d'éteindre les lumières. Alexandre Geoffroi assure que Vintras l'initia à un genre de prière qui consistait dans l'acte monstrueux d'Onan, exercé au pied des autels, mais ici le dénonciateur est trop odieux pour être cru sur parole. L'abbé Charvoz, à qui nous avons parlé de ces accusations infâmes, nous a dit qu'il fallait les attribuer à la haine de deux hommes chassés de l'association pour avoir commis eux-mêmes les actes dont ils accusent Vintras. Quoi qu'il en soit, les désordres moraux engendrent naturellement les désordres physiques, et les surexcitations anormales du système nerveux produisent presque toujours des déréglements excentriques dans les mœurs ; si donc Vintras est innocent, il aurait pu et peut encore devenir coupable.

Le pape Grégoire XVI, par un bref du 8 novembre 1843, a condamné formellement la secte de Vintras.

Voici un spécimen du style de cet illuminé, homme d'ailleurs sans instruction et dont les écrits emphatiques fourmillent de fautes de français.

« Dormez, dormez, indolents mortels : restez, restez encore sur vos couches moelleuses ; souriez à vos rêves de fêtes et de grandeurs ; l'ange de l'alliance est descendu sur vos montagnes, il a écrit son nom jusque dans le calice de vos fleurs ; il a touché, des anneaux qui ornent ses pieds, les fleuves qui font votre orgueil et votre espérance ; les chênes de vos forêts ont pris l'éclat de son front pour une nouvelle aurore ; la mer, d'un bond voluptueux, a salué son regard ! Elie l'a précédé ! Penchez-vous du côté de la terre, mais ne vous effrayez point de ce bruit si actif des tombeaux. Dormez, dormez encore ; je l'ai vu vers l'orient ; il burinait son nom sur des monts inaccessibles ; il criait au temps de hâter sa barque, et j'ai vu lui sourire le plus vieux des vieillards. Dormez, dormez encore ; Elie, à l'occident, pose une croix à la porte du temple ; il la scèle avec du feu et l'acier d'un poignard. »

Encore le temple, le feu et le poignard ! Chose étrange ! les fous se reflètent les uns et les autres, tous les fanatismes échangent leurs inspirations, et le prophète de Louis XVII devient ici l'écho du cri de vengeance des templiers.

Il est vrai que Vintras ne se croit pas responsable de ses écrits ; voici comment il en parle lui-même.

« Oh ! si mon esprit était pour quelque chose dans ces écrits que l'on condamne, j'inclinerais ma tête, et la crainte entrerait dans mon âme. Ce n'est point mon ouvrage ; je n'y ai point prêté mon concours par recherche ni par désir. Le calme est en moi ; ma couche ne connaît pas l'insomnie ; les veilles n'ont point fatigué mes paupières ; mon sommeil est pur comme quand Dieu le créa : je puis dire à mon Dieu avec un cœur libre : *Custodi animam meam et erue me : non erubescam, quoniam speravi in te.* »

Un autre prétendu réformateur, celui qui se posait en messie des bagnes et de l'échafaud, *Lacenaire*, auquel nous ne comparerons certainement pas Vintras, écrivait aussi de sa prison :

> Comme une vierge chaste et pure
> Dans des rêves d'amour je veille et je m'endors.
> Quelqu'un m'apprendra-t-il ce que c'est qu'un remords ?

L'argument de Vintras, pour légitimer son inspiration, n'est donc pas concluant, puisqu'il a servi également à Lacenaire pour excuser et même pour légitimer aussi, non plus des rêveries, mais des crimes.

Condamnés par le pape, les sectaires de Tilly-sur-Seules condamnèrent le pape à leur tour, Vintras, de son autorité privée, s'est créé souverain pontife. La forme de ses vêtements sacerdotaux lui a été révélé : il porte un diadème d'or avec un lingam indien sur le front, il revêt une robe de pourpre et tient en main un sceptre magique terminé par une main dont les doigts sont fermés à l'exception du pouce et de l'auriculaire, les doigts consacrés à Vénus et à Mercure, hiéroglyphe de l'hermaphrodite antique, emblème des anciens cultes orgiaques et des priapées du sabbat. Ainsi les réminiscences et les reflets de la magie noire apportés par la lumière astrale viennent rattacher aux mystères de l'Inde et au culte profane du Baphomet, les extases de ce malade contagieux dont l'infirmerie est à Londres, et qui continue à y faire des prosélytes et des victimes.

Aussi l'exaltation du pauvre prophète n'est-elle pas toujours exempte d'épouvante et de remords, quoi qu'il en dise, et parfois il laisse échapper les plus tristes aveux. Voici ce que nous trouvons dans une lettre adressée à un de ses plus intimes amis :

« Je suis toujours en attente de nouveaux tourments. Demain arrive la famille Verger, je vais voir sur leurs traits la pureté de leur âme s'annonçant par leur joie ; on rappellera tout mon bonheur passé ; on citera des noms que je prononçais avec amour dans des temps peu éloignés. Enfin, tout ce qui fera les délices des autres sera pour moi de nouvelles tortures ! Il faudra être à table ; tandis que l'on fouillera mon cœur avec un glaive, je devrai sourire ! Oh ! si pourtant ces paroles terribles que j'ai entendues n'étaient pas éternelles, je chérirais encore mon cruel supplice ! Pardon, mon cher, je ne pourrais vivre sans aimer Dieu !

» Écoutez, si votre charité d'homme vous le permet, comme ministre du Dieu vivant, je ne la réclame pas, celui que votre maître a vomi de sa bouche doit être maudit de vous :

» Dans la nuit de dimanche à lundi (17 au 18 mai) un songe affreux a porté dans mon âme comme dans mon corps un coup mortel. J'étais à Sainte-Paix, il n'y avait plus personne au château ; cependant les portes en étaient ouvertes. Je suis promptement monté à la sainte chapelle ; j'allais en ouvrir la porte quand j'ai vu écrit sur cette porte, en caractères de feu : « N'approche pas de ce lieu, toi que j'ai vomi de ma bouche ! » Je n'ai pu descendre ; je suis tombé anéanti sur la première marche ; mais jugez de mon effroi quand je n'ai plus vu autour de moi qu'un large et profond abîme ! il y avait dans le fond des monstres hideux qui m'appelaient leur frère !

» La pensée me vint en ce moment que le saint archange aussi m'appelait son frère. Quelle différence !

lui faisait bondir mon âme de la plus vive allégresse; et ceux-ci, en les entendant m'appeler ainsi, je me tordais dans des convulsions semblables à celles que leur faisait éprouver la vertu que Dieu avait attachée à ma croix de grâce lors de leur apparition du 28 avril dernier.

» Je cherchais à me cramponner à quelque chose pour éviter de rouler dans ce gouffre sans fond. Je priais la mère de Dieu, la divine Marie, je l'appelais à mon secours. Elle était sourde à ma voix! Pendant ce temps je roulais toujours laissant des lambeaux de ma chair aux pointes rocailleuses qui bordaient cet effroyable abîme! Tout à coup, des tourbillons de flammes s'élèvent vers moi de la profondeur où j'allais bientôt tomber. J'entendais les cris d'une joie féroce, et je ne pouvais plus prier. Tout à coup, une voix plus effrayante que les longs retentissements du tonnerre dans un violent orage retentit à mes oreilles. J'entendis ces mots : « Tu croyais me vaincre et tu vois que je t'ai vaincu; je t'ai appris à être humble à ma manière : viens goûter mes douceurs, deviens un de mes meilleurs; apprends à connaître le tyran du ciel; viens avec nous lui vomir des blasphèmes et des imprécations : toute autre chose est inutile pour toi maintenant! » Puis partant d'un long éclat de rire il m'a dit : « Regarde Marie, celle que tu appelais ton bouclier contre nous, vois son sourire gracieux, entends sa douce voix. »

» Mon cher, je l'ai vue au-dessus de l'abîme : ses yeux d'un bleu céleste se sont remplis de feu, ses lèvres vermeilles sont devenues violettes, sa voix si suave et si divine s'est changée, elle est devenue dure et terrible! elle m'a lancé ces mots comme une foudre : « Roule, orgueilleux, dans ces lieux remplis de feu qu'habitent les démons ! »

» Tout mon sang reflua vers mon cœur; je crus que l'heure était sonnée où l'enfer terrestre allait faire place à l'enfer éternel ! j'ai pu encore rassembler quelques mots de l'*Ave Maria*; je ne sais combien j'ai été de temps; je sais que j'ai trouvé la domestique couchée en rentrant : elle m'a dit qu'il était tard.

» Ah ! si je fais connaître aux ennemis de l'œuvre de la miséricorde ce qui se passe en moi, n'est-ce pas qu'ils crieraient victoire ? ils diraient que ce sont bien là les preuves d'une monomanie. Plût à Dieu que cela fût ! je serais moins à plaindre ! Mais ne craignez rien, si Dieu ne veut pas entendre ma voix pour moi je prierai pour lui qu'il double mes souffrances, mais qu'il les cache à ses ennemis. »

Ici l'hallucination triomphante s'élève jusqu'au sublime; Vintras consent à être damné, pourvu qu'on ne dise pas qu'il est fou; dernier instinct du prix inestimable de la raison qui survit à la raison même : l'homme ivre n'est préoccupé que de la crainte de passer pour ivre; l'insensé et le monomane demandent la mort plutôt que d'avouer leur délire. C'est que, suivant la belle sentence de Cèbes que nous avons déjà citée, il n'y a pour l'homme qu'un bien désirable, c'est la sagesse qui est l'usage de la raison, et il n'y a aussi qu'un véritable et suprême malheur à redouter, c'est la folie.

CHAPITRE III.

LES MAGNÉTISEURS ET LES SOMNAMBULES.

SOMMAIRE. — M. le baron Du Potet et ses travaux sur la magie. — Expériences du miroir magique, analogues aux phénomènes d'hydromancie. — Les tables tournantes et la catastrophe de Victor Hennequin. — Le monstre et le magicien.

L'Église, dans sa haute sagesse, nous défend de consulter le sort et de violer par une indiscrète curiosité les secrets de l'avenir; mais de nos jours la voix de l'Église n'est plus guère entendue, et la foule revient aux devins et aux pythonisses; les somnambules sont devenues les oracles de ceux qui ne croient plus aux préceptes de l'Évangile, et l'on ne songe pas que la préoccupation d'un événement prédit supprime en quelque sorte notre liberté, et paralyse nos moyens de défense : en consultant la magie pour prévoir les événements futurs, nous donnons des arrhes à la fatalité.

Les somnambules sont les sybilles de notre époque, comme les sybilles étaient les somnambules de l'antiquité : heureux les consultants qui ne mettent pas leur crédulité au service de magnétiseurs immoraux ou insensés, car ils communieraient par le fait même de leur bénévole consultation à l'immoralité ou à la folie des inspirateurs de l'oracle : le métier de magnétiseur est facile et les dupes sont en grand nombre.

Il est donc important de connaître parmi ceux qui s'occupent du magnétisme, quels sont les hommes vraiment sérieux.

Parmi ceux-ci nous devons mettre au premier rang

M. le baron *Du Potet*, dont les travaux consciencieux ont fait déjà faire un grand pas à la science de Mesmer. M. Du Potet a ouvert à Paris une école pratique de magnétisme où le public est admis à s'instruire des procédés et à vérifier les phénomènes.

Le baron Du Potet est une nature exceptionnelle et particulièrement intuitive. Comme tous les contemporains, même les plus instruits, il ignore la kabbale et ses mystères, et cependant le magnétisme lui a révélé la magie ; il a senti le besoin de révéler et de cacher cette science effrayante encore pour lui-même, et il a écrit un livre qu'il vend seulement à ses adeptes et sous le sceau du secret le plus absolu. Ce secret, nous ne l'avons pas promis à M. Du Potet, mais nous le garderons par respect pour les convictions de l'hiérophante ; qu'il nous suffise de dire que son livre est le plus remarquable de tous les ouvrages de pure intuition ; nous ne le croyons pas dangereux, parce que M. le baron Du Potet indique des forces dont il ne précise pas l'usage. Il sait qu'on peut nuire ou faire du bien, tuer ou sauver par les procédés magnétiques ; mais ces procédés, il ne les indique pas d'une manière claire et pratique, et nous l'en félicitons d'ailleurs, car le droit de vie et de mort suppose une souveraineté divine, et cette souveraineté, nous regarderions comme un indigne celui qui, la connaissant et la possédant, consentirait à la vendre de quelque manière que ce fût.

M. Du Potet établit victorieusement l'existence de cette lumière universelle dans laquelle les crisiaques perçoivent toutes les images et tous les reflets de la pensée ; il provoque des projections puissantes de cette lumière au moyen d'un appareil absorbant qu'il nomme le *miroir magique :* c'est tout simplement un cercle ou un carré couvert de charbon en poudre fine et tamisée. Dans cet espace négatif, la lumière projetée par le crisiaque et par le magnétiseur réunis, colore bientôt et réalise toutes les formes correspondantes à leurs impressions nerveuses. Dans ce miroir vraiment magique, apparaissent pour le sujet soumis au somnambulisme tous les rêves de l'opium ou du hatchich, les uns riants, les autres lugubres ; le malade doit être arraché à ce spectacle, si l'on ne veut pas qu'il tombe dans des convulsions.

Ces phénomènes sont analogues à ceux de l'hydromancie pratiquée par Cagliostro : l'eau, considérée attentivement, éblouit et trouble la vue ; alors la fatigue des yeux favorise les hallucinations du cerveau. Cagliostro voulait pour ces expériences des sujets vierges et parfaitement innocents, afin de n'avoir pas à craindre les divagations nerveuses produites par les réminiscences érotiques. Le miroir magique de Du Potet est peut-être plus fatiguant pour le système nerveux tout entier, mais les éblouissements de l'hydromancie doivent avoir une influence plus redoutable sur le cerveau.

M. Du Potet est un de ces hommes fortement convaincus qui supportent courageusement les dédains de la science et les préjugés de l'opinion, en répétant tout bas la profession de foi secrète de Galilée : *La terre tourne cependant !*

On a découvert tout récemment que les tables tournent aussi, et que l'aimantation humaine donne aux objets mobiliers soumis à l'influence des crisiaques un mouvement de rotation. Les masses même les plus lourdes peuvent être soulevées et promenées dans l'espace par cette force, car la pesanteur n'existe qu'en raison de l'équilibre des deux forces de la lumière astrale, augmentez l'action de l'une des deux, l'autre cédera aussitôt. Or, si l'appareil nerveux aspire et respire cette lumière en la rendant positive ou négative, suivant les surexcitations personnelles du sujet, tous les corps inertes soumis à son action et imprégnés de sa vie deviendront plus légers ou plus lourds, suivant le flux et le reflux de la lumière qui entraîne dans le nouvel équilibre de son mouvement les corps poreux et mauvais conducteurs autour d'un centre vivant, comme les astres dans l'espace sont emportés, balancés, et gravitent autour du soleil.

Cette puissance excentrique d'attraction ou de projection suppose toujours un état maladif chez celui qui en est le sujet, les *médiums* sont tous des êtres excentriques et mal équilibrés; la médiomanie suppose ou occasionne une suite d'autres manies nerveuses, idées fixes, déréglements d'appétits, érotomanie désordonnée, penchants au meurtre ou au suicide. Chez les êtres ainsi affectés, la responsabilité morale semble n'exister plus; ils font le mal avec la conscience du bien; ils pleurent de piété à l'église et peuvent être surpris dans de hideuses bacchanales; ils ont une manière de tout expliquer, c'est le diable, ce sont les esprits qui les obsédent et les entraînent. Que leur voulez-vous? que leur demandez-vous? Ils ne vivent plus en eux-mêmes; c'est un être mystérieux qui les anime, c'est lui qui agit à leur place, et être se nomme légion!

Les essais réitérés d'une personne bien portante pour se créer des facultés de *médium* la fatiguent, la rendent malade, et peuvent déranger sa raison. C'est ce qui est arrivé à Victor Hennequin, ancien rédacteur de la *Démocratie pacifique*, et membre, après 1848, de l'Assemblée nationale : c'était un jeune avocat d'une parole abondante et facile, il ne manquait ni d'instruction, ni de talent, mais il était infatué de rêveries de Fourier : exilé après le 2 décembre, il se livra dans l'inaction de sa retraite aux expériences des tables tournantes ; bientôt il fut atteint de *médiomanie*, et crut être l'instrument des révélations de l'âme de la terre. Il publia un livre intitulé : *Sauvons le genre humain*, c'était un mélange de souvenirs phalanstériens et de réminiscences chrétiennes, une dernière lueur de raison mourante y brille encore, mais les expériences continuèrent et la folie triompha. Dans un dernier ouvrage dont le premier volume a été seul publié, Victor Hennequin représente Dieu comme un immense polype placé au centre de la terre avec des antennes et des trompes contournées en vrilles qui vont et viennent à travers son cerveau et celui de sa femme Octavie. Bientôt après on apprit que Victor Hennequin était mort des suites d'un accès de démence furieuse dans une maison d'aliénés.

Nous avons entendu parler d'une dame du grand monde qui se livrait à des conversations avec les prétendus esprits des meubles, et qui, scandalisée outre mesure par les réponses inconvenantes de son guéridon, fit le voyage de Rome pour déférer le meuble hérétique au saint-siége ; elle avait emporté avec elle le coupable, et en fit un autodafé dans la capitale du monde chrétien. Mieux vaut brûler son mobilier que de se rendre folle, et en vérité pour cette dame le péril était imminent.

Ne rions pas d'elle, nous, enfants d'un siècle de raison où des hommes sérieux, comme le comte de Mirville, attribuent au diable les phénomènes inexpliqués de la nature.

Dans un mélodrame qui se joue sur les boulevards, il est question d'un magicien qui, pour se faire un auxiliaire formidable, a créé un androïde, un monstre à griffes de lion, à cornes de taureau, à écailles de liévathan, il donne la vie à ce sphinx hybride, et aussitôt, épouvanté de son ouvrage, il prend la fuite. Le monstre le poursuit, apparaît entre lui et sa fiancée, incendie sa maison, brûle son père, enlève son fils, le poursuit jusque sur la mer, monte avec lui sur son vaisseau qu'il fait engloutir et finit lui-même par un coup de foudre. Ce spectacle affreux, risible à force d'épouvante, a été réalisé dans l'histoire de l'humanité, la poésie a été personnifiée le fantôme du mal lui a prêté toutes les forces de la nature. Elle voulait de cet épouvantail faire un auxiliaire à la morale, puis elle a eu peur de cette laideur enfantée par ses rêves. Depuis ce temps, le monstre nous poursuit à travers les âges, il apparaît hideux et grimaçant entre nous et les objets de nos amours, cauchemar immonde, il étouffe nos enfants pendant leur sommeil, il apporte dans la création, cette maison paternelle de l'humanité, l'incendie inextinguible de l'enfer, il brûle et torture à jamais nos pères et nos mères; il étend ses ailes noires pour nous cacher le ciel et il nous crie : Plus d'espérance! il monte en groupe et galope après nous comme le chagrin; il plonge dans l'océan du désespoir la dernière arche de notre espérance; c'est l'antique Arimanes des Perses, c'est le Typhon de l'Égypte, c'est le dieu noir des sectaires de Manès, du comte de Mirville et de la magie noire du diable, c'est l'horreur du monde et l'idole des mauvais chrétiens. Les hommes ont essayé d'en rire et ils en ont peur. Ils en font des caricatures, et ils tressaillent, parce qu'il leur semble voir ces caricatures mêmes s'animer pour se moquer d'eux à leur tour. Cependant son règne est passé, mais il ne périra pas écrasé par la foudre du ciel : la science a conquis le feu du tonnerre, et elle a fait des flambeaux, le monstre s'évanouira devant les splendeurs de la science et la vérité : le génie de l'ignorance et de la nuit ne peut être foudroyé que par la lumière !

CHAPITRE IV.

LES FANTAISISTES EN MAGIE.

SOMMAIRE. — *Le Magicien*, par Alphonse Esquiros. — Les livres et les miracles de Henri Delaage. — Les expériences du comte d'Ourches. — Le livre du baron de Guldenstubbé. — Un mot sur les nécromanciens et les vampires. — Le cartomancien Edmond.

Il y a une vingtaine d'années qu'un de nos amis d'enfance, *Alphonse Esquiros*, publia un livre de haute fantaisie, intitulé *le Magicien*. C'était tout ce que le romantisme d'alors pouvait imaginer de plus bizarre, l'auteur donnait à son magicien un sérail de femmes mortes, mais embaumées par un procédé retrouvé depuis par Gannal. Un androïde de bronze qui prêchait la chasteté, un hermaphrodite amoureux de la lune et qui entretenait avec elle une correspondance suivie, et bien d'autres choses encore que nous ne nous rappelons pas. Alphonse

Esquiros, par la publication de ce roman, fonda une école de fantaisistes en magie dont le jeune et intéressant *Henri Delaage* est actuellement le représentant le plus distingué.

Henri Delaage est un écrivain fécond, un thaumaturge méconnu et un fascinateur habile. Son style n'est pas moins étonnant que les idées d'Alphonse Esquiros, son initiateur et son maître ; ainsi dans son livre *des Ressuscités,* il dit en parlant d'une objection contre le christianisme : « Je vais prendre cette objection à la gorge, et quand je la lâcherai, la terre retentira sourdement sous le poids de son cadavre étranglé. » Il est vrai qu'il ne répond pas grand'chose ensuite à cette objection, mais que voulez-vous qu'on réponde à une objection étranglée, quand une fois la terre a retenti sourdement sous le poids de son cadavre?

Henri Delaage est, avons-nous dit, un thaumaturge méconnu ; il a avoué, en effet, à une personne de notre connaissance que pendant un hiver où régnait impitoyablement cette affection de poitrine si fâcheuse qu'on nomme la *grippe,* il n'avait qu'à se présenter dans un salon pour guérir immédiatement toutes les personnes qui s'y trouvaient ; il est vrai qu'il était la victime du miracle, car il y a gagné un léger enrouement qui ne l'a pas quitté depuis.

Plusieurs amis d'Henri Delaage nous ont assuré qu'il a le don d'ubiquité, on vient de le quitter au bureau de la *Patrie,* on le retrouve chez Dentu, son éditeur, on s'enfuit effrayé, on rentre chez soi et l'on y trouve... Delaage qui vous attendait.

Henri Delaage est aussi un fascinateur habile. Une

dame du monde qui venait de lire un de ses livres, déclarait qu'elle ne connaissait rien au monde de plus beau et de mieux écrit, mais ce n'est pas seulement à ses livres que Delaage communique le don de beauté. Un jour nous venions de lire un feuilleton signé Fiorentino, où l'on disait que les charmes physiques du jeune magicien égalaient ou même surpassaient ceux des anges. Nous rencontrons Delaage et nous le questionnons avec curiosité sur cette révélation singulière. Delaage alors met la main dans son gilet, se tourne de trois quarts et lève en souriant les yeux vers le ciel... Heureusement nous avions sur nous l'*Enchiridion* de Léon III, qui est, comme on sait, un préservatif contre les enchantements, et la beauté angélique du fascinateur resta invisible à nos yeux.

Nous donnerons à Henri Delaage des éloges plus sérieux que ceux des admirateurs de sa beauté, il se déclare sincèrement catholique, et proclame hautement son respect et son amour pour la religion; or la religion pourra faire de lui un saint, ce qui est un titre plus estimable et plus glorieux que celui de sorcier.

C'est à cause de sa qualité de publiciste que nous avons nommé ce jeune homme le premier parmi les fantaisistes de la magie. Ce rang sous tous les autres rapports appartenait à M. *le comte d'Ourches,* homme vénérable par son âge qui consacre sa vie et sa fortune aux expériences magnétiques. Chez lui les meubles et les dames somnambules se livrent à des danses effrénées, les meubles se fatiguent et se brisent, mais les dames, à ce qu'on assure, ne s'en portent que mieux.

Pendant longtemps M. le comte d'Ourches a été dominé par une idée fixe : la crainte d'être enterré vivant, et il a fait plusieurs mémoires sur la nécessité de constater les décès d'une manière plus certaine qu'on ne le fait habituellement. M. d'Ourches avait d'autant plus raison de craindre, que son tempérament est pléthorique, et que son extrême susceptibilité nerveuse, journellement surexcitée par ses expériences avec les jolies somnambules, l'expose peut-être à des attaques d'apoplexie.

M. le comte d'Ourches est en magnétisme l'élève de l'abbé Faria, et en nécromancie il appartient à l'école du baron de Guldenstubbé.

Le *baron de Guldenstubbé* a publié un livre intitulé : *Pneumatologie positive et expérimentale ; la réalité des esprits et le phénomène merveilleux de leur écriture directe.*

Voici comment il raconte lui-même sa découverte :

« Ce fut déjà dans le courant de l'année 1850, *environ trois ans avant l'invasion de l'épidémie des tables tournantes*, que l'auteur a voulu introduire en France les cercles du *spiritualisme d'Amérique, les coups mystérieux de Rochester et l'écriture purement machinale des médiums.* Il a rencontré malheureusement beaucoup d'obstacles de la part des autres magnétiseurs. Les *fluidistes*, et même ceux qui s'intitulèrent *magnétiseurs spiritualistes*, mais qui n'étaient en vérité que *des somnambuliseurs de bas étage*, traitèrent les coups mystérieux du spiritualisme américain de folies et de songes creux. Aussi ce n'est qu'au bout de plus de six mois, que l'auteur a pu former le premier cercle selon le mode des Américains, grâce au concours zélé que lui a prêté M. Roustan, ancien membre de la *société des magnéti-*

seurs spiritualistes, homme simple, mais plein d'enthousiasme pour la sainte cause du spiritualisme. Plusieurs autres personnes sont venues se joindre à nous, parmi lesquelles il faut citer feu *l'abbé Châtel*, le fondateur de l'Église française, qui, malgré ses tendances rationalistes, a fini par admettre la réalité d'une révélation objective et surnaturelle, condition indispensable du spiritualisme et de toutes les religions positives. *On sait que les cercles américains sont basés* (abstraction faite de certaines conditions morales, également requises) *sur la distinction des principes magnétiques ou positifs et électriques ou négatifs.*

» Ces cercles se composent *de douze personnes*, dont *six* représentent les *éléments positifs*, et les six autres, les éléments *négatifs* ou *sensitifs*. La distinction des éléments ne doit pas être faite d'après le sexe des personnes, bien que généralement les femmes aient des attributs *négatifs et sensitifs*, et que les hommes soient doués de *qualités positives et magnétiques*. Il faut donc bien étudier la constitution morale et physique de chacun, avant de former les cercles, car il y a des femmes délicates qui ont des qualités masculines, comme quelques hommes vigoureux ne sont que des femmes au moral. On place une table dans un endroit spacieux et aéré. Le *médium* (ou les milieux) doit s'asseoir au bout de la table et être entièrement isolé ; il sert de conducteur à l'électricité par son calme et sa quiétude contemplative. Un bon *somnambule* est en général un excellent MÉDIUM. On place les *six natures électriques* ou *négatives* qu'on reconnaît généralement aux qualités affectueuses du cœur et à leur sensibilité, *à droite du médium*, en mettant immédiatement auprès du médium la personne *la plus sensitive* ou *négative* du cercle. Il en est de même quant *aux natures positives* que l'on *place à gauche* du médium, parmi lesquelles la personne la plus positive, la plus intelligente doit se mettre également auprès du médium. Pour former *la chaîne*, il faut que les douze personnes posent la *main droite* sur la table, et qu'elles mettent la *main gauche du voisin dessus*, en faisant ainsi le tour de la table de la même façon. Quant au médium ou aux milieux, s'il y en a plusieurs, ils restent entièrement isolés des douze personnes qui forment la chaîne.

» Nous avons obtenu au bout de plusieurs séances certains phénomènes remarquables, tels que des secousses simultanées, ressenties par tous les membres du cercle au moment de l'*évocation* mentale des personnes les plus intelligentes. Il en est de même des coups mystérieux et des sons étranges ; plusieurs *personnes même très insensibles* ont eu des visions simultanées, bien qu'elles fussent restées à l'état ordinaire de veille. Quant aux sujets sensibles, ils ont acquis l'*admirable faculté des médiums, d'écrire machinalement grâce à une attraction invisible*, laquelle se sert d'un bras sans intelligence pour exprimer ses idées. Au surplus, les individus insensibles ressentaient cette influence mystérieuse d'un souffle externe, mais l'effet n'était pas assez fort pour mettre en mouvement leurs membres. Du reste, tous ces phénomènes obtenus selon le mode du spiritualisme américain, ont le défaut d'être encore plus ou moins *indirects, parce qu'on ne peut pas se passer dans ces expériences de l'intermédiaire d'un être humain, d'un médium.* Il en est *de même des tables tournantes et parlantes* qui n'ont envahi l'Europe qu'au commencement de l'année 1853.

» L'auteur a fait beaucoup d'expériences de tables avec son honorable ami, M. le comte d'Ourches, l'un des hommes les plus versés dans la magie et dans les sciences occultes. Nous sommes parvenus peu à peu à mettre les tables *en mouvement sans attouchement quelconque ;* M. le comte d'Ourches *les a* fait *soulever même sans attouchement.* L'auteur a fait courir les tables avec une grande vitesse également sans attouchement et sans le concours d'un cercle magnétique. Il en est de même des vibrations des cordes d'un piano, phénomène obtenu déjà le 20 janvier 1856 en présence des comtes de *Szapary* et *d'Ourches.* Tous ces phénomènes révèlent bien la réalité de certaines forces occultes, *mais ces faits ne démontrent pas suffisamment l'existence réelle et substantielle des intelligences invisibles,* indépendantes de notre volonté et de notre imagination, dont on agrandit, il est vrai, démesurément, de nos jours le pouvoir. De là le reproche que l'on adresse aux spiritualistes américains de n'avoir que des communicationsi n signifiantes et vagues avec le monde des esprits, qui ne se manifestent que par certains coups mystérieux, et par la vibration de quelques sons. En effet il n'y a qu'un phénomène *direct, intelligent et matériel à la fois, indépendant de notre volonté et de notre imagination, tel que l'écriture directe des esprits,* qu'on n'a pas même évoqués ni invoqués, *qui puisse servir de preuve irréfragable de la réalité du monde surnaturel.*

» L'auteur, étant toujours à la recherche d'une preuve intelligente et palpable en même temps, de la réalité substantielle du monde surnaturel, afin de démontrer par des faits irréfragables, l'immortalité de l'âme, n'a jamais cessé d'adresser des prières ferventes à l'Éternel de vouloir bien indiquer aux hommes un moyen infaillible pour raffermir la foi en l'immortalité de l'âme, cette base éternelle de la religion. L'Éternel, dont la miséricorde est infinie, a amplement exaucé cette faible prière. Un beau jour, c'était le premier août 1856, l'idée vint à l'auteur d'essayer si les esprits pouvaient écrire *directemedt*, sans l'*intermédiaire d'un médium*. Connaissant l'écriture directe et merveilleuse du Décalogue selon Moïse, et l'écriture également directe et mystérieuse durant le festin du roi Baltazar suivant Daniel, ayant en outre entendu parler des mystères modernes de *Stratford* en Amérique, où l'on avait trouvé certains caractères illisibles et étranges, tracés sur des morceaux de papier, et qui ne paraissaient pas provenir des *médiums*, l'auteur a voulu constater la réalité d'un phénomène dont la portée serait immense, s'il existait réellement.

» Il mit donc un papier blanc à lettres et un crayon taillé dans une petite boîte fermée à clef, en portant cette clef toujours sur lui-même et sans faire part de cette expérience *à personne*. Il attendit durant douze jours en vain, sans remarquer la moindre trace d'un crayon sur le papier, mais quel fut son étonnement, lorsqu'il remarqua le 13 août 1856 certains caractères mystérieux, tracés sur le papier; à peine les eut-il remarqués qu'il répéta *dix fois* pendant cette journée, à jamais mémorable, la même expérience, en mettant toujours au bout d'une demi-heure, une nouvelle feuille de papier blanc dans la même boîte. L'expérience fut couronnée chaque fois d'un succès complet.

» Le lendemain, 14 août, l'auteur fit de nouveau une vingtaine d'expériences, en laissant la boîte ouverte et en ne la perdant pas de vue ; c'est alors que l'auteur voyait que des caractères et des mots dans la langue esthonienne se formèrent ou furent gravés sur le papier, sans que le crayon bougea. Depuis ce moment, l'auteur, voyant l'inutilité du crayon, a cessé de le mettre sur le papier ; il place simplement un papier blanc sur une table chez lui, ou sur le piédestal des statues antiques, sur les sarcophages, sur les urnes, etc., au *Louvre*, à *Saint-Denis*, à l'*église Saint-Étienne-du-Mont*, etc. Il en est de même des expériences faites dans les différents cimetières de Paris. Du reste, l'auteur n'aime guère les cimetières, la plupart des esprits préférant les lieux où ils ont vécu durant leur carrière terrestre, aux endroits où repose leur dépouille mortelle. »

Nous sommes loin de révoquer en doute les phénomènes singuliers observés par M. le baron, mais nous lui ferons observer que la découverte avait été faite avant lui par Lavuter et qu'il y a encore loin de quelques lignes obtenues par M. de Guldenstubbé au portrait peint à l'aquarelle par le kabbaliste Gablidone.

Maintenant, au nom de la science, nous dirons à M. de Guldenstubbé, non pas pour lui qui ne nous croira pas, mais pour les observateurs sérieux de ces phénomènes extraordinaires :

Monsieur le baron, les écritures que vous obtenez ne viennent pas de l'autre monde ; et c'est vous-même qui les tracez à votre insu.

Vous avez par vos expériences multipliées à l'excès et par l'excessive tension de votre volonté détruit l'équilibre de votre corps fluidique et astral, vous le forcez à réaliser vos rêves et il trace en caractères empruntés à vos souvenirs le reflet de vos imaginations et de vos pensées.

Si vous étiez plongé dans un sommeil magnétique parfaitement lucide, vous verriez le mirage lumineux de votre main s'allonger comme une ombre au soleil couchant, et tracer sur le papier préparé par vous ou vos amis les caractères qui vous étonnent.

Cette lumière corporelle qui émane de la terre et de vous est contenue par une enveloppe fluidique d'une extrême élasticité, et cette enveloppe se forme de la quintessence de vos esprits vitaux et de votre sang.

Cette quintessence emprunte à la lumière une couleur déterminée par votre volonté secrète, elle se fait ce que vous rêvez qu'elle est; alors les caractères s'impriment sur le papier comme les signes sur le corps des enfants qui ne sont pas encore nés sous l'influence des imaginations de leurs mères.

Cette encre que vous voyez apparaître sur le papier, c'est votre sang noirci et transfiguré. Vous vous épuisez à mesure que les écritures se multiplient. Si vous continuez vos expériences, votre cerveau s'affaiblira graduellement, votre mémoire se perdra; vous ressentirez dans les articulations des membres et des doigts d'inexprimables douleurs et vous mourrez enfin, soit foudroyé subitement, soit dans une longue agonie accompagnée d'hallucinations et de démence. Voici pour M. le baron de Guldenstubbé.

Maintenant nous dirons à M. le comte d'Ourches : Vous ne serez pas enterré vivant, mais vous risquez de mourir par les précautions mêmes que vous prendrez pour ne pas l'être.

Les personnes enterrées vivantes ne peuvent d'ailleurs avoir sous terre que des réveils rapides et de peu de durée, elles peuvent toutefois y vivre longtemps conservées par la lumière astrale dans un état complet de somnambulisme lucide.

Leurs âmes alors sont sur la terre encore enchaînées au corps endormi par une chaîne invisible, alors si ce sont des âmes avides et criminelles, elles peuvent aspirer la quintessence du sang des personnes endormies du sommeil naturel, et transmettre cette séve à leur corps enterré pour le conserver plus longtemps dans l'espérance vague qu'il sera enfin rendu à la vie. C'est cet effrayant phénomène qu'on appelle le vampirisme, phénomène dont la réalité a été constatée par des expériences nombreuses aussi bien attestées que tout ce qu'il y a de plus solennel dans l'histoire.

Si vous doutez de la possibilité de cette vie magnétique du corps humain dans la terre, lisez ce récit d'un officier anglais nommé *Osborne*, récit dont la fidélité a été attestée à M. le baron Du Potet par le général *Ventura*.

« Le 6 juin (1838), dit M. Osborne, la monotonie de notre vie de camp fut heureusement interrompue par l'arrivée d'un individu célèbre dans le Pendjab. Il jouit parmi les Sikhs d'une grande vénération à cause de la faculté qu'il a de rester enseveli sous terre aussi longtemps qu'il lui plaît. On rapportait dans le pays des faits si extraordinaires sur cet homme, et tant de personnes respectables en garantissaient l'authenticité, que nous étions extrêment désireux de le voir. Il nous raconta lui-même qu'il exerçait ce qu'il appelle son *métier* (celui de se faire enterrer) depuis plusieurs années ; on l'a vu en effet répéter cette étrange expérience sur divers points de l'Inde. Parmi les hommes graves et dignes de foi qui en rendent témoignage, je dois citer le capitaine Wade, agent politique à Lodhiana. Cet officier m'a affirmé très sérieusement avoir assisté lui-même à la *résurrection* de ce fakir après un enterrement qui avait eu lieu quelques mois auparavant, en présence du général Ventura, du maharadja et des principaux chefs sikhs. Voici les détails qu'on lui avait donnés sur l'enterrement, et ceux qu'il ajoutait, d'après sa propre autorité, sur l'exhumation.

» A la suite de quelques préparatifs qui avaient duré quelques jours et qu'il répugnerait d'énumérer, le fakir déclara être prêt à subir l'épreuve. Le maharadja, les chefs sikhs et le général Ventura se réunirent près d'une tombe en maçonnerie construite exprès pour le recevoir. Sous leurs yeux, le fakir ferma avec de la cire, à l'exception de la bouche, toutes les ouvertures de son corps qui pouvaient donner entrée à l'air ; puis il se dépouilla des vêtements qu'il portait : on l'enveloppa alors d'un sac de toile, et, suivant son désir, on lui retourna la langue en arrière de manière à lui boucher l'entrée du gosier ; aussitôt après cette opération le fakir tomba dans une sorte de léthargie. Le sac qui le contenait fut fermé, et un cachet y fut apposé par le maharadja. On plaça ensuite ce sac dans une caisse de bois cadenassée et scellée qui fut descendue dans la tombe : on jeta une grande quantité de terre dessus, on foula longtemps cette terre et on y sema de l'orge ; enfin des sentinelles furent placées tout alentour avec l'ordre de veiller jour et nuit.

» Malgré toutes ces précautions, le maharadja conservait des doutes ; il vint deux fois dans l'espace de dix mois, temps pendant lequel le fakir resta enterré, et il fit ouvrir devant lui la tombe ; le fakir était dans le sac tel qu'on l'y avait mis, froid et inanimé. Les dix mois expirés, on procéda à l'exhumation définitive du fakir. Le général Ventura et le capitaine Wade virent ouvrir les cadenas, briser les scellés et élever la caisse hors de la tombe. On retira le fakir : nulle pulsation soit au cœur, soit au pouls, n'indiquait la présence de la vie. Comme première mesure destinée à le ranimer, une personne lui introduisit très doucement le doigt dans la bouche et replaça sa langue dans la position naturelle. Le sommet de la tête était seul demeuré le siége d'une chaleur sensible. En versant lentement de l'eau chaude sur le corps on obtint peu à peu quelques signes de vie : après deux heures de soins, le fakir se releva et se mit à marcher en souriant.

» Cet homme vraiment extraordinaire raconte que, durant son ensevelissement il a des rêves délicieux, mais que le moment du réveil lui est toujours très pénible ; avant de revenir à la conscience de sa propre existence, il éprouve des vertiges.

» Il est âgé d'environ trente ans ; sa figure est désagréable et a une certaine expression de ruse.

» Nous causâmes longtemps avec lui, et il nous offrit de se faire enterrer en notre présence. Nous le prîmes au mot, et nous lui donnâmes rendez-vous à Lahore en lui promettant de le faire rester sous terre tout le temps que durerait notre séjour dans cette ville. »

» Tel est le récit de M. Osborne. Cette fois encore le fakir se laissa-t-il enterrer ? La nouvelle expérience pouvait être décisive. Voici ce qui arriva.

» Quinze jours après la visite du fakir à leur camp, les officiers anglais arrivèrent à Lahore; ils y choisirent un endroit qui leur parut favorable, firent construire une tombe en maçonnerie avec une caisse en bois bien solide, et demandèrent le fakir. Celui-ci les vint trouver le lendemain en leur témoignant le désir ardent de prouver qu'il n'était pas un imposteur. Il avait déjà, disait-il, subi les préparatifs nécessaires à l'expérience ; son maintien trahissait cependant l'inquiétude et l'abattement. Il voulut d'abord savoir quelle serait sa récompense : on lui promit une somme de quinze cents roupies, et un revenu de deux mille roupies par an que l'on se chargerait d'obtenir du roi. Satisfait sur ce point, il voulut savoir quelles précautions on comptait prendre; les officiers lui firent voir l'appareil de cadenas et de clefs, et l'avertirent que des sentinelles choisies parmi les soldats anglais veilleraient alentour pendant une semaine. Le fakir se récria et exhala force injures contre les *Frenghis*, contre les incrédules qui voulaient lui ravir sa réputation; il exprima le soupçon que l'on voulût attenter à sa vie, il refusa de s'abandonner ainsi complétement à la surveillance des Européens, il demanda que les doubles clefs de chaque cadenas fussent remises à quelqu'un de ses coreligionnaires, et il insista surtout pour que les factionnaires ne fussent pas des ennemis de sa religion. Les officiers ne voulurent point accéder à ces conditions. Différentes entrevues eurent lieu sans résultat; enfin le fakir fit savoir par un des chefs sikhs que le maharadja l'ayant menacé de sa colère s'il ne remplissait pas son engagement avec les Anglais, il voulait se soumettre à l'épreuve, bien qu'entièrement convaincu que le seul but des officiers était de lui ôter la vie, et qu'il ne sortirait jamais vivant de sa tombe; les officiers déclarèrent que comme sur ce dernier point ils partageaient complétement sa conviction, et qu'ils ne voulaient pas avoir sa mort à se reprocher, ils le tenaient quitte de sa promesse.

» Ces hésitations et ces craintes du fakir sont-elles des preuves péremptoires contre lui? En résulte-t-il que toutes les personnes qui auparavant ont soutenu avoir vu les faits sur lesquels repose sa célébrité aient voulu en imposer ou aient été les dupes d'une habile fourberie? Nous avouons que nous ne pouvons douter, d'après le nombre et le caractère des témoins, que le fakir ne se soit fait souvent et réellement enterrer; mais admettant même qu'après l'ensevelissement il ait réussi chaque fois à communiquer avec le dehors, il serait encore inexplicable comment il aurait pu rester privé de respiration pendant tout le temps qui s'écoulait entre son enterrement et le moment où ses complices lui venaient en aide. M. Osborne cite en note un extrait de la *Topographie médicale de Lodhiana*, du docteur Mac Gregor, médecin anglais qui a assisté à une des exhumations, et qui, témoin de l'état de léthargie du fakir et de son retour graduel à la vie, cherche sérieusement à l'expliquer. Un autre officier anglais, M. Boileau, dans un ouvrage publié il y a quelques années, raconte qu'il a été témoin d'une autre expérience où tous les faits se sont passés de la même manière. Les personnes qui voudraient satisfaire plus amplement leur curiosité, celles qui verraient dans ce récit l'indication d'un curieux phénomène physiologique, peuvent remonter avec confiance aux sources que nous venons d'indiquer. »

Il existe encore un grand nombre de procès-verbaux sur l'exhumation des vampires. Les chairs étaient dans un état remarquable de conservation, mais elles suintaient le sang, leurs cheveux avaient cru d'une manière extraordinaire et s'échappaient par touffes entre les fentes du cercueil. La vie n'existait plus dans l'appareil qui sert à la respiration, mais seulement dans le cœur qui d'animal semblait être devenu végétal. Pour tuer le vampire, il fallait lui traverser la poitrine avec un pieu, alors un cri terrible annonçait que le somnambule de la tombe se réveillait en sursaut dans une véritable mort.

Pour rendre cette mort définitive, on entourait la tombe du vampire d'épées plantées en terre la pointe en l'air, car les fantômes de lumière astrale se décomposent par l'action des pointes métalliques qui, en attirant cette lumière vers le réservoir commun, en détruisent les amas coagulés.

Ajoutons, pour rassurer les personnes craintives, que les cas de vampirisme sont heureusement fort rares, et qu'une personne saine d'esprit et de corps ne saurait être la victime d'un vampire si elle ne lui a pas abandonné de son vivant son corps et son âme par quelque complicité de crime ou de passion déréglée.

Voici une histoire de vampire qui est rapportée par *Tournefort*, dans son *Voyage au Levant :*

« Nous fûmes témoins (dit l'auteur), dans l'île de Mycone, d'une scène bien singulière, à l'occasion d'un de ces morts, que l'on croit voir revenir, après leur enterrement. Des peuples du Nord les appellent *Vampires;* les Grecs les désignent sous le nom de *Broucolaques.* Celui dont on va donner l'histoire était un paysan de Mycone, naturellement chagrin et querelleur ; c'est une circonstance à remarquer par rapport à de pareils sujets : il fut tué à la campagne, on ne sait par qui ni comment.

» Deux jours après qu'on l'eut inhumé dans une chapelle de la ville, le bruit courut qu'on le voyait la nuit se promener à grands pas : qu'il venait dans les maisons renverser les meubles, éteindre les lampes, embrasser les gens par derrière, et faire mille petits tours d'espiègle. On ne fit qu'en rire d'abord; mais l'affaire devint sérieuse, lorsque les plus honnêtes gens commencèrent à se plaindre. Les *papas* (prêtres grecs) eux-mêmes convenaient du fait, et sans doute qu'ils avaient leurs raisons. On ne manqua pas de faire dire des messes : cependant le paysan continuait la même vie sans se corriger. Après plusieurs assemblées des principaux de la ville, des prêtres et des religieux, on conclut qu'il fallait, je ne sais par quel ancien cérémonial, attendre les neuf jours après l'enterrement.

» Le dixième jour, on dit une messe dans la chapelle où était le corps, afin de chasser le démon que l'on croyait s'y être renfermé. Après la messe, on déterra le corps, et on en ôta le cœur ; le cadavre sentait si mauvais qu'on fut obligé de brûler de l'encens ; mais la fumée, confondue avec la mauvaise odeur, ne fit que l'augmenter, et commença d'échauffer ces pauvres gens. On s'avisa de dire qu'il sortait une fumée épaisse de ce corps. Nous, qui étions témoins, nous n'osions dire que c'était celle de l'encens.

» Plusieurs des assistants assuraient que le sang de ce malheureux était bien vermeil ; d'autres juraient que le corps était encore tout chaud ; d'où l'on concluait que le mort avait grand tort de n'être pas bien mort, ou, pour mieux dire, de s'être laissé ranimer par le diable ; c'est là précisément l'idée qu'ils ont d'un broucolaque ; on faisait alors retentir ce nom d'une manière étonnante. Une foule de gens, qui survinrent, protestèrent tout haut qu'ils s'étaient bien aperçus que ce corps n'était pas devenu roide, lorsqu'on le porta de la campagne à l'église pour l'enterrer ; et que, par conséquent, c'était un vrai broucolaque ; c'était là le refrain.

» Quand on nous demanda ce que nous croyions de ce mort, nous répondîmes que nous le croyions très bien mort ; et que, pour ce prétendu sang vermeil, on pouvait voir aisément que ce n'était qu'une bourbe fort puante ; enfin, nous fîmes de notre mieux pour guérir, ou du moins pour ne pas aigrir leur imagination frappée, en leur expliquant les prétendues vapeurs et la chaleur d'un cadavre.

» Malgré tous nos raisonnements, on fut d'avis de brûler le cœur du mort, qui, après cette exécution, ne fut pas plus docile qu'auparavant, et fit encore plus de bruit. On l'accusa de battre les gens la nuit, d'enfoncer les portes, de briser les fenêtres, de déchirer les habits et de vider les cruches et les bouteilles. C'était un mort bien altéré. Je crois qu'il n'épargna que la maison du consul, chez qui nous logions. Tout le monde avait l'imagination renversée. Les gens du meilleur esprit paraissaient frappés comme les autres. C'était une véritable maladie de cerveau, aussi dangereuse que la manie et que la rage. On voyait des familles entières abandonner leurs maisons, et venir des extrémités de la ville porter leurs grabats à la place pour y passer la nuit. Chacun se plaignait de quelque nouvelle insulte, et les plus sensés se retiraient à la campagne.

» Les citoyens les plus zélés pour le bien public croyaient qu'on avait manqué au point le plus essentiel de la cérémonie ; il ne fallait, selon eux, célébrer la messe qu'après avoir ôté le cœur à ce malheureux. Ils prétendaient qu'avec cette précaution, on n'aurait pas manqué de surprendre le diable ; et sans doute, il n'aurait eu garde d'y revenir ; au lieu qu'ayant commencé par la messe, il avait eu tout le temps de s'enfuir, et de revenir à son aise.

» Après tous ces raisonnements, on se trouva dans le même embarras que le premier jour. On s'assembla soir et matin ; on fit des processions pendant trois jours et trois nuits ; on obligea les *papas* de jeûner ; on les voyait courir dans les maisons, le goupillon à la main, jeter de l'eau bénite et en laver les portes : ils en remplisssaient même la bouche de ce pauvre broucolaque.

» Dans une prévention si générale, nous prîmes le parti de ne rien dire. Non-seulement on nous aurait traités de ridicules, mais d'infidèles. Comment faire revenir tout un peuple ? Tous les matins, on nous donnait la comédie, par le récit des nouvelles folies de cet oiseau de nuit ; on l'accusait même d'avoir commis les péchés les plus abominables.

» Cependant nous répétâmes si souvent aux administrateurs de la ville, que, dans un pareil cas, on ne manquerait pas, dans notre pays, de faire le guet la nuit, pour observer ce qui se passerait, qu'enfin on arrêta quelques vagabonds, qui, assurément, avaient part à tous ces désordres : mais on les relâcha trop tôt ; car, deux jours après, pour se dédommager du jeûne qu'ils avaient fait en prison, il recommencèrent à vider les cruches de vin, chez ceux qui étaient assez sots pour abandonner leurs maisons la nuit. On fut donc obligé d'en revenir aux prières.

» Un jour, comme on récitait certaines oraisons, après avoir planté je ne sais combien d'épées nues sur la fosse du cadavre, que l'on déterrait trois ou quatre fois par jour, suivant le caprice du premier venu, un Albanais, qui se trouvait là, s'avisa de dire, d'un ton de docteur, qu'il était fort ridicule en pareils cas, de se servir des épées des chrétiens. « Ne voyez-vous pas, pauvres gens, » disait-il, que la garde de ces épées faisant une croix » avec la poignée, empêche le diable de sortir de ce » corps ? Que ne vous servez-vous plutôt des sabres des » Turcs ? »

» L'avis de cet habile homme ne servit de rien ; le broucolaque ne parut pas plus traitable, et on ne savait plus à quel saint se vouer, lorsque tout d'une voix, comme si l'on s'était donné le mot, on se mit à crier, par toute la ville, qu'il fallait brûler le broucolaque tout entier ; qu'après cela ils défiaient le diable de revenir s'y nicher ;

qu'il valait mieux recourir à cette extrémité, que de laisser déserter l'île. En effet, il y avait déjà des famille qui pliaient bagage pour aller s'établir ailleurs.

« On porta donc le broucolaque, par ordre des administrateurs, à la pointe de l'île de Saint-Georges, où l'on avait préparé un grand bûcher avec du goudron, de peur que le bois, quelque sec qu'il fût, ne brûlât pas assez vite. Les restes de ce malheureux cadavre y furent jetés et consumés en peu de temps. C'était le premier jour de janvier 1701. Dès lors, on n'entendit plus de plaintes contre le broucolaque ; on se contenta de dire que le diable avait été bien attrapé cette fois-là, et l'on fit quelques chansons pour le tourner en ridicule. »

Remarquons dans ce récit de Tournefort, qu'il admet la réalité des visions qui épouvantaient tout un peuple.

Qu'il ne conteste ni la flexibilité ni la chaleur du cadavre, mais qu'il cherche à les expliquer, et cela seulement dans le but fort louable sans doute de rassurer ces pauvres gens.

Qu'il ne parle pas de la décomposition du cadavre, mais seulement de sa puanteur ; puanteur naturelle aux cadavres vampiriques comme aux champignons vénéneux.

Qu'il atteste enfin que le cadavre une fois brûlé, les prodiges et les visions cessèrent.

Mais nous voici bien loin des fantaisistes de la magie, revenons-y pour oublier les vampires, et disons quelques mots sur le cartomancien *Edmond*.

Edmond est le sorcier favori des dames du quartier de Notre-Dame-de-Lorette, il occupe, rue Fontaine-Saint-Georges, n. 30, un petit appartement assez coquet, son antichambre est toujours pleine de clientes et parfois aussi de clients. Edmond est un homme de grande taille, un peu obèse, sont teint est pâle, sa physionomie ouverte, sa parole assez sympathique. Il paraît croire à son art et continuer en conscience les exercices et la fortune des Éteilla et des demoiselles Lenormand. Nous l'avons interrogé sur ses procédés, et il nous a répondu avec l'accent de la franchise et avec beaucoup de politesse qu'il a été depuis son enfance passionné pour les sciences occultes et qu'il s'est exercé de bonne heure à la divination ; qu'il ignore les secrets philosophiques des hautes sciences et qu'il n'a pas les clefs de la kabbale de Salomon, mais qu'il est sensitif au plus haut point, et que la seule présence de ses clients l'impressionne si vivement qu'il sent en quelque sorte leur destinée. Il me semble, disait-il, que j'entends des bruits singuliers, des bruits de chaînes autour des prédestinés du bagne, des cris et des gémissements autour de ceux qui mourront de mort violente, des odeurs surnaturelles viennent m'assaillir et me suffoquent. Un jour, en présence d'une femme voilée et vêtue de noir, je me pris à tressaillir, je sentais une odeur de paille et de sang.... Madame, lui criai-je, sortez d'ici, vous êtes environnée d'une atmosphère de meurtre et de prison. Eh bien ! oui, dit alors cette femme, en dévoilant son visage pâle, j'ai été accusée d'infanticide et je sors de prison. Puisque vous avez vu le passé, dites-moi aussi l'avenir.

Un de nos amis et de nos disciples en kabbale, parfaitement inconnu d'Edmond, est allé un jour le consulter, il avait payé d'avance et attendait les oracles, lorsque Edmond se levant avec respect le pria de reprendre son argent. Je n'ai rien à vous dire, ajouta-t-il ; votre destinée est fermée pour moi avec la clef de l'occultisme ; tout ce que je pourrais vous dire, vous le savez aussi bien que moi, et il le reconduisit en le saluant beaucoup.

Edmond s'occupe aussi d'astrologie judiciaire, il dresse au plus juste prix des horoscopes et des thèmes de nativité; il tient en un mot tout ce qui concerne son état. C'est d'ailleurs un triste et fatiguant métier que le sien : avec combien de têtes malades et de cœurs malsains ne doit-il pas être continuellement en rapport! et puis les sottes exigences des uns, les reproches injustes des autres, les confidences gênantes, les demandes de philtres et d'envoûtements, les obsessions des fous, tout cela, en vérité lui fait bien gagner son argent.

Edmond n'est à tout prendre qu'un somnambule comme Alexis, il se magnétise lui-même avec ses cartons bariolés de figures diaboliques, il s'habille de noir et donne ses consultations dans un cabinet noir : c'est le prophète du mystère.

CHAPITRE V.

SOUVENIRS INTIMES DE L'AUTEUR.

SOMMAIRE. — Influence des illuminés et des maniaques sur les événements historiques. — Le mapah. — Sobrier et la révolution de février 1848. — Puissance magnétique de certains hommes. — Une somnambule statique.

En 1839, l'auteur de ce livre reçut un matin la visite d'Alphonse Esquiros.

— Venez-vous avec moi, voir le mapah, lui dit ce dernier.

— Qu'est-ce que c'est que le mapah ?

— C'est un dieu.

— Merci, alors je n'aime que les dieux invisibles.

— Venez-donc, c'est le fou le plus éloquent, le plus radieux et le plus superbe qu'on ait jamais vu.

— Mon ami, j'ai peur des fous, la folie est contagieuse.

— Eh mon cher, je viens bien vous voir, moi !

— C'est vrai : et puisque vous y tenez, eh bien, allons voir le mapah.

Dans un affreux galetas, était un homme barbu, d'une figure majestueuse et prophétique, il portait habituellement sur ses habits une vieille pelisse de femme, ce qui lui donnait assez l'air d'un pauvre derviche, il était entouré de plusieurs hommes barbus et extatiques comme lui et d'une femme aux traits immobiles qui ressemblait à une somnambule endormie.

Ses manières étaient brusques mais sympathiques, son éloquence entraînante, ses yeux hallucinés; il parlait avec emphase, s'animait, s'échauffait jusqu'à ce qu'une écume blanchâtre vînt border ses lèvres. Quelqu'un a défini l'abbé de Lamennais, quatre-vingt-treize faisant ses pâques ; cette définition conviendrait mieux au mysticisme du Mapah, on peut en juger par ce fragment échappé à son enthousiasme lyrique :

« L'humanité devait faillir : ainsi le voulait sa destinée, afin qu'elle fût elle-même l'instrument de sa reconstitution, et que dans la grandeur et la majesté du labeur humain passant par toutes ses phases de lumières et de ténèbres, apparussent manifestement la grandeur et la majesté de Dieu.

» Et l'unité primitive est brisée par la chute ; la douleur s'introduit dans le monde sous la forme du serpent ; et l'arbre de vie devient arbre de mort.

» Et les choses étant ainsi, Dieu dit à la femme : Tu enfanteras dans la douleur ; puis il ajoute : C'est par toi que la tête du serpent sera écrasée.

» Et la femme est la première esclave ; elle a compris sa mission divine, et le pénible enfantement a commencé.

» C'est pourquoi, depuis l'heure de la chute, la tâche de l'humanité n'a été qu'une tâche d'*initiation*, tâche grande et terrible ; c'est pourquoi tous les termes de cette même *initiation*, dont notre mère commune *Ève* est l'alpha, et notre mère commune *Liberté*, l'oméga, sont également saints et sacrés aux yeux de Dieu.

» J'ai vu un immense vaisseau surmonté d'un mât gigantesque terminé en ruche, et l'un des flancs du vaisseau regardait l'Occident et l'autre l'Orient.

» Et, du côté de l'Occident, ce vaisseau s'appuyait sur les sommets nuageux de trois montagnes, dont la base se perdait dans une mer furieuse ;

» Et chacune de ces montagnes portait son nom sanglant attaché à son flanc. La première s'appelait Golgotha ; la seconde, mont Saint-Jean ; la troisième Sainte-Hélène.

» Et au centre du mât gigantesque, du côté de l'Occident, était fixé une croix à cinq branches sur laquelle expirait une femme.

» Au-dessus de la tête de cette femme, on lisait :

France :
18 juin 1815 ;
Vendredi-Saint.

» Et chacune des cinq branches de la croix, sur laquelle elle était étendue, représentait une des cinq parties du monde ; sa tête reposait sur l'Europe et un nuage l'entourait.

» Et du côté du vaisseau qui regardait l'Orient les ténèbres n'existaient pas ; et la carène était arrêtée au seuil de la cité de Dieu sur le faîte d'un arc triomphal que le soleil illuminait de ses rayons.

» Et la même femme apparaissait de nouveau, mais transfigurée et radieuse. Elle soulevait la pierre d'un sépulcre : sur cette pierre il était écrit :

Restauration, jours du tombeau.
29 juillet 1830 ;
Pâques. »

Le mapah était, comme on le voit, un continuateur de Catherine Théot et de dom Gerle, et cependant étrange sympathie des folies entre elles, il nous déclara un jour confidentiellement qu'il était Louis XVII, revenu sur la terre pour une œuvre de régénération, et que cette femme qui vivait avec lui avait été Marie-Antoinette de France. Il expliquait alors ses théories révolutionnaires jusqu'à l'extravagance, comme le dernier mot des prétentions violentes de Caïn, destinées à ramener par une réaction fatale le triomphe du juste Abel. Esquiros et moi, nous étions allés voir le mapah pour nous amuser de sa démence, et notre imagination resta frappée de ses discours. Nous étions deux amis de collége à la manière de Louis-Lambert et de Balzac, et nous avions souvent rêvé ensemble des dévouements impossibles et des héroïsmes inconnus. Après avoir entendu Ganneau, ainsi se nommait celui qui se faisait appeler le mapah, nous nous prîmes à penser qu'il serait beau de dire au monde le dernier mot de la révolution et de fermer l'abîme de l'anarchie, en nous y jetant comme Curtius. Cet orgueil d'écoliers donna naissance à l'*Évangile du peuple* et à la *Bible de la liberté*, folies qu'Esquiros et son malencontreux ami n'ont que trop chèrement payées.

Tel est le danger des manies enthousiastes, elles sont contagieuses, et l'on ne se penche pas impunément au bord des abîmes de la démence ; mais voici quelque chose de bien autrement terrible.

Parmi les disciples du mapah, se trouvait un jeune homme nerveux et débile nommé *Sobrier*. Celui-là perdit complètement la tête, et se crut prédestiné à sauver le monde en provoquant la crise suprême d'une révolution universelle.

Arrivent les journées de février 1848. Une émeute avait provoqué un changement de ministère, tout était fini, les Parisiens étaient contents et les boulevards étaient illuminés.

Un jeune homme apparaît tout à coup dans les rues populeuses du quartier Saint-Martin. Il se fait précéder de deux gamins, l'un portant une torche, l'autre battant le rappel, un rassemblement nombreux se forme, le jeune homme monte sur une borne et harangue la foule. Ce sont des choses incohérentes, incendiaires, mais la conclusion, c'est qu'il faut aller au boulevard des Capucines porter au ministère la volonté du peuple.

Au coin de toutes les rues l'énergumène répète la même harangue, et il marche en tête du rassemblement, deux pistolets aux poings et toujours précédé de sa torche et de son tambour.

La foule des curieux qui encombrait les boulevards se joint par curiosité au cortége du harangueur. Bientôt ce n'est plus un rassemblement, c'est une masse de peuple qui roule sur le boulevard des Italiens.

Au milieu de cette trombe, le jeune homme et les deux gamins ont disparu, mais devant l'hôtel des Capucines un coup de pistolet est tiré sur la troupe.

Ce coup de pistolet, c'était la révolution, et il fut tiré par un fou.

Pendant toute la nuit, deux tombereaux chargés de cadavres se promenèrent dans les rues à la lueur des torches; le lendemain tout Paris était aux barricades, et Sobrier sans connaissance était rapporté chez lui. C'était Sobrier qui, sans savoir ce qu'il faisait, venait de donner une secousse au monde.

Ganneau et Sobrier sont morts, et l'on peut maintenant, sans danger pour eux, révéler à l'histoire ce terrible exemple du magnétisme des enthousiastes et des fatalités que peuvent entraîner après elles les maladies nerveuses de certains hommes. Nous tenons de source certaine les choses que nous racontons et nous pensons que cette révélation peut apporter un soulagement à la conscience du Bélisaire de la poésie, l'auteur de l'*Histoire des Girondins.*

Les phénomènes magnétiques produits par Ganneau

durèrent même après sa mort. Sa veuve, femme sans instruction et d'une intelligence assez négative, fille d'un honnête Auvergnat, est restée dans le somnambulisme statique où son mari l'avait plongée. Semblable à ces enfants qui subissent la forme des imaginations de leurs mères, elle est devenue une image vivante de Marie-Antoinette prisonnière à la Conciergerie. Ses manières sont celles d'une reine à jamais veuve et désolée, parfois seulement elle laisse échapper quelques plaintes qui sont de s'écrier que son rêve la fatigue, mais elle s'indigne souverainement contre ceux qui cherchent à la réveiller; elle ne donne d'ailleurs aucun signe d'aliénation mentale; sa conduite extérieure est raisonnable, sa vie parfaitement honorable et régulière. Rien n'est plus touchant, selon nous, que cette obsession persévérante d'un être follement aimé qui se survit dans une hallucination conjugale. Si Artémise a existé, il est permis de croire que Mausole était aussi un puissant magnétiseur, et qu'il avait entraîné et fixé à jamais les affections d'une femme toute sensitive en dehors des limites du libre arbitre et de la raison.

CHAPITRE VI.

DES SCIENCES OCCULTES.

SOMMAIRE. — Coup d'œil synthétique sur les sciences occultes. — La recherche de l'absolu.

Le secret des sciences occultes c'est celui de la nature elle-même, c'est le secret de la génération des anges et des mondes, c'est celui de la toute-puissance de Dieu!

Vous serez comme les Élohims, connaissant le bien et le mal, avait dit le serpent de la Genèse, et l'arbre de la science est devenu l'arbre de la mort.

Depuis six mille ans, les martyrs de la science travaillent et meurent au pied de cet arbre pour qu'il redevienne l'arbre de vie.

L'absolu cherché par les insensés et trouvé par les sages, c'est la *vérité*, la *réalité* et la *raison* de l'équilibre universel !

L'équilibre, c'est l'harmonie qui résulte de l'analogie des contraires.

Jusqu'à présent l'humanité a essayé de se tenir sur un seul pied, tantôt sur l'un, tantôt sur l'autre.

Les civilisations se sont élevées et ont péri, soit par la démence anarchique du despotisme, soit par l'anarchie despotique de la révolte.

Tantôt les enthousiasmes superstitieux, tantôt les misérables calculs de l'instinct matérialiste ont égaré les nations, et Dieu pousse le monde enfin vers la raison croyante et les croyances raisonnables.

Nous avons eu assez de prophètes sans philosophie et de philosophes sans religion, les croyants aveugles et les sceptiques se ressemblent et ils sont aussi loin les uns que les autres du salut éternel.

Dans le chaos du doute universel et des conflits de la science et de la foi, les grands hommes et les voyants n'ont été que des artistes malades qui cherchaient la beauté idéale aux risques et périls de leur raison et de leur vie.

Aussi voyez-les tous encore, ces sublimes enfants, ils sont fantasques et nerveux comme des femmes, un rien les blesse, la raison les offense, ils sont injustes les uns envers les autres, et eux qui ne vivent que pour être couronnés, ils sont les premiers à faire dans leurs fantasques humeurs ce que Pythagore défend d'une manière si touchante dans ses symboles admirables, ils déchirent et foulent aux pieds les couronnes! Ce sont les aliénés de la gloire, mais Dieu, pour les empêcher de devenir dangereux, les contient avec les chaînes de l'opinion.

Le tribunal de la médiocrité juge le génie sans appel, parce que le génie étant la lumière du monde, est regardé comme nul et comme mort, dès qu'il n'éclaire pas.

L'enthousiasme du poëte est contrôlé par le sang-froid de la prosaïque multitude. L'enthousiaste que le bon sens public n'accepte pas, n'est point un génie, c'est un fou.

Ne dites pas que les grands artistes sont les esclaves de la foule ignorante, car c'est d'elle que leur talent reçoit l'équilibre de la raison.

La lumière, c'est l'équilibre de l'ombre et de la clarté.

Le mouvement, c'est l'équilibre de l'inertie et de l'activité.

L'autorité, c'est l'équilibre de la liberté et du pouvoir.

La sagesse, c'est l'équilibre dans les pensées.

La vertu, c'est l'équilibre dans les affections; la beauté, c'est l'équilibre dans les formes.

Les belles lignes sont les lignes justes, et les magnificences de la nature sont un algèbre de grâces et de splendeurs.

Tout ce qui est juste est beau : tout ce qui est beau doit être juste.

Le ciel et l'enfer sont l'équilibre de la vie morale ; le bien et le mal sont l'équilibre de la liberté.

Le grand œuvre, c'est la conquête du point central où réside la force équilibrante. Partout ailleurs, les réactions de la force équilibrée conservent la vie universelle par le mouvement perpétuel de la naissance et de la mort.

C'est pour cela que les philosophes hermétiques comparent leur or au soleil.

C'est pour cela que cet or guérit toutes les maladies de l'âme et donne l'immortalité. Les hommes arrivés à ce point central sont les véritables adeptes, ce sont les thaumaturges de la science et de la raison.

Ils sont maîtres de toutes les richesses du monde et des mondes, ils sont les confidents et les amis des princes du ciel, la nature leur obéit parce qu'ils veulent ce que veut la loi qui fait marcher la nature.

Voilà ce que le Sauveur du monde appelle le *royaume de Dieu!* c'est le *sanctum regnum* de la sainte kabbale. C'est la couronne et l'anneau de Salomon, c'est le sceptre de Joseph devant lequel s'inclinent les étoiles du ciel et les moissons de la terre.

Cette toute-puissance nous l'avons retrouvée, et nous ne la vendons pas, mais si Dieu nous avait chargé de la vendre, nous ne trouverions pas que ce soit assez de toute la fortune des acheteurs ; nous leur demanderions encore, non pas pour nous, mais pour elle toute leur âme et toute leur vie !

CHAPITRE VII.

RÉSUMÉ ET CONCLUSION.

Sommaire. — L'énigme du Sphinx. — Les questions paradoxales. — Portée des découvertes de la science magique dans l'ordre religieux, dans l'ordre moral et dans l'ordre politique. — Objet et but de cet ouvrage.

Il nous reste maintenant à résumer et à conclure.

Résumer l'histoire d'une science, c'est résumer la science. Aussi allons-nous récapituler les grands principes de l'initiation conservés et transmis à travers tous les âges.

La science magique est la science absolue de l'équilibre.

Cette science est essentiellement religieuse, elle a présidé à la formation des dogmes de l'ancien monde, et a été ainsi la mère nourrice de toutes les civilisations.

Mère pudique et mystérieuse, qui, en allaitant de poésie et d'inspiration les générations naissantes, couvrait son visage et son sein !

Avant tout principe, elle nous dit de croire en Dieu, et de l'adorer sans chercher à le définir, parce que souvent pour notre intelligence imparfaite, un Dieu défini est en quelque sorte un Dieu fini ! Mais après Dieu, elle nous montre comme souverains principes des choses, les mathématiques éternelles et les forces équilibrées.

Il est écrit dans la Bible que Dieu a tout disposé par le poids, le nombre et la mesure, voici le texte :

Omnia in pondere et numero et mensurâ disposuit Deus.

Ainsi le poids, c'est-à-dire l'équilibre, le nombre ou la quantité et la mesure, c'est-à-dire la proportion, telles sont les bases éternelles ou divines de la science de la nature.

La formule de l'équilibre est celle-ci :

« L'harmonie résulte de l'analogie des contraires. »

Le nombre est l'échelle des analogies dont la proportion est la mesure.

Toute la philosophie occulte du Sohar pourrait s'appeler la *science de l'équilibre.*

La clef des nombres se trouve dans le Sepher Jézirah. La génération des nombres est analogue à la filiation des idées et à la production des formes.

En sorte que, dans leur alphabet sacré, les sages hiérophantes de la kabbale ont réuni les signes hiéroglyphiques des nombres, des idées et des formes.

Les combinaisons de cet alphabet donnent des équations d'idées, et mesurent, en les indiquant, toutes les combinaisons possibles dans les formes naturelles.

Dieu, dit la Genèse, a fait l'homme à son image : or, l'homme étant le résumé vivant de la création, il s'ensuit que la création aussi est faite à l'image de Dieu.

Il y a dans l'univers trois choses : l'*esprit*, le *médiateur plastique* et la *matière*.

Les anciens donnaient à l'esprit pour instrument immédiat, le fluide igné auquel ils prêtaient le nom générique de *soufre ;* au médiateur plastique, le nom de *Mercure* à cause du symbolisme représenté par le caducée, et à la matière le nom de *sel*, à cause du sel fixe qui reste après la combustion et qui résiste à l'action du feu.

Ils comparaient le soufre au père, à cause de l'activité génératrice du feu ; le mercure à la mère, pour sa puissance d'attraction et de reproduction ; et le sel était pour eux l'enfant ou la substance soumise à l'éducation de la nature.

La substance créée pour eux était une, et ils la nommaient lumière.

Lumière positive ou ignée, le soufre volatil ; lumière négative ou rendue visible par les vibrations du feu, le mercure fluide éthéré ; et lumière neutralisée ou ombre, le mixte coagulé ou fixé sous la forme de terre ou de sel.

C'est pourquoi Hermès trismégiste s'exprime ainsi dans son symbole connu sous le nom de *Table d'émeraude :*

« Ce qui est en haut est comme ce qui est en bas, et ce qui est en bas est comme ce qui est en haut pour former les merveilles de la chose unique. »

C'est-à-dire que le mouvement universel est produit par les analogies du fixe et du volatil, le volatil tendant à se fixer, et le fixe à se volatiliser, ce qui produit un échange continuel entre les formes de la substance unique et, par cet échange, les combinaisons sans cesse renouvelées des formes universelles.

Le feu c'est Osiris ou le soleil, la lumière c'est Isis ou la lune, ils sont le père et la mère du grand Télesma, c'est-à-dire de la substance universelle, non qu'ils en soient les créateurs, mais ils en représentent les deux forces génératrices, et leur effort combiné produit le fixe ou la terre, ce qui fait dire à Hermès que leur force est parvenue à toute sa manifestation quand la terre en a été formée.

Osiris n'est donc pas Dieu, même pour les grands hiérophantes du sanctuaire égyptien. Osiris n'est que l'ombre lumineuse ou ignée du principe intellectuel de la vie, et c'est pour cela qu'au moment des dernières initiations on jetait en courant dans l'oreille de l'adepte cette révélation redoutable : *Osiris est un dieu noir.*

Malheur, en effet, au récipiendaire dont l'intelligence ne se serait pas élevée par la foi au-dessus des symboles purement physiques de la révélation égyptienne ! Cette parole devenait pour lui une formule d'athéisme et son esprit était frappé d'aveuglement. Elle était au contraire pour le croyant d'un génie plus élevé, le gage des plus sublimes espérances. Enfant, semblait lui dire l'initiateur, tu prends une lampe pour le soleil, mais ta lampe n'est qu'une étoile de la nuit ; il existe un véritable soleil ; sors de la nuit et cherche le jour !

Ce que les anciens appelaient les *quatre éléments* n'étaient pas pour eux des corps simples, mais bien les quatre formes élémentaires de la substance unique. Ces quatre formes étaient figurées sur le sphinx : l'air par les ailes, l'eau par le sein de femme, la terre par le corps de taureau, le feu par les griffes du lion.

La substance une, trois fois triple en mode d'essence, et quadruple en forme d'existence, tel est le secret des trois pyramides triangulaires d'élévation, carrées par la base et gardées par le sphinx. L'Égypte, en élevant ces monuments, avait voulu poser les colonnes d'Hercule de la science universelle.

Aussi les sables ont monté, les siècles ont passé et les pyramides toujours grandes proposent aux nations leur énigme dont le mot a été perdu. Quant au sphinx, il semble avoir sombré dans la poussière des âges. Les grands empires de Daniel ont régné tour à tour sur la terre, et se sont enfoncés de tout leur poids dans le tombeau. Conquêtes de la guerre, fondations du travail, œuvres des passions humaines, tout s'est englouti avec le corps symbolique du sphinx ; maintenant la tête humaine se dresse seule au-dessus des sables du désert, comme si elle attendait l'empire universel de la pensée.

Devine ou meurs! tel était le terrible dilemme posé par le sphinx aux aspirants à la royauté de Thèbes. C'est qu'en effet les secrets de la science sont ceux de la vie ; il s'agit de régner ou de servir, d'être ou de ne pas être. Les forces naturelles nous briseront, si elles ne nous servent à conquérir le monde. Roi ou victime, il n'y a pas de milieu entre cet abîme et cette sommité, à moins qu'on ne se laisse tomber dans la masse de ceux qui ne sont rien, parce qu'ils ne se demandent jamais pourquoi ils vivent ni ce qu'ils sont.

Les formes du sphinx représentent aussi par analogie hiéroglyphique les quatre propriétés de l'agent magique universel, c'est-à-dire de la lumière astrale : dissoudre, coaguler, réchauffer, refroidir. Ces quatre propriétés dirigées par la volonté de l'homme, peuvent modifier toutes les formes de la nature, et produire, suivant l'impulsion donnée, la vie ou la mort, la santé ou la maladie, l'amour ou la haine, la richesse même ou la pauvreté. Elles peuvent mettre au service de l'imagination tous les reflets de la lumière ; elles sont la solution paradoxale des questions les plus téméraires qu'on puisse poser à la haute magie.

Les questions paradoxales de la curiosité humaine, les voici ; nous allons les poser et y répondre :

1. Peut-on échapper à la mort ?

2. La pierre philosophale existe-t-elle, et comment faire pour la trouver ?

3. Peut-on se faire servir par les esprits ?

4. Qu'est-ce que la clavicule, l'anneau et le sceau de Salomon ?

5. Peut-on prévoir l'avenir par des calculs certains ?

6. Peut-on faire à son gré du bien ou du mal par influence magique ?

7. Que faut-il pour être un vrai magicien ?

8. En quoi consistent précisément les forces de la magie noire ?

Nous appelons paradoxales ces questions qui sont en dehors de toute science, et qui semblent être d'avance résolues négativement par la foi.

Ces questions sont téméraires si elles sont faites par un profane, et leur solution complète donnée par un adepte ressemblerait à un sacrilége.

Dieu et la nature ont fermé le sanctuaire intime de la haute science, en sorte qu'au delà de certaine limite celui qui sait, parlerait inutilement, il ne se ferait plus comprendre ; la révélation du grand arcane magique est donc heureusement impossible.

Les solutions que nous allons donner seront donc la dernière expression du verbe magique ; nous les rendrons aussi claires qu'elles peuvent être, mais nous ne nous chargeons pas de les faire comprendre à tous nos lecteurs.

QUESTIONS 1 et 2.

1. Peut-on échapper à la mort ?
2. La pierre philosophale existe-t-elle, et comment faire pour la trouver ?

RÉPONSES.

On peut échapper à la mort de deux manières, dans le temps et dans l'éternité.

Dans le temps, en guérissant toutes les maladies et en évitant les infirmités de la vieillesse ;

Et dans l'éternité, en perpétuant par le souvenir l'identité personnelle dans les transformations de l'existence.

Posons d'abord en principes :

1° Que la vie résultant du mouvement ne peut se conserver que par la succession et le perfectionnement des formes ;

2° Que la science du mouvement perpétuel est la science de la vie ;

3° Que cette science a pour objet la juste pondération des influences équilibrées ;

4° Que tout renouvellement s'opère par la destruction, et qu'ainsi toute génération est une mort, et toute mort une génération.

Maintenant établissons avec les anciens sages que le principe universel de la vie est un mouvement substantiel ou une substance éternellement et essentiellement mue et motrice, invisible et impalpable, à l'état volatil, et qui se manifeste matériellement en se fixant par les phénomènes de la polarisation.

Cette substance est indéfectible, incorruptible, et par conséquent immortelle.

Mais ses manifestations par la forme sont éternellement changées par la perpétuité du mouvement.

Ainsi tout meurt parce que tout vit, et si l'on pouvait éterniser une forme, on arrêterait le mouvement et l'on aurait créé la seule véritable mort.

Emprisonner à jamais une âme dans un corps humain momifié, telle serait la solution horrible du paradoxe magique de l'immortalité prétendue dans le même corps et sur la même terre.

Tout se régénère par le dissolvant universel qui est la substance première.

Ce dissolvant concentre sa force dans la quintessence, c'est-à-dire au centre équilibrant d'une double polarité.

Les quatre éléments des anciens sont les quatre forces polaires de l'aimant universel représenté par une croix.

Cette croix qui tourne indéfiniment autour de son centre, en posant ainsi l'énigme de la quadrature du cercle.

Le Verbe créateur se fait entendre du milieu de la croix et il crie : Tout est consommé.

C'est dans la juste proportion des quatre formes élémentaires qu'il faut chercher la médecine universelle des corps, comme la médecine de l'âme nous est présentée par la religion en celui qui s'offre éternellement sur la croix pour le salut du monde.

L'aimantation et la polarisation des corps célestes résultent de leur gravitation équilibrée autour des soleils, qui sont les réservoirs communs de leur électro-magnétisme.

La vibration de la quintessence autour des réservoirs communs se manifeste par la lumière, et la lumière révèle sa polarision par les couleurs.

Le blanc est la couleur de la quintessence. Vers son pôle négatif, cette couleur se condense en bleu et se fixe en noir; mais vers son pôle positif, elle se condense en jaune et se fixe en rouge.

La vie rayonnante va donc toujours du noir au rouge, en passant par le blanc; et la vie absorbée redescend du rouge au noir, en traversant le même milieu.

Les quatre nuances intermédiaires ou mixtes produisent avec les trois couleurs de la syllepse de l'analyse et de la synthèse lumineuse, ce qu'on appelle les sept couleurs du prisme ou du spectre solaire.

Ces sept couleurs forment sept atmosphères ou sept zones lumineuses autour de chaque soleil, et la planète dominante dans chaque zone se trouve aimantée d'une manière analogue à la couleur de son atmosphère.

Les métaux dans les entrailles de la terre se forment comme les planètes dans le ciel, par les spécialités d'une lumière latente qui se décompose en traversant divers milieux.

S'emparer du sujet dans lequel la lumière métallique est latente, avant qu'elle se soit spécialisée, et la pousser à l'extrême pôle positif, c'est-à-dire au rouge vif, par un feu emprunté à la lumière même, tel est tout le secret du grand œuvre.

On comprend que cette lumière positive à son extrême degré de condensation est la vie même devenue fixe, et peut servir de dissolvant universel et de médecine à tous les règnes de la nature.

Mais pour arracher à la marcassite, au stibium, à l'arsenic des philosophes son sperme métallique vivant et androgyne, il faut un premier dissolvant qui est un menstrue minéral salin, il faut de plus le concours du magnétisme et de l'électricité.

Le reste se fait de soi-même, dans un seul vase, dans un seul athanor, et par le feu gradué d'une seule lampe; c'est, disent les adeptes, un travail de femmes et d'enfants.

Ce que les chimistes et les physiciens modernes appellent chaleur, lumière, électricité, magnétisme, n'était pour les anciens que les manifestations phénoménales élémentaires de la substance unique appelée *aour*, אור, *od*, אוד et *ob*, אוב, par les Hébreux. *Od* est le nom de l'actif, *ob* le nom du passif, et *aour*, dont les philosophes hermétiques ont fait leur or, est le nom du mixte androgyne et équilibré.

L'or vulgaire c'est l'*aour* métallisé, l'or philosophique c'est l'*aour* à l'état de pierrerie soluble.

En théorie, suivant la science transcendantale des anciens, la pierre philosophale qui guérit toutes les maladies et opère la transmutation des métaux, existe donc incontestablement. Existe-t-elle et peut-elle exister en fait ? Si nous l'affirmions, on ne nous croirait pas, donnons donc cette affirmation comme une solution paradoxale aux paradoxes exprimés par les deux premières questions et passons au second chapitre.

Remarque. — Nous ne répondons pas à la question subsidiaire : *Comment faire pour la trouver*, parce que

M. de La Palisse lui-même répondrait à notre place que pour trouver il est indispensable de chercher, à moins qu'on ne trouve par hasard. Nous en avons dit assez pour diriger et faciliter les recherches.

QUESTIONS 3. ET 4.

3. — Peut-on se faire servir par les esprits ?
4. — Qu'est-ce que la clavicule, le sceau et l'anneau de Salomon.

RÉPONSES.

Lorsque le Sauveur du monde eut triomphé, dans sa tentation du désert, des trois convoitises qui asservissent l'âme humaine :

La convoitise des appétits, la convoitise des ambitions et celle des cupidités.

Il est écrit que les anges s'approchèrent de lui et le servirent.

Car les esprits sont au service de l'esprit souverain, et l'esprit souverain est celui qui enchaîne les turbulences déréglées et les entraînements injustes de la chair.

Remarquons bien toutefois qu'il est contre l'ordre de la Providence d'intervertir la série naturelle des communications entre les êtres.

Nous ne voyons pas que le Sauveur et les apôtres aient évoqué les âmes des morts.

L'immortalité de l'âme étant un des dogmes les plus consolants de la religion, doit-être réservée aux aspirations de la foi, et ne sera par conséquent jamais prouvée par des faits accessibles à la critique de la science.

Aussi l'ébranlement ou la perte de la raison est-elle

et sera-t-elle toujours le châtiment de ceux qui auront la témérité de regarder, dans l'autre vie, avec les yeux de celle-ci.

Aussi les traditions magiques font-elles toujours apparaître les morts évoqués, avec des visages tristes et colères.

Ils se plaignent d'avoir été troublés dans leur repos et ne profèrent que des reproches et des menaces.

Les clefs ou clavicules de Salomon sont des forces religieuses et rationnelles exprimées par des signes, et qui servent moins à évoquer les esprits qu'à se préserver soi-même de toute aberration dans les expériences relatives aux sciences occultes.

Le sceau résume les clefs, l'anneau en indique l'usage.

L'anneau de Salomon est à la fois circulaire et carré, et il figure ainsi le mystère de la quadrature du cercle.

Il se compose de sept carrés disposés de manière à former un cercle. On y adapte deux chatons, l'un circulaire, l'autre carré, l'un en or, l'autre en argent.

La bague doit être faite de filigrane des sept métaux.

Dans le chaton d'argent on enchasse une pierre blanche, et dans le chaton d'or une pierre rouge avec ces signatures :

Sur la pierre blanche, le signe du macrocosme ;

Sur la pierre rouge, le signe du microcosme.

Lorsqu'on met l'anneau à son doigt, une des pierres doit être au dedans de la main, l'autre au dehors, suivant qu'on veut commander aux esprits de lumière ou aux puissances des ténèbres.

Expliquons en quelques paroles la toute-puissance de cet anneau.

La volonté est toute-puissante, lorsqu'elle s'arme des forces vives de la nature.

La pensée est oisive et morte tant qu'elle ne se manifeste pas par le verbe ou par le signe, elle ne peut donc alors ni exciter, ni diriger la volonté.

Le signe étant la forme nécessaire de la pensée est l'instrument indispensable de la volonté.

Plus le signe est parfait, plus la pensée est fortement formulée, et plus par conséquent la volonté est dirigée avec puissance.

La foi aveugle transporte les montagnes, que sera-ce donc de la foi éclairée par une science complète et immuable?

Si notre âme pouvait concentrer toute son intelligence et toute son énergie dans l'émission d'une seule parole, cette parole pour elle ne serait-elle pas toute-puissante?

L'anneau de Salomon avec son double sceau, c'est toute la science et toute la foi des mages résumées en un signe.

C'est le symbole de toutes les forces du ciel et de la terre et des lois saintes qui les régissent, soit dans le macrocosme céleste, soit dans le microcosme humain.

C'est le talisman des talismans et le pantacle des pantacles.

L'anneau de Salomon est tout-puissant, si c'est un signe vivant, mais il est inefficace, si c'est un signe mort; la vie des signes c'est l'intelligence et la foi, intelligence de la nature, foi en son moteur éternel.

L'étude approfondie des mystères de la nature peut

éloigner de Dieu l'observateur inattentif chez qui la fatigue de l'esprit paralyse les élans du cœur.

C'est en cela que les sciences occultes peuvent être dangereuses et même fatales à certaines âmes.

L'exactitude mathématique, la rigueur absolue des lois de la nature, l'ensemble et la simplicité de ces lois, donnent à plusieurs l'idée d'un mécanisme nécessaire, éternel, inexorable, et la Providence disparaît pour eux derrière les rouages de fer d'une horloge au mouvement perpétuel.

Ils ne réfléchissent pas au fait redoutable de la liberté et de l'autocratie des créatures intelligentes.

Un homme dispose à son gré de l'existence d'êtres organisés comme lui ; il peut atteindre les oiseaux dans l'air, les poissons dans l'eau, les bêtes sauvages dans les forêts ; il peut couper ou incendier les forêts elles-mêmes, miner et faire sauter les rochers et les montagnes, changer autour de lui toutes les formes, et malgré les analogies ascendantes de la nature, il ne croirait pas à l'existence d'êtres intelligents comme lui qui pourraient à leur gré déplacer, briser et incendier les mondes, souffler sur les soleils pour les éteindre, ou les broyer pour en faire des étoiles... des êtres si grands qu'ils échappent à sa vue, comme nous échappons sans doute à celle de la mite ou du ciron... Et si de pareils êtres existent sans que l'univers soit mille fois bouleversé, ne faut-il pas admettre qu'ils obéissent tous à une volonté suprême, à une force puissante et sage, qui leur défend de déplacer les mondes, comme elle nous défend de détruire le nid de l'hirondelle et la crysalide du papillon? Pour le mage qui sent cette force au fond même de sa conscience, et qui ne voit plus dans les lois de l'univers que les instruments de la justice éternelle, le sceau de Salomon, ses clavicules et son anneau sont les insignes de la suprême royauté.

QUESTIONS 5 ET 6.

5. Peut-on prévoir l'avenir par des calculs certains ?

6. Peut-on faire du bien ou du mal par influence magique ?

RÉPONSES.

Deux joueurs d'échec d'égale force, sont assis à une table, ils commencent la partie, lequel des deux gagnera ?

— Celui qui sera le plus attentif à son jeu.

Si je connais les préoccupations de l'un et de l'autre, je puis prédire certainement le résultat de leur partie.

Au jeu d'échecs, prévoir c'est gagner, il en est de même au jeu de la vie.

Rien dans la vie n'arrive par hasard, le hasard, c'est l'imprévu ; mais l'imprévu de l'ignorant avait été prévu par le sage.

Tout événement, comme toute forme, résulte d'un conflit ou d'un équilibre de forces, et ces forces peuvent être représentées par des nombres.

L'avenir peut donc être d'avance déterminé par le calcul.

Toute action violente est balancée par une réaction égale, le rire pronostique les larmes, et c'est pour cela que le Sauveur disait : Heureux ceux qui pleurent !

C'est pour cela aussi qu'il disait : Celui qui s'élève, sera abaissé, et celui qui s'abaisse sera élevé.

Aujourd'hui Nabuchodonosor se fait Dieu, demain il sera changé en bête.

Aujourd'hui Alexandre fait son entrée dans Babylone, et se fait offrir de l'encens sur tous les autels, demain il mourra brutalement ivre.

L'avenir est dans le passé; le passé est dans l'avenir.

Quand le génie prévoit, il se souvient.

Les effets s'enchaînent si nécessairement et si exactement aux causes et deviennent ensuite eux-mêmes des causes d'effets nouveaux si conformes aux premiers dans leur manière de se produire, qu'un seul fait peut révéler au voyant toute une généalogie de mystères.

Quand le Christ est venu, il est certain que l'Antechrist viendra : mais la venue de l'Antechrist précédera le triomphe du Saint-Esprit.

Le siècle d'argent où nous vivons est le précurseur des plus abondantes charités et des bonnes œuvres les plus grandes qu'on ait encore vues dans le monde.

Mais il faut savoir que la volonté de l'homme modifie les causes fatales, et qu'une seule impulsion donnée par un homme peut changer l'équilibre de tout un monde.

Si telle est la puissance de l'homme dans le monde qui est son domaine, que doivent donc être les génies des soleils!

Le moindre des égrégores pourrait d'un souffle, en dilatant subitement le calorique latent de notre terre, la faire éclater et disparaître comme un petit nuage de cendre.

L'homme aussi peut d'un souffle faire évanouir toute la félicité d'un de ses semblables.

Les hommes sont aimantés comme les mondes, ils rayonnent leur lumière spéciale comme les soleils.

Les uns sont plus absorbants, les autres irradient plus volontiers.

Personne n'est isolé dans le monde, tout homme est une fatalité ou une providence.

Auguste et Cinna se rencontrent : tous deux sont orgueilleux et implacables, voilà la fatalité.

Cinna veut fatalement et librement tuer Auguste, Auguste est entraîné fatalement à le punir, il veut lui pardonner et librement il lui pardonne. Ici la fatalité se change en providence, et le siècle d'Auguste inauguré par cette bonté sublime devient digne de voir naître celui qui dira : Pardonnez à vos ennemis ! Auguste, en faisant grâce à Cinna, a expié toutes les vengeances d'Octave.

Tant que l'homme est asservi aux exigences de la fatalité, c'est un profane, c'est-à-dire un homme qu'il faut repousser loin du sanctuaire de la science.

La science, en effet, serait entre ses mains un instrument terrible de destruction.

L'homme libre au contraire, c'est-à-dire celui qui domine par l'intelligence les instincts aveugles de la vie, celui-là est essentiellement conservateur et réparateur, car la nature est le domaine de sa puissance, le temple de son immortalité.

Quand le profane voudrait bien faire, il ferait mal.

L'initié libre ne peut pas vouloir mal faire; s'il frappe, c'est pour châtier et pour guérir.

Le souffle du profane est mortel, celui de l'initié est vivifiant.

Le profane souffre pour faire souffrir les autres, l'initié souffre pour que les autres ne souffrent pas.

Le profane trempe ses flèches dans son propre sang et les empoisonne; l'initié, libre avec une goutte de son sang, guérit les plus cruelles blessures.

QUESTIONS 7 ET 8.

7. Que faut-il faire pour être un vrai magicien?

8. En quoi consistent précisément les forces de la magie noire?

RÉPONSES.

L'homme qui dispose des forces occultes de la nature, sans s'exposer à être écrasé par elles, celui-là est un vrai magicien.

On le reconnaît à ses œuvres et à sa fin, qui est toujours un grand sacrifice.

Zoroastre a créé les dogmes et les civilisations primitives de l'Orient, et a disparu comme Œdipe dans un orage.

Orphée a donné la poésie à la Grèce, et avec cette poésie la beauté de toutes les grandeurs, et il a péri dans une orgie à laquelle il refusait de se mêler.

Julien, malgré toutes ses vertus, n'a été qu'un initié à la magie noire. Il est mort victime et non martyr; sa mort a été une destruction et une défaite, il ne comprenait pas son époque.

Il connaissait le dogme de la haute magie, mais il en appliquait mal le rituel.

Apollonius de Thyane et Synesius n'ont été autre chose que de merveilleux philosophes, ils ont cultivé la vraie science, mais ils n'ont rien fait pour la postérité.

Les mages de l'Évangile régnaient alors dans les trois parties du monde connu, et les oracles se taisaient en écoutant les vagissements du petit enfant de Bethléem.

Le roi des rois, le mage des mages, était venu dans le monde, et les cultes, les lois, les empires, tout était changé !

Entre Jésus-Christ et Napoléon, le monde merveilleux reste vide.

Napoléon, ce Verbe de la guerre, ce messie armé, est venu fatalement et sans le savoir, compléter la parole chrétienne. La révélation chrétienne ne nous apprenait qu'à mourir, la civilisation napoléonienne doit nous apprendre à vaincre.

De ces deux Verbes contraires en apparence, le dévouement et la victoire, souffrir, mourir, combattre et vaincre, se forme le grand arcane de l'HONNEUR !

Croix du Sauveur, croix du brave, vous n'êtes pas complètes l'une sans l'autre, car celui-là seul sait vaincre qui sait se dévouer et mourir !

Et comment se dévouer et mourir, si l'on ne croit pas à la vie éternelle ?

Napoléon qui était mort en apparence, devait revenir dans le monde en la personne d'un homme réalisateur de son esprit.

Salomon et Charlemagne reviendront aussi en un seul monarque, et alors saint Jean l'Évangéliste, qui, selon la tradition, doit revivre à la fin des temps, ressuscitera aussi en la personne d'un souverain pontife, qui sera l'apôtre de l'intelligence et de la charité.

Et ces deux princes réunis, annoncés par tous les prophètes, accompliront le prodige de la régénération du monde.

Alors fleurira la science des vrais magiciens : car, jusqu'à présent, nos faiseurs de prodiges ont été pour la plupart des hommes fatals et des sorciers, c'est-à-dire des instruments aveugles du sort.

Les maîtres que la fatalité jette au monde sont bientôt renversés par elle. Ceux qui triomphent par les passions seront la proie des passions. Lorsque Prométhée fut jaloux de Jupiter et lui déroba sa foudre, il voulut se faire aussi un aigle immortel, mais il ne créa et n'immortalisa qu'un vautour.

La fable dit encore qu'un roi impie nommé Ixion voulut faire violence à la reine du ciel, mais il n'embrassa qu'une nuée mensongère, et fut lié par des serpents de feu à la roue inexorable de la fatalité.

Ces profondes allégories menacent les faux adeptes, les profanateurs de la science, les séides de la magie noire.

La force de la magie noire c'est la contagion du vertige, c'est l'épidémie de la déraison.

La fatalité des passions est comme un serpent de feu qui roule et se tortille autour du monde en dévorant les âmes.

Mais l'intelligence paisible, souriante et pleine d'amour, figurée par la mère de Dieu, lui pose le pied sur la tête.

La fatalité se dévore elle-même ; c'est l'antique serpent de Chronos qui ronge éternellement sa queue.

Ou plutôt ce sont deux serpents ennemis qui se battent et se déchirent de morsures, jusqu'à ce que l'harmonie les enchante et les fasse s'enlacer paisiblement autour du caducée d'Hermès.

CONCLUSION.

Croire qu'il n'existe pas dans l'être un principe intelligent universel et absolu, c'est la plus téméraire et la plus absurde de toutes les croyances.

Croyance, parce que c'est la négation de l'indéfini et de l'indéfinissable.

Croyance téméraire, parce qu'elle est isolante et désolante; croyance absurde, parce qu'elle suppose le plus complet néant, à la place de la plus entière perfection.

Dans la nature, tout se conserve par l'équilibre et se renouvelle par le mouvement.

L'équilibre, c'est l'ordre; et le mouvement, c'est le progrès.

La science de l'équilibre et du mouvement est la science absolue de la nature.

L'homme, par cette science, peut produire et diriger des phénomènes naturels en s'élevant toujours vers une intelligence plus haute et plus parfaite que la sienne.

L'équilibre moral, c'est le concours de la science et de la foi, distinctes dans leurs forces et réunies dans leur action pour donner à l'esprit et au cœur de l'homme une règle qui est la raison.

Car, la science qui nie la foi est aussi déraisonnable que la foi qui nie la science.

L'objet de la foi ne saurait être ni défini ni surtout nié par la science, mais la science est appelée elle-même à constater la base rationnelle des hypothèses de la foi.

Une croyance isolée ne constitue pas la foi parce qu'elle manque d'autorité, et par conséquent de garantie morale, elle ne peut aboutir qu'au fanatisme ou à la superstition.

La foi est la confiance que donne une religion, c'est-à-dire une communion de croyance.

La vraie religion se constitue par le suffrage universel.

Elle est donc essentiellement et toujours catholique, c'est-à-dire universelle. C'est une dictature idéale acclamée généralement dans le domaine révolutionnaire de l'inconnu.

La loi d'équilibre, lorsqu'elle sera mieux comprise, fera cesser toutes les guerres et toutes les révolutions du vieux monde. Il y a eu conflit entre les pouvoirs comme entre les forces morales. On blâme actuellement les papes de se cramponner au pouvoir temporel, sans songer à la tendance protestante des princes pour l'usurpation du pouvoir spirituel.

Tant que les princes auront la prétention d'être papes, le pape sera forcé, par la loi même de l'équilibre, à la prétention d'être roi.

Le monde entier rêve encore l'unité de pouvoir, et ne comprend pas la puissance du dualisme équilibré.

Devant les rois usurpateurs de la puissance spirituelle, si le pape n'était plus roi, il ne serait plus rien. Le pape dans l'ordre temporel subit comme un autre les préjugés de son siècle. Il ne saurait donc abdiquer son pouvoir temporel quand cette abdication serait un scandale pour la moitié du monde.

Quand l'opinion souveraine de l'univers aura proclamé hautement qu'un prince temporel ne peut pas être pape, quand le czar de toutes les Russies et le souverain de la Grande-Bretagne auront renoncé à leur sacerdoce dérisoire, le pape saura ce qui lui reste à faire.

Jusque-là, il doit lutter et mourir, s'il le faut, pour défendre l'intégrité du patrimoine de saint Pierre.

La science de l'équilibre moral fera cesser les querelles de religion et les blasphèmes philosophiques. Tous les hommes intelligents seront religieux, quand il sera bien reconnu que la religion n'attente pas à la liberté d'examen, et tous les hommes vraiment religieux respecteront une science qui reconnaîtra l'existence et la nécessité d'une religion universelle.

Cette science répandra un jour nouveau sur la philosophie de l'histoire et donnera un plan synthétique de toutes les sciences naturelles. La loi des forces équilibrées et des compensations organiques révèlera une physique et une chimie nouvelles; alors de découvertes en découvertes, on en reviendra à la philosophie hermétique, et l'on admirera ces prodiges de simplicité et de clarté oubliés depuis si longtemps.

La philosophie alors sera exacte comme les mathématiques, car les idées vraies, c'est-à-dire, identiques à l'être, constituant la science de la réalité fournissent avec la raison et à la justice des proportions exactes et des équations rigoureuses comme les nombres. L'erreur donc ne sera plus possible qu'à l'ignorance ; le vrai savoir ne se trompera plus.

L'esthétique cessera d'être subordonnée aux caprices du goût qui change comme la mode. Si le beau est la splendeur du vrai, on devra soumettre à d'infaillibles calculs le rayonnement d'une lumière dont le foyer sera incontestablement connu et déterminé avec une rigoureuse précision.

La poésie n'aura plus de tendances folles et subversives. Les poëtes ne seront plus ces enchanteurs dangereux que Platon bannissait de sa république en les couronnant de fleurs ; ils seront les musiciens de la raison et les gracieux mathématiciens de l'harmonie.

Est-ce à dire que la terre deviendra un Eldorado ? Non, car, tant qu'il y aura une humanité, il y aura des enfants, c'est-à-dire des faibles, des petits, des ignorants et des pauvres.

Mais la société sera gouvernée par ses véritables maîtres, et il n'y aura plus de mal sans remède dans la vie humaine.

On reconnaîtra que les miracles divins sont ceux de l'ordre éternel, et l'on n'adorera plus les fantômes de l'imagination sur la foi des prodiges inexpliqués. L'étrangeté des phénomènes ne prouve que notre ignorance devant les lois de la nature. Quand Dieu veut se faire connaître à nous, il éclaire notre raison et ne cherche pas à la confondre ou à l'étonner.

On saura jusqu'où s'étend le pouvoir de l'homme créé à l'image et à la ressemblance de Dieu. On comprendra que lui aussi, il est créateur dans sa sphère, et que sa bonté dirigée par l'éternelle raison est la providence subalterne des êtres placés par la nature, sous son influence et sous sa domination ; la religion alors n'aura plus rien à craindre du progrès, et en prendra la direction.

Un docteur justement vénéré dans les enseignements du catholicisme, le bienheureux Vincent de Lérins, exprime admirablement cet accord du progrès et de l'autorité conservatrice.

Selon lui, la vraie foi n'est digne de notre confiance que par cette autorité invariable qui en rend les dogmes inaccessibles aux caprices de l'ignorance humaine. « Et cependant, ajoute Vincent de Lérins, cette immobilité n'est pas la mort ; nous conservons, au contraire, pour l'avenir, un germe de vie. Ce que nous croyons aujourd'hui sans le comprendre, l'avenir le comprendra et se réjouira d'en avoir connaissance. *Posteritas intellectum gratuletur, quod ante vetustas non intellectum venerabatur.* Si donc on nous demande : Est-ce que tout progrès est exclu de la religion de Jésus-Christ ? Non sans doute, et nous en espérons un très grand.

» Quel homme, en effet, serait assez jaloux des hommes, assez ennemi de Dieu, pour vouloir empêcher le progrès ? Mais il faut que ce soit réellement un progrès, et non pas un changement de croyance. Le progrès, c'est l'accroissement et le développement de chaque chose dans son ordre et dans sa nature. Le désordre, c'est la confusion, et le mélange des choses et de leur nature. Sans aucun doute, il doit y avoir, tant pour tous les hommes en général que pour chacun en particulier, selon la marche naturelles des âges de l'Église, différents degrés d'intelligence, de science et de sagesse, mais en telle sorte que tout soit conservé, et que le dogme garde toujours le même esprit et la même définition. La religion doit développer successivement les âmes, comme la vie développe les corps qui grandissent et sont pourtant toujours les mêmes.

» Quelle différence entre la fleur enfantine du premier âge et la maturité de la vieillesse ! Les vieillards sont pourtant les mêmes, quant à la personne, qu'ils étaient dans l'adolescence ; il n'y a que l'extérieur et les apparences de changés. Les membres de l'enfant au berceau sont bien frêles, et pourtant ils ont les mêmes principes rudimentaires et les mêmes organes que les hommes ; ils grandissent sans que leur nombre augmente, et le vieillard n'a rien de plus en cela que n'avait l'enfant. Et cela doit être ainsi, sous peine de difformité ou de mort.

» Il en est ainsi de la religion de Jésus-Christ, et le progrès pour elle s'accomplit dans les mêmes conditions et suivant les mêmes lois. Les années la rendent plus forte et la grandissent, mais n'ajoutent rien à tout ce qui compose son être. Elle est née complète et parfaite dans ses proportions, qui peuvent croître et s'étendre sans changer. Nos pères ont semé du froment, nos neveux ne doivent pas moissonner de l'ivraie. Les récoltes intermédiaires ne changent rien à la nature du grain ; nous devons le prendre et le laisser toujours le même.

» Le catholicisme a planté des roses, devons-nous y substituer des ronces ? Non sans doute, ou malheur à nous ! Le baume et le cinname de ce paradis spirituel ne doivent pas se changer sous nos mains en aconit et en poison. Tout ce qui, dans l'Église, cette belle campagne de Dieu, a été semé par les pères, doit y être cultivé et entretenu par les fils : c'est cela qui toujours doit croître et fleurir ; mais cela peut grandir et doit se développer. Dieu permet en effet que les dogmes de cette philosophie céleste soient, par le progrès du temps, étudiés, travaillés, polis en quelque sorte ; mais ce qui est défendu, c'est de les changer ; ce qui est un crime, c'est de les tronquer et de les mutiler. Qu'ils reçoivent une nouvelle lumière et des distinctions plus savantes, mais qu'ils gardent toujours leur plénitude, leur intégrité, leur propriété. »

Considérons donc comme acquises au profit de l'Église universelle toutes les conquêtes de la science dans le passé, et promettons-lui, avec Vincent de Lérins, l'héritage complet des progrès à venir ! A elle toutes les grandes aspirations de Zoroastre et toutes les découvertes d'Hermès ! A elle la clef de l'arche sainte, à elle l'anneau de Salomon, car elle représente la sainte et immuable hiérarchie. Ses luttes l'ont rendue plus forte, ses chutes apparentes la rendront plus stable ; elle souffre pour régner, elle tombe pour grandir en se relevant, elle meurt pour ressusciter !

« Il faut vous tenir prêts, dit le comte Joseph de Maistre, pour un événement immense dans l'ordre divin, vers lequel nous marchons avec une vitesse accélérée qui doit frapper tous les observateurs ; des oracles redoutables annoncent d'ailleurs que les temps sont arrivés. Plusieurs prophéties contenues dans l'Apocalypse se rapportaient à nos temps modernes. Un écrivain est allé jusqu'à dire que l'événement avait déjà commencé, et que la nation française devait être le grand instrument de la plus grande des révolutions. Il n'y a peut-être pas un homme véritablement religieux en Europe (je parle de la classe instruite) qui n'attende dans ce moment quelque chose d'extraordinaire. Or, n'est-ce rien que ce cri général qui annonce de grandes choses? Remontez aux siècles passés, transportez-vous à la naissance du Sauveur ; à cette époque, une voix haute et mystérieuse, partie des régions orientales, ne s'écriait-elle pas : « L'Orient est sur le point de triompher... Le vainqueur » partira de la Judée... Un enfant divin nous est donné ; » il va paraître ; il descend du plus haut des cieux ; il » ramènera l'âge d'or sur la terre. » Ces idées étaient universellement répandues, et comme elles prêtaient infiniment à la poésie, le plus grand poëte latin s'en empara, et les revêtit des couleurs les plus brillantes dans son *Pollion*. Aujourd'hui, comme au temps de Virgile, l'univers est dans l'attente. Comment mépriserions-nous cette grande persuasion, et de quel droit condamnerions-nous les hommes qui, avertis par ces signes divins, se livrent à de saintes recherches ?

» Voulez-vous une preuve de ce qui se prépare? cherchez-la dans les sciences ; considérez bien la marche de la chimie, de l'astronomie même, et vous verrez où elles nous conduisent. Croiriez-vous, par exemple, que Newton nous ramène à Pythagore, et qu'incessamment il sera démontré que « les corps célestes sont mus précisément, » comme le corps humain, par des intelligences qui leur » sont unies » sans qu'on sache comment : c'est cependant ce qui est sur le point de se vérifier, sans qu'il y ait bientôt aucun moyen de disputer. Cette doctrine pourra sembler paradoxale sans doute, et même ridicule, parce que l'opinion environnante en impose ; mais attendez que l'affinité naturelle de la religion et la science les réunissent dans la tête d'un seul homme de génie. L'apparition de cet homme ne saurait être éloignée. Alors des opinions qui nous paraissent aujourd'hui ou bizarres ou insensées seront des axiomes dont il ne sera pas permis de douter, et l'on parlera de notre *stupidité* actuelle comme nous parlons de la superstition du *moyen âge* (1). »

Au *tome dixième* de ses œuvres, page 697, saint Thomas dit cette belle parole : « Tout ce que Dieu veut est juste, mais le *juste* ne doit pas être nommé ainsi uniquement parce que Dieu le veut : *non ex hoc dicitur justum quod Deus illud vult.* » La doctrine morale de l'avenir est renfermée là tout entière ; et de ce principe fécond on peut immédiatement déduire celui-ci : Non-seulement il est bien, au point de vue de la foi, de faire ce que Dieu commande, mais encore, au point de vue de la raison, il est bon et raisonnable de lui obéir. L'homme donc pourra dire : Je fais le bien non-seulement parce que *Dieu le veut*, mais aussi parce que *je le veux*. La volonté humaine sera ainsi soumise et libre en même temps ; car la raison, démontrant d'une façon irrécusable la sagesse des prescriptions de la foi, agira de son propre mouvement en se réglant d'après la loi divine, dont elle deviendra en quelque sorte la sanction humaine. Alors il n'y aura plus ni superstition, ni impiété possible, on le comprend facilement d'après ce que nous venons de dire : donc, en religion et en philosophie pratique, c'est-à-dire en morale, l'autorité absolue existera et les dogmes moraux pourront seulement alors se révéler et s'établir.

Jusque-là, nous aurons la douleur et l'effroi de voir tous les jours remettre en question les principes les plus

---

(1) Joseph de Maistre, *Soirées de Saint-Pétersbourg*, 1821, p. 308.

simples et les plus communs du droit et du devoir entre les hommes. Sans doute, on fera taire les blasphémateurs ; mais autre chose est imposer silence, autre chose, persuader et convertir.

Tant que la haute magie a été profanée par la méchanceté des hommes, l'Église a dû la proscrire. Les faux gnostiques ont décrié le nom si pur d'abord du gnosticisme, et les sorciers ont fait tort aux enfants des mages ; mais la religion, amie de la tradition et gardienne des trésors de l'antiquité ne saurait repousser plus longtemps une doctrine antérieure à la Bible, et qui accorde si parfaitement avec le respect traditionnel du passé, les espérances les plus vivantes du progrès et de l'avenir ?

Le peuple s'initie par le travail et par la foi à la propriété et à la science. Il y aura toujours un peuple, comme il y aura toujours des enfants ; mais quand l'aristocratie devenue savante sera une mère pour le peuple, les voies de l'émancipation seront ouvertes à tous, émancipation personnelle, successive, progressive, par laquelle tous les appelés pourront, par leurs efforts, arriver au rang des élus. C'est ce mystère d'avenir que l'initiation antique cachait sous ses ombres ; c'est pour ces élus de l'avenir que sont réservés les miracles de la nature assujettis à la volonté de l'homme. Le bâton sacerdotal doit être la baguette des miracles, il l'a été du temps de Moïse et d'Hermès, et il le sera encore. Le sceptre du mage redeviendra celui du roi ou de l'empereur du monde, et celui-là sera de droit le premier parmi les hommes, qui se montrera de fait le plus fort par la science et par la vertu.

Alors la magie ne sera plus une science occulte que

pour les ignorants, mais elle sera pour tous une science incontestable. Alors la révélation universelle ressoudera les uns aux autres tous les anneaux de sa chaîne d'or. L'épopée humaine sera terminée et les efforts même des Titans n'auront servi qu'à rehausser l'autel du vrai Dieu.

Alors toutes les formes qu'a successivement revêtues la pensée divine renaîtront immortelles et parfaites.

Tous les traits qu'avait esquissés l'art successif des nations se réuniront et formeront l'image complète de Dieu.

Le dogme épuré et sorti du chaos produira naturellement la morale infaillible, et l'ordre social se constituera sur cette base. Les systèmes qui se heurtent maintenant sont les rêves du crépuscule. Laissons-les passer. Le soleil luit et la terre poursuit sa marche ; insensé serait celui qui douterait du jour !

Il en est qui disent : Le catholicisme n'est plus qu'un tronc aride, portons-y la hache.

Insensés ! ne voyez-vous pas que sous l'écorce desséchée se renouvelle sans cesse l'arbre vivant. La vérité n'a ni passé ni avenir ; elle est éternelle. Ce qui finit ce n'est pas elle, ce sont nos rêves.

Le marteau et la hâche qui détruisent aux yeux des hommes, ne sont dans la main de Dieu que la serpe de l'émondeur, et les branches mortes, c'est-à-dire les superstitions et les hérésies, en religion, en science et en politique, peuvent seules être coupées sur l'arbre des croyances et des convictions éternelles.

Notre *Histoire de la magie* a eu pour but de démontrer que, dans le principe, les grands symboles de la religion ont été en même temps ceux de la science alors cachée.

Que la religion et la science, réunies dans l'avenir, s'entr'aident donc et s'aiment comme deux sœurs, puisqu'elles ont eu le même berceau !

FIN.

www.ingramcontent.com/pod-product-compliance
Lightning Source LLC
Chambersburg PA
CBHW060305230426
43663CB00009B/1590